SEGA SATURN

세가새턴　　퍼펙트 카탈로그

PERFECT CATALOGUE

samho MEDIA

머리말

메가 드라이브 퍼펙트 카탈로그를 출간한 지 1년여, 드디어 메가 드라이브의 다음 세대기에 해당하는 세가새턴의 퍼펙트 카탈로그를 세상에 내놓게 되었다. 세가새턴 발매 25주년이라는 기념할 만한 시점에 이 책을 무사히 발간할 수 있게 된 것은 이 시리즈를 지지해주신 독자 여러분 덕분이기에, 진부하나마 독자들께 깊은 감사를 드리고자 한다.

나는 다양한 게임기들 각각에 큰 애착을 갖고 있으나, 만약 누군가 내게 굳이 "새턴의 매력은 어디에 있었다고 보는가?"라고 묻는다면, 한 마디로 표현해 "신념을 가진 게임기였다는 점"이라고 답하겠다. 물론 다른 세가 게임기들도 각자 유저에게 전하는 다양한 메시지를 품고 발매되었을 터이나, 세가에게 있어 세가새턴은 특히나 '가정용 게임기 1위 자리를 노린다'라는 목표를 명확하게 설정하고 그에 따라 제품 개발, 판매전략, 소프트 공급에 이르기까지 모든 방향성을 일치시켜 완성한 최초의 게임기가 아닐까 하기 때문이다.

세가는 그 신념을 관철시키기 위해 9개의 프로세서를 탑재한 복잡한 하드웨어 구조를 과감히 택했고, 가정용 게임 시장에서 세가 및 새턴의 브랜드 전략을 최초로 본격 전개했다. 그 결과 창사 이래 전례가 없을 정도로 거액의 홍보예산을 투입했고, 게임 유통망 정비 등 타사의 사업모델마저도 철저하게 모방했다. 게다가 아케이드용 게임 개발팀을 가정용 이식에 직접 투입시킴으로써 분야를 뛰어넘는 개발 체제를 도입하는 등, 철저하게 '세가'라는 회사의 총력을 퍼부어 전쟁에 나섰던 게임기. 그것이야말로 세가새턴의 본질이리라.

그 결과, 세가새턴은 일본 내에서만큼은 580만 대를 판매하여 세가 가정용 게임기 역사상 가장 많이 보급된 게임기가 되었다. 단순히 판매대수뿐만 아니라, 「프로 사커 클럽을 만들자!」, 「사쿠라대전」 등 지금까지도 시리즈가 이어지는 명작 타이틀과 '세가타 산시로'라는 걸출한 캐릭터도 만들어냈다. 그런 의미에서도 인상 깊은 게임기였다고 할 수 있다.

반면, 복잡한 하드웨어 구성이 소니와의 가격경쟁에서 걸림돌이 되기도 하고, 서양에서의 판매 성적도 결코 좋았다고는 할 수 없었던 등, 문제점도 다수 있었다. 하지만 1990년대 후반에 청춘을 보낸 사람들의 마음속에 세가새턴이 강한 인상으로 남아있음은 분명한 사실이며, 나 개인에게도 즐거운 추억을 한가득 남겨준 훌륭한 게임기였다고 생각한다.

이 책은 그러한 추억을 다시금 떠올리는 데 도움이 되길 바란다는 의도를 담아 기획 및 편집되었다. 구입해 펼쳐주신 여러분 각자가 이 책을 통해 세가새턴의 매력, 세가새턴이 남긴 것들을 접하며 추억을 되새겨보게 된다면, 더 이상 바랄 나위가 없다.

2019년 10월,
마에다 히로유키

003

SEGA SATURN PE[R]

CONTENTS

FECT CATALOGUE

SEGASATAN PAFUEKUTO KATAROGU by Hiroyuki Maeda

Copyright ⓒ G-WALK publishing.co., ltd. 2019

All rights reserved.

Original Japanese edition published by G-WALK publishing.co., ltd.

Korean translation copyright ⓒ 2020 by Samho Media

This Korean edition published by arrangement with G-WALK publishing.co., ltd., Tokyo, through HonnoKizuna, Inc., Tokyo, and Botong Agency

이 책의 한국어판 저작권은 Botong Agency를 통한 저작권자와의 독점 계약으로 삼호미디어가 소유합니다. 신 저작권법에 의하여 한국 내에서 보호를 받는 저작물이므로 무단전재와 무단복제를 금합니다.

Special Thanks To

게임샵 트레더
꿀단지곰	고전게임 컬럼니스트, 유튜브 채널 '꿀단지곰의 게임탐정사무소' 운영
오영욱	게임잡지의 DB를 꿈꾸는 게임개발자
이승준	'레트로장터' 행사 주최자
정세윤	http://blog.naver.com/plaire0
조학동	게임기자, '레트로장터' 행사 주최자, 아마추어 게임기 제작팀 '네오팀' 소속
찬킴	공무원
타잔	레트로 게임 컬렉터, 네이버 카페 '추억의 게임 여행' 운영자
홍성보	월간 GAMER'Z 수석기자

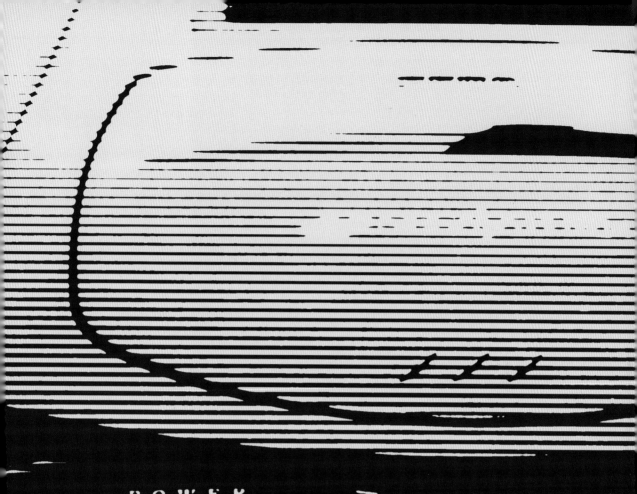

CHAPTER 1
세가새턴
하드웨어 대연구
SEGASATURN HARDWARE CATALOGUE

해설 32비트 차세대 게임기 전쟁에 나서다
COMMENTARY OF SEGASATURN #1

가전회사들까지 끌어들인 다국적군 형태의 포진

닌텐도가 슈퍼 패미컴을 발매한 지 4년이 경과한 1994년. 이 해는 3월에 발매된 3DO REAL을 필두로 11월에 세가새턴, 12월에 플레이스테이션과 PC-FX가 발매됨으로써, 가장 후발인 닌텐도 64를 제외한 4개 플랫폼사의 게임기가 일제히 발매된, 일본 가정용 게임기 역사상 가장 주목받아 마땅한 해였다. 이들 게임기가 모두 32비트 CPU를 탑재했기 때문에 이 전쟁은 '32비트 차세대 게임기 전쟁'으로 명명되었는데, 이전까지는 슈퍼 패미컴이 절대강자였던 일본 게임업계의 세력도가 종막을 고해가던 타이밍이기도 해, 각 회사들은 제각기 다른 설계 이념에 기반을 둔 개성적인 게임기들을 무기삼아 사상 유례가 없는 치열한 판매전쟁을 펼치게 되었다.

세가는 1992년경부터 메가 드라이브 차세대기의 개발을 진행하였는데, 자사의 아케이드용 2D 시스템 기판 'SYSTEM32'의 개발팀을 중심으로 메가 드라이브 개발 시의 협력기업이었던 야마하와 빅터를 참가시켜, SYSTEM32를 능가하는 성능의 게임기를 목표로 제작하고 있었다. 구체적으로는 32비트 CPU를 탑재하고, 이전까지의 세가 가정용 게임기에서 오랫동안 사용되어 온 라인 버퍼 식 스프라이트와 결별하는 대신 아케이드 기판에 이미 탑재한 바 있는 프레임 버퍼 식 스프라이트를 채용하는 것이었다. 하지만 그런 와중에 소니가 3D 표현에 특화시킨 32비트 게임기의 시장 투입을 계획하고 있다는 정보를 입수하여, 이 정보에 따라 32비트 CPU 공급차 참가한 히타치와 함께 3D 연산·묘사능력 추가를 검토하면서 지금의 새턴이라는 사양이 결정되었다.

최고의 스펙을 추구하기 위해 야마하·빅터·히타치가 각자 보유한 기술을 동원하여 완성한 세가새턴은, 당시의 게임기 수준으로는 상상할 수 없을 만큼 거대한 시스템이 되었다. 협력사 각사가 단순한 부품 공급에 그치지 않고 저마다 보유한 유통판매망을 활용해 자사 브랜드로 새턴을 발매하여 실질적인 '공통규격'으로 키워나간다는, 그야말로 다국적군이라 부를 만한 양상으로 전개한 것이다(야마하는 결국 발매하지 않았지만, 검토 상에 올리기까진 했었다고 한다). 이런 포지셔닝을 취한 이유는, 결과적으로 새턴이 고단가 제품이 되어버려 '단순한 게임기로 가기엔 너무 비싸진' 점과, 가전업계에서는 과거 붐을 이뤘던 VTR과 TV, 스테레오 데크 등의 뒤를 잇는 '차세대 AV 가전 자리의 핵심은 멀티미디어 단말기'라는 방향성을 모색하고 있었다는 점, 그런 의미에서 새턴이 CD-ROM 드라이브를 탑재하고 있어 '영상과 음성을 다루기에 적합한 단말기로서의 요건을 갖추고 있다'는 점에 기인한다.

이렇게 '32비트 차세대 게임기'와 '차세대 AV 가전'이라는 두 커다란 흐름의 영향도 받아, 새턴은 개발을 시작했을 당시의 세가 스스로조차도 예상치 못했을 거대한 격류에 뜻하지 않게 휩쓸려 들어가게 되었다.

1994년 11월 22일 발매된 세가새턴은 초회 출하된 20만 대 분량을 첫날에 완매하고, 연내에 50만 대라는 판매대수를 기록했다. 초기에 구입한 유저들은 대부분 「버추어 파이터」를 동시 구입해, 이 게임의 판매량이 거의 본체 판매대수와 같았다고 한다. 이는 유저가 세가새턴에 기대한 바가 「버추어 파이터」였음을 명백하게 증명하는 것이니, 3D 폴리곤을 지원하도록 설계를 변경한 판단은 정확했다고 할 수 있다. 그 후에도 본체 판매는 호조로 순조롭게 지속되어, 발매 후 반년도 지나지 않아 출하내수 100만 대를 돌파했다. 또한 이 시기에는 세가새턴·V새턴·하이새턴 3기종으로 「버추어 파이터 리믹스」를 동봉한 '100만 대 캠페인 BOX'도 동시에 발매하였다.

「버추어 파이터」 돌풍은 이후에도 지속되어, 당시 아케이드에서 호평 가동 중이었던 「버추어 파이터 2」를 1995년말 조속히 발매해 130만 장의 판매량을 기록함으로써, 세가새턴은 물론 세가 가정용 게임기 역사상 최초의 밀리언셀러 타이틀이 되었다. 이 시점에는 플레이스테이션 진영에 아직 밀리언셀러 타이틀이 없었기에, 가정용 게임 시장 점유율 1위를 따낸다는 세가의 염원은 일시적이나마 성취한 셈이다.

당시 일본의 여러 가전회사들이 노렸던 '멀티미디어 단말기' 노선은, 이를 표방했던 피핀 앳마크(반다이 디지털 엔터테인먼트)와 3DO(마츠시타 전기 등)의 예에서 보듯 결국 시장에 자리 잡지 못했다. 또한 32비트 차세대 게임기 전쟁 측면에서도, 최대 라이벌이었던 플레이스테이션이 잇따른 가격인하와 타사 유력 소프트 유치 성공 등의 호재가 겹쳐 순조롭게 판매량을 늘려가, 최종적인 일본 내 판매대수 역시 세가새턴을 훨씬 능가하는 1,900만 대를 기록함으로써, 세가는 점유율 2위에 만족할 수밖에 없었다.

'세가새턴, 해라!' – 세가새턴의 브랜딩 전략

세가는 메가 드라이브까지는 단순히 하드웨어·소프트웨어를 선전하는 광고와 CM을 전개하는 수준에 지나지 않았으며, 세가 혹은 메가 드라이브 그 자체의 브랜딩 전략에는 의외로 무관심한 편이었다. 자사 제품에 대한 확고한 자신감이 있고, 이를 믿고서 따라와 주는 팬들도 충분히 있었기에 이제까지는 특별히 브랜드를 의식할 필요가 없었던 것이다. 하지만 이전 단락에서 서술한 것처럼 세가 한 회사를 뛰어넘어 여러 회사의 그룹 차원에서 통합적인 패권을 추구하게 되자, 세가새턴 자체의 브랜딩(브랜드의 가치창조) 전략이 필요해지게 되었다.

본체 발매 초기에 기용된 이미지 캐릭터는 고깔머리 우주인(통칭 '새턴 성인')으로, 상품명인 '새턴'에서 착안한 '토성인'이었다. 발매 시에는 이 새턴 성인이 '지구인으로 변장하여 세가새턴을 홍보한다'는 내용의 TV CM을 방송했지만, 아무래도 캐릭터성이 부족했던지 오래 활용되지 못하고 일찍이 퇴장하고 말았다.

다음에 기용된 캐릭터는 1996년의 화이트 새턴 발매에 맞춰 투입된 후지오카 히로시(역주 ※), 즉 '세가타 산시로'였다. 게임이든 뭐든 전력투구하는 뜨거운 유도복 남자 '세가타 산시로'의 임팩트는 실로 강렬해, 일본에서는 지금까지도 이를 기억하는 팬들이 많다. CM도 호평을 받아 불과 1년 남짓 사이에 19종류나 제작되었고, CM 내에 사용된 후지오카 히로시가 직접 가창한 CM 송 '세가새턴, 해라!' 역시 싱글 음반 출시는 물론 세가의 가라오케 기기 '세가가라'로도 제공되었다. 참고로 CM 최종회는 세가 본사를 목표로 발사된 미사일을 세가타 산시로가 정면으로 받아, 미사일을 붙잡은 채로 우주로 함께 날아가 산화한다는 내용. 최후 조차도 뜨거웠던 사나이였다.

▲ 당시 게임 판매점 점두에 설치되었던 등신대 POP. 세가새턴의 브랜딩에 막대한 공헌을 하였다.

(역주 ※) 1946년생 배우로, 나레이터 및 무술가, 가수 등 다양한 타이틀을 가진 멀티 탤런트. 일본인들에게는 71~73년의 초대 「가면라이더」 주인공인 '혼고 타케시'로서 지금도 국민적 인지도를 자랑하는 인기인이다.

세가새턴 VS 플레이스테이션 – 치열하기 이를 데 없었던 가격인하 접전

세가새턴은 특히 플레이스테이션을 라이벌 삼아 판매경쟁을 거듭하였는데, 들여다보면 볼수록 실로 치열하기 그지없었다. 플레이스테이션이 '가자, 100만 대'라는 선전문구를 내세우면 세가새턴 진영은 '감사합니다, 100만 대!'라는 캠페인을 개시하는 등, 서로가 서로를 강하게 의식하여 경쟁적으로 프로모션을 전개한 것이다.

이를 특히 잘 보여주는 요소가 본체 가격의 변화였는데, 세가가 세가새턴 가격을 49,800엔이라고 발표하자마자 플레이스테이션은 39,800엔으로 가격을 발표했다. 세가는 당황하여 '발매기념 캠페인'이란 명목으로 발매일 첫날부터 반년간 5,000엔 인하를 발표, 발매 전부터 가격인하를 강행하는 악수를 두고 말았다. 그 이후에도 한쪽이 가격인하 캠페인을 발표하면 반대쪽도 즉시 대응하는 식의 구도가 되풀이되었다.

특히 1994년부터 1996년까지 2년간에 걸친 가격인하 폭은 비정상적이었을 정도로, 세가새턴만 해도 최초 발매가격의 반절 아래로까지 정가가 하락했다. 앞서 서술한 대로 원래부터 생산단가가 높았던 하드웨어였기에, 이제 살 깎기 경쟁은 세가에게도 무척 괴로운 과정이었다. 기기의 단순 가격인하뿐만 아니라, 세가는 1996년말까지 무려 19억 엔에 달하는 광고 선전비용을 투입(플레이스테이션은 29억 엔)

한데다, 그 외에도 소프트 1개를 본체에 동봉하는 '번들 팩'이나 5,000엔 캐시백 등, 본체가격만으로는 보이지 않는 부담이 계속 쌓여가고 있었다. 명작 타이틀이 다수 발매되는 등 화려하기 이를 데 없던 겉모습과는 정반대로, 일본 내 580만 대라는 판매대수를 기록했음에도 결국 적자였던 세가새턴은, 세가에게는 '가장 많이 팔린 게임기'임과 동시에 '가장 손해 막심한 게임기'였던 것이다.

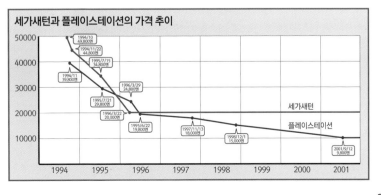

세가새턴과 플레이스테이션의 가격 추이

3D 폴리곤도 가능한, 최강의 2D 그래픽 게임 머신

세가새턴 SEGASATURN

세가 엔터프라이지스   1994년 11월 22일   44,800엔

▲ 프로토타입 단계에서의 본체 컬러는 샴페인 골드였다.
단가 문제로 제품판에서는 이 도장을 포기했지만, 나중에
라도 이 버전이 나와 주었다면 싶기도 하다.

■ 개발 코드명이 그대로 상품명이 되다

세가새턴은 1994년 세가가 발매한 역대 6번째 가정용 게임기다. 이름은 태양계 제 6행성인 토성이 유래로서, 원래는 개발 시의 사내 프로젝트 코드명으로 사용된 이름이었다. 게임잡지 등에 빈번히 노출되면서 '새턴'이란 이름이 정착되었기에 결국 정식 상품명으로 상표 등록을 출원했으나, '새턴'이 이미 등록되어 있었기에 결국 '세가새턴'으로 결정되었다는 경위가 있다(미국과 유럽에서는 'Saturn'으로 무사히 상표 등록되어, 사이에 공백이 들어간 'Sega Saturn'으로 결정되었다).

당초에는 궁극의 2D 그래픽 성능을 지닌 게임기로 설계되었지만, 타사의 라이벌 기종이 3D 기능을 전면에 내세운 데다, 자사의 「버추어 파이터」를 비롯한 3D 폴리곤 계열 소프트 자산의 이식을 고려해, 뒤늦게 3D 묘사도 가능한 아키텍처로 설계를 변경했다. 결과적으로는 훌륭한 판단으로서, 일반적인 예상 이상으로 급속하게 3D로의 패러다임 시프트가 일어났음에도 라이벌 기종과 대등하게 맞서 싸울 수 있었던 것은 이 3D 지원의 추가 덕분이었다고 할 수 있다.

동세대 게임기 경쟁에서 또 하나의 중요 요소였던 동영상 재생 기능은, 하드웨어적인 지원이 없기에 기본적으로는 모두 소프트웨어로만 구현한다. 더욱 고품질의 동영상을 재생하려면 별매품인 무비 카드를 장착해야 했다.

세가새턴의 사양

형식번호	HST-3200	HST-3210
CPU	메인 : SH2(28.6MHz, 25MIPS)×2, 사운드 : 68EC000(11.3MHz)	
메모리	워크 RAM : 16Mbit, 비디오 RAM : 12Mbit, 사운드 RAM : 4Mbit CD 버퍼 RAM : 4Mbit, 백업 RAM : 256Kbit, IPL ROM : 4Mbit	
그래픽	해상도: 320×224픽셀 ~ 704×480픽셀 발색수: 최대 1,677만 색 이상, 팔레트 2048색/1024색 스프라이트: 확대축소, 회전, 변형 스프라이트	
스크롤	최대 5장(XY 스크롤 면 4장, 회전 스크롤 면 2장, 확대축소 면 2장, 윈도우 면 2장) 특수기능: 가로 라인 스크롤, 세로 셀 스크롤, 확대축소	
CG 성능	폴리곤 : 전용 하드웨어 탑재 특수기능 : 와이어프레임, 플랫 셰이딩, 고러드 셰이딩	
사운드	PCM 음원 혹은 FM 음원 32채널(양자화수 16비트, 샘플링 주파수 MAX 44.1KHz)	
접속단자	2개소(컨트롤 패드 등 접속 가능), 확장 통신 단자	
슬롯	카트리지, 확장 각 1개소	
전원 / 소비전력	AC 100V±10% 50/60Hz / 약 15W	AC 100V±10% 50/60Hz / 약 12W
외형 치수	260(가로) × 230(세로) × 83(높이) mm	
부속품	컨트롤 패드×1, 전원 케이블, 스테레오 AV 케이블, 버튼 전지, 취급설명서	

▲ 초기형(HST-3200)과 후기형(HST-3210)의 비교.
후기형에는 원형 통기구가 없어졌다.

TOP VIEW

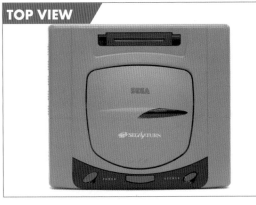

BOTTOM VIEW

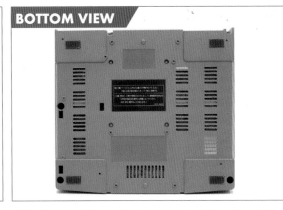

FRONT VIEW

REAR VIEW

LEFT SIDE VIEW

RIGHT SIDE VIEW

HARDWARE

1994's SOFT

1995's SOFT

1996's SOFT

1997's SOFT

1998's SOFT

1999's SOFT

2000's SOFT

SOFT INDEX

■ 2종류가 존재했던 그레이 새턴

세가새턴은 왼쪽 측면의 통기구 및 전원·액세스 LED가 삭제된 후기형 모델이 존재한다. 이는 단가절감과 동시에 저전력화를 노린 것으로, 덕분에 후기형은 15W에서 12W로 소비전력이 내려갔다.

또한, 패키지 상자도 초기의 대형과, 완충재를 절감한 후기의 소형으로 2종류(100만 대 캠페인까지 포함하면 4종류)가 존재한다. 심지어는 딱히 새턴 본체가 초기형·후기형인 것과도 관계없이, 생산 로트 때문인지 소형 패키지인데 초기형 본체가 들어있는 경우도 있었다.

PACKAGE

대형 패키지 ／ 대형(100만 대 캠페인 BOX) ／ 소형 패키지 ／ 소형(100만 대 캠페인 BOX)

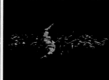

▲ 수많은 폴리곤들이 집결하여 세가새턴 로고로 완성되는 기동화면. 단순하지만 새턴의 성능을 잘 어필해낸 훌륭한 데모라 하겠다.

새턴의 기본, 멀티 플레이어 화면

새턴은 이전까지의 ROM 카트리지 매체 기반 게임기와는 달리 BIOS ROM을 탑재하여, 기동화면과 메인 메뉴격인 '멀티 플레이어' 화면이 준비되었다. 게임은 물론 음악 CD나 CD+G, CD+EG, 비디오 CD(별매품인 무비 카드가 필요)를 재생할 수 있고, 피치 컨트롤이나 보이스 캔슬링 등의 이펙트 컨트롤 기능도 마련되어 있다.

또한, 리셋 혹은 전원 ON 시 디스크가 드라이브에 이미 들어가 있을 경우엔 자동적으로 그 디스크의 종류를 판별하여 곧바로 기동한다. 필요한 기능은 컨트롤 패드의 버튼에 이미 할당되어 있으므로 직감적인 조작이 가능하며, 조작감각도 양호하다.

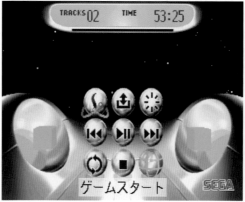
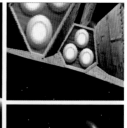
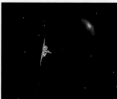

▲ 기동 로고 후에 표시되는 멀티 플레이어 화면. 새턴을 다룰 때는 이 화면을 중심으로 조작한다. 오른쪽 상단의 '패널 없애기' 버튼을 누르면 우주선이 우주를 날아다니는 스크린세이버가 표시된다(아무 버튼이나 누르면 멀티 플레이어 화면으로 되돌아간다).

▲ CD 오픈 버튼을 누르면 CD 도어가 열리고 소프트 리셋이 걸린다. 화면도 자동적으로 멀티 플레이어 화면이 된다.

▲ 본체 뒷면의 커버를 열면 확장 슬롯과 버튼 전지 소켓, 마스터 리셋 버튼이 보인다. 시계 기능을 이용하려면 버튼 전지가 필요하다.

게임의 저장 데이터 관리부터 유저 설정까지 가능한 설정·관리 화면

멀티 플레이어 화면의 위쪽 중앙 버튼을 선택하면 표시되는 '저장 데이터 관리' 화면. 기본적으로는 본체 메모리 및 파워 메모리에 저장된 게임의 세이브 데이터를 복사하거나 삭제하는 게 목적이지만, 화면 아래의 '유저 설정 화면'을 선택하면 각종 옵션 설정이 가능해진다. 여기에 실린 화면 사진 외에도 스테레오/모노럴 전환이나 효과음 유무 등까지 변경 가능하므로, 자신의 취향대로 설정을 바꿔두는 것도 좋겠다.

■ 저장 데이터 관리 화면

▶ 저장 데이터 관리, 버튼을 누르면 세이브 데이터 관리가 가능하다.

■ 날짜·시각 설정 화면

▶ 쓰는 두 자료. 있으니, 현재 시각을 맞취는 게임 중에는 내장 시계와 연동되는 곡

■ 유저 설정 화면

▶ 유저 설정 화면. 날짜, 시각, 언어의 3항목을 설정할 수 있다.

■ 언어 설정 화면

▶ 언어 설정에서는 본체 메시지를 6개국어 중에서 고를 수 있다.

CATALOGUE

세가새턴은 1994년 초입부터 적극적으로 대외홍보를 전개해, 실로 다종다양한 팸플릿을 배포했다. 발매하기 불과 1개월 전에 갑자기 상세사항을 발표했던 메가 드라이브 때와는 대조적으로, SH-2를 2개 탑재한 트윈 CPU 구성이나 풀 컬러 표시, 폴리곤 기능 등 새턴의 능력과 정보를 아낌없이 공개했다.

특히 킬러 타이틀인 「버추어 파이터」는 개발 도중의 신규 화면을 계속 공개하여, 퀄리티가 올라가는 것을 지속적으로 보여줌으로써 유저의 기대감을 최대한 끌어올리는 전략을 취했다. 1994년에 발발한 32비트 차세대 게임기 전쟁의 기선을 제압하기 위한, 그야말로 '정보전'이라 할 만한 움직임이었다.

본 지면에서는 그러한 당시 분위기를 전달하기 위해, 수많은 팸플릿 중 일부를 골라 소개하였다. 사진이 작기에 세세하게 읽기는 어렵겠으나, 당시의 게임과 광고, 캐릭터 등을 추억하는 계기가 되었으면 하는 바람이다.

9개의 프로세서로 분산 처리

세가새턴은 SH-2 칩 2개를 비롯하여 9개의 프로세서를 탑재하였으며, 각각이 CPU, 영상처리, 사운드, CD-ROM 등의 주요 블록을 형성해 독립적으로 분산 처리한다. 당시의 가정용 게임기로서는 비슷한 예를 찾아볼 수 없는 복잡한 구성이다. 생산단가를 높이는 요인이라는 비판적인 견해도 있으나, 이런 구조도 결국은 최고의 성능을 추구한 결과로서, 파고들면 들수록 세가가 어떤 의도로 이러한 구성을 선택하였는지 이해하게 된다. 본 지면에서는, 각 블록이 어떻게 동작하는지를 해설하고자 한다.

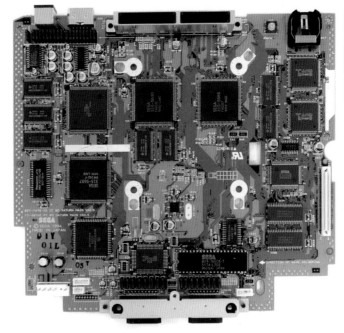

▶ 세가새턴의 마더보드(VA0.5). 생산 시기에 따라 수시로 디테일이 바뀌어, 후기에 이르는 기록 프로세서 자체의 개수가 통합되어 줄어든다. 본 지면에서는 1994년에 생산된 이 버전의 기판을 기준으로 해설한다.

CHECK POINT 1 *CPU*

32비트 CPU×2로 64비트급 파워를

새턴의 CPU로, 히타치가 제작한 32비트 RISC(축소명령세트) 프로세서인 SH-2가 2개 탑재되어 있다는 것은 널리 알려져 있다. 3DO, 플레이스테이션, PC-FX 등 같은 해 발매된 가정용 게임기들이 모두 32비트 CPU를 탑재했기에, 세가는 이 게임기 전쟁에서 우위를 잡기 위해 '64비트급'이라는 키워드를 의도적으로 선전에 사용했다. 2개의 SH-2는 마스터/슬레이브(주종) 관계라 완전히 동기화되어 병렬 동작하는 게 아니므로 64비트급이라는 표현은 다소 과장한 측면이 있으나, 그만큼 당시의 32비트 게임기 경쟁이 치열했음을 보여주는 에피소드라고도 볼 수 있겠다.

SH-2(SH7600 시리즈)는 히타치가 임베디드용으로 개발한 SH-1(SH7000 시리즈) 기반으로 세가의 요구에 맞춰 연산성능을 끌어올린 프로세서다. 세가는 28.64MHz로 25MIPS(CPU의 연산지표 단위. SH-1은 20MHz 구동으로 16MIPS였다)라는 성능을 요구했으며,

이를 만족시킴으로써 곧바로 새턴의 CPU로 채용이 확정되었다.

하지만 이 CPU 선정 시기를 전후해 세가는 소니가 신형 게임기를 앞세워 게임기 시장에 들어온다는 정보를 입수했는데, 그 게임기가 3D에 특화된 하드웨어임을 알게 되자 한층 더 올라간 연산성능이 하루빨리 필요해졌다. 다행히도 SH-2에는 멀티 프로세서 기능이 있어 SH-2를 2개 탑재하면 비교적 손쉽게 성능 상승을 노릴 수 있었기에, 이로써 최종적인 세가새턴의 사양이 결정되었다고 할 수 있다.

SH-2는 기본적으로 C언어로 프로그래밍하는 것이 전제인 CPU지만, 히타치가 68000의 세컨드소스 제조사였기에 레지스터 구성과 명령어 세트가 68000과 비교적 유사한 면이 있었다. 덕분에, 숙련된 고참 프로그래머 중에는 아예 어셈블러로 프로그램을 짜는 사람도 적으나마 존재했다고 한다.

또한, SH-2는 새턴에 채용됨으로써 일거에 메이저한 임베디드용 프로세서로 각광받게 되어 다양한 제품에 탑재됨은 물론, 세가의 차세대 게임기인

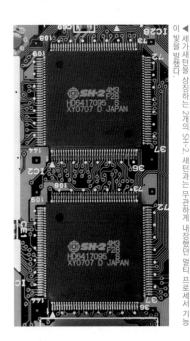

◀ 세가새턴을 상징하는 2개의 SH-2. 새턴과는 무관하게 내장했던 멀티 프로세서 기능이 빛을 발했다.

드림캐스트에도 SH-4가 채용되는 등, 이후에도 양사의 밀월관계가 유지되었다.

멀티 프로세서는
얼마나 효과가 있었나?

이전까지는 싱글 프로세서 구성밖에 존재하지 않았던 게임업계였기에, 본격적인 멀티 프로세서 구성으로 프로그램을 짠다는 것은 결코 쉽지 않았다. 실제로 세가 자신조차 초기 타이틀에서는 개발 라인마다 분산 처리 방법에서 시행착오를 거듭해, '새턴은 프로그래밍이 어렵다'는 술회가 당시의 게임잡지에서도 나올 정도였다.

그런 초기 타이틀 당시의 개발 노하우를 공통 라이브러리화한 것이 바로 SGL(SEGA 3D Game Library)이다. SGL은 세가의 제 2 AM연구개발부

(AM2연)가 새턴판 「버추어 파이터(리믹스)」 개발 과정에서 만들어낸 산물로, 인체 모델 및 관절제어의 기본 프로그램이 들어있어 통칭 '버추어 라이브러리'로 불렸다. 또한 SGL은 '지오메트리 연산(3D 정점연산)'을 서브 SH-2에 맡기고, 메인 SH-2는 게임 본체의 처리에 전념할 수 있도록 최적화하는' 코드가 포함되어 있어 새턴 내에서 가장 처리부하가 큰 부분을 모조리 서브 SH-2에 맡기는 방식으로, 멀티 프로세서 기능을 살린 효율적인 분담을 가능케 했다.

이처럼 비교적 용이하게 멀티 프로세서용 프로그램을 짤 수 있도록 배려한 개발환경을 제공했기에, 이 라이브

▲ 붉은 재킷 커버가 두드러지는 SGL 디스크. 동봉된 레퍼런스 가이드도 마찬가지로 붉은색 커버로, '개발자의 난잡한 책상에서 언제라도 바로 찾아낼 수 있도록'이라는 이유가 숨어있었다고 한다.

러리의 도움을 받은 프로그래머도 많았으리라 여겨진다.

CHECK POINT 2 *SOUND*

샘플링 음원으로
FM 음원을 에뮬레이트

새턴의 사운드 기능은 야마하가 새턴 전용으로 개발한 SCSP(Saturn Custom Sound Processor)가 맡고 있다. SCSP에는 미국 모토로라 사의 68000(정확히는 MC68EC000)과, 사운드용 메모리 4Mbit(512KB)가 직접 버스로 접속되어 있어, 이들이 한데 모여 독립된 블록을 형성한다.

SCSP 자체는 32채널까지 발성 가능한 16비트 PCM 음원으로 최대 44.1KHz까지의 샘플링이 가능한데, 이는 음악 CD와 동등한 레벨의 음원 성능이다. 더욱 특이한 점은, 4채널 분의 PCM을 묶어 4오퍼레이터 FM 음원으로 활용할 수 있는 최대 8채널까지의 FM 음원 에뮬레이션 기능이 있다는 것이다. 이 칩을 개발한 야마하도 '8채널 FM 음원'이라는 점에서 OPM(YM2151. 1980년대 후반의 세가 아케이드 게임에서 폭넓게 사용된 음원 칩) 대용으로의 활용법을 상정했던 듯해, OPM과 동일한 패러미터를 지정하면 동일한 음을 그대로 재현할 수 있는 구조로 만들어져 있다.

애석하게도 에뮬레이션의 정밀도가 그다지 높지 않아 '그대로'라기엔 다소

▲ 새턴의 음원 칩, SCSP(왼쪽 사진)와 MC68EC000(오른쪽 사진). SCSP는 세가새턴 외에 아케이드용 기판인 ST-V, MODEL3에도 채용되었다.

동떨어진 흉내내기 정도에 불과하나, 하기에 따라서는 충분히 수준 이상의 음을 연주할 수 있었기에, 활용성을 연구해볼 만한 기능이었다고 한다.

모든 채널을 PCM으로 사용할 경우, 앞서 말한 44.1KHz로는 메모리가 4Mbit라 불과 5초 정도밖에 샘플링할 수 없기 때문에 도저히 실용적이라 할 수 없다. 결국 샘플링 레이트를 극단적으로 떨어뜨리거나, 일단 메인은 FM 음원으로 사용하고 'FM 음원의 취약점인 타악기 음색을 PCM 음원으로 사용하는' 등의 상호보완적인 조합이 현실적인 활용법이었다.

또한, SCSP 내에는 MIDI(IN/OUT) 각 1채널, DAC(IN/OUT) 각 1채널이 탑재돼 있어, 단순한 '음원' 칩 치고는 꽤나 다기능이 들어간 통합 칩이었다. 후기 새턴에서는 MC68EC000도 원칩으로 통합되어 탑재되었다.

CHECK POINT 3 GRAPHICS

■ VDP 2개로 다채로운 영상표현을

새턴의 그래픽 기능은 VDP1(히타치 제작)과 VDP2(야마하 제작)라는 2개의 프로세서로 구현하고 있다. VDP1이 폴리곤 및 스프라이트 기능을 담당하여 1장의 화면으로 그려내고, 이를 VDP2에 넘겨주어 배경(BG 화면)과 합성함으로써, 실제로 표시되는 화면이 완성되는 순서를 밟는다.

이런 구조상, VDP2 입장에서는 VDP1이 그려낸 영상이 단순한 그림 한 장으로 취급되기 때문에, 개별 스프라이트나 폴리곤을 BG 뒤로 배치하는 것은 기본적으로 불가능하다. 다만 VDP1에는 픽셀 단위로 우선순위와 투명도(속성 정보)를 바꾸는 기능이 있기 때문에, 이를 사용해 화면의 깊이감을 '흉내낼' 수는 있다. 이 방법은 '어디까지나 흉내'일 뿐이라 마치 퍼즐을 풀듯 시행착오를 해야만 했으므로, 이런 점도 새턴의 게임 개발이 어렵다고 평가받는 이유 중 하나였다.

▲ 폴리곤과 스프라이트를 그려내는 VDP1(왼쪽 사진)과, VDP1이 만든 화면을 BG와 합성하는 VDP2(오른쪽 사진). 제조사가 다른데다 둘 다 복잡한 칩이라서, 결국 끝까지 원칩으로 통합되지 못했다.

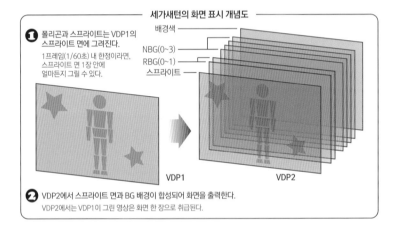

세가새턴의 화면 표시 개념도

1 폴리곤과 스프라이트는 VDP1의 스프라이트 면에 그려진다.

1프레임(1/60초) 내 한정이라면, 스프라이트 면 1장 안에 얼마든지 그릴 수 있다.

배경색 / NBG(0~3) / RBG(0~1) / 스프라이트

VDP1 → VDP2

2 VDP2에서 스프라이트 면과 BG 배경이 합성되어 화면을 출력한다.

VDP2에서는 VDP1이 그린 영상은 화면 한 장으로 취급된다.

VDP1 폴리곤

새턴의 폴리곤 드로잉은 VDP1이 담당하며, 주요 기능으로는 오른쪽 사진에 나열된 것들이 마련되어 있다. 유저들 사이에 '새턴은 폴리곤 표시를 하드웨어적으로 지원하지 않는다'라는 오해가 널리 퍼져 있지만, 표시 그 자체는 VDP1에서 총괄하고 있으며(텍스처 매핑은 다음 쪽에서 설명할 스프라이트를 이용해 표현한다), 새턴에 전용 하드웨어가 없는 것은 지오메트리 연산(플레이스테이션에서는 GTE가 담당)이다. 지오메트리 연산만큼은 소프트웨어로 처리할 수밖에 없기 때문에, (SGL에서는) 주로 서브 SH-2를 사용해 계산하게 된다.

오른쪽의 박스 사진으로 알 수 있

듯, 폴리곤을 그리는 기능에 한해서는 플레이스테이션과 그리 큰 차이가 없다. 다만 새턴에는 '스프라이트끼리 겹쳐질 경우에는 반투명 기능이 불가능' 등의 표현상 제한이 있어, 이때마다 개별적으로 유사 반투명을 사용하는 등의 편법을 써야만 하므로, 겉보기 표현력으로는 플레이스테이션에 한 수 뒤처지는 느낌을 줄 수밖에 없는 것도 사실이었다. 개발사에 따라서는 일부를 BG에 그려 반투명 겹

침을 구현한 경우도 있어, 연구하기 나름이기는 했다.

VDP1의 폴리곤 그리기 기능

와이어프레임 / 라인

플랫 셰이딩 / 고러드 셰이딩 / 유사 반투명

VDP1 스프라이트

새턴의 스프라이트는 세가 자사의 아케이드 게임에서 사용하던 프레임 버퍼 식을 채용하여, 새턴 이전의 게임기(라인 버퍼 식)에서 빈발하던 표시개수 제한이 없다(1프레임, 즉 1/60초 내에 다 그릴 수 있다면 제한 없이 표시 가능). 1프레임 내에 다 그릴 수 있는지 여부는 스프라이트 매수가 아니라 스프라이트 총 면적에 좌우되므로, 큼직한 스프라이트를 대량으로 표시하려면 부담이 커지게 된다.

기존의 스프라이트에 없는 독특한 기능으로, 스프라이트를 화면에 표시할 때 네 꼭짓점의 좌표를 마음대로 설정할 수 있어, 자유롭게 형태를 변형 가능하다(오른쪽 사진 ①). 새턴의 텍스처 매핑은 이를 이용해 구현하는 것이다.

또한 회전확대축소를 걸 때 기준점을 9개 지점 중에서 선택할 수도 있는데(오른쪽 사진 ②), 가령 캐릭터 발밑으로 기준점을 설정하면 확대축소해도 캐릭터가 지면에 파묻히거나 공중에 붕 뜨지 않으므로, 2D 액션 게임을 만들 때 등에는 편리한 기능이었다. 게다가 이를 응용하면, 기준점을 네 귀퉁이로 설정하여 「판처 드라군」의 레이더처럼 플레이어를 중심으로 한 부채꼴로 움직이는 시계 표현도 간단히 구현할 수 있다(오른쪽 사진 ③).

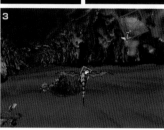

▲ 1. 스프라이트의 네 꼭짓점 좌표를 임의로 지정하면 자유롭게 변형할 수 있다. 텍스처는 이 기능을 사용해 구현한다. 2. 스프라이트의 회전확대축소 기준점을 9개 지점 중에서 지정 가능. 3. 「판처 드라군」의 레이더에서 꼭짓점을 기준점 삼아 회전시킨 예.

VDP2 BG 배경화면

새턴의 BG는 모두 6장인데, 스크롤만 가능한 NBG2와 NBG3, 확대축소가 가능한 NBG0와 NBG1, 회전확대축소가 가능한 RBG0와 RBG1으로 나뉜다(NBG는 Normal Scroll Screen BG, RBG는 Rotational Scroll Screen BG의 약자). 이중에서 최대 5장까지 겹쳐 넣을 수 있으며, 합성 가능한 총 BG 장수는 색수 및 해상도에 따라 달라진다(예를 들어 동영상 재생 등으로 1,677만 색을 사용해야 할 경우, 실질적으로는 1장만 쓸 수 있다).

여기에 VDP1이 생성해낸 스프라이트 면을 배경색과 합쳐 영상으로 출력하는 것이 VDP2의 역할로, 스프라이트 면을 포함해 최대 6개 면을 합성하는 칩이라고 할 수 있다. 또한 RBG1만이 특수 패스 변형이 가능한 화면이므로 NBG0~NBG3와 동시에 사용이 불가능하다는 등, 표현력과 반비례하여 제한이 걸리는 경우도 있다.

세가새턴의 해상도

320×224픽셀 ~ 704×480픽셀
최대 표시색수 1,677만 색

VDP2의 BG 화면 내역

BG	스크롤	확대축소	회전	특수변형
NBG0	가능	가능		
NBG1	가능	가능		
NBG2	가능			
NBG3	가능			
RBG0	가능	가능	가능	
RBG1	가능	가능	가능	가능

겹침 우선순위는 자유롭게 변경 가능.
RBG1은 NBG0~NBG3와 동시 사용 불가.

동영상 재생

게임의 오프닝이나 엔딩 등에서 분위기를 살려주는 동영상은 존재감이 크다. 특히 애니메이션 원작물 게임이라면, 팬들에게 친숙한 애니메이션 동영상이 나와 주어야 원작 팬들이 기뻐하기 마련이다.

새턴은 동영상을 재생하기 위한 전용 하드웨어가 탑재되지 않았기 때문에, 소프트웨어로 동영상 재생을 구현한다. 초기의 대표적인 방법이 '시네팩'으로, 원래 1배속 CD-ROM 드라이브에서의 저해상도 재생용으로 고

안된 코덱이었기에 처리속도가 빠르다는 특징이 있었다.

「버추어 파이터 2」를 전후해서는 트루모션(DAC), MPEG Sofdec(CRI), 루시드 모션(시즈웨어) 등의 다양한 코덱이 도입되어, 새턴의 동영상 재생 품질이 이전보다 현격히 향상되었다. 반면 「사쿠라대전」처럼 시네팩으로 고품질 동영상을 구현한 사례도 있는데, 고화질로의 끊임없는 탐구가 낳은 결과라 할 수 있다.

▶ CD-ROM의 장점을 살린 연출방법으로서 동영상재생은 여러 게임에서 활용되고 있었다.

CHECK POINT 4 MEMORY

■ 고가의 SDRAM을 선구적으로 채용

새턴은 복수의 CPU와 메모리가 독립 제어되며 동시에 동작하는 거대한 시스템으로, 이들이 서로 데이터를 원활히 교환할 수 있도록 SCU(System Control Unit)라는 칩이 탑재되어 있다. 메인 CPU의 개입 없이 고속으로 데이터를 전송시킨다는 의미로는 DMA와 비슷하지만, 어떤 의미로는 CPU보다 상위의 존재라고도 할 수 있겠다.

새턴은 사운드용·버퍼용 등으로 다수의 메모리를 탑재하고 있는데, 그중

에서도 고속성능이 요구되는 메인 메모리와 VRAM에는 당시 막 공급되기 시작한 동기식 DRAM(SDRAM)이 탑재되었다(단, 메인 메모리는 반절에 해당하는 1MB만이 SDRAM). SDRAM은 지금은 PC용 메모리로 흔하게 쓰이고 있지만, 당시에는 고가여서 새턴 발매 시점에선 가정용 게임기에 채용된 사례가 없었기에, 새턴의 제조단가 중 상당부분을 점유했으리라 추측된다.

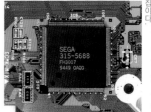

▲ 새턴의 메인 기판에서 볼 수 있는 SCU. 평범해 보이지만, 중요한 칩이다.

CHECK POINT 5 CONTROL PAD

■ 조작하기 쉬운 6버튼 패드

세가새턴의 컨트롤 패드는 메가 드라이브용으로 발매된 바 있는 6버튼 패드 '파이팅 패드 6B'를 기반으로 개량을 가한 제품이다. 직접 손에 닿는 외곽 부분은 미끄럽지 않도록 엠보싱 가공으로 처리했으며, 인종과 연령을 불문하고 누구나 잡기 쉽도록 전체적인 형상도 더욱 세련되게 다듬었다.

파이팅 패드 6B의 오른손 검지 위치에 있던 MODE 버튼은 없애고(애초에 3버튼 ↔ 6버튼 전환용이었으므로 새턴에는 불필요), 대신 슈퍼 패미컴에서 처음 도입한 L·R 버튼을 탑재했다. 또한 컨트롤 패드의 각 버튼은 각종 CD를

▲ 기본적인 디자인은 파이팅 패드 6B를 답습하면서도, 더욱 쓰기 좋게 다듬었다.

재생하는 멀티 플레이어 화면에 대응시켜, 해당 기능을 버튼 상단에 양각으로 각인했다.

새턴 패드는 역대 세가 게임기의 노하우 축적으로 탄생했기에 지금까지

도 팬이 많아, 이를 PC에 연결시켜 주는 인터페이스 카드가 나오기도 하고, USB 단자용으로 복각한 제품까지도 존재한다.

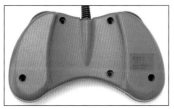

▲ 컨트롤 패드의 뒷면은 움푹 들어가 있다.

▲ SEGA 로고가 각인된, 컨트롤 패드의 연결 커넥터.

▲ 본체 앞면에 보이는 컨트롤 단자.

CHECK POINT 6 SOFTWARE MEDIA

■ 소프트는 CD-ROM으로만 공급

세가새턴의 소프트는 모두 CD-ROM으로 공급되었으며, 일반적인 소프트 가격대는 5,800~6,800엔 선. 데이터 형식은 일반적인 PC용 CD-ROM과 마찬가지로 멀티세션 형식의 ISO9660 포맷을 채용했지만, 불법복제 방지 목적으로 CD-ROM 바깥 테두리에 '새턴 링'이라 불리는 특수기록 영역을 추가했다.

트랙 2(음성 트랙)에는 CD 플레이어에서 착오로 재생하지 않도록 경고 메

시지가 들어가 있는데, 소프트에 따라선 여기에 소소한 장난을 집어넣은 개발사도 있었다.

왜 카트리지 소프트는 결국 발매되지 못했나?

새턴은 본체 윗면에 카트리지 슬롯이 설치되었고, 여기에는 CPU와 소통하기 위해 필요한 버스도 모두 연결되어 있었다. 당초에는 저용량이면서 고속 액세스가 필요한 게임을 위해 ROM 카트리지로 소프트를 공급하는 방안도 상정했으며, 프로토타입 기기의 표면에도 'CARTRIDGE'라는 문자가 각인되어 있었다.

카트리지 소프트가 결국 나오지 않은 이유는, 카트리지 쪽에는 불법복제 방지대책이 따로 없었기 때문에 카트리지로 게임 기동이 가능해지면 실질적으로 CD-ROM의 새턴 링 프로텍트를 회피할 수 있었기 때문이다. 결과적으로, 카트리지 슬롯은 파워 메모리와 확장기기용 단자로만 쓰이는 데 그쳤다.

▲ 프로토타입 기기에 표기되었던 'CD-ROM / CARTRIDGE' 글자와, CD-ROM 외곽에 위치한 새턴 링.

CHECK POINT 7 CD-ROM DRIVE

■ CD-ROM에도 SH-1을 탑재

새턴에 탑재된 CD-ROM 드라이브는 2배속으로서 읽기 속도는 300KB/초이며, 드라이브 자체로는 같은 세대의 타사 게임기와 동등한 성능이다.

타사와 구별되는 최대의 특징은, CD-ROM 로딩 및 제어용으로 히타치의 32비트 CPU인 SH-1과 8비트 CPU인 H8 두 칩을 탑재하고 있다는 점이다. 특히 SH-1은 새턴의 메인 CPU인 SH-2의 한 세대 전에 해당하는 CPU로, 4Mbit(512KB) RAM이 연

결돼 있어 이를 버퍼로 사용한다. 메가 CD 시대부터 CD-ROM의 로딩 속도를 깊이 연구해온 세가였기에, 게임기의 스트레스 포인트는 CD-ROM에 있음을 간파한 것이다.

간추리면 '메인 CPU가 데이터를 요구해 오면 SH-1이 독립적으로 데이터를 로딩해 버퍼 메모리에 필요한 데이터를 넣어두고, 이를 CPU가 가져간다'라는 구조로서, 메인 CPU의 부담을 최대한 낮추는 시스템이다.

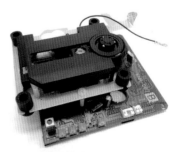
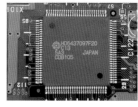

가격 대 성능비가 높은 보급형 세가새턴

세가새턴 (화이트) SEGASATURN

세가 엔터프라이지스   1996년 3월 22일   20,000엔

스켈톤 세가새턴

토이저러스 한정 세가새턴

■ 손가락이 부러질 때까지 세가새턴, 해라!

백색 세가새턴은 내부회로의 재설계와 부품개수 감소로 대폭적인 단가 절감을 가한 신 모델이다. 정확한 본체 컬러는 '미스트 그레이'로 명명되어 있지만, 대중적으로는 '하얀 새턴'으로 더 널리 불렸고, 세가 스스로도

후지오카 히로시가 맡은 '세가타 산시로'라는 CM 캐릭터를 기용하여 '세가새턴, 해라!'(역주 ※)라는 캐치프레이즈의 백색 세가새턴 홍보 광고를 전개했다. 유도복 차림의 세가타 산시로가 등장하는 황당무계한 내용의 TV CM은 큰 호평을 받아, 후일 「세가타 산시로 진검유희」(176p)라는 게임까지 발매되었다.

기존 모델에 비해 CD 액세스 램프 삭제와 CPU 2개의 원칩화 통합(후기 모델) 등 여러 변경이 가해졌는데, 특히 CPU 원칩화의 영향으로 「스페이스 해리어」와 「아웃런」 등 일부 소프트가 비정상적으로 동작하는 문제도 발생했다.

판매 캠페인과 한정 모델 등의 모델 바리에이션이 매우 많은 것도 이 기기의 특징으로, 프로모션 비디오테이프 (VHS)를 동봉한 '새해 선물 캠페인'이나 한정판매품인 「크리스마스 나이츠」를 동봉한 '크리스마스 나이츠 동계한정판' 등, 그야말로 다양한 패키지가 발매되었다. 게다가 후기에는 비매품인 '1998 스페셜 캠페인' 당첨자용으로 생산된 스켈톤 컬러가 호평을 받아 아예 '스켈톤 세가새턴'으로 2만 대 한정 생산되기까지 한다. 이 스켈톤 새턴은 '더비 스탈리언 한정판' 명목으로도 재생산(배색은 약간 다르다)되었다.

(역주 ※) '해라(シロ)'와 '백색(しろ; 白)'은 일본어로 독음이 동일하다. 즉 '백색 세가새턴'을 홍보하는 슬로건이기도 하니, 절묘한 언어유희인 셈이다.

세가새턴(화이트)의 사양

형식번호	HST-3220
CPU	메인 : SH2(28.6MHz, 25MIPS)×2, 사운드 : 68EC000(11.3MHz)
메모리	워크 RAM : 16Mbit, 비디오 RAM : 12Mbit, 사운드 RAM : 4Mbit CD 버퍼 RAM : 4Mbit, 백업 RAM : 256Kbit, IPL ROM : 4Mbit
그래픽	해상도: 320×224픽셀 ~ 704×480픽셀 발색수: 최대 1,677만 색 이상, 팔레트 2048색/1024색 스프라이트: 확대축소, 회전, 변형 스프라이트
스크롤	최대 5장(XY 스크롤 면 4장, 회전 스크롤 면 2장, 확대축소 면 2장, 윈도우 면 2장) 특수기능 : 가로 라인 스크롤, 세로 셀 스크롤, 확대축소
CG 성능	폴리곤 : 전용 하드웨어 탑재 특수기능 : 와이어프레임, 플랫 셰이딩, 고러드 셰이딩
사운드	PCM 음원 혹은 FM 음원 32채널 (양자화수 16비트, 샘플링 주파수 MAX 44.1KHz)
접속단자	2개소(컨트롤 패드 등 접속 가능), 확장 통신 단자
슬롯	카트리지, 확장 각 1개소
전원 / 소비전력	AC 100V±10% 50/60Hz / 약 12W
외형 치수	260(가로) × 230(세로) × 83(높이) mm
부속품	컨트롤 패드×1, 전원 케이블, 스테레오 AV 케이블, 버튼 전지, 취급설명서

TOP VIEW

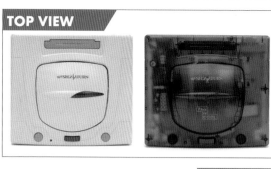

BOTTOM VIEW

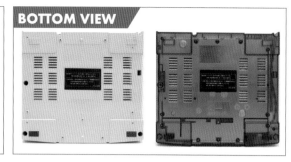

턴과 동일. 메뉴 기능 등도 그대로다.

◀ 기동 시의 로고는 기존 세가새로다.

CONTROL PAD

PACKAGE

화이트 새턴 초기 패키지　　　새해 선물 캠페인 한정판　　　크리스마스 나이츠 동계한정판　　　화이트 새턴 후기 패키지

토이저러스 한정판　　1998 스페셜 캠페인(비매품)　　스켈톤 세가새턴　　더비 스탤리언 발매기념

CATALOGUE

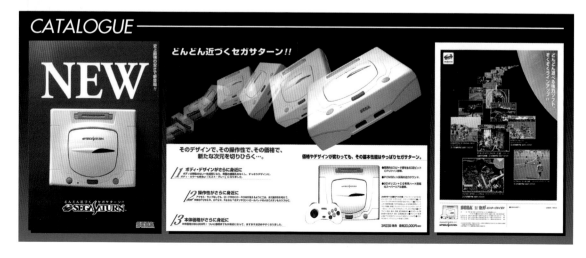

HARDWARE

1994's SOFT

1995's SOFT

1996's SOFT

1997's SOFT

1998's SOFT

1999's SOFT

2000's SOFT

SOFT INDEX

AV기기 유통망으로 발매된 빅터 사의 새턴

V새턴 V SATURN

일본 빅터   RG-JX1 : 1994년 11월 22일   오픈 프라이스   RG-JX2 : 1996년 6월 7일   오픈 프라이스

RG-JX1

RG-JX2

■ 품격 있는 배색으로 인기였던 V새턴

V새턴은 일본 빅터가 발매한 세가 새턴 호환기다. 실질적으로는 OEM 생산이므로, 성형색이 다른 것과 오프닝 데모 화면 로고가 V새턴으로 교체된 것 외에는 패키지 포장부터 본체 크기까지 세가새턴과 완전 동일하다. 판매 도중 소형 패키지로 변경된 점까지도 공통이다.

V새턴은 RG-JX1과 RG-JX2 두 모델이 존재하며, 각각 초기 세가새턴(HST-3200/3210)과 화이트 새턴(HST-3220)에 대응된다. RG-JX1은 퍼플이 섞인 짙은 그레이, RG-JX2는 밝은 그레이 컬러로서, 양 모델 모두 윗면과 아랫면이 다른 투톤 컬러인 점

도 특징이다. 시크하고 품격 있는 배색 덕분인지 RG-JX1 쪽이 인기가 있어, 중고시장에서도 이쪽이 조금 더 고가로 거래되고 있다.

세가새턴과 마찬가지로 「버추어 파이터 리믹스」를 동봉한 100만 대 캠페인, 「크리스마스 나이츠」를 동봉한 동계한정판 등의 특별 패키지를 동일한 타이밍에 발매한 바 있으며, 「배틀바」를 동봉한 독자적인 캠페인 패키지도 발매했다. 이들은 모두 오픈 프라이스였지만, 대개 세가새턴과 동일한 소비자가격으로 판매되었다.

빅터 입장에서는 AV기기 유통망을 중심으로 V새턴 본체를 세가로부터 공급받아 그대로 발매한 정도로서, 히타치의 게임 & 카 내비 하이새턴(26p)과 가라오케 유닛처럼 주변기기 등의 독자적인 제품을 적극적으로 전개하지는 않았다. 유일하게 AV기기 메이커로서 자사의 강점을 살린 주변기기가 '비디오 CD 오퍼레이터'와 '트윈 오퍼레이터'로 이어지는 일련의 제품군(31p)으로, 이쪽은 세가 및 히타치에도 '무비 카드'·'하이새턴 카드' 등의 이름으로 동종 제품을 OEM 공급했다.

V새턴의 사양

형식번호	RG-JX1	RG-JX2
CPU	메인 : SH2(28.6MHz, 25MIPS)×2, 사운드 : 68EC000(11.3MHz)	
메모리	워크 RAM : 16Mbit, 비디오 RAM : 12Mbit, 사운드 RAM : 4Mbit CD 버퍼 RAM : 4Mbit, 백업 RAM : 256Kbit, IPL ROM : 4Mbit	
그래픽	해상도 : 320×224픽셀 ~ 704×480픽셀 발색수 : 최대 1,677만 색 이상, 팔레트 2048색/1024색 스프라이트 : 확대축소, 회전, 변형 스프라이트	
스크롤	최대 5장(XY 스크롤 면 4장, 회전 스크롤 면 2장, 확대축소 면 2장, 윈도우 면 2장) 특수기능 : 가로 라인 스크롤, 세로 셀 스크롤, 확대축소	
CG 성능	폴리곤 : 전용 하드웨어 탑재 특수기능 : 와이어프레임, 플랫 셰이딩, 고러드 셰이딩	
사운드	PCM 음원 혹은 FM 음원 32채널 (양자화수 16비트, 샘플링 주파수 MAX 44.1KHz)	
접속단자	2개소(컨트롤 패드 등 접속 가능), 확장 통신 단자	
슬롯	카트리지, 확장 각 1개소	
전원 / 소비전력	AC 100V±10% 50/60Hz / 약 15W	AC 100V±10% 50/60Hz / 약 12W
외형 치수	260(가로) × 230(세로) × 83(높이) mm	
부속품	컨트롤 패드 ×1, 전원 케이블, 스테레오 AV 케이블, 버튼 전지, 취급설명서	

HARDWARE
1994's SOFT
1995's SOFT
1996's SOFT
1997's SOFT
1998's SOFT
1999's SOFT
2000's SOFT
SOFT INDEX

TOP VIEW

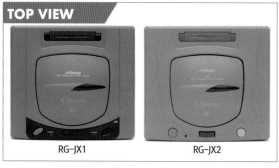

RG-JX1   RG-JX2

BOTTOM VIEW

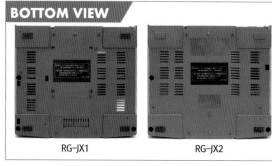

RG-JX1   RG-JX2

▲
기동화면은 '로고가 달라진 것
뿐으로', 로고가 완성되기까지의
패턴은 '세가새턴과 동일'.

© SEGA ENTERPRISES, LTD. 1994,1995 Ver. 1.01

CONTROL PAD

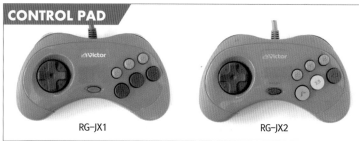

RG-JX1   RG-JX2

PACKAGE

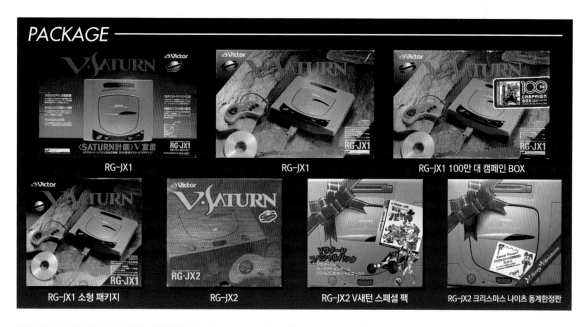

RG-JX1   RG-JX1   RG-JX1 100만 대 캠페인 BOX

RG-JX1 소형 패키지   RG-JX2   RG-JX2 V새턴 스페셜 팩   RG-JX2 크리스마스 나이츠 동계한정판

CATALOGUE

023

비디오 CD, 포토 CD도 재생 가능한 멀티미디어 플레이어

하이새턴 HISATURN

히타치 제작소   MMP-1 : 1995년 4월 1일   64,800엔   MMP-11 : 1996년 10월   오픈 프라이스

MMP-1

MMP-11

기품이 넘치는 블랙 새턴

하이새턴은 히타치에서 발매된 세가새턴 호환기다. V새턴과 마찬가지로 OEM 제품이므로 기본적인 사양은 세가새턴과 동일하지만, 후면의 확장 슬롯에 장착되는 '하이새턴 카드'가 표준 동봉되어 있다는 차별점이 있다. 하이

새턴 카드는 비디오 CD 및 포토 CD를 재생할 수 있게 해주는 주변기기로, 성능은 일본 빅터가 발매한 '트윈 오퍼레이터'와 동일하다.

제품은 초기형인 MMP-1과 후기의 MMP-11 두 모델이 존재하며, 각각 초기 세가새턴(HST-3210)과 화이트 새턴(HST-3220)에 대응된다. 패키지 상자는 하이새턴 자체의 발매 타이

밍 때문에 소형 패키지만 존재한다. 다른 새턴과 마찬가지로, 100만 대 캠페인과 크리스마스 나이츠 동계한정판도 발매되었다.

히타치는 이 제품을 '새턴 기반으로 제작한, CD 매체 전반을 재생 가능한 멀티미디어 플레이어'로 포지셔닝하여, 비디오·음악·사진·전자책·노래방 등 가정용 엔터테인먼트의 중핵을 맡는 공통 플랫폼을 목표로 삼아 개발했다. 아쉽게도 실현에 이르지는 못했으나, '영상·음성을 사용한 CD-ROM 전자통신판매 카탈로그를 배포하고, 주문은 전화회선을 통해 한다'는, 전화회선과 결합된(당시 일본의 통신 인프라는 동영상과 음성을 송수신하기에는 빈약했다) 정보 서비스도 초기 구상 단계에서는 검토했었다고 한다.

한편, 사내에 가전부문이 있다는 이점을 살려 '새턴용 단자를 내장한 TV'(38p)를 시장에 투입하거나, '카 내비게이션 기능이 있는 차량 탑재용 새턴'(26p)을 발매하는 등, 히타치가 전개했던 새턴 사업은 단순한 CPU 공급을 넘어 미래의 정보가전을 목표로 한 그룹 차원의 대형 프로젝트였다고 할 수 있다.

하이새턴의 사양

형식번호	MMP-1	MMP-11
CPU	메인 : SH2(28.6MHz, 25MIPS)×2, 사운드 : 68EC000(11.3MHz)	
메모리	워크 RAM : 16Mbit, 비디오 RAM : 12Mbit, 사운드 RAM : 4Mbit CD 버퍼 RAM : 4Mbit, 백업 RAM : 256Kbit, IPL ROM : 4Mbit	
그래픽	해상도: 320×224픽셀 ~ 704×480픽셀 발색수: 최대 1,677만 색 이상, 팔레트 2048색/1024색 스프라이트: 확대축소, 회전, 변형 스프라이트	
스크롤	최대 5장 (XY 스크롤 면 4장, 회전 스크롤 면 2장, 확대축소 면 2장, 윈도우 면 2장) 특수기능 : 가로 라인 스크롤, 세로 셀 스크롤, 확대축소	
CG 성능	폴리곤 : 전용 하드웨어 탑재 특수기능 : 와이어프레임, 플랫 셰이딩, 고러드 셰이딩	
사운드	PCM 음원 혹은 FM 음원 32채널 (양자화수 16비트, 샘플링 주파수 MAX 44.1KHz)	
접속단자	2개소(컨트롤 패드 등 접속 가능), 확장 통신 단자	
슬롯	카트리지, 확장 각 1개소	
전원 / 소비전력	AC 100V±10% 50/60Hz / 약 12W	
외형 치수	260(가로) × 230(세로) × 83(높이) mm	
부속품	컨트롤 패드×1, 전원 케이블, 스테레오 AV 케이블, 버튼 전지, 하이새턴 카드, 취급설명서	

HARDWARE

1994's SOFT

1995's SOFT

1996's SOFT

1997's SOFT

1998's SOFT

1999's SOFT

2000's SOFT

SOFT INDEX

TOP VIEW

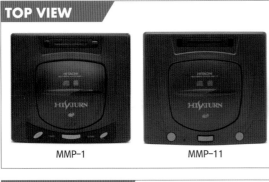

MMP-1   MMP-11

BOTTOM VIEW

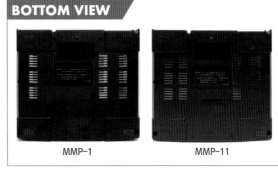

MMP-1   MMP-11

HISATURN CARD

CONTROL PAD

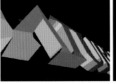

▲ 우주공간 상에서 회전하며 눈앞에서 완성되는 하이새턴 로고. 기동 시의 징글도 세가새턴·V새턴과 다른 독자적인 사운드를 준비했다.

PACKAGE

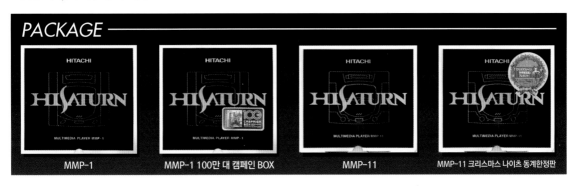

MMP-1   MMP-1 100만 대 캠페인 BOX   MMP-11   MMP-11 크리스마스 나이츠 동계한정판

CATALOGUE

게임과 내비와 노래방까지, 모든 게 가능한 레저용 새턴

게임 & 카 내비 하이새턴 GAME NAVI HISATURN

히타치 제작소   1995년 12월 6일   150,000엔

▲ 어비해 패키지는 기존의 하이새턴이면서도 사진을 집에 넣었었다.

▲ 동시 발매된 전용 4인치 컬러 모니터 NX-4YD. 가격은 45,000엔.

컴팩트한 바디에 다기능을 압축

게임 & 카 내비 하이새턴은 제품명 대로 카 내비게이션 용도를 염두에 두고 개발된 새턴이다. 이전까지 소개한 각 회사의 새턴은 세가새턴 기반의 OEM 제품이었으나, 이 기기는 완전히 신규 설계로서 단순한 카 내비게이션을 뛰어넘은 그야말로 다기능 제품이다.

눈에 띄게 작아진 본체에 카 내비게이션에 필요한 GPS 단자를 비롯한 여러 기능을 내장하고, 전원 역시 일본 가정용의 AC 100V 외에 DC 12V 전원도 대응시켜 차량 탑재에 적합하도록 했다. 또한 기존에는 옵션이었던 노래방 기능도 내장하고, 전용 액정 모니터도 접속 가능하며, TV 튜너도 옵션으로 준비하는 등 레저용 기기로서의 성향이 강한 편이다.

반면 기존 하이새턴의 특징이었던 비디오 CD · 포토 CD 재생 기능은 삭제했지만, 세가새턴 무비 카드 등을 사용할 수 있으므로 이것까지 장착하면 그야말로 '모든 기능이 완비된' 최강의 새턴이 된다. 컨트롤 패드는 기존 하이새턴과 동일한 패드 1개가 동봉되었는데, 내비게이션 조작방법이 인쇄된 스티커가 첨부되어 있다.

게임 & 카 내비 하이새턴의 사양

형식번호	MMP-1000NV
CPU	메인 : SH2(28.6MHz, 25MIPS)×2, 사운드 : 68EC000(11.3MHz)
메모리	워크 RAM : 16Mbit, 비디오 RAM : 12Mbit, 사운드 RAM : 4Mbit CD 버퍼 RAM : 4Mbit, 백업 RAM : 256Kbit, IPL ROM : 4Mbit
그래픽	해상도: 320×224픽셀 ~ 704×480픽셀 발색수: 최대 1,677만 색 이상, 팔레트 2048색/1024색 스프라이트: 확대축소, 회전, 변형 스프라이트
스크롤	최대 5장(XY 스크롤 면4장, 회전 스크롤 면 2장, 확대축소 면 2장, 윈도우 면 2장) 특수기능: 가로 라인 스크롤, 세로 셀 스크롤, 확대축소
CG 성능	폴리곤 : 전용 하드웨어 탑재 특수기능 : 와이어프레임, 플랫 셰이딩, 고러드 셰이딩
사운드	PCM 음원 혹은 FM 음원 32채널 (양자화수 16비트, 샘플링 주파수 MAX 44.1KHz)
접속단자	컨트롤 패드 단자×2, 확장 통신 단자, 마이크 단자×2, 오디오 입출력, 영상 입출력, 모니터 출력
슬롯	카트리지, 확장 각 1개소
전원 / 소비전력	전원 : AC 100V±10% 50/60Hz / DC 12V ⊖ 어스 소비전력 : 약 15W(본체만), 약 22W(NX-4YD 장착시), 약 25W(NX-4YD & MMP-TU1000 장착시)
외형 치수	252(가로) × 214(세로) × 57(높이) mm 1.9kg
부속품	컨트롤 패드×1, AC 어댑터, 스테레오 AV 케이블, GPS 안테나, 카 어댑터, 버튼 전지, 일렉트로 탭, 본체 고정용 매직테이프, 카 어댑터 고정용 매직테이프, 취급설명서

▲ 액정 모니터를 장착하고 접은 상태. 버튼과 단자를 다수 내장하고 있다보니 중장비 느낌이 물씬.

TOP VIEW

BOTTOM VIEW

FRONT VIEW

REAR VIEW

SIDE VIEW

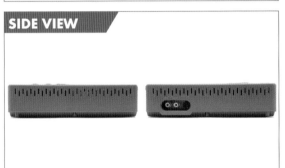

CONTROL PAD

성능 면에서는 두말할 나위 없는 기종이긴 하나 그만큼 가격도 껑충 뛰어올라, 본체 가격만 무려 15만 엔에다 풀셋을 완비하면 20만 엔이 넘는 거물이 되어버렸다. 당시의 카 내비게이션 제품 평균가를 고려하면 그렇게까지 고가는 아니라고 하나, 게임기로서는 도저히 손을 뻗기 어려운 금액임도 사실이다.

CATALOGUE

HARDWARE

1994'S SOFT

1995'S SOFT

1996'S SOFT

1997'S SOFT

1998'S SOFT

1999'S SOFT

2000'S SOFT

SOFT INDEX

'세가가라'라는 애칭으로 친숙한, 진화하는 업무용 통신 노래방 기기

프롤로그 21 PROLOGUE21

세가 뮤직 네트웍스   1994년

▲ 프롤로그 21의 기동화면과 대기화면. 당시 가라오케 단골이었다면 이 화면이 친숙할지도.

▲ 커맨더 하단의 도어를 열면 드러나는 새턴 부분. 기동 화면과 컨트롤러 등은 세가새턴 그대로다.

▲ 번호책이 필요 없는 송 내비게이터. 터치패널 방식이 아니므로, 오른쪽의 키보드로 번호를 입력한다.

■ 새턴을 즐길 수 있는 세가제 노래방 기기

프롤로그 21은 세가 뮤직 네트웍스가 운영하던 업소용 가라오케(노래방) 시스템 '세가가라'용으로 제공된 업무용 단말기로, 노래방 점포 등에 설치되었다. 시스템 본체인 '커맨더'와, 연주 중인 비디오 CD가 들어가는 '체인저',

(역주 ※1) 여럿이 부를 때 간단히 화음 합창이 되도록 기기에서 가이드해주는 기능.

대음량 스피커와 연결되는 '파워 앰프' 세 기기로 구성돼 있으며, 각종 기능이 네트워크 경유로 업데이트되는 '진화하는 가라오케'가 최대의 특징이었다.

커맨더는 새턴을 기반으로 제작되어 있어, 새턴용 게임을 플레이할 수 있다. 하모리(역주※1)나 송 내비게이터(역주※2) 등 후일 타사가 모방한 기능도 많아, 현재 일본 가라오케 기기의 선구자 역할도 했다.

(역주 ※2) 리모컨에 액정 모니터가 있어, 번호책 없이도 리모컨으로 곡을 간색하여 예약을 넣을 수 있는 기능. 일본의 노래방기기에서는 매우 보편화되어 있다.

Prologue21(커맨더)의 사양

형식번호	SKC-1000C
외형 치수	434(가로) × 158(세로) × 389(높이) mm 10.5kg
전원 / 소비전력	AC 100V±10% 50/60Hz / 약 43W

Prologue21(체인저)의 사양

형식번호	SKC-2000A
외형 치수	434(가로) × 236(세로) × 430(높이) mm 18kg
전원 / 소비전력	AC 100V±10% 50/60Hz / 약 23W

Prologue21(파워 앰프)의 사양

형식번호	SKC-3100
외형 치수	434(가로) × 115(세로) × 303(높이) mm 9kg
전원 / 소비전력	AC 100V±10% 50/60Hz / 약 105W (최대출력 120W)

HARDWARE

1994's SOFT

1995's SOFT

1996's SOFT

1997's SOFT

1998's SOFT

1999's SOFT

2000's SOFT

SOFT INDEX

새턴 기반의 아케이드 시스템 기판

ST-V SEGA VIDEO GAME SYSTEM

세가 엔터프라이지스　1994년

이름의 유래는 토성의 위성 '타이탄'

ST-V는 세가새턴의 아키텍처를 기반으로 제작한 아케이드 시스템 기판이다. 이름의 유래는 토성의 위성인 '타이탄'으로서, 자사의 MODEL2와 같은 하이스펙이 필요하지 않은 게임을 위한 기판으로 등장했다. 이미 새

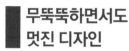

▲▼ ST-V 기판과 전용 소프트 카트리지.
기판 위쪽에 보이는 소켓에 장착한다.

턴으로 게임을 개발해온 소프트 개발사 입장에서는 다루기 쉽고 비교적 낮은 개발비로 아케이드 시장에 게임을 낼 수 있다는 이점도 있어, 「코튼 2」나 「창궁홍련대」, 「수호연무」처럼 아케이드와 새턴 양쪽으로 동일 타이틀을 출시하는 회사도 존재했다.

이 시기의 세가 아케이드 기판은 3D에 특화되어 있었기에 2D 계열 게임에도 사용 가능한 ST-V는 활용성이 좋아, 아케이드 게임 외에도 전동유희 기구나 메달 게임기의 제어용으로도 사용되는 등 무려 50종 이상의 타이틀에 사용된 베스트셀러가 되었다.

숙박시설에 설치된 동전 투입식 업무용 새턴

SGX HSG-0007

선세이부　1994년

무뚝뚝하면서도 멋진 디자인

SGX는 여관이나 호텔 등의 숙박시설 설치용으로 개발된, 이른바 업무용 새턴이다. 우측에 코인기를 설치해, 일

정시간(1분 단위로 오퍼레이터를 설정 가능)동안 내장된 게임을 마음껏 즐길 수 있는 식이다. TIMER 숫자가 일정 이하로 줄면 경고음이 울리고, 추가로 동전을 넣으면 제한시간이 늘어난다.

내장 소프트는 일반적인 새턴용 CD-ROM을 7장까지 탑재 가능하여, 체인저로 디스크를 교체하는 형태이다. 내부는 일반 새턴과 동일하므로, 기본적으로는 모든 새턴 소프트가 동작하는 것으로 보인다.

후면에 컴포지트 입출력 단자가 마련되어 있어, TV/GAME 버튼을 누르면 언제든 TV 영상으로 전환할 수 있다.

새턴의 주변기기 케이블

세가새턴 S단자 케이블

HSS-0105   세가 엔터프라이지스
1994년 11월 22일   2,000엔

컴포지트(비디오) 신호보다 고품질로 영상을 표시할 수
있는 케이블. 접속하려면 S단자가 있는 TV가 필요하다.

세가새턴 스테레오 AV 케이블

HSS-0106   세가 엔터프라이지스
1994년 11월 22일   2,000엔

본체에 동봉된 케이블과 동일한, 컴포지트(비디오) 단자
가 있는 TV와 접속하기 위한 케이블.

세가새턴 대전 케이블

HSS-0107   세가 엔터프라이지스
1994년 11월 22일   2,000엔

새턴 2대를 이 케이블로 연결하면 통신대전이 가능하
다. 지원 소프트는 「건그리폰 Ⅱ」등 5종이 발매되었다.

세가새턴 RGB 케이블

HSS-0109   세가 엔터프라이지스
1995년 10월 12일   2,500엔

세가새턴에서 가장 깨끗한 영상을 뽑아내려면 이 케이블이 필
수. 어째서인지 다른 케이블에 비해 1년이나 늦게 발매되었다.

세가새턴 RF 유닛

HSS-0110   세가 엔터프라이지스
1994년 11월 22일   2,000엔

비디오 단자가 없는 구식 TV에 안테나선으로 접속하기
위한 유닛. 부속품으로 동축/피더 선 양쪽에 대응한다.

세가새턴 모노럴 AV 케이블

HSS-0112   세가 엔터프라이지스
1994년 11월 22일   2,000엔

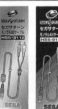

컴포지트(비디오) 영상 + 모노럴 음성 단자가 있는 TV에
접속하기 위한 케이블.

새턴용 케이블

TP-AVS10   히타치 제작소
1995년 7월 20일   2,600엔

히타치의 와이드스크린 TV '게임 넥스테이지'(38p)에 내장된
새턴 단자에 접속하기 위한 전용 케이블. 영상품질은 S단자급
으로, RGB만큼은 아니지만 고화질로 즐길 수 있다.

우측 세로 텍스트:
◀ 최근엔 S단자가 있는 TV를 보기가 매우 어렵다.

◀ 세가새턴용 영상 케이블 중에선 가장 흔하다.

◀ 새턴과 TV가 각각 2대씩 필요한지라, 지원 소프트가 적었다.

◀ 정품의 발매가 늦어지는 바람에 비정규품 쪽이 먼저 발매되었다.

◀ 아날로그 TV 시대의 제품인지라, 현재의 안테나 단자와는 호환되지 않는다.

◀ 스테레오 AV 케이블과 함께 이당시 일반적이었던 모노럴에 맞게 제작.

◀ 사용 목적이 한정적이라 제법 희귀한 새턴용 케이블.

새턴의 주변기기 멀티미디어

세가새턴 무비 카드

HSS-0119　세가 엔터프라이지스　1995년 6월 23일　19,800엔

새턴에서 비디오 CD를 시청할 수 있도록 해주는 카트리지. 본체 후면에 있는 확장 슬롯에 장착하기만 하면, 특별한 설정 없이 비디오 CD를 넣기만 해도 자동적으로 플레이어가 기동된다.

▶우를중에도게임지에하이소리는카프경드트

세가새턴 전자책 오퍼레이터

HSS-0120　세가 엔터프라이지스　1995년 6월 23일　5,000엔

1990년 소니가 주도하여 책정된 8cm CD-ROM 형식의 전자책 컨텐츠를 열람하기 위한 소프트. 먼저 이 소프트를 구동한 다음, 읽으려는 디스크로 교체하여 사용한다. 현재의 전자책과는 호환성이 없다.

▶와인은패키지통일비무시켰카드다라디자

세가새턴 포토 CD 오퍼레이터

HSS-0121　세가 엔터프라이지스　1995년 6월 23일　3,800엔

코닥이 제창한 '사진이 저장된 CD-ROM', 포토 CD 규격의 디스크를 새턴에서 열람하기 위한 소프트. 위의 전자책 오퍼레이터와 마찬가지로, 이 소프트를 구동한 뒤 디스크를 교체해 관람한다.

▶이루쵸의샘플CD 내에에사페진퍼들어있다

비디오 CD 디코더

RG-VC1　일본 빅터　1995년 3월 26일　18,800엔

빅터가 V새턴용으로 발매한, 비디오 CD를 재생하기 위한 주변기기. 세가의 무비 카드와 완전 동일한 상품으로, 어떤 새턴이라도 사용 가능하다.

▶를쓴독특한패키지다VHS 비디오테이프 케이스

트윈 오퍼레이터

RG-VC2　일본 빅터　1995년 12월 1일　21,000엔

이것 하나로 비디오 CD와 포토 CD 양쪽을 즐길 수 있는 주변기기. 비디오 CD 재생기능 자체도 강화하여, 플레이백 컨트롤이 가능해졌다. 하이새턴 카드(24p)도 기능상 동일 제품이다.

▶비디오 CD 디코더와 동일한 VHS 케이스 패키지다

트윈 오퍼레이터

RG-VC3　일본 빅터　1997년 8월 9일　18,000엔

위의 RG-VC2에서 패키지를 종이 박스로 변경하고 가격도 낮춘 모델. 소소한 변경점으로, PAL(유럽 지역의 영상방식)판 비디오 CD도 지원한다.

트윈 오퍼레이터 스페셜 팩

RG-VC3S　일본 빅터　1998년 10월 15일　11,000엔

트윈 오퍼레이터 발매 3주년을 기념해 가격을 대폭 낮춘 모델. 이 제품을 지원하는 「팔콤 클래식스」와의 제휴로, 「이스」 공중전화 카드를 100명에게 증정하는 캠페인도 열었다.

HARDWARE
1994's SOFT
1995's SOFT
1996's SOFT
1997's SOFT
1998's SOFT
1999's SOFT
2000's SOFT
SOFT INDEX

새턴의 주변기기 컨트롤러

세가새턴 컨트롤 패드

HSS-0101　　세가 엔터프라이지스
1994년 11월 22일　　2,500엔

그레이 세가새턴(HST-3200 혹은 HST-3210)에 1개 동봉되어 있는 제품과 동일한 컨트롤 패드.

세가새턴 컨트롤 패드

HSS-0101　　세가 엔터프라이지스
1996년 7월 5일　　2,500엔

미스트 그레이 세가새턴(HST-3220)에 1개 동봉되어 있는 제품과 동일한 컨트롤 패드.

세가새턴 쿨 패드

HSS-0162　　세가 엔터프라이지스
1997년 6월 20일　　2,500엔

스켈톤 세가새턴의 동봉품과 동일한 컨트롤 패드. 원래 캠페인용 경품이었지만, 기간한정으로 통신판매도 했다.

V새턴 컨트롤 패드

RG-CP5　　일본 빅터
1994년 11월 22일　　2,500엔

초기 V새턴(RG-JX1)에 1개 동봉되어 있는 제품과 동일한 컨트롤 패드. 성형색도 V새턴에 맞춰 제작했다.

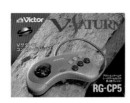

V새턴 컨트롤 패드

RG-CP6　　일본 빅터
1996년 6월 7일　　2,500엔

후기 V새턴(RG-JX2)에 1개 동봉되어 있는 제품과 동일한 컨트롤 패드. 성형색도 V새턴에 맞춰 제작했다.

하이새턴 컨트롤 패드

HSS-0118　　히타치 제작소
1995년 4월 1일　　2,500엔

히타치의 하이새턴(MMP-1, MMP-11, MMP-1000NV)에 1개 동봉되어 있는 제품과 동일한 컨트롤 패드.

세가새턴 셔틀 마우스

HSS-0102   세가 엔터프라이지스
1994년 11월 22일   3,000엔

그레이 새턴용으로 발매된 4버튼 마우스. 로고가 인쇄된 우레탄 재질의 전용 마우스 패드가 동봉되었다.

▶이번 디자인은 세가 오브 아메리카가 디자인했는데 오른쪽 디자인과는 다르다. 디자인의 맛주가

세가새턴 셔틀 마우스

HSS-0139   세가 엔터프라이지스
1996년 7월 5일   3,000엔

미스트 그레이 컬러로 리뉴얼한 4버튼 마우스. 성형색이 변경된 것 외에는 위의 HSS-0102와 동일 사양이다.

▶처음부터 게임 플레이션과 윈도95지원 소벤

세가새턴 멀티 터미널 6

HSS-0103   세가 엔터프라이지스
1995년 1월 20일   3,800엔

3명 이상의 플레이어가 하나의 게임을 즐길 때 필요한 어댑터. 2개의 컨트롤러 단자에 각각 하나씩 접속 가능하다.

세가새턴 코드리스 패드 세트

HSS-0116   세가 엔터프라이지스
1995년 4월 1일   4,800엔

적외선을 사용하여 무선으로 게임 플레이가 가능한 제품. 코드리스 패드 1개와 리시버가 한 세트로 판매되었다.

▶게임용뿐만 아니라, TV 리모컨으로도 사용 가능한 명품.

세가새턴 코드리스 패드

HSS-0126   세가 엔터프라이지스
1995년 11월 24일   2,800엔

위의 세트를 보유 중인 사람을 위한 별매 컨트롤 패드. 패드 하단의 슬라이드 스위치로 플레이어 1·2를 전환할 수 있다.

세가 멀티 컨트롤러

HSS-0137   세가 엔터프라이지스
1996년 7월 5일   3,800엔

「나이츠」(81p)와 동시 발매된 아날로그 컨트롤러. 기존의 디지털 방향키도 함께 있어, 아래쪽의 스위치로 전환이 가능하다. 「나이츠」 소프트를 동봉한 세트도 발매되었다.

▶둥글게 디자인한 형태의 컨트롤러. L·R버튼은 컨트롤러 뒷면에 방아쇠 형태로 장비되어 있다.

세가새턴 미션 스틱

HSS-0114　세가 엔터프라이지스　1995년 9월 29일　7,800엔

셔틀 마우스와 마찬가지로, 세가 오브 아메리카가 디자인한 아날로그 스틱. 밑면의 나사를 풀면 스틱과 버튼 위치를 좌우로 전환할 수도 있다. 이는 미국인 중 40%가 왼손잡이임을 배려한 것이다.

■ 지원 타이틀

- 「윙 암즈 : 화려한 격추왕」
- 「블랙 파이어」
- 「선더호크 II」
- 「나이트 스트라이커 S」
- 「SEGA AGES Vol.2 스페이스 해리어」
- 「SEGA AGES 애프터 버너 II」
- 「SEGA AGES 갤럭시 포스 II」
- 「풍수선생」
- 「판처 드라군 I & II」
- 「스카이 타깃」
- 「스타파이터 3000」
- 「창궁홍련대」
- 「블랙 돈」
- 「소비에트 스트라이크」
- 「G 벡터」
- 「크라임웨이브」

세가새턴 버추어 스틱

HSS-0104　세가 엔터프라이지스
1994년 11월 22일　4,800엔

「버추어 파이터」를 즐기려면 꼭 구비해두어야 할, 내구성을 중시한 본격파 조이스틱.

세가새턴 버추어 스틱

HSS-0136　세가 엔터프라이지스
1996년 7월 27일　5,800엔

누가 보아도 완전히 뉴 아스트로 시티(역주 ※)! 더욱 아케이드 풍으로 디자인된 리뉴얼 모델 조이스틱.

(역주 ※) 당시 세가가 게임센터에 공급하던 아케이드 캐비닛. 「버추어 파이터」 시리즈의 황금기를 함께 하여, 지금도 팬이 많다.

세가새턴 레이싱 컨트롤러(왼쪽)

HSS-0115　세가 엔터프라이지스　1995년 4월 1일　5,800엔

세가새턴 레이싱 컨트롤러(오른쪽)

HSS-0141　세가 엔터프라이지스　1996년 7월 5일　5,800엔

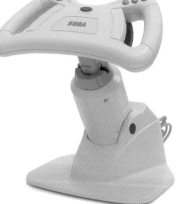

▲ 지원 소프트로는 총 34개 타이틀이 발매되었다.

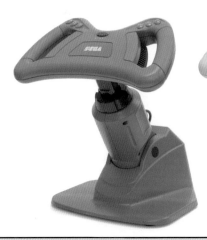

레이싱 게임의 필수품이라 할 수 있는 아날로그 컨트롤러. 핸들 뒤쪽에 버터플라이 시프트 스위치를 장착한, 이른바 레이싱 카 사양의 디자인이다. 전후 50mm의 텔레스코픽(신축) 구조와 상하 40도의 틸트(각도조절) 구조를 완비한 본격파 컨트롤러. 2종류가 존재하지만, 새턴의 색에 맞춰 리뉴얼한 것뿐이므로 성능은 완전히 동일한 제품이다.

세가새턴 버추어 스틱 프로

HSS-0130　세가 엔터프라이지스　1996년 7월 26일　24,800엔

'아케이드 스틱의 극한을 추구한다!'라고 외치는 듯한, 궁극의 아케이드 사양 조이스틱. 뉴 아스트로 시티의 컨트롤 패널 부분을 거의 완벽하게 재현하고, 스틱에 부착하는 게임 설명 시트까지 동봉했다. 아케이드와 동일 크기이므로, 다른 시트의 교환부착도 가능하다.

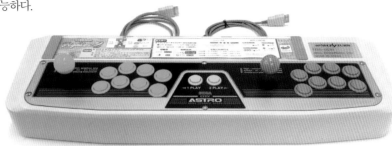

▲ 동봉된 시트는 「버추어 파이터 2」, 「파이팅 바이퍼즈」, 「버추어 파이터 키즈」 3장. 세가새턴 마크가 있으므로 오리지널과 구별 가능.

세가새턴 버추어 건(위쪽)

HSS-0122　세가 엔터프라이지스　1995년 11월 24일　2,900엔

세가새턴 버추어 건(아래쪽)

HSS-0152　세가 엔터프라이지스　1996년 9월 20일　2,900엔

「버추어 캅」과 동시 발매된 광선총. 디자인 자체도 해당 게임에 등장하는 총 '가디언'을 모방했다. 후기 모델은 트리거 색깔과 로고 등의 디테일이 다르다.

■ 지원 타이틀

- 「버추어 캅」
- 「데스 크림즌」
- 「인조인간 하카이다 : 라스트 저지먼트」
- 「에어리어 51」
- 「다이 하드 트릴로지」
- 「버추어 캅 2」
- 「더 하우스 오브 더 데드」
- 「마이티 히트」

▲ 버추어 건과 외장 패키지. 각각 위쪽이 HSS-0122, 아래쪽이 HSS-0152.

세가새턴 트윈 스틱

HSS-0154　세가 엔터프라이지스　1996년 11월 29일　5,800엔

「전뇌전기 버추얼 온」과 동시 발매된, 그립감이 우수한 전용 컨트롤러. 오른쪽 스틱은 각 버튼에 할당되어 있으므로, 컨트롤러 패드 대용품으로도 사용 가능하다.

▲ 패키지에 그려진 그대로 템진이 전용 컨트롤러.

■ 지원 타이틀

- 「전뇌전기 버추얼 온」
- 「기동전사 건담 외전 II : 블루를 계승하는 자」
- 「기동전사 건담 외전 III : 심판하는 자」
- 「건그리폰 II」
- 「기동전사 건담 외전 : 더 블루 데스티니」

새턴의 주변기기 카트리지　　CARTRIDGE

세가새턴 파워 메모리

HSS-0111　　세가 엔터프라이지스　　1994년 11월 22일　　4,800엔

세가새턴 본체 내장 메모리의 16배(4Mbit) 용량에 해당하는 외부 기억 메모리. 시뮬레이션 게임 등의 일부 소프트는 파워 메모리가 필수인 경우도 있었다.

▶ 세가새턴의 그레이 컬러보다 조금 옅은 색깔이다.

세가새턴 파워 메모리

HSS-0138　　세가 엔터프라이지스　　1996년 7월 5일　　4,800엔

미스트 그레이 세가새턴에 맞춰 리뉴얼한 신 성형색의 파워 메모리. 성능은 위의 그레이 버전과 완전 동일하다.

▶ 미스트 그레이 컬러의 파워 메모리. 킨신 컬러의 본체와 통일시.

세가새턴 파워 메모리

HSS-0153　　세가 엔터프라이지스　　1996년 9월 27일　　4,800엔

「사쿠라대전」의 캐릭터를 겉상자와 인덱스 레이블에 넣은 오리지널 사양의 파워 메모리. 성능은 위의 미스트 그레이 버전과 완전 동일하다.

▶ 부속품인 인덱스 레이블은 2종류가 동봉돼 있다.

세가새턴 확장 램 카트리지

HSS-0150　　세가 엔터프라이지스　　1996년 9월 20일　　5,800엔

이것을 새턴에 장착하면, 이 카트리지를 지원하는 소프트를 플레이할 때 디스크 로딩 빈도가 줄어 쾌적하게 즐길 수 있게 된다. 특히 2D 대전격투 게임에서 애용되었다.

▶ 1MB 메모리를 탑재한 격투게이머의 필수 아이템.

세가새턴 확장 램 카트리지 4MB

HSS-0167　　세가 엔터프라이지스　　1996년 11월 27일　　9,800엔

위의 확장 램 카트리지에 비해 용량이 4배로 증량된 카트리지. 특히 후기 캡콤 대전격투 게임 중엔 이것이 없으면 동작하지 않는 경우도 많다.

▶ 스켈톤 컬러가 멋진, 4MB 대용량 램 카트리지.

더 킹 오브 파이터즈 '95 카트리지

SNK　　1996년 3월 28일　　「더 킹 오브 파이터즈 '95」에 동봉

「더 킹 오브 파이터즈 '95」를 쾌적하게 즐길 수 있도록 전용으로 제작된 확장 메모리 카트리지. 이 아이디어가 확장 램 카트리지 발매로 연결되었다. 위에 게재된 여타 확장 램 카트리지와는 호환성이 없어 상호 이용이 불가능하니 주의하도록.

세가새턴에서 발견!! 다마고치 파크 전용 파워 메모리

반다이　　1998년 1월 29일　　「세가새턴에서 발견!! 다마고치 파크」에 동봉

「세가새턴에서 발견!! 다마고치 파크」전용 세이브 데이터가 처음부터 기록되어 있는 특제 파워 메모리. 이 데이터를 삭제해버리면 일반 파워 메모리와 다를 바 없어지고, 해당 게임은 진행할 수 없게 되니 주의해야 한다.

새턴의 주변기기 네트워크

세가새턴 키보드 세트

HSS-0129　세가 엔터프라이지스　1996년 7월 27일　7,800엔

세가새턴 키보드

HSS-0159　세가 엔터프라이지스　1996년 11월 29일　5,800엔

일반적인 QWERTY 배열 키보드로, 컨트롤 패드 용
도로도 사용 가능. 발매 당초에는 「해비테트 Ⅱ」와의
세트 상품이었지만, 후일 단품으로도 판매되었다.

스타트
버튼
R버튼
L버튼
X버튼
Y버튼
Z버튼
A버튼
B버튼
C버튼

방향 버튼

세가새턴 플로피디스크 드라이브

HSS-0128　세가 엔터프라이지스　1996년 7월 27일　9,800엔

시중의 3.5인치 2HD 플로피디스크를 사용할 수 있는 플로피디스크 드라이
브. 동봉된 FDD 오퍼레이터를 사용하면 본체 및 파워 메모리의 데이터를 복
사할 수 있으며, 「컬드셉트」 등의 일부 소프트는 직접 세이브도 지원한다.

▲크기이
어있다.
FDD 오퍼레이터
를 터
한 관리 레이
눈에 화면에
알 수남은
게임용저

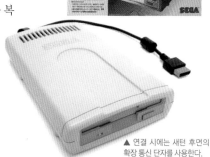

▲ 연결 시에는 새턴 후면의
확장 통신 단자를 사용한다.

세가새턴 모뎀

HSS-0127　세가 엔터프라이지스　1996년 7월 27일　14,800엔

새턴의 카트리지 슬롯에 장착하여 14,400bps로 전화회선 통신이 가능한 아
날로그 모뎀으로, 게임의 통신대전(지원 소프트만 가능) 외에 인터넷과 PC 통
신(Nifty-Serve)도 이용할 수 있다. 통신대전은 XBAND 서비스 이용이 전제이
므로, 선불식 미디어 카드(별매)가 필요하다.

새턴 모뎀

RN-M141　일본 빅터　1996년　서비스 가입시 무료 대여

NTT 비주얼 통신이 당시 운영하던 식료품 온라인 쇼핑 서비스 '살림 미디어
MMCI' 전용 단말기로서 V새턴과 함께 무료로 대여했던 모뎀. 월정액 요금제
로, 세가새턴 모뎀과 달리 미디어 카드 슬롯이 없다.

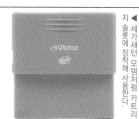

▲새
가
새
턴
모
뎀
처
럼
카
트
리
지
슬
롯
에
장
착
해
사
용
한
다.

HARDWARE
1994's SOFT
1995's SOFT
1996's SOFT
1997's SOFT
1998's SOFT
1999's SOFT
2000's SOFT
SOFT INDEX

새턴의 주변기기 기타　OTHER

게임 넥스테이지

C20-WM50	히타치 제작소	1995년 4월	76,000엔
C20-WS50	히타치 제작소	1995년 4월	90,000엔
C24-WX50	히타치 제작소	1995년 7월 20일	110,000엔

새턴 전용의 '새턴용 케이블'(30p)로 직접 연결할 수 있는 '새턴 단자'를 내장한 와이드스크린 브라운관 TV. 신호는 S단자이므로 컴포지트(비디오)보다 선명한 화면으로 게임을 즐길 수 있으며, 새턴 본체의 전원을 켜면 TV 쪽도 스위치가 켜지고 새턴 화면으로 자동 전환되는 편리한 기능도 있었다.

▲ 앞면 커버 안의 새턴 단자.

▲ 새턴과 직접 접속이 가능한 게임 넥스테이지. 사진은 C24-WX50.

가라오케 유닛

MKU-1	히타치 제작소	1995년 4월 1일	14,800엔

하이새턴을 가라오케 기기로 변신시켜주는 주변기기. 마이크 2개를 연결할 수 있고, 디지털 에코, 음성다중 전환, 마이크 음량 조절이 가능하다. 마이크(TM-621)는 7,900엔으로 별매되었다. 폴리도르 사는 하이새턴과 제휴한 가라오케 비디오 CD 소프트를 다수 발매하기도 했다. 비디오 CD 재생 기능을 표준 지원하는 하이새턴의 기능을 잘 살린 상품이었다.

◀ 하이새턴들 위에 얹은 상태.

◀ 폴리도르에서 발매된 「엔카 하이베스트」, 하이새턴 사진이 보인다.

새턴용 워드프로세서 세트

T-7626G	코에이	1996년 11월 22일	29,800엔

새턴을 워드프로세서로 활용할 수 있는 세트 상품. 코에이의 자회사인 에르고소프트가 개발한 「EGWORD」(이지워드)와 캐논의 버블젯 프린터, 프린터 인터페이스가 한 세트였으며, 키보드도 동봉한 '워드프로세서·키보드 세트'도 있었다. 데이터 저장은 플로피디스크 드라이브(별매)로 가능하다.

◀ CD-ROM에는 클립아트 데이터도 근소하게 들어 있었다. 근래 메모리얼 등 사카 캐릭터도 근소하게 들어 있었다.

CATALOGUE

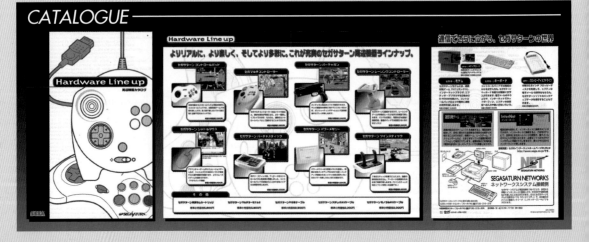

CHAPTER 2
세가새턴
일본 소프트 올 카탈로그
SEGASATURN SOFTWARE ALL CATALOGUE

해설 **세가새턴의 소프트 이야기**
COMMENTARY OF SEGASATURN #2

아케이드의 인기 3D 폴리곤 게임들을 차례차례 이식

새턴의 본래 설계사상이 '궁극의 2D 하드웨어'였음은 이전 장에서 서술한 바 있지만, 그것이 유저들도 바라는 바였을까를 생각해 보면 꼭 그렇지만은 않았다. 세가가 새턴에 투입했던 아케이드 이식 타이틀을 대강 나열해 봐도, 「버추어 파이터(2)」, 「데이토나 USA」, 「세가 랠리 챔피언십」, 「버추어 캅」, 「전뇌전기 버추얼 온」, 「더 하우스 오브 더 데드」 등, 모두가 3D 폴리곤 중심인 게임 라인업 일색이다. 이것은 세가가 본래 바랐던 방향성이 아니었겠지만, 결국은 세가 스스로가 초래한 결과였다.

「버추어 레이싱」을 통해 폴리곤에 특화시킨 시스템 기판 'MODEL1'을 완성시켜 공전의 히트작이 된 「버추어 파이터」. 이 작품이 등장함으로써 당시의 게임계에 3D 폴리곤 표현의 가능성이 활짝 열렸다. 이전까지는 어디까지나 일개 표현수법에 지나지 않았던 3D 폴리곤이, 일거에 2D에서 3D로의 패러다임 시프트를 가속시키게

된 것이다.

세가는 당시 마찬가지로 3D에 주력하던 남코와 경쟁하듯, 이전까지는 2D로 제작되던 장르들을 차례차례 3D로 이행시켰다. 그 결과, 남코와 나란히 아케이드 게임계에서 3D 기술의 최첨단을 달려 나가게 되었다. 그것도 2D 게임의 존재감이 급속도로 흐릿해져 버릴 정도로.

이렇게 되자, 당연히 새턴으로의 이식을 희망하는 게임 라인업도 앞서 꼽은 대로 3D 폴리곤 게임들에 집중되어, 원작의 개발팀이 직접 제작한 하이레벨 이식작이 차례차례 등장함으로

써, 이식을 갈망해온 유저들을 기쁘게 했다.

다행이었던 점은, 새턴의 개발 도중에 3D 표현도 지원하는 하드웨어로 급히 뱃머리를 돌리는 훌륭한 결정을 내렸다는 것이다. 만약 이 결단이 없었다면, 아무리 궁극의 2D 게임기를 완성했다 한들 당시의 수많은 아케이드 인기 타이틀의 이식은 이루어지지 못했을 것이므로, 타사 라이벌 게임기와 제대로 승부조차 못한 채 경쟁에서 밀려날 수밖에 없었으리라.

◀ 「버추어 파이터 2」 아케이드판(원쪽)과 새턴판(오른쪽)의 비교. 현대 대량으로는 적지만, 양호한 이식. 절실한 3D 폴리곤이 구현했다.

새턴의 독자적인 심의등급제, '18추천'과 '18금'

새턴의 소프트 라인업 정책 중에서 특히 두드러지는 것이 '18세 이상 추천'과 '18세 미만 판매 금지'라는, 이

▲ 18금 등급의 존재 덕에 아케이드판과 동일한 탈의 장면이 들어간 「슈퍼 리얼 마작 PⅤ」.

른바 성인용 등급이 존재한다는 점이다. 3DO 등의 선행 게임기에 성인용 구분이 이미 있었기에, '어른도 즐기는 게임기'라는 의미를 담아 설정한 등급이었다.

새턴 소프트의 심의등급은, 아직 CERO(역주 ※)가 발족하기 전이었으므로 세가가 독자적인 기준으로 판단해 부여했다. 대략적으로 설명하면 '전연령'은 팬티 노출 금지, '18추천'은 유두 노출 금지, '18금'은 성행위 표현 금지가 기준으로, 당시의 일본 PC게임에 비해 다소 엄격한 편이었다. 덕분에

「블루 시드 : 쿠시나다 비록전」은 팬티 노출 표현이 있다는 이유로, 세가 자사 발매작인데도 불구하고 18세 이상 추천 등급으로 발매되었다.

하지만, 등급이 엄격했다고는 해도 탈의마작 게임이나 PC용 성인 게임을 정규 이식 발매할 수 있던 드문 게임기였던지라 결과적으로 이러한 장르의 이식이 집중되어, 세가는 1996년 10월 이후부터는 '18세 미만 판매 금지' 등급을 폐지한다고 발표했다. 9월 27일 발매작인 「마작 4자매 : 작은 아씨들」과 「헌티드 카지노」가 이 등급을

(역주 ※) '컴퓨터 엔터테인먼트 심의기구'의 약칭으로, 일본 가정용·휴대용 게임업계의 자율심의 등급제 시스템. 심의를 통과해야 일반 판매가 가능하다. 2002년 설립.

받은 최후의 타이틀이 되었다.

18금 등급이 폐지된 후에도, 1990년대 후반의 미소녀 게임 붐의 영향을 받아 18추천 등급 범위 내에서 선정적인 표현을 최대한 시도한 타이틀이 다수 발매되었는데, 특히 게임에 성적 표현 삽입을 일체 불허했던 플레이스테이션에 비해 어느 정도까지는 선정적인 표현이 가능한 게임기로서, 결과적으로 나름의 수요가 있는 유저층의 지지를 받게 되었다.

CD-ROM이었기에 가능한 체험판과 염가판

새턴의 소프트 공급 매체로는 CD-ROM이 사용되었다. CD-ROM의 장점은 두말할 것 없이 빠른 생산속도와 저렴한 생산단가다. 꼭 새턴에 한정된 이야기는 아니나, 닌텐도 64를 제외한 동일 세대의 가정용 게임기들은 이러한 장점을 살려 과거의 ROM 카트리지로는 불가능했던 다양한 시도를 행했다.

이러한 장점이 시장의 호응으로 이어진 최대의 사례라 하면 역시 '게임 체험판'을 꼽을 수 있겠다. 이벤트 회장이나 판매점 점두, 잡지 부록 등의 경로로 배포되어, 구입하기 전에 해당 게임의 구성을 직접 접해볼 수 있었던 체험판은 그야말로 큰 효과를 발휘하여, 유저에게는 실로 기쁘기 그지없는 서비스였다.

CD-ROM의 장점을 살린 또 하나의 시도는 바로 '염가판'이다. 게임 소프트가 발매 직후에 곧바로 중고품으로 판매점에 진열되는 광경을 놓고, 당시의 소프트 개발사들은 중고 소프트 판매를 '판매기회의 손실'이라고 주장하며 판매점들을 상대로 소송전을 벌이고 있었다(이 재판은 2002년 최고재판소(한국의 대법원에 해당)가 상고를 기각, 중고판매를 인정하는 판결을 내렸다). 중고 소프트가 유통되는 이유는 신품보다 저렴하기 때문임에 착안한 개발사들은, 발매 후 일정기간이 경과한 소프트의 가격을 내려 재발매하는 염가판 제도를 도입한다. '사타코레'('새턴 컬렉션'의 일본어 준말)로 명명된 이 염가판 브랜드를 통해 과거의 수작들을 2,800엔 균일가로 제공함으로써, 「버추어 파이터 2」 등의 세가 자사 게임을 시작으로 서드파티 소프트도 차례차례 재발매했다.

이러한 전략은 라이벌 게임기 쪽에서도 마찬가지로 전개되었고, 이후엔 영화 DVD 등의 타 업계에도 일반화되어 널리 보급되기에 이르렀다.

▲ 이벤트나 판매점 점두 등, 다양한 통로로 배포된 체험판들.

이 책에 게재된 카탈로그의 범례

① 게임 타이틀명

② 발매 기본 정보란
발매 회사, 발매일, 가격을 표기했다.

③ 판매 구분 아이콘
게임의 판매 구분 등을 표시하는 아이콘.

전체 이용가		18세 이상 추천	
18세 미만 구입 금지		18세 이상 추천	
사타코레판이 발매된 타이틀		잔혹 표현 주의	

④ 스펙 표기란
플레이 인수, 장르, 대응 주변기기 등을 표기했다.

⑤ 패키지 표지   ⑥ 게임 화면   ⑦ 내용 설명

드래곤 포스 ①   ③
세가   1996년 3월 29일   5,800엔 ②

● 1인용
● 시뮬레이션 RPG
● 메모리   ④
● CD-ROM 1장

⑤   ⑥

8개 나라 중 하나를 골라 대륙을 통일하여, 부활 ⑦ 신 마드루크를 물리치는 것이 목적인 시뮬레이션 RPG. 내정 페이즈와 전투 페이즈로 구성돼 있다. 내정 페이즈는 탐색과 축성 등의 간단한 구성이며, 전투 페이즈에서는 100 : 100의 박력 넘치는 전투를 볼 수 있다.

1994

SEGASATURN SOFTWARE ALL CATALOGUE

세가새턴이 발매된 첫해의 발매 타이틀 수는 8종이다. 그중 동시 발매작은 「버추어 파이터」, 「TAMA」, 「마작 오공 : 천축」, 「MYST」, 「완차이 커넥션」 5종으로, 두말할 것 없이 「버추어 파이터」가 최대 킬러 타이틀이었다.

「버추어 파이터」는 아케이드판에 비해 폴리곤 수가 간략화되는 등의 차이가 있기는 하였으나, 플레이 감각은 거의 그대로 유지하는 양호한 이식도 덕에, 8,800엔이라는 대담한 고가격에도 불구하고 본체 판매에 크게 공헌했다.

버추어 파이터
세가　1994년 11월 22일　8,800엔

- 1~2인용
- 격투 액션
- 메모리 백업

세계 최초의 3D 대전격투 게임. 스무스한 모션의 인간형 3D 모델이 희귀했던 당시에, 이 작품의 캐릭터가 보여주는 부드러운 움직임은 게임업계를 넘어 온 세상에 큰 충격을 주었다. 출시 직후 시점은 2D 대전격투 게임 전성기였던 터라 그리 주목받지 못했지만, 잡지와 PC통신을 통해 정보가 퍼지자 서서히 지명도가 올라갔다. 새턴판은 아케이드판의 게임성과 통쾌감을 거의 완전 재현해, 차세대 게임기의 개막을 고하기에 손색없는 작품이 되었다.

▶ 조작감은 2D 대전격투 게임에 맞춰 디자인을 철저히 하리만치 살폈다.

TAMA
타임 워너 인터랙티브　1994년 11월 22일　5,800엔

- 1인용
- 인터랙티브 액션

골판지 등으로 미로를 만들어, 이를 이리저리 기울이며 구슬을 굴려 골인 지점까지 보내는 놀이를 폴리곤으로 재현한 게임. 이동하는 구멍이 함정이나 동물 등, 비디오 게임이기에 가능한 방해물도 다수 설치돼 있다. 구슬의 실감나는 움직임 등은 재현도가 훌륭하다.

마작 오공 : 천축
일렉트로닉 아츠 빅터　1994년 11월 22일　5,800엔

- 1인용
- 마작
- 메모리 백업

중국의 고전 '서유기'가 모티브인 마작 게임. 손오공·사오정·저팔계·삼장법사 중 하나를 골라, 천축을 향해 여행을 떠난다. 방문하는 세계 6곳에서 요괴 18마리가 등장한다. 수많은 마작 게임 중에서도 최강으로 꼽히는 AI는, 캐릭터의 성격에 따라 난이도가 조정된다.

MYST
선 소프트　1994년 11월 22일　7,800엔

- 1인용
- 어드벤처
- 메모리 백업
- 셔틀 마우스 지원

표지에 'MYST'라 쓰여 있는 책 안으로 빨려 들어간 주인공이 섬을 탐색하는 어드벤처 게임. 섬의 도서관 내에는 붉은 책과 푸른 책이 있는데, 이를 펼치면 각각 사나이가 그 안에 갇히었고, 책에서 나올 수 있도록 찢어진 쪽을 찾아달라는 의뢰를 받는다. 분실된 쪽을 찾아 섬을 탐색하며, 섬 곳곳에 숨겨진 책 4권의 세계로 들어가 퍼즐을 풀게 된다. 적은 일절 나오지 않지만, 아름다운 세계와 적막한 분위기가 묘한 공포를 자아내는 명작 어드벤처 게임.

다운 그래픽이 CG로 만들어진 아름다운 프리렌더링 CG와 멋지다.

완차이 커넥션

세가　1994년 11월 22일　7,800엔

- 1인용
- 어드벤처
- 메모리 백업

아직 영국령이었을 시절의 홍콩이 무대인, 전통적인 커맨드 선택식 어드벤처 게임. 실사 영상이 빈번히 사용되어, 세가새턴의 그래픽 성능을 뽐내는 작품이다. 등장인물 캐스팅도 주인공에 후카와 토시카즈, 피해자 여성에 스기모토 아야 등 당시의 호화 배우가 총출동해, 마치 TV 드라마와 같은 느낌으로 즐길 수 있다. 사건 해결을 위해 기억을 잃은 살인미수 사건 피해자의 기억을 더듬어가는 와중, 새로운 사건에 휘말려든다는 스토리다.

타이틀명의 완차이는 홍콩의 중심부에 위치한 구 이름이다.

게일 레이서

세가　1994년 12월 2일　6,800엔

- 1~2인용
- 레이싱
- 메모리 백업

미국을 횡단하는 아케이드용 레이싱 게임 「래드 모빌」을 세가새턴용으로 개변 이식한 작품. 원작과 마찬가지로, 밤이 되면 수동으로 라이트를 켜야 하고 비가 오면 직접 와이퍼도 켜야 하는 등 운전의 디테일을 잘 재현했다. 가정용으로 개변되면서 아케이드판에 없었던 2인 대전 모드를 탑재해, 화면 상하분할로 대전이 가능하다. 게다가 타임어택 모드도 추가되어, 1인용 모드인 '스피드 레이스'에서 이미 주행했던 코스를 마음대로 달려볼 수 있다.

실차에 매달린 마스코트 소년은 사원작 「래드 모빌」에서 첫 등장.

진설 몽견관 : 문 안쪽에 누군가가…

세가　1994년 12월 2일　7,800엔

- 1인용
- 어드벤처
- 메모리 백업

메가 CD로 발매되었던 「몽견관 이야기」의 속편격인 어드벤처 게임. 3D 폴리곤으로 그려진 표정이 풍부한 등장인물들과의 대화는 모두 풀보이스로 나오며, 대화 도중 자신의 감정을 버튼으로 표현할 수도 있고, 버튼을 전혀 누르지 않아도 일종의 의사가 되는 '감정입력 시스템'이 특징이다. 주인공 '준'은 '마이크'와 함께, 저택의 이변을 감지한 장로의 부탁으로 조사를 개시한다. 진행이 어렵다면 이지 모드로 바꾸자. 감정입력 타이밍이 표시된다.

몽견관 안에는 저마다의 이유로 현세를 떠나 나비가 된 사람들이 모여 있다.

클락워크 나이트 : 페퍼루쵸의 대모험 상권

세가　1994년 12월 9일　4,800엔

- 1인용
- 액션

소닉을 대신할 새로운 마스코트를 목표로 등장한 캐릭터 '통가라 드 페퍼루쵸 3세'가, 납치당한 오르골 인형 '첼시'를 구하기 위해 집안을 모험하는 횡스크롤 액션 게임. 통가라의 무기는 열쇠 모양의 검으로, 자물쇠가 잠긴 상자를 열 수도 있다. 스테이지는 수많은 장난감들로 구성돼 있고, 배경에 보이는 장난감 집이 부서지거나 건전지를 넣어 장난감을 움직이는 등 다양한 장치가 가득해, 플레이를 보고만 있어도 즐거운 작품이다.

스테이지 1의 보스는 복화술 인형 컴다란 모자로 공격해온다.

HARDWARE ｜ 1994's SOFT ｜ 1995's SOFT ｜ 1996's SOFT ｜ 1997's SOFT ｜ 1998's SOFT ｜ 1999's SOFT ｜ 2000's SOFT ｜ SOFT INDEX

1995

SEGASATURN SOFTWARE ALL CATALOGUE

이 해에 발매된 새턴용 소프트는 총 144개 타이틀. 신규 아키텍처의 게임기였음에도 서드파티들이 소프트 공급에 활발히 참여해, 순조롭게 라인업이 늘어갔다. 「버추어 파이터 2」, 「세가 랠리 챔피언십」 등의 인기 아케이드 게임 이식작은 물론, 「판처 드라군」, 「마법기사 레이어스」, 「진 여신전생 데빌 서머너」 등의 새턴 오리지널 수작 타이틀도 다수 발매되는 등, 메가 드라이브에서 새턴으로의 세대교체는 상상을 넘어선 스피드로 진행되었다고 할 수 있겠다.

빅토리 골

세가　1995년 1월 20일　6,800엔

- 1~4인용
- 스포츠 / 축구
- 메모리 백업
- 멀티 터미널 6 지원

J리그 발족 2년 후인 1995년 기준의 팀과 선수가 실명으로 등장한다. 스타팅 멤버와 포메이션 및 작전을 선택할 수 있으며, 스루패스도 있고, 골을 넣으면 다른 각도로 리플레이도 보여준다. 2인 플레이로는 대전 외에 동일 팀으로의 협력 플레이도 가능해 재미있다.

고타 : 이스마일리아 전쟁

세가　1995년 1월 27일　6,800엔

- 1인용
- 시뮬레이션
- 메모리 백업

3D 공간을 무대로 전투를 펼쳐나가는 전략 시뮬레이션 게임. 주인공이 다른 3가지 시나리오가 준비돼 있고, '싱 편' 2종류, '나르마다 편' 4종류, '이구아스 편' 4종류로 총 10종류의 엔딩이 존재한다. 츠노 코지가 작곡한 BGM도 완성도가 훌륭하다.

아이돌 작사 스치파이 스페셜

잘레코　1995년 2월 24일　6,900엔

- 1인용
- 마작

아케이드에서 한창 인기가 만발하던 마작 게임을 이식한 작품. 사기 마작 아이템을 구사할 수 있는 2인 대국 마작으로, 이기면 상대의 옷을 벗길 수 있다. 이 작품은 'MA-18' 게임으로, 'X지정'과 '18세 이상 추천'의 중간에 해당하는 등급이다. 'MA-18' 규제로 탈의 장면을 넣을 수 있지만 유두 노출은 금지되어, 덕분에 보너스 CG로 유두 묘사가 없는 영상이 사용되었다. 참고로 'MA-18' 등급을 받은 세가새턴 소프트는 이 작품 하나뿐.

등급규제 탓에 유두가 묘사되지 않는 장면에는.

상하이 : 만리장성

선 소프트　1995년 2월 24일　6,800엔
　　　　　1998년 3월 12일　2,800엔(사타코레)

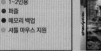
- 1~2인용
- 퍼즐
- 메모리 백업
- 셔틀 마우스 지원

마작패를 없애나가는 친숙한 대인기 퍼즐 게임. 플레이어는 커서를 조작해 규칙에 따라 들어낼 수 있는 패를 2개 한 조로 들어내 가며, 쌓여있는 마작패들을 모두 치우는 것이 목적이다. 제한시간 내에 클리어하는 1인용 모드뿐만 아니라, 2인용 대전 모드도 즐길 수 있다.

페블 비치 골프 링크스 : 스태들러에 도전하다

세가　1995년 2월 24일　8,800엔

- 1~4인용
- 스포츠
- 메모리 백업

페블 비치 골프 링크스가 무대인 골프 게임. 미국의 프로골퍼인 크레이그 스태들러가 내비게이터로 등장한다. '페블 비치 오픈'과 '토너먼트', '스킨즈 매치', '관전 모드' 등 7가지 모드가 준비되어 있다.

 전체 이용가　 18세 이상 추천　 18세 미만 구입 금지　 18세 이상 추천　 사타코레판이 발매된 타이틀　 잔혹 표현 주의

RAMPO

세가 1995년 2월 24일 7,800엔

- 1인용
- 어드벤처
- 메모리 백업

추리소설가 에도가와 란포 탄생
100주년 기념으로 제작된, 에도가
와 란포가 주인공인 같은 제목의 영화를 어드벤처 게임화한 작품.
영화에서 해당 배역을 연기했던 배우들이 그대로 등장한다. 게임은
멀티 엔딩 방식이라, 영화와는 다른 스토리를 즐길 수 있다.

뽁뽁이 헤베레케

선 소프트 1995년 3월 3일 6,000엔

- 1~2인용
- 퍼즐
- 메모리 백업

아케이드로 출시되었던 같은 제목
의 타이틀을 이식한 작품. 「Dr.마리
오」처럼, 처음부터 필드 상에 흩어져있는 헤베들을 같은 색의 포문
들로 뭉쳐 없애는 게 목적인 낙하계 퍼즐 게임이다. 하야시바라 메
구미와 와카모토 노리오가 캐릭터 보이스를 맡아, 귀가 즐거운 작품.

판처 드라군
세가 1995년 3월 10일 6,800엔

- 1인용
- 3D 슈팅

한때 영화를 누리던 문명의 멸망 후
수천 년이 지난 세계를 무대로, 주인
공인 청년 '카일'이 탄 푸른 드래곤을 조작해 고대문명의
산물인 생물병기 '공성생물'과 싸우는 명작 3D 슈팅 게임
시리즈 첫 작품. 직선공격인 일반탄과 적을 조준하여 일제 사격하는
락온 레이저가 무기로, 시야와 시점을 움직여 다양한 방향에서 습격

해오는 적과 싸운다. 특히 보스 전에서는 전후좌우로 몰아치는 전투
가 펼쳐져, 폴리곤을 활용한 자유롭고 역동적인 전개를 체험한다.

주인공 카일은 구세기의 유적에서 만난 드래곤과 모험에 나선다

마작 간류지마
아스키 1995년 3월 10일 6,800엔

- 1인용
- 마작
- 메모리 백업

일본 역사상의 유명 인물들과 마작
으로 승부하는 마작 게임. 미야모토
무사시 등의 역사적 인물과 대국하는 '검호마작'과, 아사다 테츠야·
아카츠카 후지오·미즈모리 아도·마사 미야케·나츠미 치카 등 실존
유명인 5명을 포함해 21명과 마작을 치는 '현대마작'이 준비돼 있다.

에미트 Vol.1 : 시간의 미아
코에이 1995년 3월 25일 8,800엔

- 1인용
- 영어교육 소프트
- 메모리 백업

애니메이션을 감상하며 영어 듣기
능력을 학습할 수 있는 영어학습
소프트. 애니메이션의 음성·자막은 일본어 또는 영어로 전환이 가
능하다. 매 장 마지막에는 내용에 관한 문제를 영어로 출제하여, 플
레이어의 영어 이해도를 시험한다.

다이달로스
세가 1995년 3월 24일 6,800엔

- 1인용
- 슈팅

'라오콘'이라 불리는 이족보행 기체를
조작해, 정부중앙관리요새 '다이달로
스'의 30개 층에 달하는 필드를 돌파하여 중핵을 파괴하
는 게 목적인 1인칭 슈팅 게임. 맵은 자동생성식이라, 플레
이할 때마다 다른 맵으로 즐기게 된다. 필드 내에 설치된 컴퓨터에
접속해야 해당 맵 전체가 열리는 등, 타 게임에 없는 독자적 요소가

다수 있는 하드코어한 슈팅 게임이다.

세이브 기능이 없으므로, 한번에 30층까지 공략해야만 한다.

사이드 포켓 2 : 전설의 허슬러

데이터 이스트　1995년 3월 31일　6,800엔

● 1~2인용
● 당구
● 메모리 백업

플레이어는 전설의 허슬러 '미네소타 팻츠'가 되어, 당구로 여러 라이벌과 승부를 벌인다. 세가새턴의 동영상 재생 기능을 사용해 게임 분위기를 돋운다. 화면은 위에서 내려다보는 탑뷰 스타일로, 초보자도 즐기기 쉽도록 제작했다.

에미트 Vol.2 : 목숨을 건 여행

코에이　1995년 4월 1일　8,800엔

● 1인용
● 영어교육 소프트
● 메모리 백업

'멀티미디어 영어 체험 소프트'로 명명된 시리즈 2번째 작품. 유리는 노인이 남긴 수수께끼의 단어 '에미트'를 단서 삼아 또 하나의 세계로 뛰어든다. 반복연습과 단어참조 기능, 실제로 영어를 사용하는 상황 하에서 출제되는 연습문제 등이 준비돼 있다.

에미트 Vol.3 : 나에게 작별을

코에이　1995년 4월 1일　8,800엔

● 1인용
● 영어교육 소프트
● 메모리 백업

영어 체험 소프트 제 3탄이자 완결편. 전작에서 뛰어든 또 하나의 세계에서 현실세계로 돌아온 유리. 하지만 돌아와 보니 자신과 교대하여 등장한 다른 세계의 유리가 있었다. 또 다른 유리를 원래 세계로 돌려보내, 있어야 할 곳으로 되돌리는 것이 이 작품의 스토리다.

카키노키 쇼기

아스키　1995년 4월 14일　7,800엔

● 1~2인용
● 쇼기
● 메모리 백업

세계컴퓨터쇼기선수권 제 1회부터 참가했던 고참 쇼기(일본 장기) 소프트. 타이틀명은 개발자 카키노키 요시카즈의 성에서 땄다. 사고 레벨은 5단계 중 선택 가능하고, 말과 판 모양도 바꿀 수 있다. 게임 모드는 대국 외에, 기보재현 기능과 박보장기 정답 계산 기능도 있다.

데이토나 USA

세가　1995년 4월 1일　6,800엔

● 1인용　　● 레이싱 컨트롤러 지원
● 드라이브
● 메모리 백업

아케이드 게임을 이식한 타이틀로, 미국의 대중적인 스톡카 레이스 'NASCAR'를 모델로 한 3D 카 레이싱 게임. 오벌 코스를 반복 주파하는 '초급'과, 고저차 및 복잡한 코너가 있고 코스도 긴 '중급'·'상급' 3종류의 코스가 있다. 원작 그대로인 '아케이드 모드' 외에 '새턴 모드'가 있고, 일정 요건을 클리어하면 최대 10종류의 차량을 고를 수 있다. 레이스 도중에는 시점 변경이 가능하고, 배경 캐릭터인 말을 타고 레이스를 진행할 수도 있다.

타케 사운드 노부가 직접 크리에이터인 미츠오시 상적이다. 부분 보컬 BGM이 인상적이다.

아이르톤 세나　퍼스널 토크
Message for the future

세가　1995년 4월 28일　8,800엔

● 스포츠 다큐멘터리

F1의 명선수 아이르톤 세나의 생전에 있었던 인터뷰 영상을 모은 다큐멘터리 소프트. 세나의 몇 안 되는 친구로 유명한, 혼다 F1 총감독이었던 사쿠라이 요시토시가 감수를 맡았다. 1987년, 1988년, 1990년, 1993년 각 연대별로 수록된 인터뷰를 감상할 수 있다.

버추얼 하이드라이드

세가　1995년 4월 28일　5,800엔

● 1인용
● 액션 롤플레잉
● 메모리 백업

대히트 롤플레잉 게임 「하이드라이드」 시리즈를 3D 세계화했다. 실사 풍 캐릭터와 폴리곤으로 구성한 필드에, 플레이할 때마다 아이템과 몬스터가 자동생성되어 배치된다. 액션 요소도 강하고 스코어도 존재해, 클리어까지의 득점을 겨루는 플레이도 가능하다.

 전체 이용가　 18세 이상 추천　 18세 미만 구입 금지　MA-18 18세 이상 추천　사타코레판이 발매된 타이틀　 잔혹 표현 주의

휘수정전설 아스탈
세가   1995년 4월 28일   5,800엔

- 1~2인용
- 액션

보석으로부터 만들어진 별 '퀴털리아'를 무대로, 주인공 '아스탈'이 납치당한 '레다'를 구하러 가는 횡스크롤 액션 게임. 아름답게 그려진 그래픽과 풀보이스 데모로 잔잔한 스토리가 전개된다. 컨티뉴 제한도 없어 난이도는 쉬운 편.

삼국지 IV
코에이   1995년 4월 28일   14,800엔
            1998년 4월 9일   2,800엔(사타코레)

- 1~8인용
- 역사 시뮬레이션
- 메모리 백업

정통 역사 시뮬레이션 시리즈 4번째 작품. 삼국시대의 영웅이 되어 중국 전토의 통일을 노린다. 내정은 각 항목에 자금과 실행할 무장을 지정하면 자동적으로 실행된다. 각 무장마다 '특수기능'이 설정되어 저마다 개성이 부여돼 있고, 전투에서도 특정한 계략을 쓸 수 있다.

극상 파로디우스다! DELUXE PACK
코나미   1995년 5월 19일   5,800엔

- 1~2인용
- 슈팅
- 메모리 백업

코나미의 새턴 참가 타이틀 제 1탄. 「그라디우스」를 기반으로 하여 다양한 패러디 요소를 가득 넣은 「파로디우스」 시리즈 중에서 「파로디우스다!」와 「극상 파로디우스」 2작품을 즐길 수 있는 합본 팩이다. 유명한 코나미 커맨드를 입력하면 풀 파워 업 상태가 된다.

완전중계 프로야구 그레이티스트 나인
세가   1995년 5월 26일   5,800엔

- 1~2인용
- 스포츠
- 메모리 백업

리얼한 분위기의 야구 게임 제 1탄. 실황은 당시 TBS에서 '세계의 마츠시타'란 별명을 얻었던 아나운서 마츠시타 켄지가 맡았다. 모드는 6종류 탑재됐고, 팀·선수는 모두 실명으로 등장한다. 특징은 오리지널 팀을 만들 수 있는 팀 에디트 기능과, 우천 시 시합이 중지되는 것.

슈퍼 리얼 마작 PV
세타   1995년 5월 26일   8,800엔

- 1인용
- 마작

탈의마작 게임으로는 최초로 탈의 장면에 애니메이션을 사용한 「슈퍼 리얼 마작」 시리즈 5번째 작품. 등장하는 히로인은 학교에 마작동호회를 만들기 위해 뛰는 미소녀 3인조. 히로인들의 성격과 관계성을 디테일하게 설정하여, 캐릭터들의 매력을 배가시켰다. 플레이어를 회원으로 들이려고 히로인들이 마작 승부를 걸어온다는 스토리다. 탈의 장면 애니메이션을 셀 애니메이션과 동일한 방식으로 제작하여, 더욱 부드러우면서도 요염하게 완성되었다.

건강미 할발한 히로인과 여성스러움의 토오노 미즈키! 징그러운 히로인과 여성스러움의 겸비가 특키!

그란 체이서
세가   1995년 5월 26일   5,800엔

- 1~2인용
- 드라이브
- 메모리 백업
- 레이싱 컨트롤러 지원

우주 내의 세력권을 결정하는 레이스 '사이버 레이스'의 승리를 노리는 근미래 무대의 레이싱 게임. '블레이드 러너'로 유명한 시드 미드가 디자인한 '슬레드'라는 이름의 호버 머신을 조작해 레이스를 치른다. 5회전인 '스탠다드'와 6회전인 '어드밴스드' 2종류의 모드가 있다.

배틀 몬스터즈
나그자트   1995년 6월 2일   5,800엔

- 1~2인용
- 격투 액션
- 메모리 백업
- 멀티 터미널 6 지원
- 버추어 스틱 지원

괴물과 마물들이 마계 토너먼트의 정상을 노리는 새턴 최초의 2D 격투 게임. 실사 스캐닝 그래픽의 격투 게임에 흔한 모션 프레임 부족이나 부자연스러움이 적어, 움직임이 부드러우며 조작성도 좋다. 고저차가 있는 스테이지나 무너지는 발판 등, 특수 장치에도 공을 들였다.

HARDWARE
1994's SOFT
1995's SOFT
1996's SOFT
1997's SOFT
1998's SOFT
1999's SOFT
2000's SOFT
SOFT INDEX

게임의 달인

선 소프트　1995년 6월 9일　8,900엔

- ● 1~2인용
- ● 테이블 게임
- ● 메모리 백업
- ● 셔틀 마우스 지원

'쇼기', '마작', '렌쥬(역주※1)', '플레이스'(오델로) 4종류의 게임을 즐길 수 있다. 선호하는 게임을 자유롭게 즐기는 '프리 대전 모드' 외에, 각 게임에서 달인 칭호를 노리는 '수행 모드'와, 세계의 명인들을 물리치고 게임의 달인이 되는 것이 목표인 '월드 모드' 3가지 모드가 있다.

제복전설 프리티 파이터 X
이매지니어　1995년 6월 16일　7,800엔

- ● 1~2인용
- ● 격투 액션

94년에 슈퍼 패미컴으로 발매되었던 「제복전설 프리티 파이터」의 속편. 기본 시스템은 동일하지만, 오프닝과 엔딩에 애니메이션을 추가했다. 최종 보스로 세계정복을 꾀하는 '마리아 크리스텔'이 등장하며, 그녀를 타도하는 것이 기본 스토리나.

 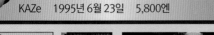

디지털 핀볼 라스트 글래디에이터즈

KAZe　1995년 6월 23일　5,800엔

- ● 1인용
- ● 리얼 시뮬레이션
- ● 메모리 백업

검투사를 모티브로 삼은 '글래디에이터즈' 등의 핀볼 게임이 4종류 수록되어 있다. 인터레이스 모드를 사용하여 고해상도로 영상이 나와, 미려한 그래픽으로 핀볼을 즐길 수 있다. 플레이 도중 가이드도 표시되어, 어디를 노리면 좋을지 알기 쉽도록 해준다.

블루 시드 : 쿠시나다 비록전
세가　1995년 6월 23일　5,800엔

- ● 1인용
- ● 롤플레잉
- ● 메모리 백업

같은 제목의 애니메이션 작품이 소재인 롤플레잉 게임. 오리지널 캐릭터인 쿠시노키 카스미에 얽힌 스토리가 전개된다. 전투 시스템은 카드 배틀식. 팬티 모으기 이벤트에, 전투 신에서 모미지의 팬티가 보이는 등, 팬티에 대한 집착이 곳곳에 있는 게 이 작품의 특징이다.

신 시노비 전
세가　1995년 6월 30일　4,800엔

- ● 1인용
- ● 액션

메가 드라이브의 명작 「슈퍼 시노비」 시리즈 중 한 작품. 캐릭터 등이 모두 실사 스캐닝으로 제작되어, 시리즈 타 작품과는 인상이 완전히 다른 게임이다. 스토리의 중요 국면마다 나오는 실사 동영상 제작에 재팬 액션 클럽이 협력해, 절도 있는 액션 등 볼거리가 많다.

다크 시드
가가 커뮤니케이션즈　1995년 7월 7일　5,800엔

- ● 1인용
- ● 어드벤처
- ● 메모리 백업
- ● 셔틀 마우스 지원

'다크 월드'라 불리는 세계에 있는 고대의 신들에 의해, 뇌에 외계인의 배아를 주입당한 남자 '마이크 도슨'이 주인공인 어드벤처 게임. 자신의 뇌와 세계를 구하기 위해 두 세계를 왕래하며 신들의 야망을 저지하는 게 목적이다. H.R.기거가 참여한 그래픽이 인상적인 게임.

헤이세이 천재 바카본 : 가라! 바카본즈
제너럴 엔터테인먼트　1995년 7월 7일　4,800엔

- ● 1~2인용
- ● 퍼즐

만화 '천재 바카본'을 소재로 삼은 낙하계 퍼즐 게임. 대량의 동영상을 수록한다. 동영상의 퀄리티도 우수해 원작자인 만화가 아카츠카 후지오의 세계를 훌륭히 표현했다. 퍼즐은 2개 이상 붙어있는 얼굴들 앞뒤로 별개의 동일 얼굴을 붙이면 지워진다는 독특한 룰이 특징.

학교의 괴담

세가　1995년 7월 14일　5,800엔

- ● 1인용
- ● 어드벤처
- ● 메모리 백업
- ● 셔틀 마우스 지원

같은 제목의 영화를 게임화한 어드벤처 게임. 예전 학교 건물에 갇혀 버린 아이들 5명이 탈출하기 위해 학교의 7가지 불가사의를 밝혀낸다는 스토리다. 다음에 갈 장소는 맵에 직접 표시되므로 헤맬 일은 없다. 동영상은 영화관을 그대로 사용하는 등, 팬이라면 좋아할 작품.

  전체 이용가　 18세 이상 추천　 18세 미만 구입 금지　 18세 이상 추천　 사타코레판이 발매된 타이틀　 잔혹 표현 주의

버추어 파이터 리믹스

세가 1995년 7월 14일 3,400엔

- 1~2인용
- 격투 액션
- 메모리 백업

「버추어 파이터」의 리메이크판. 개발 기관을 새턴 호환 기관으로 변경하고, 게임 내용은 원작대로 유지하면서 텍스처 매핑 등을 추가해 그래픽을 강화했다. 패키지 등의 일러스트는 일러스트레이터 테라다 카츠야를 기용했다. 새턴 모뎀을 사용한 통신대전도 즐길 수 있다.

열혈 가족

테크노 소프트 1995년 7월 21일 5,800엔

- 1~2인용
- 격투 액션

전통적인 시스템의 벨트스크롤 액션 게임. 납치당한 어머니를 구출하기 위해, 파워형인 아버지와 스피드형인 딸, 테크닉형인 아들이 활약한다. 도쿄 시내가 무대라면서, 고래 뱃속에서 싸우거나 글러브를 낀 대형 문어와 격투하는 등, 황당무계한 전개가 특징이다.

버추얼 발리볼

이매지니어 1995년 7월 21일 7,800엔

- 1~6인용
- 스포츠 / 배구
- 메모리 백업

세가새턴 소프트로는 유일한 배구 게임. 3D 폴리곤으로 그려진 선수들이 자동적으로 움직이며, 플레이어는 볼이 붉게 빛나는 순간 버튼을 눌러 리시브, 토스, 어택으로 연결시켜야 한다. 커맨드를 입력하면 속공이나 오픈 공격 등도 가능하다.

리그로드 사가

세가 1995년 7월 21일 5,800엔

- 1인용
- 롤플레잉
- 메모리 백업

인간·마족 등 개성적인 캐릭터들이 등장하는 시뮬레이션 롤플레잉 게임. 게임 도중에 등장하는 캐릭터들이 3D로 아기자기하게 표현되어 있다. 개성이 풍부하고 능력이 각기 다른 인물들을 잘 활용하여, 다양하게 준비된 스토리를 클리어해 가자.

클락워크 나이트 : 페퍼루쵸의 대모험 하권

세가 1995년 7월 28일 4,800엔

- 1인용
- 액션

장난감 나라의 기사 '통가라 드 페퍼루쵸 3세'가 활약하는 액션 게임의 속편. 다시 납치당한 첼시를 구하기 위해 모험을 떠난다. 전작과 마찬가지로 다양한 장난감과 장치가 등장하는 재미있는 작품이다. 엔딩에서는 일러스트 콘테스트의 입상작도 소개된다.

더 야구권 스페셜

세가 1995년 7월 28일

소시에타 다이칸야마 1995년 7월 28일 6,800엔

- 1인용
- 버라이어티

세가새턴의 자랑거리 기능인 동영상 재생을 활용한 실사 에로게 야구권(역주 ※2) 게임. 미디어 용량이 크게 늘어난 덕에 나온 작품이다. 선호하는 타입의 여성과 가위바위보로 대전해 이기면 여성이 옷을 하나씩 벗고, 속옷차림을 거쳐 마지막엔 상의 탈의 모습이 나온다.

실황 파워풀 프로야구 '95 개막판

코나미 1995년 7월 28일 5,800엔

- 1~2인용
- 스포츠
- 메모리 백업

인기 야구 게임의 1995년 시즌 개막판. 전작의 시스템을 기본으로, 연습용인 '캠프 모드'와 컨트롤러 종류를 고를 수 있는 '컨트롤러 모드' 등을 추가했다. 대전과 페넌트 모드에서는 타격과 수비의 오토 여부, 미트 커서의 락온 여부를 선택할 수 있다.

D의 식탁

어클레임 재팬 1995년 7월 28일 8,800엔
　　　　　　　　1997년 6월 20일 2,800엔(사타코레)

- 1인용
- 어드벤처
- 메모리 백업
- CD-ROM 2장

이이노 겐지가 감독·각본·음악을 맡아, 처음에는 3DO로 발매했던 어드벤처 게임의 이식작. '인터랙티브 시네마'라는 장르명대로 영화를 방불케 하는 연출이 특징이다. 흉악하게 돌변한 아버지의 정신세계 안에서 '2시간 내'에 다양한 함정과 퍼즐을 풀고 탈출해야 한다.

HARDWARE 1994's SOFT 1995's SOFT 1996's SOFT 1997's SOFT 1998's SOFT 1999's SOFT 2000's SOFT SOFT INDEX

유미미 믹스 REMIX

게임 아츠　1995년 7월 28일　5,800엔

- 1~2인용
- 어드벤처
- 메모리 백업
- 셔틀 마우스 지원

메가 CD로 발매된 「유미미 믹스」를 완전 이식한 작품. 계속 진행되는 애니메이션 도중에 표시되는 선택지를 고르면 스토리가 분기되는 멀티 스토리, 멀티 엔딩의 어드벤처 게임이다. 세가새턴판에서는 미니게임인 '유미미 퍼즐'을 즐길 수 있다.

마작 해안 이야기 : 마작광 시대 섹시 아이돌 편

마이크로네트　1995년 8월 4일　6,800엔

- 1인용
- 마작

신세대 사고 루틴 'VIPS'를 탑재해, 플레이어의 실력에 맞춘 난이도 자동 조정 기능을 장점으로 내세운 마작 게임. 당시의 섹시 아이돌 유닛 '앙돌'의 멤버인 키자키 유우·호리카와 미미·나카노 카즈미 3명이 폴리곤 모델화되어 등장한다. 탈의 장면은 실사 동영상으로 나온다.

레이스 드라이빙

타임 워너 인터랙티브　1995년 8월 4일　5,800엔

- 1인용
- 드라이브 시뮬레이터
- 레이싱 컨트롤러 지원

아타리 사가 개발한 레이싱 게임의 이식작. 기상천외한 코스를 라이벌 차량 없이 홀로 달리는데, 플레이어에게 스턴트 훈련이라도 시키듯 삐끗하면 바로 전복되고 리플레이가 나온다. 제트코스터마냥 360도로 도는 코스나, 가속이 중요한 점프 포인트 등, 난이도가 매우 높다.

아이돌 마작 파이널 로맨스 2

애스크 코단샤　1995년 8월 11일　7,800엔

- 1인용
- 마작
- 메모리 백업

아케이드에서 인기를 얻은 마작 게임 시리즈 2번째 작품의 이식작. 첫 작품은 리얼 풍이었지만 이 게임부터 애니메이션 풍으로 바꿨다. 아이템으로 사기 기술 사용이 가능하고, 대국을 이기면 히로인을 탈의시킬 수 있다. 캐릭터 디자인은 GENSHO와 요로즈 이치가 맡았다.

위닝 포스트 EX

코에이　1995년 8월 11일　6,800엔

- 1인용
- 경마 시뮬레이션
- 메모리 백업
- 셔틀 마우스 지원

경마를 소재로 삼은 게임으로 유명한 「위닝 포스트」 시리즈의 세가 새턴판. 3DO REAL과 매킨토시로 발매된 버전의 마이너 체인지판이라, 동일한 실사 동영상을 사용했다. 시리즈 전통의 여비서 '아리마 사쿠라코'도 이 작품에서는 실사화되었다.

학교의 무서운 소문 : 하나코 씨가 왔다!!

캡콤　1995년 8월 11일　4,980엔

- 인터랙티브 무비
- 메모리 백업

같은 제목의 아동소설·애니메이션이 소재인 어드벤처 게임. 후일 「역전재판」 시리즈를 기획해 유명해지는 타쿠미 슈의 데뷔작이다. 하나코 씨의 협력을 받아 영계와 현세를 잇는 문을 봉인하는 게 목적. 이를 위해 학교에서 거울파편 7개를 모으러 미니게임 등을 거친다.

샤이닝 위즈덤

세가　1995년 8월 11일　5,800엔

- 1인용
- 액션 롤플레잉
- 메모리 백업

CG 렌더링으로 부드러운 전투 애니메이션을 구현한 액션 롤플레잉 게임. 최대 특징은 '연타 시스템'으로, 연타하면 이동속도나 장비품, 마법 위력까지도 강화된다. 경험치로 레벨 업하는 방식이 아니라, 장비품이나 마법의 강화, 체력 게이지 증가 등으로 캐릭터가 강해진다.

수호연무

데이터 이스트　1995년 8월 11일　5,800엔

- 1~2인용
- 격투 액션
- 메모리 백업

아케이드에서 가동 중이던 같은 제목 타이틀의 이식작. '수호지'가 소재로, 양산박 최강을 결정하는 싸움이 펼쳐지는 대전격투 게임이다. 원작이 ST-V 기판이라, 이식도는 매우 높다. 스페셜 모드의 캐릭터 연기는 고리 다이스케와 시라토리 유리 등 호화 성우진이 맡았다.

  전체 이용가　 18세 이상 추천　 18세 미만 구입 금지　 18세 이상 추천　 사타코레판이 발매된 타이틀　 잔혹 표현 주의

스트리트 파이터 : 리얼 배틀 온 필름

캡콤　1995년 8월 11일　5,800엔

- 1~2인용
- ● 액션
- ● 메모리 백업

미국 영화 '스트리트 파이터'의 영상 및 실사 캐릭터를 활용한 「스트리트 파이터 II」 시리즈 작품. 영화 기반이므로 주인공은 가일이다. 「슈퍼 스트리트 파이터 IIX」를 기반으로 조정하여 초필살기 등의 커맨드 입력도 유사하게 맞췄으며, 신 캐릭터 '사와다'도 등장한다.

졸업 II : Neo generation

리버힐 소프트　1995년 8월 11일　6,800엔

- 1인용
- ● 시뮬레이션
- ● 메모리 백업

시리즈 2번째 작품으로, 캐릭터 디자인을 만화가 코바야시 히로코가 맡아 모든 캐릭터가 리뉴얼되어 등장한다. 목적은 전작과 마찬가지로, 낙제생 5명을 졸업시키는 것. 이번 작품에서는 자리바꿈 시스템을 도입하여, 착석 위치에 따라 학습효율 등이 변동하게 되었다.

From TV Animation 슬램 덩크 : 아이 러브 바스켓볼

반다이　1995년 8월 11일　6,800엔

- 1~2인용
- ● 액션 스포츠
- ● 메모리 백업

고교농구 소재의 대히트 애니메이션을 게임화했다. 주인공인 북산고교 팀이 되어 카나가와 현 예선대회를 돌파하는 '스토리 모드'와, 자유롭게 대전할 수 있는 'VS 모드'가 있다. VS 모드에서는 놀랍게도, 등장 캐릭터들을 자유롭게 골라 드림 팀을 편성해볼 수도 있다.

AI 쇼기

소프트뱅크/섬싱 굿　1995년 8월 25일　6,800엔

- 1인용
- ● 쇼기
- ● 메모리 백업

심플하고도 코어한 쇼기 게임. 모드는 대국뿐으로, 박보장기 등의 보너스 요소는 일절 없다. 당시로는 최강급의 사고루틴으로, 속기부터 수순까지 인간과의 대국을 방불케 한다. 한 수 무르기나 특정 말 빼기 등 세세한 설정도 가능. 말과 판 등의 그래픽도 잘 묘사했다.

구전계

테크노 소프트　1995년 8월 25일　5,800엔

- 1인용
- ● 핀볼
- ● 메모리 백업

코믹한 세계관과, 비디오 게임이기에 가능한 연출을 시도한 핀볼 게임. 백업 RAM을 지원해, 볼 개수와 진행상황을 저장할 수 있다. 스테이지는 최상단부터 천공계·지상계·마계 3개 층으로 나뉘어 있으며, 개성적인 연출과 장치가 100종류 이상이나 준비되어 있다.

파이프로 외전 : 블레이징 토네이도

휴먼　1995년 8월 25일　6,800엔

- 1~2인용
- ● 격투 스포츠
- ● 버추어 스틱 지원

인기 프로레슬링 게임 「파이어 프로레슬링」 시리즈의 외전격 작품. 레슬러는 모두 오리지널 캐릭터다. 그래픽과 조작도 기존 시리즈와 달라, 오히려 당시의 대전격투 게임에 가깝다. 체력 게이지가 감소하면 화면이 클로즈업되어 긴박감을 돋우는 독자적인 연출을 시도했다.

마법기사 레이어스

세가　1995년 8월 25일　4,800엔

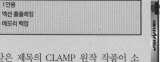

- 1인용
- ● 액션 롤플레잉
- ● 메모리 백업

같은 제목의 CLAMP 원작 작품이 소재인 액션 롤플레잉 게임. 세가새턴 초기에 전개된 RPG 라인업 강화 프로젝트 '롤플레잉 왕국' 관련 작품 중 하나다. 스토리를 제 1부 기반으로 오리지널 해석을 붙여 재구성했으므로, 동영상은 애니메이션판 스탭이 새로 제작했다. 게임은 필드에 드문드문 있는 적을 물리치며 전진하는 액션 형태. 조작성도 좋고, 보스전에선 전멸 후 재시작하면 약체화 보정이 걸리는 등, 누구나 클리어할 수 있도록 배려했다.

레이어 섹션

타이토　1995년 9월 14일　5,800엔　　　1997년 4월 25일　2,800엔(사타코레)

- 1~2인용
- 슈팅
- 메모리 백업

타이토 사의 종스크롤 슈팅 게임 「레이포스」의 이식작으로, 세가새턴판은 타이틀명이 변경되었다. 특징은 가정용 슈팅 게임으로는 드물게 세로화면 모드가 따로 있다는 것으로, TV나 모니터를 90도 회전시키면 원작인 아케이드판과 동등한 화면구성으로 즐길 수 있다. 2인 동시 플레이도 가능하고, 노멀 샷·락온 레이저를

적절히 구사하며 우주공간을 무대로 한 여러 아름다운 스테이지들을 공략해나가는 명작 슈팅 게임이다.

◀ 슈팅 게임으로서만이 아니라, 작품의 음악 자체로도 평이 좋다.

실전 마작

이매지니어　1995년 9월 1일　6,800엔

- 1인용
- 마작
- 메모리 백업

심플한 4인 대국 마작 게임. 특징은 패와 탁자를 3D로 모델링했다는 점으로, 자유로운 각도에서 패 배치를 살펴볼 수 있다. 게임 모드는 '프리 대전'을 비롯해 10급부터 명인급까지의 레벨에 도전 가능한 '챌린지 모드'와, 득점을 겨루는 '파티 모드'가 준비돼 있다.

쇼기 축제

세타　1995년 9월 15일　9,200엔

- 1~2인용
- 쇼기
- 메모리 백업

일본쇼기연맹이 기획한 하드코어한 쇼기 게임. 난이도를 3단계로 설정 가능한 '대국' 모드 외에, 초급부터 상급에다 고전까지 4가지 레벨로 나뉜 4,000문제의 '박보장기', 삼지선다로 답하는 '다음 한 수' 250문제, 프로 기사들이 대전한 '과거의 명국' 10,000국을 수록했다.

블루 시카고 블루스

리버힐 소프트　1995년 9월 22일　7,800엔

- 1인용
- 어드벤처
- 메모리 백업

본격 어드벤처 게임 '형사 J.B.해럴드' 시리즈 4번째 작품. 미국인이 연기하고 일본으로 더빙한 실사 동영상과 사진을 게임 전체에 사용해, 영화를 보는 듯한 연출이 특징이다. 시간 개념이 있어 커맨드를 마구 선택하면 시간이 초과되므로, 잘 생각해 행동해야만 한다.

브레이크 스루

쇼에이샤/BMG 빅터　1995년 9월 22일　5,800엔

- 1~2인용
- 퍼즐
- 메모리 백업
- 셔틀 마우스 지원

「테트리스」를 발상해낸 알렉세이 파지트노프가 감수한 퍼즐 게임. 같은 색 블록을 2개 인접해 붙여 없애는 게임으로, 낙하하는 블록 중에는 일반적인 블록 외에도 지정된 색을 전부 없애는 '슈퍼 블록'이나 주변 블록들을 파괴하는 '폭탄' 등이 존재한다.

월드 어드밴스드 대전략 : 강철의 전풍

세가　1995년 9월 22일　7,800엔

- 1~5인용
- 시뮬레이션
- 메모리 백업
- 셔틀 마우스 지원
- CD-ROM 1장

메가 드라이브로 발매되었던 「어드밴스드 대전략」의 속편인 워 시뮬레이션 게임. 전작에서는 독일군으로만 플레이 가능했지만, 이번 작품에선 일본제국군 및 미합중국군도 플레이할 수 있게 되었다. 전작은 난이도가 너무 높다는 평이 많았기에, 병기를 간략화하고 난이도를 조정해 플레이하기 쉽게 개량했다. 또

한 하드웨어가 바뀌었기에 컴퓨터의 사고시간도 대폭 단축시켰고, 전투 신도 3D 그래픽으로 묘사했다.

▶ ...으로 수송 유닛에도 변형시키 공격 유닛으로 바꿀 수 있게 되었다.

마스터즈 : 머나먼 오거스타 3
T&E 소프트　1995년 9월 22일　5,800엔

- 1~4인용
- ● 스포츠
- ■ 메모리 백업
- 멀티 터미널 6 지원

PC용 게임의 이식작. 미국의 명문 골프장 '오거스타 내셔널 골프 클럽'의 전 코스를 충실히 재현했다. 인기 토너먼트 '마스터즈'의 기록에도 도전할 수 있다. 폴리곤 수가 2배로 늘어나 경치 표현이 아름다워진 것은 물론, 수면의 빛 반사 묘사까지도 재현했다.

아이돌 작사 스치파이 Remix
잘레코　1995년 9월 29일　6,900엔

- 1인용
- ● 마작

아케이드용 게임의 이식판. 성우 카나이 미카가 연기한 스치파이를 비롯해, 등장 캐릭터 7명에 모두 성우가 있는 풀보이스 사양이 되었다. 사기 기술을 무기로 쓰는 기본 룰은 유지하면서, 탈의 장면을 노출도가 높은 그래픽으로 교체하고 2화면으로 감상할 수 있게 했다.

윙 암즈 : 화려한 격추왕
세가　1995년 9월 29일　5,800엔

- 1인용
- 3D 슈팅
- 미션 스틱 지원

제 2차 세계대전에서 활약한 전투기를 소재로 삼은 3D 슈팅 게임. 폴리곤화된 제로센, 메서슈미트, 라이트닝 등의 7개 기종이 현대에 부활한다. 준비된 미션은 총 6가지로, 공중전·해상전·지상전 3종류를 즐길 수 있다. 시점은 3가지 중에서 전환 가능하다.

영세명인
코나미　1995년 9월 29일　5,300엔

- 1~2인용
- ● 테이블 게임
- ■ 메모리 백업
- 셔틀 마우스 지원

PC용 게임 「영세명인 III」의 이식작. 역사에 남아있는 에도시대 명인의 기보 데이터 수록은 물론, 박보장기의 정답 계산 기능, CPU가 판국을 예측하는 '예측 수읽기' 기능 등이 들어가 있다. 사고시간을 단축하고 셔틀 마우스도 지원해, 쾌적하게 플레이할 수 있다.

퀀텀 게이트 I : 악마의 서장
가가 커뮤니케이션즈　1995년 9월 29일　5,800엔

- 1인용
- ● 버추얼 시네마
- ■ 메모리 백업
- 셔틀 마우스 지원

환경파괴로 황폐해진 지구를 회복시키기 위해 필수적인 '산화이리듐'을 얻기 위해, 순간이동장치 '퀀텀 게이트'에 의해 발견된 산화이리듐의 보고인 행성 AJ3905로 향해야 한다. 전체가 동영상으로 진행되는, SF 영화를 보는 듯한 작품.

골든 액스 더 듀얼
세가　1995년 9월 29일　5,800엔

- 1~2인용
- ● 격투 액션

메가 드라이브의 인기 액션 게임 「골든 액스」의 캐릭터를 사용한 대전격투 게임. 스토리 면에서는 아케이드판 2탄인 「데스 애더의 복수」의 후일담으로, 캐릭터 10명이 등장한다. 일격필살기인 하이퍼 매직도 완전 이식되어 있다.

심시티 2000
세가　1995년 9월 29일　5,800엔

- 1인용
- ● 시뮬레이션
- ■ 메모리 백업
- ● CD-ROM 1장

도시경영 시뮬레이션 게임 「심시티」의 속편으로, 플레이어는 시장이 되어 도시를 번영시켜야 한다. 새턴판은 연대별로 건물 그래픽이 변화하며, 인구 3만 명이 되면 소닉 동상을 받기도 하고 추가 시나리오도 수록하는 등 몇 가지 변경이 가해져 있다.

스팀기어★매시
타카라　1995년 9월 29일　5,800엔

- 1인용
- ● 액션
- ■ 메모리 백업

쿼터뷰 그래픽의 슈팅 액션 게임. 로봇 '매시'가 납치당한 미나를 구하러 적의 기지로 쳐들어간다는 스토리. 매시는 도중에 줍는 아이템을 이용해 강화시킨다. 귀여운 그래픽과는 정반대로 난이도가 높은 작품이다.

나왔구나 트윈비 얏호! DELUXE PACK

코나미　1995년 9월 29일　5,800엔

- 1~2인용
- 슈팅
- 메모리 백업

아케이드의 인기 슈팅 게임 「나왔구나!! 트윈비」와 「트윈비 얏호! 이상한 나라에서 대소동!!」 2작품을 합본해 수록했다. 「트윈비 얏호!」의 경우 원작에서는 텍스트로만 나왔던 엔딩의 대화가 풀보이스로 변경되었다.

천지무용! 양황귀 극락 CD-ROM　for SEGA SATURN

유미디어　1995년 9월 29일　7,800엔

- 1인용
- 퀴즈

OVA '천지무용! 양황귀'의 팬 아이템으로 제작된 데이터베이스 소프트. 원래는 PC로 발매된 작품을 이식한 것이다. OVA 제 1기의 내용이 정보와 동영상 모두 상당한 밀도로 수록돼 있다. 특히 퀴즈는 골수팬조차 답하기 힘들 만큼 깨알 같은 매니악함을 자랑한다.

노부나가의 야망 : 천상기

코에이　1995년 9월 29일　9,800엔

- 1~8인용
- 역사 시뮬레이션
- 메모리 백업

간판 역사 시뮬레이션 게임 제 6탄. 다이묘 하나를 골라 천하통일을 노린다. 무장 1,000명 이상과 성 214곳이 등장한다. 군단 단위 전략으로, 성의 쟁탈에 특화시킨 시스템이 특징. 3종의 멀티 시나리오 방식으로, 최대 8명까지 동시 플레이를 지원한다. 음악은 칸노 요코가 담당.

보마 헌터 라임 Perfect Collection

아스믹　1995년 9월 29일　8,800엔

- 1인용
- 롤플레잉
- 메모리 백업

원래는 PC-9801용으로, 캐릭터 디자인·총작화감독에 '란마 1/2' 등으로 유명한 나카지마 아츠코를 기용해 귀엽고 요염한 캐릭터로 인기를 얻은 작품. 마계를 벗어나 부서져버린 마법구슬을 되돌리기 위해 인간계에서 조각을 모으는 라임과 파트너 바스의 이야기를 그린다.

마법의 작사 포에포에 포에미

이매지니어　1995년 9월 29일　7,800엔

- 1인용
- 마작

18세 이상 추천 등급의 탈의마작 게임. 지옥에서 탈주한 도깨비 3마리를 체포하기 위해, 지옥경비대장인 포에미가 활약한다는 스토리다. 반장에서 이기면 상대의 옷을 벗길 수 있다. MP를 소비하여, 상황을 유리하게 바꿔주는 마법을 쓰는 것도 가능하다.

메탈 파이터♥MIKU

빅터 엔터테인먼트　1995년 9월 29일　6,800엔

- 1~2인용
- 어드벤처
- 메모리 백업

TV로 방영된 같은 제목 애니메이션의 속편으로 등장한 어드벤처 게임. 새로 발족한 신규 단체 '사자의 굴'이 주최하는, 진정한 챔피언을 결정하는 토너먼트에 도전한다는 스토리다. 신규 애니메이션도 추가되는 등 공이 들어간 작품.

게임의 철인 : THE 상하이

선 소프트　1995년 10월 13일　6,800엔

- 1인용
- 퍼즐
- 메모리 백업
- 셔틀 마우스 지원

게임센터에서 아직도 끈질긴 인기가 있는 '상하이'를 비롯한 퍼즐 게임 3작품을 수록한 게임으로, 이외에도 '자금성'·'룽룽' 등 동일하게 마작패를 사용하는 게임을 실컷 즐겨볼 수 있다. 셔틀 마우스도 지원하니, 꼭 마우스로 플레이해 보도록.

버추어 파이터 CG 포트레이트 시리즈　Vol.1 사라 브라이언트

세가　1995년 10월 13일　1,280엔

- CG & MUSIC

「버추어 파이터」에 등장하는 캐릭터 중 단 한 명에 초점을 맞춰 제작한 CG 모음집. 각 캐릭터의 이미지 송에 맞춰, 당시의 최신 기술로 제작한 CG 사진을 감상한다. 이 작품에선 사라 브라이언트를 픽업해, 그녀의 일상을 그렸다. 이미지 송은 가수 타카하라 유키가 담당.

  전체 이용가　 18세 이상 추천　 18세 미만 구입 금지　 18세 이상 추천　 사타코레판이 발매된 타이틀　 잔혹 표현 주의

버추어 파이터 CG 포트레이트 시리즈 Vol.2 재키 브라이언트
세가　1995년 10월 13일　1,280엔

● CG & MUSIC

최신 기술을 사용한 CG와 이미지 송을 결합시킨 「버추어 파이터」 사진집. 이번엔 Vol.1에 등장했던 사라의 오빠인 재키의 쿨한 일상을 엿볼 수 있다. 이미지 송은 세가 팬이라면 친숙한 미츠요시 타케노부가 담당했고, 노래방 모드도 탑재돼 있다.

X JAPAN Virtual Shock 001
세가　1995년 10월 20일　6,800엔

● 뮤직 엔터테인먼트

1994년 12월 31일에 개최되었던 카운트다운 라이브 '하얀 밤'을 소재로 삼은 X JAPAN 팬용 타이틀. 라이브 티켓을 사지 못한 주인공이 카메라맨으로 오인받아 회장에 들어온 후, 아이템을 모으거나 미션을 수행하는 등으로 라이브를 즐기는 어드벤처 게임 스타일이다.

킹 오브 복싱
빅터 엔터테인먼트　1995년 10월 20일　5,800엔

○ 1~2인용
◆ 스포츠 / 권투
● 메모리 백업

PC로 발매된 바 있는 「4D 복싱」을 리메이크한 작품. 자신의 분신이 될 권투선수를 제작하여, 랭킹을 올려 세계 챔피언을 목표로 한다는 내용이다. 랭킹을 올리면 트레이너가 등장해, 코크스크류 등의 펀치 기술 커맨드를 알려준다.

선더 스톰 & 로드 블래스터
엑제코 디벨롭먼트　1995년 10월 20일　6,800엔

○ 1인용
● 인터랙티브 무비 액션

80년대 전반기에 레이저디스크로 수록된 영상과 컴퓨터 그래픽을 합성해 비디오 게임화하여 히트한 작품인 「선더 스톰」과 「로드 블래스터」를 합본 수록했다. 게임은 비교적 심플해, 화면에 표시되는 화살표를 따라 컨트롤러로 조작한다.

두근두근 마작 파라다이스 : 사랑의 텐파이 비트
소넷 컴퓨터 엔터테인먼트　1995년 10월 20일　6,800엔

○ 1인용
● 마작

X지정 등급의 탈의마작 게임. 소녀 5명과 대국해, 점수가 마이너스가 되면 하나씩 벗는 시스템이다. 캐릭터는 부잣집 타입부터 소꿉친구 타입까지 개성적이고, 치는 버릇도 각자 차이가 있다. 히카미 쿄코와 토우마 유미, 토미자와 미치에 등 당시의 인기 성우를 기용했다.

미국 횡단 울트라 퀴즈
빅터 엔터테인먼트　1995년 10월 27일　5,800엔

○ 1~4인용
● 퀴즈
● 메모리 백업
● 멀티 터미널 6 지원

일본에서 1970년대 후반부터 20년 가까이 꾸준히 방영되었던 인기 퀴즈 프로 '미국 횡단 울트라 퀴즈'의 게임판. 제 1회장에서 출제되는 양자택일 퀴즈에서 경쟁자를 줄이고, 해외로 가는 비행기 탑승권을 얻는 사람 중 한 명이 되어 최종지점인 뉴욕을 목표로 하자!

결혼 전야
쇼가쿠칸 프로덕션　1995년 10월 27일　2,000엔

● 캐릭터 디스크

1995년 12월 15일에 발매된 「결혼 : Marriage」(61p)의 팬 디스크로서 선행 발매된 소프트. 등장하는 캐릭터의 소개 및 성우 소개, 성우가 직접 낭독해주는 「결혼」의 게임 시스템 소개, 1996년에 발매되는 OVA의 소개가 수록되어 있다.

사이코트론
가가 커뮤니케이션즈　1995년 10월 27일　5,800엔

○ 1인용
● 미스터리 어드벤처
● 셔틀 마우스 지원

실사 동영상을 사용하여 풀보이스로 펼쳐지는 어드벤처 게임. 러시아에서 획득한 세뇌장치 '사이코트론'의 행방을 쫓는 것이 목적. 화면에 나오는 문장과 캐릭터가 말하는 대사가 완전히 다르므로, 양쪽을 놓치지 않도록 하여 퍼즐을 풀어가야 한다.

세가 인터내셔널 빅토리 골

세가　1995년 10월 27일　4,800엔

- 1~4인용
- 스포츠 / 축구
- 메모리 백업
- 멀티 터미널 6 지원

인기 축구 게임의 인터내셔널 버전. 브라질, 독일 등과 일본을 포함해 12개국이 등장한다. 선수 이름은 모두 가상이며, 멀티 터미널 6를 사용하면 최대 4명까지 동시 플레이가 가능하다. 게임 모드는 월드컵전과 리그전이 준비되어 있다.

「점도 이야기」 I 번째

CRI　1995년 10월 27일　5,800엔

- 1인용
- 점술
- 메모리 백업

'헤이세이 개운력', '타로 점술', '성명판단' 3종류의 점술에 '해몽'도 가능한 점술 소프트. 금전운과 건강운, 연애운, 직업운 등의 운세를 간단히 볼 수 있고, 자신의 성에 맞는 이름을 찾아보는 명명(命名) 모드 등도 수록했다. 성명판단은 회사명·상품명도 점처볼 수 있다.

버추얼 오픈 테니스

이매지니어　1995년 10월 27일　7,800엔

- 1~4인용
- 스포츠 / 테니스
- 멀티 터미널 6 지원

선수 및 코트를 폴리곤으로 묘사한 테니스 게임. 모드는 엑시비션과 챔피언십, 트레이닝 3종류가 마련되어 있다. 옵션에서는 각 모드마다 플레이할 인원수와 세트 수, 코트 종류를 선택 가능하고, 동시 플레이는 4명까지 지원한다.

행온 GP '95

세가　1995년 10월 27일　5,800엔

- 1인용
- 드라이브
- 메모리 백업
- 레이싱 컨트롤러 지원

아케이드 '체감 게임' 제 1탄에 해당하는 같은 제목의 명작 레이싱 게임을, 세가새턴용으로 3D 폴리곤화하여 제작한 바이크 레이싱 게임. 총 6개 코스와 3종류의 시점을 선택해 플레이할 수 있다. 그랑프리 모드를 클리어하면 내구 레이스인 엔듀런스 모드도 즐길 수 있다.

뿌요뿌요 투 [通]

컴파일　1995년 10월 27일　4,800엔
　　　　1997년 6월 20일　2,800엔(사타코레)

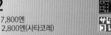

- 1~2인용
- 액션 퍼즐
- 메모리 백업

대인기 낙하계 퍼즐 게임의 속편. 화면 위에서 떨어지는 뿌요들을 붙여 연쇄를 걸어, 대량의 방해뿌요를 상대에게 보내 물리치는 것이 목적. 전작에서는 일단 상대가 대량 연쇄를 걸면 속수무책이었지만, 이번 작품부터 상쇄 시스템이 추가되어 방어가 가능해졌다.

프린세스 메이커 2

마이크로캐빈　1995년 10월 27일　7,800엔
　　　　　　　1997년 6월 20일　2,800엔(사타코레)

- 1인용
- 시뮬레이션
- 메모리 백업

천계의 수호성이 인도해준 소녀를 길러내는 육성 시뮬레이션 게임 제 2탄. PC와 가정용 게임기 등 다수의 기종으로 이식되었으며, 이 작품은 FM TOWNS판 기반의 이식작이다. 10세부터 8년간 길러 18세가 되면 직업이 결정되어, 다양한 엔딩이 기다린다.

F-1 라이브 인포메이션

세가　1995년 11월 2일　5,800엔

- 1인용
- 드라이브
- 메모리 백업
- 레이싱 컨트롤러 지원

F1 세계선수권이 모티브인 레이싱 게임. 이 작품은 레이스 도중의 '실황'이 훌륭하다. 캐스터로 미야케 마사하루, 해설자로 이마미야 준, 리포터로 카와이 카즈히토 3명이 출연하는 10시간 이상의 실황 음성을 수록, TV 중계 분위기 그대로를 게임으로 훌륭히 재현해낸다.

지금은 행성 개척중!

알트론　1995년 11월 3일　5,800엔

- 1~2인용
- 대전 시뮬레이션
- 메모리 백업

각자 역할이 다른 로봇 3대에게 지시를 내려, 의뢰에 맞춰 행성을 개척해가는 대전 시뮬레이션 게임. 기일이 정해져 있으므로, 기일 내에 컴퓨터 혹은 플레이어와 대전하여 집짓기 등의 임무를 상대보다 더 잘 수행하는 게 목적이다. 당연히 라이벌을 방해할 수도 있다.

 전체 이용가　 18세 이상 추천　 18세 미만 구입 금지　 18세 이상 추천　 사타코레판이 발매된 타이틀　잔혹 표현 주의

고갯길 킹 더 스피리츠
아틀라스　1995년 11월 10일　5,800엔

- 1~2인용
- 레이싱 게임
- 메모리 백업
- 레이싱 컨트롤러 지원

스카이라인·로드스터 등의 실존 차량 6차종과 숨겨진 차인 포르셰·트럭 2차종이 등장하는 레이싱 게임. 코스는 하코네·이코마·타루미 3종에 숨겨진 코스 '짐카나'까지 총 4코스, 3개 코스를 오르내리며 달려, 각 코스에서 1위가 되는 것이 목적이다.

와구와구 애니멀 : 세계 사육계 선수권
세가　1995년 11월 10일　4,800엔
　　　1997년 4월 25일　2,800엔(사타코레)

- 1~2인용
- 퍼즐
- 메모리 백업

아케이드용 게임의 이식작. 대전형 낙하계 퍼즐 게임이다. 2개 한 조로 떨어지는 동물 블록과 사료 블록을 각각 대응되는 블록과 조합시켜 연쇄를 만들어 상대를 물리치자. 동물 블록과 사료 블록은 3 : 1 비율로 떨어진다. 헬프 블록을 잘 활용하자.

오짱의 네모네모 로직
선 소프트　1995년 11월 17일　4,900엔

- 1~2인용
- 퍼즐
- 메모리 백업
- 셔틀 마우스 지원

숫자를 힌트삼아 네모 칸을 칠해, 한 장의 그림을 완성시키는 퍼즐 게임. 난이도는 초급부터 초상급까지 고를 수 있다. 힌트는 해당 칸의 위쪽과 왼쪽 부분에 표시된다. 오짱의 응원을 받으며 퍼즐을 완성시키자. 에디트 기능도 마련돼 있다.

전략 쇼기
일렉트로닉 아츠 빅터　1995년 11월 17일　6,800엔

- 1~2인용
- 테이블(쇼기)
- 메모리 백업

판과 말이 폴리곤으로 묘사되는 쇼기 게임. 3D 그래픽을 살려, 대국 도중에도 시점을 다양하게 변경할 수 있다. CPU의 전술도 몰이비차와 앉은비차 등을 선택 가능. 쇼기 연구에도 활용할 수 있다. 메인 모드인 '천하통일'에선 전국 7지역 대표와 대국해 천하통일을 노린다.

드래곤볼 Z 진무투전
반다이　1995년 11월 17일　6,800엔

- 1~2인용
- 대전격투 액션

애니메이션 '드래곤볼 Z'가 소재인 대전격투 게임. 슈퍼 패미컴의 「초무투전」 시리즈에 있었던, 화면을 분할 표시하는 '듀얼 스크린 시스템'을 채용했다. 캐릭터의 애니메이션과 보이스, 기술 연출 등의 요소는 원작 팬도 만족할 만하다.

노모 히데오 월드 시리즈 베이스볼
세가　1995년 11월 17일　5,800엔

- 1~2인용
- 스포츠
- 메모리 백업

「그레이티스트 나인」의 메이저리그 버전. 당시의 메이저리거 672명 전원의 데이터를 완전 수록했다. 게임 모드는 1시합만 하는 엑시비션을 비롯해 페넌트레이스와 토너먼트 등 6종류를 준비했다. 홈런 더비 모드도 들어있다.

버추어 파이터 CG 포트레이트 시리즈 Vol.3 유키 아키라
세가　1995년 11월 17일　1,280엔

- CG & MUSIC

당시의 최신 기술을 살린 CG와 뜨거운 사운드를 조합한 버추얼 사진집 제 3탄. 이번에는 유키 아키라를 픽업하여, 그의 수행 시절을 표현했다. 수행 장면에서는 게임 내의 기술은 물론, 팔극권 특유의 중량감까지 재현했다. 이미지 송은 미츠요시 타케노부가 담당했다.

버추어 파이터 CG 포트레이트 시리즈 Vol.4 파이 첸
세가　1995년 11월 17일　1,280엔

- CG & MUSIC

「버추어 파이터」의 캐릭터를 한 명씩 집중 조명한 이미지 송 연동형 CG집. 이번에는 파이 첸의 영화배우로서의 면모와 사생활 모습, 수행 장면을 볼 수 있다. 살짝 에로한 장면도 수록돼 있다. 모두 본편 게임에는 나오지 않는 모습뿐이다.

X-MEN : 칠드런 오브 디 아톰
캡콤　1995년 11월 22일　5,800엔

- 1~2인용
- 액션
- 메모리 백업

마블 코믹스 작품 캐릭터들이 등장하는 캡콤 대전격투 게임 시리즈의 원점인 작품. 눈에서 광선이 발사되는 사이클롭스나 바람과 번개를 조종하는 스톰 등, 등장 캐릭터는 다들 개성과 일색이다. 캐릭터의 특수능력 및 낙법 사용 시 소모되는 X파워 게이지의 활용이 키포인트. 새턴판에는 아케이드 모드, VS 모드는 물론 서바이벌 모드, 1~5명의 캐릭터를 골라 단체전을 벌이는 그룹 배틀 모드도 있다. 저거너트는 VS 모드에서만 사용 가능.

레이맨
UBISOFT　1995년 11월 17일　5,800엔

- 1인용
- 액션
- 메모리 백업

유비소프트의 마스코트 캐릭터이기도 한 레이맨이 활약하는 횡스크롤 액션 게임. 평화롭고 아름다운 나라를 지키기 위해, 나라 곳곳에 흩어진 괴물에게 사로잡힌 일렉툰들을 풀어주고 탈취당한 빅 프루툰을 되찾는 것이 목적. 고난이도의 명작 게임이다.

오프월드 인터셉터 익스트림
BMG 빅터　1995년 11월 22일　5,800엔

- 1~2인용
- 액션

황량한 황야를 4WD 머신으로 내달리며 범죄자들을 몰아붙이는 액션 게임. 보스를 쓰러뜨리거나 일정한 스테이지 클리어 타임을 달성하면 상금을 받으며, 이 상금으로 머신을 개조할 수 있다. 2인 플레이 시에는 상대의 머신을 파괴하면 승리하게 된다.

갤럭시 파이트
선 소프트　1995년 11월 22일　5,800엔

- 1~2인용
- 격투 액션

네오지오용 게임의 이식작. 버라이어티 풍부한 행성 8곳을 무대로 싸우는 2D 대전격투 게임이다. SF적인 세계관으로, 속도감 넘치는 대전을 즐길 수 있다. 새턴판은 원작과 몇 가지 차이가 있고, 게임성이 크게 다르다. BGM도 다소 편곡이 가해져 있다.

빳빠라빠옹
에콜 소프트웨어　1995년 11월 22일　4,800엔

- 1~2인용
- 퍼즐 액션
- 메모리 백업

어느 날 퍼즐 세계에 빠져 갇혀버린 소년이 탈출을 위해 모험을 벌이는 퍼즐 게임. 전설이 된 「데스 크림즌」을 세상에 내놓은 에콜 소프트웨어의 처녀작이다. 같은 색을 4개 이상 연결하면 사라지며, 한 가운데에 뭉쳐 있는 블록을 상대 쪽으로 밀어내면 승리한다.

불타라!! 프로야구 '95 더블헤더
잘레코　1995년 11월 22일　5,800엔

- 1~2인용
- 스포츠
- 메모리 백업

시리즈 최초의 CD-ROM 작품. 오프닝 무비에 NHK와 닛폰 TV가 제공한 실사 영상을 사용했다. 실황은 전 닛폰방송 아나운서인 후카사와 히로시가 맡았다. 전 12개 구단 선수가 모두 실명으로 등장하며, 선수의 특징적인 폼을 모션 캡처로 재현했다.

카나자와 쇼기
세타　1995년 11월 24일　7,900엔

- 1~2인용
- 쇼기
- 메모리 백업

「키와메」의 개발자인 카나자와 신이치로가 개발한 쇼기 게임. 당시 컴퓨터 쇼기 선수권에서 3년간 승리한 바 있는 사고 루틴으로, 앉은비차와 몰이비차 등으로 컴퓨터 전법을 지정할 수 있다. 모드는 대국실 외에 초보자용인 입문교실, 10초 쇼기, 등용전 4종을 준비했다.

 전체 이용가 18세 이상 추천 18세 미만 구입 금지 18세 이상 추천 사타코레판이 발매된 타이틀　잔혹 표현 주의

슈트랄 : 숨겨진 7가지 빛

미디어 엔터테인먼트 1995년 11월 24일 4,800엔

- 1인용
- 액션 어드벤처

게임 전체가 애니메이션으로 전개되는 어드벤처 게임. 주인공 알렉시스가 신이 되기 위한 7가지 시련을 받는다는 스토리. 게임은 화면에 표시되는 커맨드를 제한시간 내에 입력하면 다음으로 넘어가는 방식이다. 엔딩은 48종류가 있어, 스토리 전개에 따라 분기된다.

슈퍼 리얼 마작 그래피티

세타 1995년 11월 24일 8,800엔

- 1인용
- 마작

인기 탈의마작 시리즈의 특별판. 아케이드판 「PⅡ」·「PⅢ」·「PⅣ」가 수록되어 있다. X지정 연령제한 등급으로 발매되어, 탈의 장면도 완전 이식했다. 대전 도중의 그래픽은 「PV」와 동일하게 얼굴 그래픽이 표시된다. 보이스도 완전 재현되어 있다.

투신전 S

타카라/세가 1995년 11월 24일 5,800엔

- 1~2인용
- 액션
- 메모리 백업

플레이스테이션의 인기 3D 격투게임이 새턴으로 등장했다. 새로운 스토리 모드인 '열전 모드'가 추가되었고, 오프닝에도 각 캐릭터의 백 스토리를 표현한 동영상이 삽입되었다. 스테이지 사이에도 애니메이터 도키테 츠카사가 캐릭터 바스트업을 그린 대화 모드를 탑재했다.

NBA JAM 토너먼트 에디션

어클레임 재팬 1995년 12월 1일 5,800엔

- 1~4인용
- 스포츠
- 멀티 터미널 6 지원

94년에 발매된 「NBA JAM」의 속편. 선택한 팀에서 선수 2명을 골라 2:2로 대전하는 농구 게임이다. 등장하는 선수는 총 120명. 그래픽이 디테일해지고, 캐릭터도 큼직해졌다. 대량의 숨겨진 캐릭터도 마련되어 있다.

버추어 캅

세가 1995년 11월 24일 5,800엔

- 1~2인용
- 슈팅
- 메모리 백업
- 버추어 건 지원
- 셔틀 마우스 지원

건 슈팅 장르에 당시로서는 획기적으로 폴리곤을 도입하여, 피탄 시 악당들이 보여주는 리얼한 모션과 비교적 적당한 난이도 등으로 대히트한 아케이드 게임의 이식작. 적을 마킹하고 얼마나 지나야 공격해올지를 시각적으로 알려주는 '락온 사이트' 시스템은 이 작품이 원점이다. 패드 조작도 지원하므로, 게임 감각이 페

적의 손에 맞춰 무기를 저스티스 샷으로 고득점을 받는다.

달라지지만 건 컨트롤러를 사용 불가능한 환경에서도 즐길 수 있다. 버추어 건이 동봉된 스페셜 팩도 발매되었다.

버추어 파이터 2

세가 1995년 12월 1일 6,800엔 1997년 4월 25일 2,800엔(사타코레)

- 1~2인용
- 격투 액션
- 메모리 백업

새턴 최초의 밀리언셀러가 된 인기 대전격투 게임. 아케이드판 출시 당시에는 전작을 아득히 뛰어넘는 진화에 처음 본 사람들 대부분이 당황하곤 했다. 텍스처 매핑을 추가해 현실감이 늘어난 그래픽은 물론, 초당 60프레임의 표시속도 덕에 모션도 훨씬 부드러워졌다. 풍부해진 표현력과 일격필살 기술도 건재. 붕격운신쌍호

공중 일제로 상대의 움직임을 파악해야 하는 요소 덕에, 게임성이 더욱 깊어졌다.

장 등 각자의 기술도 다채로워지며, 아키라 등 일부는 더욱 기교적인 캐릭터가 되었다. 신 캐릭터로 슌디와 리온 2명이 추가되었다.

HARDWARE | 1994's SOFT | 1995's SOFT | 1996's SOFT | 1997's SOFT | 1998's SOFT | 1999's SOFT | 2000's SOFT | SOFT INDEX

폭소!! 올 요시모토 퀴즈왕 결정전 DX
요시모토 흥업 1995년 12월 1일 5,800엔

● 1~4인용
● 퀴즈
● 멀티 터미널 6 지원

하자마 칸페이와 나인티나인 등의 요시모토 흥업 소속 연예인들이 등장하는 퀴즈 게임. 사회를 시마다 신스케가 보고, 파트너로는 타케우치 유키코가 나온다. 퀴즈 모드는 16개 장르가 준비돼 있고, '퀴즈왕 결정전'에선 퀴즈 3라운드, 미니게임 5라운드로 승부를 결정한다.

버추어 파이터 CG 포트레이트 시리즈 Vol.5 울프 호크필드
세가 1995년 12월 8일 1,280엔

● CG & MUSIC

최신 CG와 이미지 송으로 즐기는 「버추어 파이터」의 포토 앨범. 이번에는 울프 호크필드를 픽업하여, 본업인 프로레슬러로 싸우는 대박력의 시합 장면과 대자연 속에서 휴식하는 울프의 모습을 볼 수 있다. 이미지 송은 니시다 즈요시가 불렀다.

버추어 파이터 CG 포트레이트 시리즈 Vol.6 라우 첸
세가 1995년 12월 8일 1,280엔

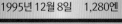

● CG & MUSIC

울프와 동시에 발매된 디지털 포토 앨범. 이번에는 라우 첸을 수록했다. 테마 송 '금색의 비'는 미츠요시 타케노부가 담당했다. 수행하는 장면이나, 중화요리사로서 식재료를 고르거나 중화냄비를 다루는 모습, 파이에게 수행을 시키는 모습 등이 수록되어 있다.

버그! : 점프해서, 밟아서, 납작이로 만들자
세가 1995년 12월 8일 5,800엔

● 1인용
● 액션
● 메모리 백업

할리우드 스타인 초록벌레 '버그'를 조작해, 과부거미 카다브라 여왕에게 납치해간 연예사업 동료들을 구출하는 것이 목적인 액션영화라는 스토리의 게임. 기본적으로는 횡스크롤 액션 게임이지만, 스테이지가 입체적인 미로 구성이라 화면 안쪽으로 깊이 들어가기도 한다.

해트트릭 히어로 S
타이토 1995년 12월 8일 5,800엔

● 1~4인용
● 스포츠
● 메모리 백업
● 멀티 터미널 6 지원

타이토가 개발한 인기 축구 게임의 세가새턴판. 내셔널 매치가 메인 모드로, 월드컵 출장국을 중심으로 40개국 이상을 사용할 수 있다. 게임은 아케이드 모드 외에 리그전의 월드 모드, 엑시비션 모드, 승부차기전 등 여러 모드가 준비되어 있다.

선탠의 추억
야노만 1995년 12월 8일 5,800엔

● 1~2인용
● 퍼즐
● 메모리 백업
● 셔틀 마우스 지원

움직이는 수영복 미녀 사진으로 직소 퍼즐을 푸는 퍼즐 게임. 3가지 퍼즐 모드와 수영복 미녀 5명의 섹시한 실사 동영상 및 사진을 즐길 수 있다. 게임 모드는 '무비 퍼즐'과 'VS 퍼즐', 새턴의 내장시계를 사용해 매일 다른 퍼즐을 즐기는 '미녀 일력'이 준비돼 있다.

파더 크리스마스
가가 커뮤니케이션즈 1995년 12월 8일 5,800엔

● 1인용
● 판타지 어드벤처

그림동화작가 레이먼드 브리그스 원작의 판타지 월드를 디지털로 표현한 작품. 플레이어는 산타클로스와 함께 여행을 떠난 애완 강아지와 고양이를 찾게 된다. 여행 도중 가이드북과 게임을 통해 세계지리를 사진과 영상으로 배우는 용도도 겸하는 소프트다.

에미트 : 밸류 세트
코에이 1995년 12월 15일 15,800엔

● 1인용
● 영어교육 소프트
● 메모리 백업
● 소프트 3종 세트

영어 학습 소프트 「에미트」 3작품을 한 세트로 묶어, 저렴한 염가판으로 출시했다. 애니메이션과 함께 나오는 음성·자막을 각각 일본어·영어로 설정할 수 있어, 재미있게 영어 리스닝 등을 학습할 수 있다.

 전체 이용가   18세 이상 추천   18세 미만 구입 금지   18세 이상 추천   사타코레판이 발매된 타이틀   잔혹 표현 주의

해저대전쟁
이매지니어   1995년 12월 15일   6,800엔

- 1~2인용
- 슈팅

아이렘이 개발한 아케이드용 슈팅 게임의 이식작. 잠수함이 플레이어 기체라는 희귀한 설정에, 어뢰를 발사하면 물거품이 퍼지는 바다를 치밀하게 묘사한 도트 그래픽이 특징인 작품이다. 세가새턴으로 이식되면서 신규 오프닝 무비가 추가되었다.

건버드
아틀라스   1995년 12월 15일   5,800엔

- 1~2인용
- 슈팅 게임
- 메모리 백업

빗자루에 올라탄 주인공(마리온 등)을 조작하여 진행하는 종스크롤 슈팅 게임. 스테이지에서 기다리는 보스도 갑옷을 입은 기사 등 개성적인 녀석들뿐이고, 전투 전에 익숙한 대사가 나오는 등 애니메이션 느낌이 강하다. 모아쏘기와 폭탄을 구사하며 전진하자.

클락워크 나이트 : 페퍼루쵸의 복주머니
세가   1995년 12월 15일   6,800엔

- 1인용
- 액션

과거 출시된 같은 제목의 작품 상·하권을 하나로 합본한 타이틀. 상권의 엔딩은 하권으로 이어지는 내용으로 변경하였다. 또한 보스 스테이지만 모은 'BOSS 온 퍼레이드'도 수록했고, 난이도 노멀 이상으로 노 미스 클리어하면 특별한 동영상도 볼 수 있다.

결혼 : Marriage
쇼가쿠칸 프로덕션   1995년 12월 15일   6,800엔

- 1인용
- 시뮬레이션
- 메모리 백업

「졸업」·「졸업 M」의 캐릭터와 결혼하는 것이 목표인 연애 시뮬레이션 게임. 플레이어는 사회인으로, 공략대상과 교제·프로포즈 등의 단계를 거쳐 교류를 다져나간다. 플레이어의 성별은 남녀 중 선택 가능해, 각자 다른 성별의 캐릭터가 공략대상으로 등장한다.

더 하이퍼 골프
빅 토카이   1995년 12월 15일   5,800엔

- 1~4인용
- 스포츠
- 메모리 백업
- 멀티 터미널 6 지원

정통 골프 게임 「머나먼 오거스타」 시리즈 작품 중 하나. 실존하는 코스가 모델이었던 기존 작품과는 달리, 하늘에 섬이 떠 있거나 화산 분화구 근처에 코스가 있는 등 가상 코스만으로 구성했다. 난공불락의 코스를 공략하기 위해 4종류의 하이퍼 샷도 준비했다.

마루코의 대전 퍼즐구슬
코나미   1995년 12월 15일   5,800엔

- 1~2인용
- 퍼즐

남녀노소에게 인기인 애니메이션 '마루코는 아홉 살'의 캐릭터와 낙하계 퍼즐 게임 「대전 퍼즐구슬」로 대결한다. 작품 발매 당시의 TV 애니메이션 캐스팅에 맞춰 캐릭터 보이스를 수록해, 그때의 기분이 난다. 상대의 공격구슬을 이용한 반격과 대연쇄, 반격의 랠리전이 백미.

다라이어스 외전
타이토   1995년 12월 15일   5,800엔

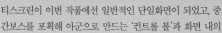

- 1~2인용
- 슈팅

슈팅 게임 「다라이어스」 시리즈의 아케이드 3번째 작품. 시리즈의 특징인 멀티스크린이 이번 작품에선 일반적인 단일화면이 되었고, 중간보스를 포획해 아군으로 만드는 '컨트롤 볼'과 화면 내의 적 및 적탄을 몽땅 빨아들이는 '블랙홀 봄버' 등의 신 요소가 추가되었다. 스테이지 종료 시의 코스 분기나 해양생물 모티브의 기계형 보스는 이번 작품에도 건재하다. 2D 슈팅 게임의 최고봉으로 일컬어지는 원작을, 세가새턴의 강력한 표현능력으로 거의 완전히 이식해냈다.

버튼을 적극적으로 사용해 보자 블랙홀 봄버는 어렵다고 여겨진다면

DX 인생게임

타카라　1995년 12월 15일　5,800엔
1997년 4월 25일　2,800엔(사타코레)

- 1~4인용
- 보드
- 메모리 백업
- 멀티 터미널 6 지원

인기 보드 게임의 새 버전. 슈퍼 패미컴판 「슈퍼 인생게임 2」의 속편이기도 하다. 플레이타임이 다른 3가지 맵 중 하나를 골라, 이동 중 멈춘 칸에서 전개되는 부동산 구입 등의 이벤트로 자산을 불려나간다. 멀티 터미널 6도 지원해, 4명까지 동시 플레이 가능하다.

매지컬 드롭

데이터 이스트　1995년 12월 15일　5,800엔

- 1~2인용
- 액션 퍼즐
- 메모리 백업

아케이드에서 대인기였던 퍼즐 게임의 이식작. 위에서 밀려 내려오는 드롭을 세로로 3개 이상 맞춰 없애는 퍼즐 게임이다. 아케이드판과 룰이 동일하지만, 캐릭터는 오리지널 디자인으로 교체되었다. 일부 BGM 및 효과음 등은 아케이드판과 동일한 데이터를 사용했다.

완간 데드히트

팩 인 비디오　1995년 12월 15일　6,800엔

- 1~2인용
- 레이싱
- 레이싱 컨트롤러 지원

추천연령 18세 이상 등급의 레이싱 게임. 수도고속도로 완간선을 무대로 레이스를 펼친다. '시나리오 모드'에서는 미녀 10명 중 하나를 골라 어필 레이스에 참가, 각 미녀의 취향대로 운전하면 조수석에 태우고 본선 레이스에 참가할 수 있다. 우승하면 보너스 신도 있다.

쿼바디스

글램스　1995년 12월 21일　6,800엔

- 1인용
- SF 시뮬레이션
- 메모리 백업

인류가 우주에서 싸우지 않기로 결정한 '평화조약' 체결 100주년을 기념하여, 무국적 우주군 설립을 위해 세계 각국에서 모인 엘리트들. 그중에는 주인공 '할 바란신'도 있었다. 우주를 무대로 한 함대전을 그린 SF 시뮬레이션 게임이다.

기동전사 건담

반다이　1995년 12월 22일　6,800엔
1997년 11월 20일　2,800엔(사타코레)

- 1인용
- 액션
- 메모리 백업

원작의 스토리를 재현한 횡스크롤 액션 게임. 화면 안쪽이나 바깥쪽에서도 출현하는 적을 락온하여 일격에 격추시키는 '뉴타입 공격'이나 게임 내 각 캐릭터들의 보이스, 적재적소에 삽입된 동영상 등, 원작의 느낌을 높은 재현도로 잘 살려 제작했다.

고질라 : 열도 진동

세가　1995년 12월 22일　5,800엔

- 1~2인용
- 리얼타임 시뮬레이션
- 메모리 백업
- 셔틀 마우스 지원

자위대 'G포스'의 사령관이 되어 고질라를 비롯한 괴수들을 격퇴하는 게 목적인 리얼타임 시뮬레이션 게임. 영화와 마찬가지로 괴수는 상당한 강력함을 자랑하니, 괴수끼리의 싸움을 유도하거나 지원을 잘 활용해 손해를 억제하는 등 고도의 전략성을 발휘해야 한다.

테마 파크

일렉트로닉 아츠 빅터　1995년 12월 22일　5,800엔

- 1인용
- 시뮬레이션
- 메모리 백업

테마 파크를 경영하여 세계 제일의 유원지 왕이 되는 게 목적인 경영 시뮬레이션 게임. 다양한 어트랙션과 상점 등을 자유롭게 배치 가능해, 자신의 이상적인 유원지를 만들 수 있다. 시행착오를 반복하여 최고의 테마 파크를 만들어 보자!

버추어 레이싱 세가새턴

타임 워너 인터랙티브　1995년 12월 22일　5,800엔

- 1~2인용
- 레이싱
- 메모리 백업
- 레이싱 컨트롤러 지원

아케이드에서 인기였던, 3D 폴리곤으로 제작되어 F1을 모티브로 삼은 레이싱 게임을 타임 워너 인터랙티브 사가 이식했다. 코스의 대폭 변경은 물론, 카트부터 시작하여 탑 카테고리를 목표로 하는 '그랑프리 모드' 등 원작에 없던 오리지널 요소를 추가했다.

 전체 이용가　 18세 이상 추천　 18세 미만 구입 금지　 18세 이상 추천　 사타코레판이 발매된 타이틀　 잔혹 표현 주의

블랙 파이어

버진 인터랙티브 엔터테인먼트   1995년 12월 22일   5,800엔

- 1인용
- 3D 슈팅
- 메모리 백업
- 미션 스틱 지원

최강의 헬기 AH-210 '블랙 파이어'를 조종하여 적과 싸우는 3D 슈팅 게임. 평화를 지키는 스페셜 포스 팀의 일원이 되어, 다양한 미션을 완수하자. 무기는 발칸포를 비롯해, 캐논포와 사이드와인더 등이 준비돼 있다.

북두의 권

반프레스토   1995년 12월 22일   5,800엔

- 1~2인용
- 격투 어드벤처
- 패스워드

인기 만화 '북두의 권'의 외전격 설정으로, 주인공 켄시로와 다양한 라이벌 간의 일대일 싸움을 오리지널 스토리로 게임화했다. 적과 조우하면 턴제 전투 화면으로 넘어가, TV 애니메이션의 전투 장면을 보는 듯한 형태로 게임이 진행된다.

진 여신전생 데빌 서머너

아틀라스   1995년 12월 25일   6,800엔   1997년 6월 20일   2,800엔(사타코레)

- 1인용
- 롤플레잉
- 메모리 백업

어떤 사건에 휘말려든 주인공이 불가사의한 힘에 의해 혼과 육체가 분리되어 버려, 그 후 삼도천의 뱃사공 카론의 주선으로 '쿠즈노하 쿄지'의 몸을 빌려 부활하게 된다. 쿄지의 데빌 서머너 능력을 사용해, 다크 서머너의 음모에 맞서야 한다. 신규 요소로서 동료 악마에 '충성도' 수치가 설정돼 있다. 악마의 타입에 따라 충성도를 올리는 방법이 다른데, 충성도를 올리면 지시를 잘 따르게 되며, 강한 검을 만드는 소재로 쓸 수도 있다.

위저즈 하모니

아크시스템웍스   1995년 12월 29일   4,900엔

- 1인용
- 시뮬레이션
- 메모리 백업

판타지 세계가 무대인 어드벤처+육성 시뮬레이션 게임. 모험자 양성 학교 '스킬 앤드 위즈덤'의 명문 마법 클럽 '위저즈 아카데미'를 재건하기 위해, 주인공 '루퍼스 크로운' 및 입부시킨 부원 5명을 육성한다.

카오스 컨트롤

버진 인터랙티브 엔터테인먼트   1995년 12월 29일   5,800엔

- 1~2인용
- 3D 슈팅
- 셔틀 마우스 지원

상하좌우 전방향으로 스크롤되는 SF 슈팅 게임. 매 스테이지 사이에는 동영상이 삽입된다. 플레이어 기체를 조작할 필요가 일체 없어, 모든 버튼이 샷에 할당되어 있다. 화면 오른쪽 아래의 게이지가 가득 차면 샷을 쏠 수 없으므로 주의해야 한다.

세가 랠리 챔피언십

세가   1995년 12월 29일   5,800엔

- 1~2인용   레이싱 컨트롤러 지원
- 드라이브 레이싱
- 메모리 백업

WRC(세계 랠리 선수권)을 모티브로 삼아, 란치아와 토요타의 라이선스를 획득해 실존하는 랠리 카를 사용한 랠리 게임. 3D 폴리곤으로 차량과 노면의 특성 등을 리얼하게 표현하여 인기를 얻었다. 아케이드판을 충실하게 이식한 것은 물론, 화면분할을 이용한 대전 플레이와 '카 세팅 모드', '타임 어택 모드'도 추가했다. 숨겨진 차로 기본 차량인 2차종과는 성능이 상당히 다른 '란치아 스트라토스'도 들어가 있으며, BGM도 원작의 곡을 새로 편곡했다.

SEGASATURN SOFTWARE ALL CATALOGUE

1996년에 발매된 새턴용 소프트는 총 319개 타이틀로, 전년에 비해 2배 이상 대약진했다. 작년 말의 「버추어 파이터 2」가 첫 밀리언셀러를 달성했을 뿐만 아니라, 라이벌인 플레이스테이션보다도 한 발 앞서 본체 출하대수 100만 대를 달성하기도 했다.

한편, 이 시기부터 미소녀 캐릭터를 게임 홍보에 앞세운 이른바 '미소녀 게임'이 대두하게 된다. 대다수는 타 기종과의 동시 발매작이었지만, 새턴판을 차별화하여 성인용 표현 삽입을 판촉에 내세운 타이틀도 발매되었다.

프로 마작 키와미 S

아테나　1996년 1월 12일　5,800엔
1997년 11월 20일　2,800엔(사타코레)

- 1인용
- 마작

정통 마작 게임의 세가새턴판. 이데 요스케 명인을 비롯하여 실존 프로 작사와 대전 가능한 마작 소프트다. 프리 대국 등의 모드 외에, 독자적인 요소로서 일본 각지를 순회하는 챌린지 모드가 있다. 지역별로 통과 가능 조건이 다르고, 조건을 만족시키면 인정증도 받는다.

마작광 시대 : 여고생 방과후 편

마이크로네트　1996년 1월 12일　8,800엔

- 1인용
- 마작

「마작광 시대」 시리즈 중 유일하게 멀티플랫폼으로 출시된 타이틀. 당시 인기였던 섹시 여배우인 미즈노 사야카, 아사미야 준코, 하시바 루미, 카와이 유우 4명이 등장한다. 점수에 따라 벗는 방법이 달라지는 것이 특징. 탈의 장면은 실사 동영상으로 제작했다.

크리처 쇼크

데이터 이스트　1996년 1월 19일　6,800엔

- 1인용
- 3D 슈팅

PC용 3D 슈팅 게임의 이식작. 오프닝에서 소식이 두절된 우주선의 원인 규명을 위해 행성을 조사하러 간다는 스토리다. 4스테이지 구성으로, 등장하는 크리처가 약점 이외에는 절대 공격이 통하지 않는 등 상당한 고난이도를 자랑한다.

필살 파친코 컬렉션

선 소프트　1996년 1월 19일　6,800엔

- 1인용
- 파친코
- 메모리 백업

슈퍼 패미컴으로 발매되었던 인기 시리즈의 세가새턴판. '댄스 댄스 2', '아레진', 'CR 빅 솔로터 2', '선라이즈', '익사이트', '어레인지 맨' 6개 기종이 수록된 버전이다. 이 작품에선 통상 모드에서 서브게임으로서 마작도 즐길 수 있다.

가디언 히어로즈

세가　1996년 1월 26일　5,800엔

- 1~6인용
- 격투 RPG
- 메모리 백업
- 멀티 터미널 6 지원

검과 마법의 세계에서 펼쳐지는, '전설의 검'을 둘러싼 싸움을 그린 액션 롤플레잉 게임. 벨트스크롤 액션 스타일로서, 경험치를 모아 능력치를 강화할 수 있다. 격투 게임 요소도 겸비하여, 공중 가드나 커맨드 기술 시스템도 있다. 도중에 등장하는 선택지에 따라 스토리가 분기되어, 다음에 진행할 스테이지가 결정되는 구조다. VS 모드에서는 멀티 터미널 6를 사용하면 최대 6명까지 동시에 난전을 펼칠 수 있다.

 전체 이용가　 18세 이상 추천　 18세 미만 구입 금지　 18세 이상 추천　 사타코레판이 발매된 타이틀　 잔혹 표현 주의

스트리트 파이터 ZERO

캡콤   1996년 1월 26일   5,800엔

● 1~2인용
● 액션
● 메모리 백업

「스트리트 파이터 Ⅱ」 시리즈 신작으로서, 슈퍼 콤보 시스템을 확립하여 각 캐릭터 당 수 종류의 초필살기를 사용할 수 있다. 공중 점프 도중에도 가드가 가능하고, 상대의 공격을 가드한 직후에 카운터로 반격할 수도 있다.

데롱 데로데로

테크모   1996년 1월 26일   5,800엔

● 1~2인용
● 퍼즐

아케이드로 출시되었던 같은 제목 작품의 이식작. 같은 색인 '데로'는 가로세로로 4개 이상 붙으면 사라지며, 사라진 '데로' 주변의 '데로'가 가로로 팔을 뻗는다. 뻗은 팔에 같은 색의 '데로'가 연결되어 또 4개 이상이면 연쇄가 된다. '방해 데로'도 같은 방식으로 없앨 수 있다.

버추어 파이터 CG 포트레이트 시리즈 Vol.7 슌디

세가   1996년 1월 26일   1,280엔

● CG & MUSIC

「버추어 파이터」의 캐릭터를 한 명씩 픽업하여 그 매력을 파고드는 디지털 사진집 제 7탄. 이번에는 슌디에 초점을 맞춰, 본편에서는 볼 수 없었던 일상생활을 소개한다. 슌디가 드넓은 대지에서 느긋하게 술을 마시거나, 일에 열중하는 모습이 수록돼 있다.

버추어 파이터 CG 포트레이트 시리즈 Vol.8 리온 라팔

세가   1996년 1월 26일   1,280엔

● CG & MUSIC

당시의 최신 기술로 만들어진 CG와 이미지 송을 조합한 포토 앨범. 제 8탄인 이 작품에선 당랑권의 달인인 리온 라팔이 등장한다. 이번에는 수행 장면 등은 일절 없고, 대부호의 아들로서 호사스런 생활을 즐기는 리온의 화려한 일상을 엿볼 수 있다.

NINKU -닌쿠- : 드센 녀석들의 대격돌!

세가   1996년 2월 2일   5,800엔

● 1~2인용
● 격투 액션

같은 제목의 애니메이션 소재 2D 대전격투 게임. 닌쿠 무술 구사자를 비롯해 제국의 아지라다 대령 등 8명이 등장한다. 체력 게이지 아래의 스페셜 게이지가 차면 '팔살기'와 '초 개그 기술' 사용이 가능하다. '초 개그 기술'은 상대의 체력과 스페셜 게이지를 줄일 수 있다.

마츠카타 히로키의 월드 피싱

미디어퀘스트   1996년 2월 2일   5,800엔

● 1인용
● 피싱 시뮬레이션
● 메모리 백업

낚시 취미로 유명해 TV 프로 등에서 청새치를 외줄로 낚는 등 자신의 낚시 실력을 어필해온 배우 마츠카타 히로키의 낚시 게임. 참치 낚시와 배스 낚시를 즐길 수 있다. 강습 모드도 있어, 마츠카타 실사 동영상으로 트롤링의 실전 어드바이스를 보여주기도 한다.

리턴 투 조크

반다이 비주얼   1996년 2월 2일   5,800엔

● 1인용
● 어드벤처
● 메모리 백업
● 셔틀 마우스 지원

미국에서 제작된 명작 어드벤처 게임 「Zork」와 같은 세계가 무대인 작품. 등장하는 캐릭터는 모두 실사 스캐닝으로 표현했다. 숙적 모피우스를 쓰러뜨리고 석화된 친구들을 되살리는 것이 목적이다. 게임 도중의 힌트가 매우 적어 난이도는 상당히 높다.

천지무용! 미미리 온천 모락모락 여행

유미디어   1996년 2월 9일   8,900엔

● 1인용
● 어드벤처 시뮬레이션
● 메모리 백업
● CD-ROM 2장

OVA '천지무용! 양황귀'의 사이드 스토리를 그린 어드벤처 게임. 온천 여행을 위해 대절해 아로마 별에서 대소동이 펼쳐지게 된다. 게임은 풀보이스로 애니메이션을 감상하듯 진행된다. 게임 오리지널 캐릭터인 '미미리'가 등장한다.

HARDWARE

1994's SOFT

1995's SOFT

1996's SOFT

1997's SOFT

1998's SOFT

1999's SOFT

2000's SOFT

SOFT INDEX

PD 울트라맨 링크

반다이　1996년 2월 9일　6,800엔

● 1~2인용
● 퍼즐 게임

울트라맨을 소재로 한 낙하계 퍼즐 게임. 게임 내에서 떨어져 내려오는 튜브는 다른 튜브와 접속 가능한 커넥터가 2개 붙어 있어, 커넥터를 사용해 3개 이상 연결하면 없앨 수 있다. 같은 색 튜브만을 4개 이상 연결하면 필살기를 발사할 수도 있다.

사이베리아

인터플레이　1996년 2월 16일　6,500엔

● 1인용
● 어드벤처
● 메모리 백업

미션별로 슈팅이나 액션, 퍼즐 등 각기 다른 미니게임이 펼쳐지는 어드벤처 게임. 서기 2027년의 세계를 무대로, 주인공 자크가 의문의 연구시설에 잠입해, 시설에 있는 '사이베리아'의 수수께끼를 파헤쳐 간다. 전체가 풀보이스로 진행되어, 화면에 자막이 나오지 않는다.

데스마스크

반다이 인터내셔널 전뇌공장　1996년 2월 16일　8,800엔

● 1인용
● 어드벤처
● 메모리 백업
● CD-ROM 3장

실사 동영상을 풍부하게 사용한 어드벤처 게임. 서양에서 발매된 작품을 일본어화한 것이다. 주인공은 흉악범죄자 엔젤 데보이드의 얼굴로 성형돼버린 경찰관. 목숨을 위협받는 상황이면서도 엔젤을 뒤쫓는 이야기를 그리고 있다.

로보 피트

알트론　1996년 2월 16일　5,800엔

● 1~2인용
● 대전 액션
● 메모리 백업

코믹한 로봇을 조작해 배틀에서 승리하여 랭크를 올리는 것이 목적인 액션 게임. 로봇은 파츠를 조합하여 직접 만들 수 있고, 배틀 승리로 파츠를 입수할 수도 있다. 승리하면 전투 내용에 따라 능력치가 성장하게 된다.

어둠 속에 나 홀로 2

일렉트로닉 아츠 빅터　1996년 2월 23일　5,800엔

● 1인용
● 어드벤처
● 메모리 백업

「바이오하자드」처럼 저택을 탐색해나가는 어드벤처 게임. 소녀를 납치한 범인의 흔적을 쫓아 동굴 '헬즈 키친'으로 잠입한 주인공 앞에 나타난 것은 부두교의 주술로 좀비가 된 해적들. 의식의 산제물이 되기 전에 소녀를 구출하는 것이 목적이다.

뱀파이어 헌터

캡콤　1996년 2월 23일　6,800엔

● 1~2인용
● 격투 액션
● 메모리 백업

대전격투 게임 「뱀파이어」 시리즈 2번째 작품. 흡혈귀를 비롯한 마물들의 싸움에, 악마 사냥꾼 '다크 헌터'인 담피르 도노반과 강시 레이레이가 참전한 작품. 첫 작품을 바탕으로 시스템을 개량하여, 2번째 작품에서 완전판이라 할 만한 완성도를 자랑하게 되었다.

맡겨줘! 세이버즈

세가　1996년 2월 23일　5,800엔

● 1인용
● 어드벤처 액션
● 메모리 백업

요괴를 봉인한 비석을 부수는 바람에 해방된 요괴들을 다시 봉인하기 위해 '세이버즈'가 되어 싸우는 히나코·카나·와카바의 이야기. 플레이어는 세 소녀와 함께 요괴의 봉인을 도와주어야 한다. 도처에 동영상이 삽입되어, 마치 특촬 드라마를 보는 듯한 재미가 있는 작품.

쿠루링PA!

스카이 싱크 시스템　1996년 2월 23일　3,980엔

● 1~2인용
● 액션 퍼즐
● 메모리 백업

폭탄과 도화선을 쌓아올려 불을 붙여 터뜨리는, 상쾌함 넘치는 퍼즐 게임. 도화선은 연결된 반대쪽 지점으로 불꽃을 전달해주고, 폭탄은 주변의 블록 전체에 불을 붙인다. 방해 블록인 눈사람은 도화선에 접해 있거나 폭탄의 폭발범위 안에 있으면 없앨 수 있다.

 전체 이용가　 18세 이상 추천　 18세 미만 구입 금지　 18세 이상 추천　 사타코레판이 발매된 타이틀　 잔혹 표현 주의

선더호크 II

빅터 엔터테인먼트　1996년 2월 23일　6,800엔

● 1인용
● 슈팅
● 메모리 백업
● 미션 스틱 지원

전투헬기를 조작해 각 스테이지에 설정된 임무를 수행하는 슈팅 게임. 임무 내용도 적 기지의 파괴부터 아군 기지의 방위까지 다양하다. 전작은 메가 CD로 발매되었다. 이번 작품에선 폴리곤을 사용했으므로 후방 시점으로 플레이할 수도 있다.

시 배스 피싱

빅터 엔터테인먼트　1996년 2월 23일　6,800엔

● 1인용
● 시뮬레이션
● 메모리 백업

3종의 대회에 참가해 시 배스 앵글러를 노리는 '토너먼트 모드'와 '프리 피싱 모드' 2가지 게임을 즐길 수 있다. '피싱 입문'에서는 기초부터 실전적인 테크닉까지 배울 수도 있다. 낚시용품 제조사인 다이와 정공의 전면협력으로 제작되어, 실존하는 루어가 등장한다.

J리그 프로 사커 클럽을 만들자!

세가　1996년 2월 23일　6,800엔

● 1~8인용
● 스포츠 육성 시뮬레이션
● 메모리 백업

J리그의 클럽 팀과 선수가 실명으로 등장하는 축구 클럽 경영 시뮬레이션 게임. 플레이어는 클럽 오너가 되어 경영과 인사, 선수 육성을 통해 팀의 전력 강화와 클럽 수입 증가를 노린다. 이후 인기 시리즈가 되어 속편도 다수 발매되었다.

사주팔자 피타그래프
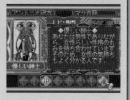
데이텀 폴리스타　1996년 2월 23일　5,800엔

● 1인용
● 점술
● 메모리 백업
● 셔틀 마우스 지원

사주팔자란, 중국에서 음양오행설에 기초하여 만들어진 사람의 운명을 점치는 방법이다. 데이터를 입력하면 일별 운세 및 타입 진단, 상성진단, 여생진단 등을 간단히 점쳐볼 수 있다. 유명인의 데이터도 대량 수록돼 있어, 상성진단 등에 응용해볼 수도 있다.

제독의 결단 II

코에이　1996년 2월 23일　10,800엔

● 1~2인용
● 워 시뮬레이션
● 메모리 백업

일본제국 군령부총장 혹은 미합중국 해군작전부장이 되어 태평양전쟁의 승리를 목표로 하는 시뮬레이션 게임. 전작보다 볼륨이 확장되어, 전작에서는 나오지 않았던 진츠·시마카제 등의 함정도 등장하며, 신병기 종류도 늘어났다. 내용도 더욱 역사적 사실에 충실해졌다.

하이퍼 3D 대전 배틀 : 게보커즈

리버힐 소프트　1996년 2월 23일　5,800엔

● 1~2인용
● 3D 슈팅
● 메모리 백업
● 대전 케이블 지원

제한된 필드 내를 자유롭게 돌아다니며 대전 상대와 사격전을 펼치는, 「전뇌전기 버추얼 온」과 유사한 시스템의 대전 슈팅 게임. 장애물에 숨을 수 있고, 일부 장애물은 파괴도 가능하다. 화면 왼쪽 아래의 파워 게이지를 모으면 강력한 공격을 발사할 수 있다.

철인 요리왕 : 키친 스타디움 투어

HAMLET(하쿠호도)　1996년 2월 23일　5,000엔

● TV 엔터테인먼트

일본의 인기 TV 프로 '철인 요리왕'을 소재로 삼은 작품. 폴리곤을 사용해 재현한 키친 스타디움 내를 자유로이 활보할 수 있다. 데이터베이스 역할도 겸해, '명승부 10번 승부'나 철인 및 도전자의 점포 데이터도 수록되어 있다.

로직 퍼즐 레인보우 타운

휴먼　1996년 2월 23일　5,800엔

● 1인용
● 퍼즐 게임
● 메모리 백업
● 셔틀 마우스 지원

네모네모 로직을 즐길 수 있는 퍼즐 게임. 기본의 흑백 문제는 물론 컬러 문제, 이 작품의 오리지널인 '레인보우 로직' 등을 클리어하면 마을이 점차 발전해간다. 문제 수도 737문제나 있어, 오랫동안 즐길 수 있다. 제한시간도 없으므로 차분하게 생각하며 플레이 가능.

고타 II : 천공의 기사

코에이   1996년 3월 1일   6,800엔

- 1인용
- ● 시뮬레이션
- ● 메모리 백업

전작(44p)에서 세계관 및 게임 시스템은 유지하면서 시나리오성을 강화한 작품. 유닛은 360도로 자유이동이 가능해졌고, 진형이 도입되었다. 무기에는 사정거리와 사각, 유효반경 등 세세한 패러미터가 설정되어 있고, 복수의 무기를 탑재하는 것도 가능하나.

더 타워

오픈북   1996년 3월 1일   6,800엔

- 1인용
- ● 시뮬레이션
- ● 메모리 백업
- ● CD-ROM 1장

빌딩 경영자가 되어 로비와 레스토랑, 오피스, 주거공간 등을 배치해 인구를 늘리고 빌딩을 확장시키는 것이 목적인 경영 시뮬레이션 게임. 빌딩 등급은 별의 개수로 표기되며, 등급이 올라가면 설치 가능한 시설도 늘어난다. 최종 목표는 최고 등급인 'THE Tower'다.

신세기 에반게리온

세가   1996년 3월 1일   5,800엔

- 1인용
- ● 드라마틱 어드벤처
- ● 메모리 백업

  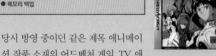  

당시 방영 중이던 같은 제목 애니메이션 작품 소재의 어드벤처 게임. TV 애니메이션을 제작한 스탭들이 이 작품을 위해 신규 애니메이션을 만들었다. 스토리는 전투로 인해 기억을 잃은 신지가 주인공인 완전 오리지널이다. 지나간 스토리를 보는 '시나리오 리플레이 기능' 등 독특한 시스템이 있어, 원하는 스토리로 애니메이션을 만들 수 있다. 아이캐치도 제대로 나오고, 엔딩에선 '감독'에 플레이어의 이름이 들어가는 등 공들인 연출이 재미있는 작품.

화면 ▶ 시나리오 리플레이 씬에는 해당 화제목과 다음 회 예고도 삽입된다

버추어 파이터 CG 포트레이트 시리즈 Vol.9 카게마루

세가   1996년 3월 1일   1,280엔

- ● CG & MUSIC

초미려 CG와 이미지 송을 즐기는 「버추어 파이터」 이미지 앨범. 제10탄인 이 작품에선 닌자로서 은밀히 싸우는 카게마루를 픽업했다. 미츠요시 타케노부의 보컬과 함께, 카게마루의 임무 도중 모습과 수행 장면이 그려진다. 보기 드문 맨얼굴과 신사복 차림 장면도 수록.

버추어 파이터 CG 포트레이트 시리즈 Vol.10 제프리 맥와일드

세가   1996년 3월 1일   1,280엔

- ● CG & MUSIC

당시의 최첨단 CG와 이미지 송을 조합한 「버추어 파이터」의 포토 앨범. 제프리의 어부로서의 면모와, 남국의 섬에서의 평화로운 생활 모습도 그려진다. 제프리가 거대 상어와 격투를 벌이는 장면은 압권이다. 이미지 송은 미츠요시 타케노부가 담당했다.

media ROMancer / 아사쿠라 다이스케

펀 하우스   1996년 3월 1일   5,800엔

- ● 뮤직 엔터테인먼트

뮤지션 아사쿠라 다이스케의 데이터베이스 소프트. 본인의 프로필은 물론 사용하는 악기와 기자재, 심지어는 이들의 배선도까지 수록했다. 이 작품이 출시되기 전까지의 모든 싱글 및 앨범을 발매일과 상품번호까지 총망라했다. 비디오 클립도 수록한, 팬이라면 필수 아이템.

더 호드

BMG 빅터   1996년 3월 8일   5,800엔

- 1인용
- ● 도시 육성·전략 시뮬레이션
- ● 메모리 백업

왕을 도와준 대가로 기사 작위를 얻고, 토지와 성검도 하사받은 남자 '천시'가 주인공인 시뮬레이션 게임. 마을을 외적인 호드 족에게서 지켜가며 발전시켜, 세금을 거둬 더 큰 영지를 받아낸다. 영 진행이 어렵거든, 설명서에서 '금단의 지식' 코너를 찾아 읽어보자.

  전체 이용가   18세 이상 추천   18세 미만 구입 금지   18세 이상 추천   사타코레판이 발매된 타이틀   잔혹 표현 주의

마작 하이퍼 리액션 R
사미 공업　1996년 3월 8일　6,800엔

- 1인용
- 마작
- 메모리 백업

캐릭터 디자인을 애니메이터 시모다 마사미가 담당한 탈의마작 게임. 이식되면서 신 캐릭터로 이노우에 유카가 등장했다. 화료한 역의 번수에 따라 탈의 장면이 크게 변화하는 '멀티 탈의 시스템'을 탑재했다. 역만 등으로 크게 화료하면 과격하게 벗는 장면을 볼 수 있다.

로드 러너 : 레전드 리턴즈
파트라　1996년 3월 8일　5,800엔

- 1~2인용
- 액션
- 메모리 백업

불후의 명작을 대담하게 리메이크한 작품. 금괴는 점수에 따라 4종류가 있고, 폭탄과 스프레이 건 등의 아이템은 물론, 열쇠가 없으면 열리지 않는 문이나 적에게서 몸을 숨길 수 있는 셸터 등 다양한 요소가 추가되었다. 에디트 모드는 건재. 물론 세이브도 가능해졌다.

아이돌 마작 파이널 로맨스 R
애스크 코단샤　1996년 3월 15일　8,800엔

- 1인용
- 마작
- 메모리 백업

아케이드에서 인기였던 탈의마작 게임의 이식작. 아이템으로 사기기술을 쓸 수 있도록 이식한 탓에, 원작의 통신대전 기능은 삭제됐다. 탈의 장면에선 스기야마 겐쇼가 디자인한 귀여운 캐릭터들이 부드러운 애니메이션으로 움직인다. 초회한정으로 미니 드라마 CD를 동봉.

건그리폰 : THE EURASIAN CONFLICT
게임 아츠　1996년 3월 15일　5,800엔
　　　　　　1998년 3월 12일　2,800엔(사타코레)

- 1인용
- 3D 슈팅
- 메모리 백업

탱크의 진화형이라는 설정인 이족 보행병기 'HIGH-MACS'를 조작해 전장을 누비는 3D 슈팅 게임. 등장하는 병기군은 현대병기의 향후 진화 방향을 예측해 각국의 특색과 설계사상을 고려해 디자인하여, 리얼한 세계관을 추구했다.

게임의 달인 2
선 소프트　1996년 3월 15일　8,900엔

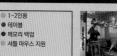

- 1~2인용
- 테이블
- 메모리 백업
- 셔틀 마우스 지원

여러 테이블 게임이 수록된 옴니버스 작품. 전작과 동일한 '쇼기', '마작', '렌쥬', '플레이스'에 더해 '바둑', '체스', '백개먼' 3종이 추가되었다. 컴퓨터의 사고 레벨 및 룰을 자유롭게 설정할 수 있다. 실력에 자신있는 사람을 위한 '달인 모드'도 준비돼 있다.

스트리트 파이터 II 무비
캡콤　1996년 3월 15일　6,800엔

- 1~2인용
- 액션
- 메모리 백업
- CD-ROM 2장

같은 제목의 애니메이션 영화를 인터랙티브 무비화한 작품. 샤들루가 개발한 배틀 사이보그를 조작해, 격투가들이 싸우는 모습을 검색하여 해석함으로써 자신에게 반영시킨다. 최종적으로는 류를 쓰러뜨리는 것이 목적. 류와의 대전과 2P 대전은 대전격투 게임 형식이다.

조크 I
쇼에이샤　1996년 3월 15일　5,800엔

- 1인용
- 어드벤처
- 메모리 백업

조크 세계에 흩어져있는 보물을 모아 트로피 케이스에 수납하는 게 목적인 텍스트 어드벤처 게임. 문장에서 얻어낸 정보를 바탕으로 행동하면서 스토리를 진행하는 방식인데, 플레이어의 행동을 단어·조사·동사를 조합해 지시해야 하므로 상당한 자유도를 자랑한다.

도라에몽 : 진구와 부활의 별
에포크 사　1996년 3월 15일　5,800엔

- 1인용
- 액션
- 메모리 백업

도라에몽을 소재로 삼은 횡스크롤 액션 게임. 액션 스테이지에 깊이 개념이 있어, 안쪽 라인으로 이동할 수 있다. 5명의 캐릭터 각자에 전용 비밀도구가 설정돼 있고, 전용 도구는 3단계로 파워 충전이 가능해 충전할수록 강한 공격을 방출할 수 있다.

HARDWARE
1994's SOFT
1995's SOFT
1996's SOFT
1997's SOFT
1998's SOFT
1999's SOFT
2000's SOFT
SOFT INDEX

버추얼 카지노

다트 재팬　1996년 3월 15일　5,800엔

- 1~2인용
- 테이블 게임
- 메모리 백업

'7스터드 포커', '룰렛', '바카라', '슬롯머신', '블랙잭'을 즐길 수 있는 카지노 게임. 1만 달러를 버는 게 목적인 '스토리 모드'와 자유롭게 즐기는 '프리 플레이 모드', 룰렛과 바카라로 대전이 가능한 'VS 모드'가 준비되어 있다.

피싱 코시엔

킹 레코드　1996년 3월 15일　6,800엔

- 1인용
- 스포츠 시뮬레이션
- 메모리 백업

TV 도쿄 계열로 방송된 프로 'THE 피싱'의 특별편을 게임화한 작품. 라운드별로 장소와 낚아야 할 물고기가 달라진다. 잘 낚이는 포인트를 간파하는 눈과, 목표에 적합한 루어 및 도구를 적절히 쓰는 지식이 필요하다. 고른 팀 멤버의 능력도 결과를 좌우하는 요인이 된다.

FIFA 사커 96

일렉트로닉 아츠 빅터　1996년 3월 15일　5,800엔

- 1~6인용
- 스포츠 / 축구
- 메모리 백업
- 멀티 터미널 6 지원

세계 각국의 국가대표 팀을 비롯해, 이탈리아·독일·브라질의 국내 리그 및 선수가 실명으로 등장하는 축구 게임. '프렌들리', '리그', '토너먼트', '플레이오프' 등 다양한 모드가 준비돼 있다. 카메라도 7종류나 있어, TV 중계와 같은 영상을 즐길 수 있다.

브레인 배틀 Q

클레프　1996년 3월 15일　4,800엔

- 1~2인용
- RPG 퀴즈
- 메모리 백업

미래도시 클레프랜드에서 개최되는 '세가새턴 퀴즈 선수권'의 우승을 노리는 퀴즈 게임. 우승 점수를 적어 개발사에 보내면 우수 성적자에게 상품을 줬다고 한다. 게임 내에 세이부 쇼핑센터가 있고, 여기 진열된 상품은 당시 세이부 백화점에 전화해 실제로 구입이 가능했다고.

매일 바뀌는 퀴즈 프로 : 퀴즈 365

OZ 클럽　1996년 3월 15일　6,800엔

- 1~6인용
- 퀴즈
- 메모리 백업
- 멀티 터미널 6 지원

마치 TV 프로를 보듯, 현재의 요일 및 시간에 따라 프로그램 진행이 바뀌는 퀴즈 게임. 내용도 퀴즈뿐만 아니라, 버튼 연타로 자신이 돈을 건 말을 우승시키는 경마 프로 등 다량의 미니게임이 준비돼 있다. 문제 수는 6,000문제 이상으로, 최대 6명까지 동시 플레이 가능.

링클 리버 스토리

세가　1996년 3월 15일　5,800엔

- 1인용
- 액션 RPG
- 메모리 백업

귀여운 캐릭터가 화면 안을 신나게 돌아다니는 액션 롤플레잉 게임. 세계의 위기에 맞서게 된 동물족 소녀 '키츄'가 주인공으로, 다양한 캐릭터와의 관계를 그린다. 이 작품의 특징은 무기 재배 시스템. 플라워 서클에 씨를 심어 기르면 무기로 자라나 입수할 수 있다.

월드 어드밴스드 대전략 작전파일

세가　1996년 3월 15일　4,800엔

- 1~5인용
- 시뮬레이션
- 메모리 백업
- 셔틀 마우스 지원
- CD-ROM 1장

전작의 시스템을 계승하면서, 스탠다드 맵을 확충하고 유닛과 소련군 캠페인을 추가한 타이틀. 여기에 더해 가상 캠페인으로, 가상 세계 바라드 대륙을 무대로 한 모드도 추가했다. 이 모드에서는 기습당한 자국을 지키기 위해 전장에 나서게 된다.

이스토 에 지코 : 지코의 생각하는 축구

MIZUKI　1996년 3월 22일　5,800엔

- 스포츠 HOW TO

당시 일본에서 인기가 높았던 축구선수 지코가 축구를 설명하는 엔터테인먼트 소프트. 리프팅·드리블·트래핑·패스의 4가지 기본기, 그리고 이 기본기의 발전형 기술 등을 영상으로 알기 쉽게 해설해 준다. 지코의 슈퍼 플레이 등 귀중한 영상도 다량 수록돼 있다.

  전체 이용가　 18세 이상 추천　 18세 미만 구입 금지　 18세 이상 추천　 사타코레판이 발매된 타이틀　잔혹 표현 주의

위닝 포스트 2

코에이 1996년 3월 22일 9,800엔
1998년 4월 9일 2,800엔(사타코레)

- 1인용
- 경마 시뮬레이션
- 메모리 백업

전작 대비로 국내·해외 레이스 수를 늘리고 플레이 환경 개선 등 다양한 진화를 가한 작품. 가장 눈에 띄는 변경점은 레이스 장면으로, TV 중계와 유사한 앵글이 되어 박력 있는 레이스 중계를 구현했다. 고개와 직선거리 등, 개별 경마장의 특징도 재현했다.

에어 매니지먼트 '96

코에이 1996년 3월 22일 8,800엔
1998년 4월 9일 2,800엔(사타코레)

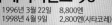

- 1~4인용
- 시뮬레이션
- 메모리 백업

항공사를 경영하여 점유율 세계 1위를 노리는 경영 시뮬레이션 게임. 이식하면서 그래픽을 대폭 개선하고, BGM도 업그레이드했다. 소련의 민주화 등 일부 이벤트가 교체되었다. 현실에서는 불가능한, 남극대륙 상공을 경유하는 항공노선을 설정해볼 수도 있다.

공상과학세계 걸리버 보이

허드슨 1996년 3월 22일 6,800엔

- 1인용
- 롤플레잉
- 메모리 백업
- CD-ROM 2장

PC엔진으로 발매되었던 같은 제목의 타이틀을, 연출·조작·기능을 개량해 이식한 작품. 아버지의 원수인 도가 장군을 물리친 것을 계기로 이스파니아 제국과 적대하는 걸리버의 활약을 그린다. 애니메이션을 풍부히 넣은 이벤트 신 등, 세가새턴의 성능을 아낌없이 보여준 작품.

수호연무 풍운재기

데이터 이스트 1996년 3월 22일 5,800엔

- 1~2인용
- 격투 액션
- 메모리 백업
- CD-ROM 1장

95년에 발매된 「수호연무」의 속편. 수호지가 모티브인 2D 대전격투 게임으로, 전작의 '스페셜 모드'를 기반으로 하여 게임 밸런스를 조정했다. 같은 회사의 「파이터즈 히스토리」 시리즈에서 미조구치 마코토와 류영미가 게스트로 등장한다. 캐릭터 보이스도 추가했다.

하이옥탄

일렉트로닉 아츠 빅터 1996년 3월 22일 5,800엔

- 1~2인용
- 레이싱
- 메모리 백업

호버 머신을 조작해 순위를 경쟁하는 근미래형 레이싱 게임. 총과 미사일을 사용해 라이벌 차량을 공격할 수 있다. 이 작품 최대의 특징은 연료 개념이 존재한다는 것. 코스마다 몇 군데 있는 급유지점을 통과하면 연료가 보충되는 시스템이다.

마이 베스트 프렌즈 : St.앤드류 여학교 편

아틀라스 1996년 3월 22일 6,800엔

- 1인용
- 퍼즐 게임
- 메모리 백업
- 셔틀 마우스 지원

8명의 여자가 등장하여 야한 모습을 보여주는 X지정 직소 퍼즐 게임. 클리어 시점의 잔여시간에 따라 4종류의 동영상이 나오게 된다. 최고 랭크 동영상을 보는 데 성공하면 공략 종료. 8명 전원을 공략 완료하면 야한 그림의 직소로 바뀌는 히든 모드도 즐길 수 있다.

판처 드라군 츠바이

세가 1996년 3월 22일 5,800엔

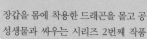

- 1인용
- 드라마틱 슈팅
- 메모리 백업

장갑을 몸에 착용한 드래곤을 몰고 공성생물과 싸우는 시리즈 2번째 작품으로, 전작보다 약간 과거의 스토리를 그린 슈팅 게임. 기본적인 시스템은 전작을 답습하면서도, 스테이지 내의 분기 시스템 및 화면 내의 적을 한꺼번에 쓸어버리는 필살기 '버서크'를 추가했으며, 플레이어가 조작하는 드래곤이 다양한 형태로 진화하는 성장 요소도 넣었다. 게임 개시 직후엔 아직 날지 못하는 드래곤을 타고 지상전을 치르며, 성장하면 하늘을 날 수 있게 된다.

대폭 그래픽과 조작성 등이 업그레이드되었다. 전작보다

더 킹 오브 파이터즈 '95

SNK   1996년 3월 28일   7,800엔

- 1~2인용
- 격투 액션
- 메모리 백업

「아랑전설」과 「용호의 권」 등, SNK 간판 타이틀들의 캐릭터가 집결하는 격투 대회라는 컨셉으로 제작된 아케이드용 대전격투 게임 시리즈의 이식작. 전용 롬 카트리지에 캐릭터 데이터를 수록하여, 네오지오판과 동일한 애니메이션 패턴의 수록과 로딩 시간 단축을 실현시켰다. '파워 차지'·'초필살기'·'가드 캔슬' 등의

▲ 3인 1조의 팀을 골라 연속하으로 싸우다. 구성도 자유롭게 변경 가능.

테크닉을 구사한 대전으로, 격투 게임 팬들 사이에서 큰 인기작이 되었다.

안젤리크 Special

코에이   1996년 3월 29일   7,800엔

- 1인용
- 네오 로맨스 게임
- 메모리 백업

여왕 후보 중 한 명이 되어 대륙을 육성해, 라이벌보다 먼저 대륙 중앙의 작은 섬에 건물을 세우는 것이 목적인 시뮬레이션 게임. 육성하려면 수호성 9명의 힘을 빌려야 한다. 따라서 수호성들과 데이트하는 등으로 친밀도를 올려 협력을 받는 것이 중요하다.

NFL 쿼터백 클럽 '96

어클레임 재팬   1996년 3월 29일   5,800엔

- 1~12인용
- 스포츠
- 메모리 백업
- 멀티 터미널 6 지원

96년의 최신 데이터로 쇄신한 「쿼터백 클럽」 시리즈 신작. 포메이션도 800종 이상 수록해, 더욱 현실적인 플레이가 가능해졌다. 새로운 팀으로 '팬서즈'와 '재규어즈'도 수록했다. '커스텀 시뮬레이션'이라는 신규 모드도 등장한다.

굿슨 오요요 S

엑싱 엔터테인먼트   1996년 3월 29일   6,800엔

- 1~2인용
- 액션 퍼즐
- 메모리 백업

화면 내에 있는 캐릭터 '굿슨'과 '오요요'를 출구까지 인도해야 하는 고정화면식 퍼즐 게임. 플레이어는 화면 위에서 떨어져 내리는 블록을 회전시켜 땅에 붙이고, 폭탄을 사용해 그들이 출구로 당도할 수 있도록 유도하거나, 다른 방향으로 가지 않도록 진로를 막아야 한다.

그라디우스 DELUXE PACK

코나미   1996년 3월 29일   5,800엔

- 1~2인용
- 슈팅
- 메모리 백업

명작 슈팅 게임 시리즈 「그라디우스」의 첫 번째 작품과, 아케이드판으로는 2번째 작품에 해당하는 「그라디우스 Ⅱ」를 즐길 수 있는 합본 팩. 「그라디우스 Ⅱ」에는 4가지 타입 중 선택 가능한 파워 업과, 옵션 헌터 등의 신 요소가 추가되었다.

겍스

BMG 빅터   1996년 3월 29일   5,800엔

- 1인용
- 액션

TV 속의 세계 '미디어 월드'로 흡수돼 버린 도마뱀 '겍스'가 주인공인 액션 게임. 주인공 겍스는 벽에 달라붙거나 긴 혀를 내미는 등 도마뱀다운 능력을 구사하며 5가지 채널을 모험하게 된다. 최종적으로는 '악의 제왕 레즈'를 물리치는 것이 목적.

삼국지 영걸전

코에이   1996년 3월 29일   8,800엔

- 1인용
- 리코에이션 게임
- 메모리 백업

촉의 초대 황제인 유비가 되어 중국 통일과 한 왕조의 부흥을 노리는 시뮬레이션 롤플레잉 게임. 기본적으로 「삼국지연의」의 스토리대로 진행되지만, 도중의 선택에 따라 오리지널 스토리가 전개되기도 한다. 움직인 총 턴 수에 따라 엔딩이 분기된다.

 전체 이용가   18세 이상 추천   18세 미만 구입 금지   18세 이상 추천   18세 이상 추천   사타코레판이 발매된 타이틀   잔혹 표현 주의

스내처
코나미　1996년 3월 29일　5,800엔

- 1인용
- 어드벤처
- 메모리 백업

PC엔진판에 CG 동영상을 추가하고, 그래픽의 리메이크 및 차세대기에 맞춘 리뉴얼을 가한 이식작. 사람을 살해하고 그 인물로 변장해 활동하는 안드로이드 '스내처'를 쫓는 수사관의 활약을 그린 스토리다. 영화적인 연출도 다수 도입한 작품.

초형귀 : 궁극…남의 역습
메사이야　1996년 3월 29일　5,800엔

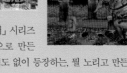

- 1~2인용
- 슈팅

팬이라면 친숙할 「초형귀」 시리즈 작품으로, 실사 스캐닝으로 만든 보디빌더 남성이 시도 때도 없이 등장하는, 필 노리고 만든 게임인지 도무지 알 수 없는 횡스크롤 슈팅 게임. 하지만 기상천외한 화면과 게임성, 그리고 임팩트 강한 음악 덕에 지금도 팬이 많다.

드래곤 포스
세가　1996년 3월 29일　5,800엔
　　　1997년 4월 25일　2,800엔(사타코레)

- 1인용
- 시뮬레이션 RPG
- 메모리 백업
- CD-ROM 1장

8개 나라 중 하나를 골라 대륙을 통일하여, 부활한 사신 마드루크를 물리치는 것이 목적인 시뮬레이션 RPG. 내정 페이즈와 전투 페이즈로 구성되어 있다. 내정 페이즈는 탐색과 축성 등의 간단한 구성이며, 전투 페이즈에서는 100 : 100의 박력 넘치는 전투를 볼 수 있다.

노부나가의 야망 리턴즈
코에이　1996년 3월 29일　5,800엔

- 1~2인용
- 역사 시뮬레이션
- 메모리 백업

수많은 기종으로 발매된 바 있는 「노부나가의 야망」 시리즈의 첫 번째 작품인 PC-88판을, 무장 그래픽을 폴리곤화하는 등 비주얼 연출 면에서 대폭 강화한 작품. 게임 시스템은 원작과 동일하므로 구조가 상당히 심플해, 초보자도 쉽게 즐길 수 있다.

버추어 포토 스튜디오
어클레임 재팬　1996년 3월 29일　6,800엔

- 1인용
- 시뮬레이션
- 메모리 백업

신인 카메라맨이 되어, 동경하던 사이온지 고우의 어시스턴트로 촬영 여행에 참가할 수 있게 되었다는 스토리로 시작하는 작품. 촬영 장면은 동영상 재생 기능을 최대한 활용하여 연출했다. 촬영 시 복장을 벗고 누드가 되는 경우도 있어, 성인용 타이틀로 발매되었다.

빅토리 골 '96
세가　1996년 3월 29일　5,800엔

- 1~4인용
- 스포츠·축구
- 메모리 백업
- 멀티 터미널 6 지원

J리그 클럽 및 선수가 실명으로 등장하는 축구 게임. 전년도판에서 대폭 업그레이드하여, 시저스 페인트나 힐킥 등의 기술 및 실황이 추가되었다. 그래픽도 향상되어, 킥이나 헤딩 등의 캐릭터 모션도 리얼해졌다.

호러 투어
OCC　1996년 3월 29일　5,800엔

- 1인용
- 어드벤처
- 메모리 백업
- 셔틀 마우스 지원

PC로 발매되었던 같은 제목의 어드벤처 게임 이식작. 사라진 로드 비델 성을 발견해, 안으로 들어가자 문이 닫혀 갇혀버린다. 탈출하려면 성 내를 탐색하여 다양한 퍼즐을 풀어내야 한다. 그래픽이 아름답고 분위기도 그럴싸하며, 등장하는 여성도 매력적으로 묘사된다.

마·작·천·사 엔젤 립스
니혼 시스템　1996년 3월 29일　6,800엔

- 1인용
- 마작
- CD-ROM 1장

95년에 가동된 아케이드 게임 「마작 엔젤 키스」의 이식판. 캐릭터 디자인은 일러스트레이터 우루시하라 사토시가 담당했다. 히로인은 3명뿐이지만, 연출 및 탈의 장면 애니메이션이 잘 만들어져 있고 보이스도 풍부하며 문자 컷인 연출도 있는 등, 즐길 만한 요소가 많다.

마작 동급생 Special

메이크 소프트웨어   1996년 3월 29일   5,800엔

- 1인용
- 테이블(마작)

인기 연애 어드벤처 게임 「동급생」의 캐릭터를 사용한 탈의마작 게임. 아케이드판에서 사쿠라기 마이 이외의 전 캐릭터를 교체했다. 게임 도중 일정 요건을 만족하면 스즈키 미호, 사쿠마 치하루, 나루세 카오리, 니시나 쿠루미, 신교지 레이코가 히든 캐릭터로 등장한다.

모탈 컴뱃 II 완전판

어클레임 재팬   1996년 3월 29일   5,800엔

- 1~2인용
- 액션

실사를 스캐닝한 캐릭터와 페이탈리티, 유혈폭력 표현이 매력인 「모탈 컴뱃」의 제 2탄. 아케이드판을 기준으로 철저한 이식도를 구현하여, 통상 기술은 물론이고 페이탈리티도 당연히 있으며, 베이발리티나 프렌드십 등까지 모든 기술을 제대로 재현해냈다.

루팡 3세 : 더 마스터 파일

MIZUKI   1996년 3월 29일   5,800엔

- 애니메이션 데이터테인먼트

애니메이션 '루팡 3세'에 관련된 다양한 데이터를 볼 수 있는 데이터베이스 소프트. TV 시리즈 1~3기는 물론, TV 스페셜판과 영화판으로 방영된 모든 화의 스토리 다이제스트를 비롯해, 각 화의 스탭 및 설정자료 등 모든 정보를 수록했다.

월드 컵 골프 : 인 하얏트 도라도 비치

소프트 비전 인터내셔널   1996년 3월 29일   5,800엔

- 1~2인용
- 스포츠
- 메모리 백업

PGA 투어 장소로도 사용된, 아름답기로 유명한 하얏트 도라도 비치를 실사 스캐닝으로 훌륭하게 재현한 골프 게임. 항공촬영 데이터를 사용하여, 박력 넘치는 탄도 묘사를 구현했다. 시뮬레이션성이 강해, 실제 코스에 맞먹는 상당한 고난이도를 자랑한다.

캔캔 버니 프루미에르

키드   1996년 4월 5일   5,800엔

- 1인용
- 어드벤처
- 메모리 백업
- 셔틀 마우스 지원

PC에서 인기를 얻은 연애 어드벤처 게임 시리즈의 4번째 작품이며, 여신 스와티의 첫 등장 작품으로도 유명한 게임의 이식작. 그래픽은 32,000색으로 리페인트되어 대폭 아름다워졌고, 효과음 및 일부 음성도 추가했으며 신규 오리지널 시나리오도 3화 추가되었다.

게임 웨어

제너럴 엔터테인먼트   1996년 4월 5일   1,980엔

- 1인용
- 롬 매거진

광고와 연동하여 저가격으로 간행된 계간 미디어 잡지. '비비드 보이의 대모험' 등의 오리지널 게임과 체험판, CM 캐릭터의 미니게임 등을 수록했다. 당시 아케이드에서 인기였던 「에지혼 탐정사무소」는 4인 플레이가 가능한 버전으로 수록해 제법 불타오른다.

철구 : 트루 핀볼

가가 커뮤니케이션즈   1996년 4월 5일   5,800엔

- 1~8인용
- 테이블(핀볼)

서양에서 아미가용 게임으로 등장했던 「Pinball Illusions」를 강화해 리메이크한 타이틀. 기존의 탑뷰 시점 2D 모드에 더해 3D 모드도 추가하여, 더욱 현장감 넘치는 플레이가 가능하다. 발매 당시 고득점 획득자에게 총합 100만 엔을 증정하는 응모 이벤트도 개최했다.

7곳의 비관 (秘館)

코에이   1996년 4월 5일   7,800엔
1998년 4월 9일   2,800엔(사타코레)

- 1인용
- 어드벤처 게임
- 메모리 백업
- CD-ROM 3장

제 3대 당주가 건립한 일곱 저택의 수수께끼를 풀면 아스카 가문의 숨겨진 보물을 입수할 수 있다는 소문을 듣고 저택을 탐색하는 어드벤처 게임. 원작은 작가 시모다 카게키가 담당했고, 4대 당주인 슈혜이의 성우로도 참가했다. 음악은 작곡가 미야가와 히로시가 맡았다.

  전체 이용가   18세 이상 추천   18세 미만 구입 금지   18세 이상 추천   사타코레판이 발매된 타이틀   잔혹 표현 주의

두 번 일어난 일은 산드알 (역주 ※)

CRI　1996년 4월 5일　5,800엔
1998년 2월 11일　2,800엔(사타코레)

- 1~2인용
- 버라이어티

아케이드에서 인기를 얻은 미니게임 모음집 제 3탄. 세가새턴판에서는 아케이드에 없었던 '오리지널' 모드가 추가되었다. 오리지널 모드에선 미니게임을 통과하면 돈을 받으며, 상점이나 아이템을 활용해 진행한다. 라이프가 줄지 않는 보너스 게임도 새로이 3개 추가했다.

엔젤 파라다이스 Vol.1 사카키 유코 사랑의 예감인 할리우드

사미 공업　1996년 4월 19일　5,800엔

- 1인용
- 퍼즐
- 메모리 백업

풍만한 그라비아 아이돌 붐의 일익을 담당했던 사카키 유코와의 4일간의 할리우드 바캉스를 유사 체험할 수 있는 퍼즐 게임. 그림 맞추기와 15퍼즐이 수록돼 있어, 클리어하면 야한 보너스 동영상을 볼 수 있다. 이 소프트의 발매를 기념해 사인회와 촬영회가 개최되었다고.

3×3EYES : 흡정공주

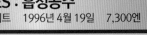

니혼 크리에이트　1996년 4월 19일　7,300엔

- 1인용
- 어드벤처
- 메모리 백업

만화 '3×3EYES'에 기반한 어드벤처 게임. 원작은 PC판으로 발매되었던 3부작 게임 중 2번째에 해당하지만, 새턴으로는 이 작품만이 이식되었다. 새턴판에는 스페셜 CD-ROM '하야시바라 메구미 양 + 츠지타니 코지 씨 + ??의 홍콩 기행'이 동봉되었다.

타이탄 워즈

BMG 빅터 / 크리스탈 다이내믹스　1996년 4월 19일　5,800엔

- 1인용
- 3D 슈팅

토성의 위성 타이탄을 무대로 펼쳐지는 3D 슈팅 게임. 우주공간에서의 전투를 비롯해, 동굴에서의 전투 등 다양한 장소를 무대로 싸움이 벌어진다. 스토리는 요소요소에 삽입된 실사 동영상으로 보여준다. 숨겨진 커맨드를 입력하면 제작자의 얼굴과 싸울 수 있다.

대모험 : 세인트 엘모스의 기적

파이　1996년 4월 19일　6,800엔

- 1인용
- 시뮬레이션 롤플레잉
- 메모리 백업

여왕의 목숨을 담보로 세계의 항구를 몬스터의 지배에서 해방시켜 항로를 열어나가는 롤플레잉 게임. 항구가 해방되면 보급을 비롯해 특산품 거래 등이 가능해져, 무역으로 자금을 벌 수 있게 된다. 이를 활용해 배와 장비를 업그레이드해야 한다.

아이돌 작사 스치파이 II

잘레코　1996년 4월 26일　7,800엔

- 1인용
- 마작
- 메모리 백업
- CD-ROM 2장

대인기작 탈의마작 게임 제 2탄. 새턴판에서는 대전 상대에 미즈노 유키가 추가되었고, 전 시나리오 클리어 후엔 특별편을 플레이할 수 있다. 이 작품 및 전작의 메인 캐릭터 전원과 프리 대전할 수 있는 모드와 성우 인터뷰를 수록한 '보너스 디스크'가 동봉돼 있다.

아이렘 아케이드 클래식스

아이맥스　1996년 4월 26일　5,800엔

- 1~2인용
- 옴니버스

  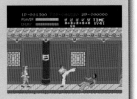

애인을 구출하기 위해 탑 최상층으로 향하는 쿵푸 액션 게임 「스파르탄 X」, 미국 횡단 바이크 레이싱 게임 「지피 레이스」, 오펜스 특화형으로 디자인하여 간편하게 미식축구를 즐길 수 있는 「10야드 파이트」까지, 오락실에서 인기 있었던 고전게임 3작품을 수록했다.

겐 워

버진 인터랙티브 엔터테인먼트　1996년 4월 26일　5,800엔

- 1인용
- 액션 슈팅
- 메모리 백업

조종석 시점으로 진행되는 3D 슈팅 게임. 전쟁에서 패배하고 지구로 망명해왔다는 종족 '겐'을 지구는 받아들였지만, 겐은 배반하고 만다. 통신도 두절돼, 겐의 배반을 아는 자는 조사원으로서 겐과 동행한 플레이어 일행뿐. 겐이 무엇을 하고 있었는지 조사해, 저지해야 한다.

자니 바주카

소프트 비전 인터내셔널　1996년 4월 26일　6,800엔

- 1인용
- 액션

지옥의 지배자에게 빼앗긴 밴드 동료와 애용하던 기타를 되찾기 위해 지옥으로 돌격하는 자니의 활약을 그린 횡스크롤 액션 게임. 등장하는 아이템은 음표와 악상기호고, BGM으로 록·테크노 재즈·소울 곡이 나오는 등, 음악 애호가도 재미있어할 만한 작품이다.

진 여신전생 데빌 서머너 악마전서

아틀라스　1996년 4월 26일　2,900엔

- CG LIBRARY

「진 여신전생 데빌 서머너」에 등장하는 악마 255종과 보스 악마 약 30종의 그래픽 및 해설을 열람할 수 있는 데이터베이스 소프트. 게임 본편의 화면해상도 320×224보다도 고해상도인 640×448로 수록했고, 해설 모드에서는 악마의 유래 등도 찾아볼 수 있다.

도어 : 정령왕기전

세가　1996년 4월 26일　5,800엔

- 1인용
- 액션 RPG
- 메모리 백업

메가 드라이브용 게임 「스토리 오브 도어 : 빛을 계승하는 자」의 프리퀄인 액션 RPG. 점프와 숙이기 외에, 커맨드 입력으로 나가는 필살 공격과 정령을 소환하는 '스피리트 볼' 등이 추가되어 액션 요소가 강해졌다. 맵도 고저차가 있으며 다채로운 장치가 설치되었다.

돈파치

아틀라스　1996년 4월 26일　5,800엔

  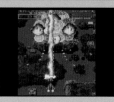

- 1~2인용
- 슈팅
- 메모리 백업

아케이드 게임의 이식작으로, '수령봉(首領蜂)'이라 쓰고 '돈파치'라 읽는다. 샷 버튼을 누르고 있으면 강력한 레이저가 나가며, 이때는 플레이어 기체의 이동속도도 느려져 탄막을 정교하게 피하는 데 적합해진다. 케이브 사 탄막 슈팅 초기작으로, 이후 여러 작품의 원점.

노노무라 병원 사람들

엘프　1996년 4월 26일　6,800엔

- 1인용
- 어드벤처
- 메모리 백업

PC에서 인기를 얻은 실키즈의 같은 제목의 성인용 게임을 세가새턴으로 이식한 미스터리계 어드벤처 게임. 세가새턴판 역시 X지정 등급이 되었다. 게임은 장면마다 선택지를 고르는 전통적인 시스템이다. 노노무라 병원에 입원하게 된 악명 높은 천재 탐정 '카이바라 타쿠마로'는, 수일 전 사망한 병원 원장에게 타살의 혹이 있다는 소문을 듣고는 멋대로 조사를 시작한다. 하지만 조사를 진행하는 동안 생각지도 못한 사태가 발생하게 된다.

폭렬 헌터

아이맥스　1996년 4월 26일　8,800엔

- 1인용
- 어드벤처
- 메모리 백업
- CD-ROM 2장

공포정치를 일삼는 소서러를 물리치는 소서러 헌터의 엉망진창 여정을 그린 작품. 같은 제목의 TV 애니메이션 스토리를 기반으로, 도처에 어드벤처 풍의 시스템을 가미했다. 새로 그린 오리지널 애니메이션 장면을 추가했고, 보이스도 신규 수록했다.

미소녀 버라이어티 게임 : 라퓰러스 패닉

쇼에이샤　1996년 4월 26일　5,300엔

- 1인용
- 버라이어티
- 메모리 백업

당신은 행성의 이변을 막아달라는 부탁을 받고 카지노 차원성에 가, 등장하는 히로인들의 협력을 받기 위해 카지노에서 승부를 한다는 스토리다. 준비된 게임은 룰렛 등 10종류이고, 히로인은 15명이 등장한다. 게임에서 이기면 보너스 CG가 나오게 된다.

  전체 이용가　 18세 이상 추천　 18세 미만 구입 금지　 18세 이상 추천　 사타코레판이 발매된 타이틀　 잔혹 표현 주의

HARDWARE | 1994's SOFT | 1995's SOFT | 1996's SOFT | 1997's SOFT | 1998's SOFT | 1999's SOFT | 2000's SOFT | SOFT INDEX

레볼루션 X

어클레임 재팬   1996년 4월 26일   5,800엔

- 1~2인용
- 슈팅
- 메모리 백업
- 셔틀 마우스 지원

인기 록밴드 '에어로스미스'가 출연하는 건 슈팅 게임. 뉴 오더 정권에 사로잡힌 에어로스미스를 구출하는 게 목적으로, 게임 화면에 실사 스캐닝 영상을 사용했다. 무기는 샷 외에 탄수가 제한된 CD가 있어, 이를 발사하면 강력한 공격도 가능하다. 음악도 에어로스미스가 맡았다.

록맨 X3

캡콤   1996년 4월 26일   5,800엔

- 1인용
- 액션
- 메모리 백업

액션 게임의 명작, 슈퍼 패미컴의 「록맨 X3」가 세가새턴으로 이식! 게임 내용은 거의 그대로 이식했지만, 조작성 향상은 물론 오프닝 영상 등이 도처에 추가되었고 게임 내 BGM도 새로 편곡했으며, 효과음도 리뉴얼하는 등 한층 더 호화로워졌다.

두근두근 마작 그래피티 : 연하의 천사들

소넷 컴퓨터 엔터테인먼트   1996년 5월 3일   5,800엔

- 1인용
- 마작

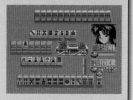

새턴 오리지널 탈의마작 게임. 등장하는 소녀 3명 중 하나를 골라, 2인 대국 마작으로 대전한다. 난이도를 적절한 밸런스로 조정해, 견실하게 만들었다. 상대가 가진 점수를 제로로 만들면 탈의 장면이 나온다. 한 번 본 애니메이션은 기기를 끄기 전까진 몇 번이고 볼 수 있다.

큐빅 갤러리

위 네트   1996년 5월 17일   5,800엔

- 아트 에듀테인먼트

돌연히 다른 차원으로 빨려 들어가 버린 에디와 디지는 낡은 저택을 발견한다. 입구에는 '모나리자의 눈물 10방울을 찾아라'라는 메시지가 있었다……라는 도입부로 시작된다. 고흐와 세잔 등의 유명한 그림 50장을 수록해, 플레이하기만 해도 미술 공부가 되는 작품이다.

게이오 유격대 : 활극 편

빅터 엔터테인먼트   1996년 5월 17일   5,800엔

- 1인용
- 액션
- 메모리 백업

게이오 9년(역주 ※1), 에도 성 개축 현장에서 두루마리와 보옥이 발견되었다. 두루마리에 따르면, 보옥을 6개 모으면 막대한 보물이 들어온다고. 두루마리를 발견한 Dr.퐁과 보옥을 빼앗은 야마타이 히미코, 주인공 라미의 삼파전 쟁탈극을 그린 횡스크롤 대소동 액션 게임.

슈퍼 리얼 마작 PVI

세타   1996년 5월 17일   8,800엔

- 1인용
- 마작
- 메모리 백업

고품질의 탈의 장면으로 인기를 얻었던 마작 게임 제 6탄. 마작을 어떻게 쳤느냐에 따라 여성의 평가가 바뀌는 '두근두근 이모션 시스템'을 채용했고, 가정용답게 난이도 변경도 가능해졌다. 시리즈 최초로 외국인을 히든 캐릭터로 넣는 등, 신경지의 개척도 시도한 작품이다.

실전 파치슬로 필승법! 3

사미 공업   1996년 5월 24일   6,800엔

- 1인용
- 파치슬로
- 메모리 백업

파치슬로를 실컷 즐기고 싶다! 그런 유저들의 바람에 응해준 인기작 「실전 파치슬로 필승법!」 시리즈 3번째 작품. 야마사·사미·유니버설·올림피아 각 제조사의 명기를 다수 수록했다. 스토리 모드에서는 점포 공략이 키포인트다!

SEGA AGES Vol.1 숙제가 탄트알 (역주 ※2)

세가   1996년 5월 24일   4,800엔

- 1~2인용
- 버라이어티 / 퀴즈

세가의 고전 명작 아케이드 게임을 이식해 세가새턴으로 발매하는 '세가 에이지스' 시리즈 제 1탄이다. 코믹한 캐릭터가 등장하는 대량의 미니게임을 즐길 수 있는 「탄트알」, 퀴즈 게임 「퀴즈 숙제를 까먹었어요」 2작품을 이식 합본했다.

페다 리메이크! : 엠블렘 오브 저스티스

야노만　1996년 5월 24일　6,300엔

● 1인용
● 롤플레잉 시뮬레이션

슈퍼 패미컴으로 발매되었던 같은 제목 타이틀의 이식작품. 이식되면서 동영상 및 음성이 추가되었다. 캐릭터의 참전 시점이 변경되고 만나는 타이밍이 달라지는 등, 소소한 변경점이 있다. 난이도도 올라가, 달성감이 있는 플레이를 즐길 수 있다.

메탈 블랙

빙　1996년 5월 24일　5,800엔
　　1998년 7월 23일　2,800엔(사타코레)

● 1~2인용
● 슈팅
● 메모리 백업

「건 프론티어」 시리즈의 2번째 작품으로, 하드 SF 설정의 아케이드 슈팅 게임. 특히 음악과 연출 면에서 평가가 높다. 화면 내에 다량으로 떠도는 빔 파워를 획득하고, 상황에 따라 강력한 2종류의 파워 해방 공격을 적절히 구사하여 강적에 맞서자.

라이프스케이프 : 생명 40억 년 기나긴 여정

미디어퀘스트　1996년 5월 24일　6,800엔

● 1인용
● 팝 사이언스 어드벤처
● CD-ROM 2장

지구 탄생부터 생명 탄생과 진화까지를 학습할 수 있는 에듀테인먼트 소프트. 동영상은 당시 NHK가 방영했던 과학 프로 '생명 40억 년 기나긴 여정'을 바탕으로 제작했다. 동영상을 감상하기만 하면 되는 소프트지만, 어디까지나 당시의 학설에 기반한 내용이니 유의하자.

아이돌 마작파이널 로맨스 R : 프리미엄 패키지

애스크 코단샤　1996년 5월 31일　8,800엔

● 1인용
● 마작
● 메모리 백업

아케이드에서 인기를 얻은 탈의마작 게임의 이식판. 게임 소프트에 추가로 별책의 '원화 & 설정자료'와, 과거 1,000명 한정으로 증정했던 '옷 갈아입히기 디스크'의 완전판을 동봉한 볼륨 만점 상품이다. 당시 구입자 중 추가 추첨으로 500명에게 직소 퍼즐을 증정했다고.

위저드리 VI & VII : 컴플리트

데이터 이스트　1996년 5월 31일　6,800엔

● 1인용
● 롤플레잉
● 메모리 백업
● CD-ROM 1장

3D 던전 RPG의 대표작이라 할 만한 「위저드리」 시리즈 중에 '금단의 마필(魔筆)' 편과 '가디아의 보주(宝珠)' 편 2작품을 하나로 합본한 소프트. 기존 작품에서 시스템을 크게 개량한 탓에 게임성이 상당히 변화했지만, 재미는 변하지 않았다.

소드 & 소서리

마이크로캐빈　1996년 5월 31일　6,800엔
　　　　　　1997년 12월 11일　2,800엔(사타코레)

● 1인용
● 롤플레잉
● 메모리 백업

3DO 최초의 본격 판타지 RPG를 이식한 작품으로, 3D 폴리곤으로 구성되어 다양한 시점으로 볼 수 있는 입체적인 맵과 '디오라마 배틀'로 명명된 전투 시스템이 특징. 새판에서는 오프닝 무비 및 하야시바라 메구미를 비롯한 성우진의 보이스가 추가되었다.

드래곤볼 Z : 위대한 드래곤볼 전설

반다이　1996년 5월 31일　5,800엔
　　　1997년 6월 20일　2,800엔(사타코레)

● 1~2인용
● 액션
● 메모리 백업

애니메이션 '드래곤볼 Z'의 스토리를 소재로 삼은 최대 3명 대 3명의 대전격투 게임. '파워 밸런스 게이지'의 밀고 당기기로 필살기가 발동된다는 독특한 시스템으로, 원작대로의 전개로 만들면 Z포인트가 오르며, 이에 따라 엔딩도 변화한다.

다라이어스 II

타이토　1996년 6월 7일　5,800엔

 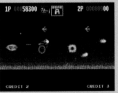

● 1~2인용
● 슈팅
● 메모리 백업

가로 2화면 모니터를 사용한 아케이드판 「다라이어스 II」의 이식작. 버튼으로 줌인·줌아웃이 가능해, 화면 축소로 전체를 조망하거나 플레이어 기체 주변을 확대해 가로로 편향 스크롤시키는 식으로 원작 재현을 시도한 의욕작. 해양생물 모티브의 보스 캐릭터도 다수 등장.

 전체 이용가　 18세 이상 추천　 18세 미만 구입 금지　 18세 이상 추천　 사타코레판이 발매된 타이틀　 잔혹 표현 주의

데프콘 5
멀티소프트　1996년 6월 7일　5,800엔

- 1인용
- 시뮬레이션 롤플레잉
- 메모리 백업

2024년의 근미래를 무대로, 거대 기업의 모략을 분쇄하는 시뮬레이션 RPG. 기지 내에서는 3D 던전 형태로 진행하며, 야외에서는 360도 광범위 고사포를 사용하는 슈팅으로 변화한다. 거대 기업의 방해를 물리치고 음모의 증거를 입수해, 파괴공작 후 탈출한다는 내용이다.

하이퍼 리버시온
테크노 소프트　1996년 6월 7일　5,800엔

- 1~2인용
- 3D 액션
- 메모리 백업
- 대전 케이블 지원

생물체를 모티브로 디자인된 로봇들이 고속이동으로 대전하는 3D 액션 게임. 샷·점프·부스트를 기본으로, 커맨드 기술과 모아쏘기를 추가한 시스템이다. 등장하는 캐릭터 8명은 기본 공격 외에도, 적에게 큰 대미지를 주는 특수한 공격기술이 있다.

질풍 마법대작전
가가 커뮤니케이션즈　1996년 6월 14일　5,800엔

- 1~2인용
- 슈팅
- 메모리 백업

슈팅 & 레이싱 요소가 융합된 아케이드 게임 「질풍 마법대작전」의 이식작. 가정용 TV의 비율을 고려해 화면구성을 다소 변경했으나 게임성은 제대로 재현했다. 화려한 공격과 레이싱 게임 특유의 질주감이 느껴지는, 추천할 만한 작품이다.

통쾌! 슬롯 슈팅
쇼에이샤　1996년 6월 14일　5,500엔

- 1~2인용
- 슈팅
- 메모리 백업

화면 상단의 슬롯에 맞춰지도록 적을 선별해 쏴야 하는 슈팅 게임. 적이 최상단까지 도달하면 게임 오버. 여러 색깔로 나뉜 적 캐릭터를 3마리 연속으로 맞추면, 같은 색 캐릭터를 모두 없애주는 보너스 캐릭터가 출현한다. 보너스 캐릭터를 기폭해 연쇄시킬 수도 있다.

나이트 스트라이커 S
빙　1996년 6월 14일　5,800엔

- 1인용
- 3D 슈팅
- 메모리 백업
- 미션 스틱 지원

전용 캐비닛 형태로 가동되었던 아케이드 게임 「나이트 스트라이커」의 이식작. 3D 시점 슈팅 게임으로, 스테이지 클리어 시마다 분기점이 있어 플레이어가 선호하는 스테이지를 선택 가능하다. 탄을 한 발도 쏘지 않고 클리어하면 '평화주의자 보너스' 점수를 받는다.

범행사진 : 감금된 소녀들이 본 것은?
이매지니어　1996년 6월 14일　6,800엔

- 1인용
- 어드벤처
- 메모리 백업

실사 영상을 사용한 사운드 노벨. 주인공은 카메라맨으로, 3인조 아이돌 그룹의 사진집을 만들기 위해 펜션을 찾아갔다가 그곳에서 일어난 사건에 휘말리게 된다. 이 게임에선 실제로 아이돌의 사진을 찍는 장면이 존재하며, 찍은 사진은 앨범 모드에서 볼 수 있다.

빅 일격! 파치슬로 대공략 : 유니버설 뮤지엄
애스크 코단샤　1996년 6월 14일　5,800엔

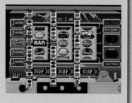

- 1인용
- 파치슬로
- 메모리 백업

유니버설 공인 베스트셀러 12개 기종이 수록된 파치슬로 공략 시뮬레이션 소프트. '리버티 벨 Ⅲ'와 '파이어버드 7u' 등, 유니버설 인기 기종의 릴 배열 등의 데이터는 물론, 리치 타임이라고 생각되는 시점을 기록해 데이터를 검증하는 등의 검증 소프트로도 활용 가능하다.

픽토플래시 돈돈
히타치 제작소　1996년 6월 18일　15,800엔

- 1인용
- 교육용

일본어·영어·중국어 3개 국어를 듣고 익힐 수 있는 학습용 소프트. 언어는 '설정'에서 간단히 전환 가능하다. '동물'·'생활'·'숫자' 등 10가지 장르가 준비돼 있어, 그림을 보여줌과 동시에 음성이 나와 단어 익히기를 도와준다.

이데 요스케 명인의 신 실전마작
캡콤   1996년 6월 28일   4,800엔

- 1인용
- ● 마작
- ● 메모리 백업

패미컴으로 나와 인기를 얻은 마작 게임의 새턴판. 개성 넘치는 캐릭터 16명이 등장하며, 그들의 대사와 표정에서 각자의 패를 추리해야 한다. 이데 요스케가 감수한 해설로 '고수로 가는 지침서'를 탑재했다. 그 외에도 연구용으로 '손패 오픈 모드'도 마련돼 있다.

아랑전설 3 : 아득한 싸움
SNK   1996년 6월 28일   6,800엔

- 1~2인용
- ● 격투 액션
- ● 메모리 백업

인기 대전격투 게임 제 4탄. 전전작인 「아랑전설 2」의 속편에 해당하며, 캐릭터 및 그래픽을 리뉴얼했고, 이후 시리즈에도 계승되는 '오버 스웨이'와 '퀵 스웨이'를 탑재했다. 후일 인기 캐릭터가 되는 블루 마리와 야마자키 류지가 첫 등장하는 작품이다.

쿠루부시 형제 극장 제 1권 : 마작 편
유미디어   1996년 6월 28일   5,800엔

- 1인용
- ● 마작

뚱한 눈의 캐릭터 8명이 등장하는 마작 게임. 어느 게임에나 있는 프리 대전과 스토리 모드에 더해, 보너스 컨텐츠에 가까운 '텔레폰 쇼킹'이란 동영상이 들어가 있다. 마작 자체는 전통적인 4인 대국 마작으로, 특징은 캐릭터들끼리 주고받는 뚱한 개그 풍의 잡담이다.

월화무환담 TORICO
세가   1996년 6월 28일   6,800엔

- 1인용
- ● 어드벤처
- ● 메모리 백업

「몽견관 이야기」 시리즈 3번째이자 외전격 작품. 기존작의 무대였던 '사냥꾼의 저택'은 등장하지 않으며, 스토리 면에서도 연결점은 없다. 풀보이스로 진행되는 3D 어드벤처 게임으로, 시스템은 '감정 입력 시스템'이 삭제된 것 외에는 전작을 답습했다.

더 메이킹 오브 나이트루스
소넷 컴퓨터 엔터테인먼트   1996년 6월 28일   2,480엔

- ● 캐릭터 디스크

같은 해 8월 9일에 발매된 어드벤처 게임 '나이트루스 : 어둠의 문'의 발매 전에 출시된 팬 디스크. 해당 작품에 출연하는 성우진들이 실사로 등장해, 준비된 질문에 회답한다. 그 외에도 오프닝 수록 풍경이나 캐릭터 소개, 설정자료가 수록되어 있다.

스트라이커즈 1945
아틀라스   1996년 6월 28일   5,800엔

- 1~2인용
- ● 슈팅
- ● 메모리 백업

사이쿄의 종스크롤 슈팅 게임 이식작. 각각 특징이 있는 여러 전투기 중에서 선택하여 공중전을 거쳐 각 스테이지 보스와 싸운다. 모아 수 있는 강력한 폭탄뿐만 아니라, 샷 버튼을 누르고 있으면 발동하는 모아쏘기를 효과적으로 사용해, 패턴화된 보스의 공격을 간파하자!

다이토리데
메트로   1996년 6월 28일   5,800엔

- 1~2인용
- ● 퍼즐

아케이드에서 이식된, 마작패를 사용하는 퍼즐 게임. 화면에 배치된 팻더미에서 패를 집어, 같은 패 3개나 같은 종류의 숫자를 3개 연속으로 고르면 사라지는 룰이다. 패는 8개까지 보존할 수 있다. 딱 보면 규칙이 파악되고, 조금이라도 마작을 알면 더 쉽게 즐길 수 있다.

탄생 S : Debut
NEC 인터채널   1996년 6월 28일   6,800엔

- 1인용
- ● 시뮬레이션
- ● 메모리 백업

PC 등에서 대히트한 미소녀 아이돌 육성 시뮬레이션 게임. 약소 연예기획사의 매니저가 되어, 3명의 아이돌을 길러내자. 플레이 기간은 2년간. 레슨과 활동을 거쳐 아이돌 대상 그랑프리를 노리도록. 토미나가 미나를 비롯한 인기 여성 성우가 다수 출연한다.

 전체 이용가   18세 이상 추천   18세 미만 구입 금지   18세 이상 추천   사타코레판이 발매된 타이틀   잔혹 표현 주의

필살!
반다이 비주얼　1996년 6월 28일　5,800엔

- 1인용
- ● 액션
- ● 컨티뉴

영화 '필살! 몬도 죽다' 개봉에 맞춰 발매된 소프트. '필살 청부인' 시리즈의 인기 캐릭터인 나카무라 몬도를 비롯해 장신구 장인 히데, 샤미센 연주자 유지, '필살 청부인'에 나왔던 염불의 테츠가 등장한다. 전 5스테이지 구성. 청부인 4명을 조작해 의뢰인의 한을 풀어주자.

라이즈 오브 더 로보츠 2
어클레임 재팬　1996년 6월 28일　5,800엔

- 1~2인용
- ● 격투 액션

영국에서 제작된 대전격투 게임. 전작은 94년에 슈퍼 패미컴으로 발매되었다. 이번 작품은 18대의 로봇이 등장한다. 상대의 파츠를 뽑아내 자신에게 장착할 수 있는 공격, 결정타로 사용하는 터미네이션 공격, 게이지를 모아 발동시키는 공격 등 다채로운 공격이 재미있다.

일발역전 : 갬블 킹으로 가는 길
BMG 빅터　1996년 7월 5일　5,800엔

- 1인용
- ● 갬블 시뮬레이션
- ● 메모리 백업

일본에서 합법적으로 즐길 수 있는 5대 갬블인 '경마'·'경륜'·'경정'·'파친코'·'파치슬로'를 실컷 즐겨보자! 플레이어에게 주어진 기간은 1년간. 그 안에 종자돈을 벌기 위해 아르바이트를 뛰면서 자신 있는 갬블로 일발역전! 그리하여 점찍어둔 여자를 꼬셔보자!

게임 웨어 2호
제너럴 엔터테인먼트　1996년 7월 5일　1,980엔

- 1인용
- ● 롬 매거진

광고 연동형 계간매체 제 2호. '비비드 보이의 대모험 2', '레이어 섹션'의 첫 스테이지를 즐길 수 있는 체험판, 광고 연동 게임인 슈팅 게임과 드라이빙 게임 등을 수록했다. 이 2호에만 '에지혼'이 수록되어 있지 않으니 이 점은 주의하자.

나이츠 : into Dreams…
세가　1996년 7월 5일　5,800엔　　　1997년 6월 20일　2,800엔(사타코레)

- 1인용
- ● 액션
- ● 메모리 백업
- ▲ 세가 멀티 컨트롤러 지원

타의 추종을 불허하는 상쾌함을 맛볼 수 있는, 세가새턴이 자랑하는 명작 액션 게임. 꿈의 세계 '나이토피아'에 악몽의 세계의 총대장 '와이즈맨'이 침공해온다. 그 즈음 각자의 고민을 품은 소년소녀가, 자신들이 꾼 악몽 속에 갇혀있던 와이즈맨의 첨병 중 하나이며 와이즈맨을 거역한 '나이츠'와 만나, 협력하여 나이토피아를 구하러 싸운다. A-LIFE라는 시스템을 결합해, 나이토피아의 주민을 도와주거나 반대로 죽이면 호감도가 변동하고 BGM도 변화한다.

각 스테이지마다 다양한 특수 가치가 있는 등, 깊이 있는 만듦새가 가장 큰 매력이다.

소닉 윙스 스페셜
미디어퀘스트　1996년 7월 5일　7,800엔

- 1~2인용
- ● 슈팅
- ● 메모리 백업
- ● CD-ROM 1장

아케이드 게임 「소닉 윙스」 시리즈를 기반으로 하여 가정용 작품으로 재구성한 종스크롤 슈팅 게임. 도시·산림·해상 등 다양한 스테이지에서 기다리는 보스를, 샷과 폭탄을 구사하며 공략해 가자. 숨겨진 기체도 풍부하게 준비되어 있다.

아쿠아존
오픈북 9003　1996년 7월 12일　5,800엔

- ● 시뮬레이션

수많은 기종으로 발매된, 정평 있는 열대어 육성 시뮬레이션 게임. TV 모니터가 그대로 어항이 되어, 선호하는 물고기를 치어부터 차근차근 길러볼 수 있다. 먹이를 주면 물고기가 점점 자란다. 잘 기르면 암수 짝도 지을 수 있는 등, 현실과 동일한 생태계를 즐길 수 있다.

아쿠아 월드 : 해미 이야기

마스다야 코포레이션　1996년 7월 12일　5,800엔

● 시뮬레이션

폴리곤으로 만들어진 물고기들을 감상하는 휴식계 소프트. 선호하는 물고기와 환경을 설정하여 바다 속 유영을 즐기는 어드벤처 모드와, 물고기를 풀어놓고 즐기는 인터랙티브 무비가 있다. 등장하는 물고기 19종류를 자유로운 각도로 감상하는 디지털 노감도 준비했다.

데카슬리트

세가　1996년 7월 12일　5,800엔
　　　1997년 6월 20일　2,800엔(사타코레)

● 1~2인용
● 스포츠
● 메모리 백업

육상 10종 경기를 소재로 삼은 게임. 버튼 연타나 타이밍 맞춰 누르기 등의 조작으로 각 경기의 기준치를 만족시키면 다음 경기로 넘어간다. 능력과 외모의 개성이 풍부한 캐릭터들이 준비돼 있고, 새턴판 한정으로 해당 경기가 소재인 만화 작품의 캐릭터도 사용 가능하다.

데스 스로틀 : 격리도시로부터의 탈출

미디어퀘스트　1996년 7월 12일　5,800엔

● 1인용
● 3D 드라이브 슈팅
● 메모리 백업

미처 날뛰는 수감자들을 무기로 쓰러뜨리는 3D 슈팅 게임. 퇴폐한 도시 'KEMO-CITY'를 무대로, 주인공 드레이크가 택시를 몰고 탈출을 시도한다는 이야기다. 택시에는 기관총이나 화염방사기 등의 과격한 무기가 탑재돼 있다. 스테이지는 총 5가지가 준비되어 있다.

핀볼 그래피티

팩 인 비디오　1996년 7월 12일　6,800엔

● 1~2인용
● 핀볼
● 메모리 백업

폴리곤으로 기기를 묘사한 핀볼 게임. 도쿄 핀볼 오거나이제이션이 설계·감수한 기기 3대를 수록했다. 세계 최초의 볼 시점 등, 6가지 뷰 모드로 즐길 수 있다. 핀볼의 룰을 익히면서 대회의 분위기를 맛볼 수 있는 스토리 모드도 탑재했다.

와이프아웃

소프트뱅크　1996년 7월 12일　5,800엔

● 1인용
● 레이싱 게임
● 메모리 백업

케미컬 브라더스 등의 유명 뮤지션들이 참여한 힙한 음악과 디자이너스 리퍼블릭이 디자인한 수많은 엠블럼들이 어우러진 독특한 세계관을 배경으로, 반중력 머신을 타고 부유 질주하는 레이싱 게임. 미사일 등의 다양한 아이템을 구사하여 순위 입상을 노리자.

그레이티스트 나인 '96

세가　1996년 7월 19일　5,800엔

● 1~2인용
● 슈팅
● 메모리 백업

새턴을 대표하는 야구 게임의 속편. 전작에서 문제였던 점을 개량하여 즐기기가 매우 편해졌다. 이번 작품에서는 실존하는 구장을 사용 가능하며, 여성 아나운서의 장내방송이 도입되는 등 연출도 강화되었다. 팀 에디트도 수치 입력식에서 키워드 조합식으로 변경했다.

새턴 봄버맨

허드슨　1996년 7월 19일　6,800엔
　　　1997년 6월 20일　2,800엔(사타코레)

● 1~10인용
● 액션
● 메모리 백업
● 멀티 터미널 6 지원

인기 액션 게임 시리즈 작품. 폭탄으로 적과 벽을 파괴하며, 모든 코어 메카닉을 부수면 출현하는 출구로 나가면 클리어다. 폭염이 통로에 작렬할수록 강화되는 호쾌한 파워 업이 이 작품의 매력. 새턴판에서는 최대 10명까지 대전 가능해, 대전 게임으로도 매우 쓸만하다.

승룡 삼국연의

이매지니어　1996년 7월 19일　6,800엔

● 1인용
● 역사 시뮬레이션
● 메모리 백업
● 셔틀 미우스 지원

PC 게임의 이식작. 중국 4대기서 중 하나인 '삼국지연의' 기반의, 리얼타임으로 진행하는 역사 시뮬레이션 게임이다. 이벤트 신의 캐릭터는 모두 폴리곤으로 묘사했다. 시나리오는 4가지 중 선택 가능하며, 멀티 이벤트와 임관 제도를 채용했다.

 전체 이용가　 18세 이상 추천　 18세 미만 구입 금지　 18세 이상 추천　 사타코레판이 발매된 타이틀　 잔혹 표현 주의

두근두근 메모리얼 : forever with you

코나미　1996년 7월 19일　6,800엔

- 1인용
- ● 시뮬레이션
- ● 메모리 백업

고교 졸업식 날 소
녀에게 고백받는 것이 목적인 PC엔
진용 육성+연애 시뮬레이션 게임의 이식판. 보이스를 새로 녹음 수록
하고, 주인공 쪽에서의 고백과 숨겨진 히로인 '이쥬인 레이'의 이벤트
등을 추가했다. 부록이 동봉된 스페셜판과 디럭스판이 발매되었다.

마작광 시대 : 세부 아일랜드 '96

마이크로네트　1996년 7월 19일　8,800엔

- 1인용
- ● 마작
- ● CD-ROM 1장
- ● 부록 CD-ROM 1장

인기 탈의마작 게임 제 6탄. 새턴판
으로는 2번째다. 전통적인 4인 대
국 마작 시스템으로, 낮을 때의 점수에 따라 여자 3명이 옷을 벗는다.
게임 도중은 폴리곤으로, 탈의 장면은 실사 동영상으로 전환된다. 등
장인물은 모두 그라비아나 렌탈 비디오 영화에서 활약했던 여성들.

시공탐정 DD : 환상의 로렐라이

아스키　1996년 7월 26일　6,800엔

- 1인용
- ● 어드벤처
- ● 메모리 백업
- ● CD-ROM 2장

과거로 시간여행을 자유롭게 할
수 있게 된 미래, 행방불명된 아버
지를 찾아달라는 의뢰를 받은 탐정이 단서를 쫓아 1939년으로 향
한다. 극 전체가 풀보이스로 제작한 동영상으로 구성되어 있는 차
세대 어드벤처 게임이다.

버추어 파이터 키즈
세가　1996년 7월 26일　5,800엔

- 1~2인용
- ● 격투액션
- ● 메모리 백업

시장 개척 목적으로 개발된 3D 대
전격투 게임. 「버추어 파이터 2」를
기반으로 하여 캐릭터 및 배경을 SD화했다. 특징은 조작계에도 '키
즈 모드'를 도입해, 적당히 조작해도 기술이 나간다는 점. 광고제휴
로, 캔 음료 '자와 티' 등이 게임 내 광고로서 등장한다.

퍼즐 보블 2X

타이토　1996년 7월 26일　5,800엔
　　　　1998년 7월 23일　2,800엔(사타코레)

- 1~2인용
- ● 퍼즐
- ● 메모리 백업

오락실에서 히트한 「퍼즐 보블」의
속편. 화면 상단의 거품들을 모두
없앤다는 간단한 룰로, 플레이어는 발사대에서 각도를 맞춰 천정을
향해 거품을 쏘며, 같은 색 거품이 3개 이상 연결되면 터진다. 이번
작품에서는 계절한정 이벤트가 추가되었다.

프라돌 DISC : Vol.1 키노시타 유우

Sada Soft　1996년 7월 26일　3,000엔

- ● 아이돌 디지털 사진집

그라비아 아이돌의 디지털 사진과
노래 등을 수록한 CD-ROM 시리
즈 제 1탄. 이 작품에 등장하는 '키노시타 유우'는 이역에서 그라비
아 아이돌로 올라선 경력의 소유자다. 야외와 스튜디오, 사적인 모
습 등의 여러 시추에이션 중에서 보고 싶은 사진을 골라볼 수 있다.

로드 래시

일렉트로닉 아츠 빅터　1996년 7월 26일　5,800엔

- 1~2인용
- ● 레이싱
- ● 메모리 백업

스피드감이 넘치는 바이크 게임에
공격 시스템을 추가했다. 라이벌
레이서가 근접했을 때 펀치 등으로 공격을 가할 수 있는 게 이 작품
의 특징이다. 물론 라이벌들도 공격해 오니, 주의하면서 각 스테이지
에서 골인을 노리자. 시리즈물인 만큼 본토인 미국에도 팬이 많다!

격렬 파친커즈

BMG 빅터　1996년 8월 2일　5,800엔

- 1~2인용
- ● 파친코 시뮬레이션
- ● 메모리 백업

세가새턴의 폴리곤 묘사 기능으로
만든 리얼한 파친코·파치슬로 기
기를 플레이하는 파친코 게임. 3D 그래픽으로 다양한 각도에서 기기
의 침 조정을 확인, 잘 터지는 기기를 잡아 한몫 벌어보자! 스토리
모드에선 파친코 외에도 여자와 데이트를 즐기는 등 잔재미가 많다.

빅 허트 베이스볼

어클레임 재팬　1996년 8월 2일　5,800엔

● 1~2인용
● 스포츠

시카고 화이트삭스 등에서 활약해 명예의 전당에 헌액된 선수인 프랭크 토머스가 감수한 야구 게임. 당시 MLB에 소속된 모든 팀을 사용 가능하다. 단발 시합은 물론 리그전과 홈런 경쟁 모드도 있고, 1 스트라이크로 아웃되는 퀵 플레이 등도 준비돼 있다.

바디 스페셜 264

야노만　1996년 8월 2일　6,800엔

● 1~2인용
● 퍼즐
● 메모리 백업
● 셔틀 마우스 지원

그라비아 퀸 '히나가타 아키코'·'마츠다 센나'·'키우치 아키라'의 다이너마이트 바디를 감상하는 퍼즐 게임. 동영상과 직접 녹음한 보이스를 수록한 무비 퍼즐, 제한시간 내에 획득한 퍼즐 수를 겨루는 VS 모드, 정지화면인 퍼즐 클럽의 3가지 퍼즐 모드를 즐길 수 있다.

알버트 오디세이 외전 : 레전드 오브 엘딘

선 소프트　1996년 8월 9일　6,500엔
　　　　　1997년 6월 20일　2,800엔(사타코레)

● 1인용
● 롤플레잉
● 메모리 백업

고아로서 하피의 손에 키워진 주인공 '파이크'가, 자신을 길러준 라이아의 석화를 풀기 위해 여행을 떠나는 롤플레잉 게임. 캐릭터 보이스 도입 등으로 연출이 대폭 강화되었다. 이전 시리즈에선 시뮬레이션 게임 풍이었던 필드 이동도 이번엔 전통적인 RPG와 동일해졌다.

GAL JAN

와라시　1996년 8월 9일　6,800엔

● 1인용
● 마작

실사 영상을 애니메이션화하는 '로토스코프' 기법을 쓴 탈의마작 게임. 실제 탈의 장면을 트레이스한 부드러운 애니메이션이 특징이다. 공략대상 캐릭터는 3명. 게임 중 각 캐릭터에 대응한 귀여운 SD 캐릭터도 등장. 점수가 아니라 역으로 상대의 별을 빼앗는 진기한 룰이다.

사이버 돌

아이맥스　1996년 8월 9일　6,800엔

● 1인용
● 롤플레잉
● 메모리 백업

사이버펑크한 세계관의 롤플레잉 게임. 'Dark Visitor'라 불리는 기계생명체가 돌연 나타나 인류를 습격해온다. 주인공은 D.V. 대처 조직 'DEBUGGER'에 입대한, 사이보그 바디를 지닌 신인이다. 이 게임은 레벨 시스템이 없어, 물리친 적의 파츠를 부착해 파워 업해야 한다. 황폐한 세계, 광신적인 종교단체, 싸움을 거듭하는 동안 인간성이 서서히 부서져가는 주인공 등, 사이버펑크를 좋아하는 사람이라면 매료될 요소가 많은 작품이다.

와 야스시가 말았다 캐릭터 디자인과 패킷 디자이너 일러스트 메니라 사트

클락웍스

토쿠마쇼텐　1996년 8월 9일　5,800엔

● 1~2인용
● 퍼즐
● 메모리 백업

「테트리스」의 디자이너인 알렉세이 파지트노프가 고안한 퍼즐 게임. 화면에 배치된 점들 위를, 시계침에 닿지 않도록 잘 피해 이동해야 한다. 다양성이 풍부한 50개 스테이지가 준비돼 있고, 일반 모드 외에 아이템을 쟁탈하는 2인 대전 모드도 탑재했다.

진 여신전생 데빌 서머너 : 스페셜 박스

아틀라스　1996년 8월 9일　7,800엔

● 1인용
● 롤플레잉 / CG LIBRARY
● 메모리 백업
● CD-ROM 2장

「진 여신전생」 시리즈의 외전 작품 「데빌 서머너」와, 해당 게임의 데이터베이스인 「악마전서」를 세트로 합본한 타이틀. 어레인지판 BGM과 함께 프로듀서와 아트 디렉터의 대담을 수록한 '프리미엄 뮤직 CD'도 동봉했다.

신형 쿠루링PA!
스카이 싱크 시스템　1996년 8월 9일　4,800엔

- 1~2인용
- 액션 퍼즐
- 메모리 백업

2월에 발매했던 「쿠루링PA!」의 속편. 위에서 떨어지는 블록을 쌓아 도화선을 연결하여, 불씨와 폭탄으로 폭파시키는 낙하계 퍼즐 게임이다. 블록을 많이 없애면 상대 쪽에 떨어지는 눈덩이 수가 많아진다. 10명의 캐릭터가 등장. 난입 모드와 신규 아이템도 추가되었다.

신비의 세계 엘하자드
파이오니어 LDC　1996년 8월 9일　6,900엔

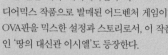

- 1인용
- 어드벤처
- 메모리 백업

이세계로 소환된 고교생의 모험을 그린 같은 제목 애니메이션의 미디어믹스 작품으로 발매된 어드벤처 게임이다. TV 애니메이션판과 OVA판을 믹스한 설정과 스토리로서, 이 작품만의 오리지널 히로인인 '땅의 대신관 이시엘'도 등장한다.

SEGA AGES Vol.2 스페이스 해리어
세가　1996년 8월 9일　3,800엔

- 1인용
- 슈팅
- 미션 스틱 지원
- 세가 멀티 컨트롤러 지원

'세가 체감 게임' 시리즈 중 「스페이스 해리어」의 이식작. 플레이어는 주인공 '해리어'가 되어 샷을 구사해 적과 방해물을 파괴하며 총 18스테이지를 진행한다. 아름다운 그래픽과 개성 넘치는 보스, 다채로운 BGM이 팬들을 매료시킨 작품.

타이토 체이스 H.Q. 플러스 S.C.I.
타이토　1996년 8월 9일　5,800엔

- 1인용
- 드라이브
- 레이싱 컨트롤러 지원

타이토 사의 연작 시리즈물인 「체이스 H.Q.」와 「S.C.I.」 2작품을 합본 수록한 이식작. 차를 타고 도주하는 범인을 위장 경찰차로 뒤쫓는 3D 시점의 카 체이스 게임으로, 범인의 차를 발견한 다음 플레이어가 직접 차로 부딪쳐 도주를 저지하는 게 목적이다.

데스 크림즌
에콜 소프트웨어　1996년 8월 9일　5,800엔

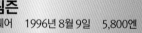

- 1인용
- 슈팅
- 메모리 백업
- 버추어 건 지원

몰려오는 적들을 물리치며 전진하는 정면 시점의 건 슈팅 게임. 독특한 대사와 성우의 개성적 연기, 극단적인 고난이도 등으로 화제작이 되었고, 2019년 이 작품의 BGM이 CD화되어 또 화제가 되었다. 게임의 타이틀명은 '킹 크림즌'을 경애하는 개발자의 희망으로 붙은 것.

동급생 if
NEC 인터채널　1996년 8월 9일　7,800엔

- 1인용
- 어드벤처 롤플레잉
- 메모리 백업
- 셔틀 마우스 지원

PC로 발매되었던 인기 성인용 연애 어드벤처 게임 「동급생」의 PC 엔진판을 기반으로, 공략 가능한 히로인을 추가한 이식판. 음성은 모두 신규 녹음했고, 추가 그래픽은 원작의 일러스트레이터인 타케이 마사키가 새로 그린 그림을 사용했다.

나이트루스 #01 어둠의 문
소넷 컴퓨터 엔터테인먼트　1996년 8월 9일　6,800엔

- 1인용
- 어드벤처
- CD-ROM 1장

총 5개 작품으로 발매를 예정하고 제작을 개시했던 어드벤처 게임. 밤에 학교에서 소녀가 자연발화로 사망한 사건을 시작으로, 의문의 죽음이 연속으로 발생하게 된다. 이 수수께끼를 푸는 것이 목적인 게임. 도중 고른 선택지에 따라 크게 4가지 스토리로 분기하게 된다.

플레이보이 가라오케 Vol.1
빅 토카이　1996년 8월 9일　5,800엔

- 노래방 소프트

새턴 최초의 노래방 소프트. 배경 영상으로 미국의 청년용 잡지 '플레이보이'에 실렸던 플레이보이들의 성인 등급스러운 영상이 트루모션 코덱으로 재생된다. 수록된 노래는 총 6곡. 남자친구가 여자 앞에서 불러줄 만한 곡을 모았고, 소절 단위로 스킵하는 기능도 있다.

플레이보이 가라오케 Vol.2
빅 토카이　1996년 8월 9일　5,800엔

● 노래방 소프트

잡지 '플레이보이'의 영상을 사용한 노래방 소프트 제 2탄. 플레이메이트의 섹시 영상을 배경삼아 즐기면서 노래방 실력을 키워보자. 수록된 6곡은 왕년의 명곡과 당시의 히트곡 중에서 적절하게 선곡했다. 연습 모드를 활용해, 부르기 어려운 소절을 극복해보자.

매직 존슨과 카림 압둘 자바의 슬램 잼 '96
BMG 빅터　1996년 8월 9일　4,800엔

● 1~4인용
● 스포츠
멀티 터미널 6 지원

미국의 프로 농구 리그 NBA를 소재로 삼은 게임. 'SEASON' 모드에서는 레귤러 시즌 총 82시합을 치를 수 있으며, 토너먼트전인 'PLAY OFF'와 단발성 시합도 즐길 수 있다. 드림 팀을 포함해 총 28개 팀을 사용 가능하다.

레슬매니아 디 아케이드 게임
어클레임 재팬　1996년 8월 9일　5,800엔

● 1~2인용
● 스포츠

미국 최대의 프로레슬링 단체 WWF(현 WWE)가 개최하는 이벤트 '레슬매니아'를 모티브로 삼은 프로레슬링 게임. 언더테이커와 요코즈나 등, 당시 소속되었던 인기 레슬러들이 실명으로 등장한다. 당시 과격노선 일변도였던 WWF의 분위기를 충분히 즐길 수 있는 작품.

월드 히어로즈 퍼펙트
SNK　1996년 8월 9일　5,800엔

● 1~2인용
● 격투 액션
● 메모리 백업

역사상의 인물들이 시공을 뛰어넘어 집결하는 세계영웅대회의 정점을 노리는 「월드 히어로즈」 시리즈 4번째 작품. 궁극오의와 히어로 게이지 등의 신 요소가 추가되었다. 새턴판에서는 보스급의 강력한 캐릭터들도 사용할 수 있다.

재팬 슈퍼 배스 클래식 '96
나그자트　1996년 8월 23일　6,800엔

● 1인용
● 피싱 시뮬레이션
● 메모리 백업

일본배스프로협회와 일본배스클럽이 공인한 배스 낚시 게임. 당시 샐러리맨이었던 최강 앵글러 이마에 카츠타카가 감수했다. 토너먼트 모드는 실존 배스 프로들이 실명으로 등장, 실전성 있는 승부를 즐길 수 있다. 협찬한 13개 사가 발매한 낚싯대와 루어도 다수 등장한다.

준재(駿才) : 경마 데이터 STABLE
나그자트　1996년 8월 23일　8,800엔

● 1인용
● 경마 데이터베이스
● 메모리 백업

1986년 1월부터 96년 4월까지 개최되었던 중앙경마 전 레이스를 수록한 데이터베이스 소프트. 레이스 결과는 물론, 출주마와 기수 등의 주요 데이터를 망라했다. 시뮬레이션 모드에서는 미래의 레이스 예측을 비롯해, 왕년의 명마를 모아 꿈의 레이스도 개최할 수 있다.

3D 레밍스
이매지니어　1996년 8월 23일　6,800엔

● 1인용
● 액션 퍼즐
● 메모리 백업

3D 화면 내를 좌우로 이동할 수 있는 레밍스. 귀여운 레밍들을 출구까지 인도하는 게 목적이다. 공간 개념이 있는 유일한 「레밍스」 게임으로, 캐릭터가 풀 폴리곤으로 묘사된다. 총 100스테이지를 수록했고, 레밍스의 시점에서 플레이할 수 있는 모드도 있다.

토너먼트 리더
빅터 엔터테인먼트　1996년 8월 23일　5,800엔

● 1~4인용
● 스포츠
● 메모리 백업

스코틀랜드의 명문 코스를 리얼하게 재현한 3D 골프 게임. 중계 기능과 카메라 스위칭 기능, 리플레이 기능도 탑재했다. 60명의 프로 선수가 등록돼 있어, 토너먼트는 물론 승자진출전과 팀 대항전 등의 다채로운 플레이를 즐길 수 있다.

 전체 이용가　 18세 이상 추천　 18세 미만 구입 금지　 18세 이상 추천　 사타코레판이 발매된 타이틀　 잔혹 표현 주의

특수기동대 제이스와트

반프레스토　1996년 8월 23일　5,800엔

- 1인용
- 3D 슈팅
- 메모리 백업

근미래가 무대인 1인칭 슈팅 게임. 특수기동수사대 'JSWAT'의 일원이 되어 여러 미션을 수행한다. 핸드건과 서브머신건 등 풍부하게 준비된 무기의 활용은 물론, 상황에 따른 적절한 인원 배치도 중요한 요소다. 경찰답게 범인을 체포할 수도 있다.

본격프로마작 테츠만 스페셜

나그자트　1996년 8월 23일　5,800엔
　　　　　1998년 7월 30일　2,800엔(사타코레)

- 1인용
- 마작
- 메모리 백업

실존하는 프로 작사 15명과의 대결은 물론, 그들의 마작 실력까지도 배워볼 수 있는 게임. 1년간 개최되는 48종의 대회를 거쳐, 연간 랭킹 4위까지의 작사만이 출장 가능한 아사다 테츠야 배의 우승을 노린다. 대회별로 룰이 바뀌니 잘 확인하고, 차근차근 랭크를 올리자.

아더와 아스타로트의 퍼즐 마계촌

캡콤　1996년 8월 30일　5,800엔

- 1인용
- 퍼즐
- 메모리 백업
- 셔틀 마우스 지원

「마계촌」 시리즈에 등장하는 아더와 아스타로트가 활약하는 퍼즐 게임. 시에라 엔터테인먼트 사가 제작한 「요절복통 기계」 시리즈 중 「Incredible Toons」의 개변 이식판으로, 100종류의 퍼즐을 수록했다. 입수한 아이템을 조합해 스테이지를 클리어하자.

옐로우 브릭 로드

어클레임 재팬　1996년 8월 30일　5,800엔

- 1인용
- 어드벤처

PC에서 이식된 어드벤처 게임. '오즈의 마법사'가 모티브로, 양철나무꾼과 허수아비, 사자를 동료로 삼아 노움 군대가 쳐들어온다는 사실을 에메랄드 성에 사는 여왕 글린다에게 전달하러 가는 것이 목적이다.

에일리언 트릴로지

어클레임 재팬　1996년 8월 30일　5,800엔

- 1~2인용
- 3D 슈팅
- 메모리 백업

영화 '에일리언' 시리즈를 소재로 삼은 1인칭 슈팅 게임. 플레이어는 주인공 리플리가 되어 3곳의 섹션을 공략한다. 각 섹션은 세 레벨로 나뉘며, 수많은 미션이 준비되어 있다. 샷건과 스마트건을 사용해 적을 물리쳐 나가자.

올림픽 사커

코코너츠 재팬 엔터테인먼트　1996년 8월 30일　5,800엔

- 1~4인용
- 스포츠
- 메모리 백업
- 멀티 터미널 6 지원

96년에 개최된 애틀랜타 올림픽의 공식 라이선스 상품. 해당 대회에 출장했던 33개국을 사용할 수 있다. 게임 모드는 리그전과 엑시비션 외에 올림픽, 아케이드 등 4종류를 준비했다. 일본은 등장하지 않지만, 심플한 시스템의 축구 게임이다.

스트라이커 '96

어클레임 재팬　1996년 8월 30일　5,800엔

- 1~4인용
- 스포츠
- 메모리 백업

세계의 강호 16개국이 등장하는 축구 게임. 포메이션 선택이 가능하며, 선수의 능력이 스피드·태클 등 6개 항목으로 나뉘어 각자의 개성을 연출한다. 카메라 시점이 7종류나 있고, 하이라이트 장면과 인스턴트 리플레이를 재생할 수 있다.

다크 세이비어

클라이맥스　1996년 8월 30일　5,800엔

- 1인용
- 액션 롤플레잉
- 메모리 백업
- 세가 멀티 컨트롤러 지원

최초 스테이지의 클리어 타임에 따라 이후의 시나리오가 3갈래로 분기되고, 최종적으로는 무려 5갈래까지 분기되는 '패럴렐 시나리오 시스템'을 채용한 쿼터뷰형 액션 롤플레잉 게임. 시나리오는 각각 같은 시간축 상의 미래 이야기로서 전개된다.

테트리스 플러스
잘레코　1996년 8월 30일　5,800엔

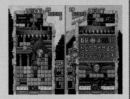

- 1~2인용
- 퍼즐
- 메모리 백업

피라미드의 출구로 탐험가를 유도
해야 하는 고정화면식 퍼즐 게임.
스테이지 개시 직후의 블록더미는 테트리스 룰로 없앨 수 있다. 탐
험가가 출구로 나갈 수 있도록 방해물 블록을 없애나가자! 시간 경
과에 따라 점점 내려오는 천정에도 주의하도록.

파이팅 바이퍼즈
세가　1996년 8월 30일　6,800엔

- 1~2인용
- 격투 액션
- 메모리 백업

「버추어 파이터」와 동일한 시스템
을 사용한 3D 대전격투 게임. 게
임스러운 호쾌함과 코믹한 면모를 강조했다. 특징은 캐릭터 전원이
아머(방어구)를 장착하고 있어, 이것이 파괴되지 않도록 플레이해야
한다는 것. 숨겨진 캐릭터로 쿠마짱(곰)과 펩시맨이 등장한다.

프라돌 DISC : Vol.2 우치야마 미키
Sada Soft　1996년 8월 30일　3,000엔

- 아이돌 디지털 사진집

섹시 아이돌의 그라비아 사진과
노래 등을 수록한 CD-ROM 시리
즈 제 2탄. 예능프로 '올나이트 후지' 출연 경력자로 잡지·TV에서 활
약한 '우치야마 미키'가 대담한 포즈로 등장한다. 정지영상은 300장,
동영상은 10~20분까지 수록 가능한 새턴의 대용량을 살린 소프트.

완간 데드히트+ 리얼 어레인지
팩 인 비디오　1996년 8월 30일　6,800엔

- 1~2인용
- 레이싱
- 레이싱 컨트롤러 지원
- 무비 카드 지원
- CD-ROM 2장

95년에 발매했던 전작의 업그레
이드판. 그라비아 퀸을 조수석에
태워 순위를 경쟁하는 레이싱 게임이다. 전작보다 차량의 거동이
리얼해지고, 무비 카드도 지원한다. 본편에서 전부 1위가 되면 나이
트 코스가 출현. 그라비아 퀸이 수영복 차림으로 키스도 해준다.

강철령역(스틸덤)
테크노 소프트　1996년 9월 6일　5,800엔

- 1~2인용
- 3D 슈팅
- 메모리 백업
- 대전 케이블 지원

대전격투와 3D 슈팅을 융합시킨
게임. 96년 6월에 발매했던 「하이
퍼 리버전」의 속편으로, X 버튼으로 발동하는 색적 기능이 추가
되었다. 쏘기·때리기·베기·던지기 등 다양한 형태의 공격이 모두
가능한 게임으로, 대전 케이블을 지원한다.

천지를 먹다 II : 적벽대전
캡콤　1996년 9월 6일　5,800엔

- 1~2인용
- 액션

만화 '천지를 먹다'에 등장하는 삼
국시대의 무장들이 주역인 벨트스
크롤 액션 게임. 이 작품의 테마인 '적벽대전' 장면은 후반 스테이지
상에서 재현했다. 스테이지 클리어 후에는 무장들의 빨리 먹기 대
결 등, 보너스 게임도 마련돼 있다.

하트비트 스크램블
이매지니어　1996년 9월 6일　6,800엔

- 1인용
- 어드벤처
- 메모리 백업

CG로 그려진 캐릭터가 히로인인
게임이 대부분인 연애 시뮬레이션
장르에서, 모든 등장인물 및 배경을 실사로 넣은 것이 최대 특징인
타이틀. 병원 원장의 아들인 주인공이, 자신의 애인은 물론 다른 소
녀에게도 손을 뻗치며 고교생활 3년간을 보낸다.

울트라맨 도감
코단샤　1996년 9월 13일　6,800엔

- 데이터베이스

동영상으로 즐기는 데이터베이스
소프트. 울트라 시리즈의 원점인
'울트라맨'과 '울트라 세븐'을 수록했다. 히어로들의 능력은 물론,
과학특수대와 울트라 경비대의 장비, 등장하는 괴수 및 우주인 126
마리, 총 88화의 에피소드를 완전 소개하는 내용이다.

 전체 이용가　 18세 이상 추천　 18세 미만 구입 금지　 18세 이상 추천　 사타코레판이 발매된 타이틀　 잔혹 표현 주의

엔젤 파라다이스 Vol.2 요시노 키미카함께있·을·래 인하와이
사미 공업　1996년 9월 13일　5,800엔

- 1인용
- 퍼즐
- 메모리 백업

탤런트 '요시노 키미카'의 매력을 팬에게 보여주자!…라는 컨셉으로 만들어진 소프트. 세가새턴의 기능을 살린 영상 재생과, 미니게임으로 그녀에 관한 퀴즈 게임도 잔뜩 있다. 클리어해야만 볼 수 있는 그녀로부터의 보너스 영상도!?

폴리스노츠
코나미　1996년 9월 13일　6,800엔

- 1인용
- 어드벤처
- 메모리 백업
- 셔틀 마우스 지원
- 버추어 건 지원
- CD-ROM 3장

21세기의 스페이스 콜로니를 무대로 펼쳐지는 SF 하드보일드 어드벤처 게임. 「스내처」보다 영화적인 연출을 더욱 강화시켰다. 또한 '사격'과 '틀린 그림 찾기', '폭탄 해체' 등의 미니게임도 적재적소에 삽입했으며, 그중 '사격'은 버추어 건도 지원한다.

스트리트 파이터 ZERO 2
캡콤　1996년 9월 14일　5,800엔
　　　1998년 11월 19일　2,800엔(사타코레)

- 1~2인용
- 액션
- 메모리 백업

유명한 「스트리트 파이터」 시리즈 작품 중 하나. 기본적인 게임 시스템은 기존작들과 같지만, 새로 채용된 '오리지널 콤보' 덕에 화면 내에 대량의 파동권을 발사하거나 강공격을 연발하는 등, 이전까지는 불가능했던 캔슬기 콤보가 가능해졌다.

기동전사 건담 외전 I : 전율의 블루
반다이　1996년 9월 20일　4,800엔

- 1인용
- 3D 슈팅
- 메모리 백업

TV 애니메이션 '기동전사 건담' 시리즈의 외전으로 제작된 게임 3부작 중 제 1탄에 해당하는 3D 슈팅 게임. 원작 애니메이션의 일년전쟁 말기, 대 뉴타입용 전투 시스템을 탑재한 푸른 모빌슈츠를 둘러싼 스토리를 그렸다.

SEGA AGES 아웃런
세가　1996년 9월 20일　3,800엔

- 1인용
- 드라이브
- 메모리 백업
- 레이싱 컨트롤러 지원
- 세가 멀티 컨트롤러 지원

아케이드 3D 레이싱 게임의 명작 「아웃런」의 이식판. 3종류의 BGM 중 좋아하는 곡을 골라, 아름다운 경치로 이루어진 15개 코스를 주행한다. 초당 애니메이션 프레임을 2배로 늘린 모드와, 커브를 틀기 쉽게 조정한 모드 등 새롭게 추가된 모드를 옵션에서 선택할 수 있다.

세가 랠리 챔피언십 플러스
세가　1996년 9월 20일　5,800엔
　　　1997년 6월 20일　2,800엔(사타코레)

- 1~2인용
- 드라이빙 레이싱
- 메모리 백업
- 세가넷 지원
- 레이싱 컨트롤러 지원
- 세가 멀티 컨트롤러 지원

전화선을 사용하는 게임기용 네트워크 통신대전 시스템인 세가새턴 모뎀과 아날로그 스틱을 내장한 멀티 컨트롤러를 지원하는 개정판. 후일 '사타코레'로 염가판도 발매되었다. 차종 및 코스 추가 등의 내용 변경은 없다.

디스트럭션 더비
소프트뱅크　1996년 9월 20일　5,800엔

- 1인용
- 레이싱 게임
- 메모리 백업

플레이스테이션 게임의 이식판. 차량끼리 충돌하여 파괴시키는 레이싱 게임이다. 차량에는 내구력이 있고, 부서진 부분에 따라 페널티도 부가된다. 게임 모드는 4종류가 있다. 파편을 흩날리며 파괴되는 리얼한 묘사와 드라이버의 절규가 흥분을 돋워준다.

리얼 바웃 아랑전설
SNK　1996년 9월 20일　8,800엔

- 1~2인용
- 액션
- 메모리 백업
- 확장 램 카트리지 필수

SNK에서 발매된 '아랑전설' 시리즈 중 한 작품. 별매되는 확장 램 카트리지가 필수인 대신, 아케이드판에 손색이 없는 게임 밸런스로 완성되어 많은 팬들이 환호했다. 안쪽과 바깥쪽 라인을 전략적으로 이용하는 '스웨이' 시스템이 공략의 키포인트.

HARDWARE
1994's SOFT
1995's SOFT
1996's SOFT
1997's SOFT
1998's SOFT
1999's SOFT
2000's SOFT
SOFT INDEX

이이지마 아이 : 굿 아일랜드 카페

이너 브레인   1996년 9월 27일   5,000엔

● 뮤직 엔터테인먼트

연예인 이이지마 아이의 곡 '굿 아일랜드 카페'의 프로모션 비디오를 제작하는 게임. 스튜디오 라이브와 프리토크, 해변에서의 사진 촬영, 영상 편집까지 완료한 결과, 종합평가가 높으면 스페셜 프로모션 비디오인 '비밀의 사건'을 볼 수 있다.

오쿠데라 야스히코의 세계를 목표로! 사커키즈 입문편

후지츠 파렉스   1996년 9월 27일   4,800엔

● 스포츠 HOW TO

독일 프로리그에서 활약했던 명선수 오쿠데라 야스히코가 축구의 기본적인 테크닉을 해설해주는 How to계 소프트. '실력이 늘려면', '킥', '트랩', '드리블' 4가지 항목으로 나뉘어 있어, 각 항목마다 상세한 조언을 볼 수 있다.

사쿠라대전
세가   1996년 9월 27일   6,800엔   1998년 2월 11일   2,800엔(사타코레)

○ 1인용   ● 셔틀 마우스 지원
● 드라마틱 어드벤처   ● CD-ROM 2장
● 메모리 백업

캐릭터 디자인으로 만화가 후지시마 코스케, 시나리오로 각본가 아카호리 사토루, 음악으로 작곡가 다나카 코헤이 등, 호화 개발진이 집결해 제작한 어드벤처 게임. 각 장은 스토리를 진행하는 어드벤처 파트와 전투하는 시뮬레이션 파트로 구성된다. 스토리 도중 시간제한이 있는 선택지 'LIPS'라는 시스템이 있어, 주로 신뢰도와 연동된 선택지에서 사용된다. 제한시간은 선택지별로 변동하여, 절박한 상황일수록 짧아진다. 선택하지 않는다는 선택지도 있다.

걸즈 패닉 SS
마이니치 커뮤니케이션즈   1996년 9월 27일   6,800엔

○ 1~2인용
● 액션
● 메모리 백업

아케이드 게임 「걸즈 패닉」의 이식작. 화면상의 적에게 잡히지 않도록 버튼을 누르며 이동하면 선이 그어지며, 선으로 둘러싼 부분은 자신의 진지가 되고, 이것이 규정된 퍼센트에 도달하면 스테이지 클리어! 귀여운 소녀의 영상을 보너스로 볼 수 있게 된다.

새턴 봄버맨 : XBAND 지원 통신대전판
허드슨   1996년 9월 27일   2,800엔

○ 2~4인용
● 액션
● 메모리 백업
● 세가넷 전용

시리즈 최초로 온라인 대전을 지원한 '봄버맨'. 2 vs 2까지의 온라인 대전과, 오프라인용으로 캐러밴 행사에서 사용된 마스터 게임을 간략화해 1스테이지짜리로 만든 '니코봄픽 '96'의 2가지 모드로 구성되어 있다.

삼국지 V
코에이   1996년 9월 27일   9,800엔

○ 1~8인용
● 역사 시뮬레이션
● 메모리 백업
● CD-ROM 1장

PC-9801용 게임의 이식판. 삼국시대 영웅 중 하나가 되어 중국 통일을 노린다. 번잡해진 시스템을 리뉴얼해 알기 쉽도록 정돈하면서도 높은 전략성은 유지했다. 이식판은 진형의 사용법을 개선하고 1월의 목표 회의가 열리기 쉽도록 하는 등 초보자를 배려해 조정했다.

썬더 포스 골드팩 1
테크노 소프트   1996년 9월 27일   4,800엔

○ 1인용
● 슈팅

「썬더 포스」 시리즈 중에서, 탑뷰 스테이지와 사이드뷰 스테이지가 번갈아 나오는 구성이 특징인 「썬더 포스 II MD」와 사이드뷰 스테이지만으로 구성된 「썬더 포스 III」를 수록했다. 난이도를 낮춰 조정한 키즈 모드도 준비되어 있다.

  전체 이용가   18세 이상 추천   18세 미만 구입 금지   18세 이상 추천   사타코레판이 발매된 타이틀   잔혹 표현 주의

여고생의 방과후… 푸쿤파

아테나　1996년 9월 27일　4,980엔

- 1~2인용
- 액션 퍼즐
- 메모리 백업

미소녀 7명이 등장하는 낙하계 퍼즐 게임. 떨어지는 색구슬을 잘 쌓아, 같은 색의 큰 색구슬 3개를 붙이면 사라지는 시스템이다. 2색깔짜리 구슬을 연쇄로 유도하면, 묶임이 풀려 상쾌한 대연쇄로 연결된다. 배경의 소녀는 개성이 풍부해, 게임 중 적극적으로 리액션해 준다.

SEGA AGES 애프터 버너 II

세가　1996년 9월 27일　3,800엔

- 1인용
- 슈팅
- 메모리 백업
- 미션 스틱 지원
- 세가 멀티 컨트롤러 지원

'세가 체감 게임' 시리즈로서 아케이드에서 가동했던 「애프터 버너 II」의 이식작. 가감속 가능한 전투기를 조작하여 후방에서 오는 추격탄을 회피하고, 락온 미사일로 전방의 적기를 격추시키자. 기타 사운드가 박력 넘치는 BGM이 게임 분위기를 돋워준다.

투신전 URA

타카라　1996년 9월 27일　5,800엔

- 1~2인용
- 액션

95년에 가동되었던 아케이드 게임의 개변 이식판. 폴리곤을 사용한 3D 격투 게임으로, 제각기 다른 무기를 사용하는 캐릭터 11명이 등장한다. 신 캐릭터로는 복수귀 '리퍼'와 천재 과학자 '론론', 인조인간 '투신병', 독일인 '볼프'가 추가되었다.

두근두근 메모리얼 대전 퍼즐구슬

코나미　1996년 9월 27일　5,800엔

- 1~2인용
- 퍼즐
- 메모리 백업

「대전 퍼즐구슬」의 캐릭터를 「두근두근 메모리얼」로 교체한 아케이드 게임의 이식작. 주인공에게 고백하는 것을 목적으로, 히로인들이 전설의 나무 앞에 서기 위해 싸운다. 캐릭터들의 개성에 맞춰, 연쇄로 발생하는 '공격구슬'의 타입을 새로 구성했다.

프라돌 DISC : Vol.3 오오시마 아케미

Sada Soft　1996년 9월 27일　3,000엔

- 아이돌 디지털 사진집

아웃도어·스튜디오·프라이빗 등 다양한 상황의 사진을 자유롭게 골라 볼 수 있는 '사진관'과, 아이돌의 자기소개 등 3가지 동영상을 관람할 수 있는 '비디오관', 참참참 게임을 즐기는 '보너스'가 수록된 소프트로, 그라비아 모델 오오시마 아케미의 다양한 모습을 볼 수 있다.

헌티드 카지노

소시에타 다이칸야마　1996년 9월 27일　7,900엔

- 1인용
- 카드 게임
- 메모리 백업
- CD-ROM 3장

새턴 최후의 18금 소프트로 발매된 타이틀. 포커와 블랙잭을 즐기는 탈의 카지노 게임이다. 게임을 이기면 상대는 옷, 속옷, 나체의 3단계로 벗게 되며, 마지막엔 카드에 봉인된다. 보너스 CG는 영사실에서 관람 가능. 출연 성우는 베테랑급으로 모여 있다.

마작 4자매 : 작은 아씨들

나그자트　1996년 9월 27일　8,800엔

- 1인용
- 마작

새턴 최후의 X지정 소프트. 미소녀 4명을 상대로 하여 2인 대국 마작으로 대전한다. 사기 기술이 가능한 룰로, 날 때마다 한 장씩 옷을 벗는다. 만관 이상의 역으로 나면 보너스 스테이지가 발생하며, 슬롯의 그림을 제대로 맞추면 추가로 한 장 더 벗길 수 있다.

매지컬 드롭 2

세가　1996년 9월 27일　5,800엔

- 1~2인용
- 액션 퍼즐
- 메모리 백업

아케이드 게임의 이식작. 위에서 떨어지는 드롭을 3개 맞추면 사라지는 퍼즐 게임이다. 아케이드판을 완전 이식한 '아케이드 모드'와 캐릭터 음성이 들어간 '오리지널 모드', 전작의 퍼즐 모드를 개량한 '번뜩임 모드'와 '대전 모드'도 탑재했다.

HARDWARE
1994's SOFT
1995's SOFT
1996's SOFT
1997's SOFT
1998's SOFT
1999's SOFT
2000's SOFT
SOFT INDEX

노려라 아이돌☆스타! 여름빛 메모리즈 마작 편

샤록　1996년 9월 27일　6,800엔

- 1인용
- 마작
- 메모리 백업

실제 아이돌 후보생 8명이 등장하는 마작 게임. 플레이어는 아이돌 후보생 1명의 매니저가 되어, 다른 7명과 마작으로 대결한다. 마작에서 지면 응원 동영상과 함께 아이돌 후보생의 프로필이 나온다. 옵션에는 디지털 사진집도 마련되어 있다.

액추어 사커

나그자트　1996년 10월 4일　5,800엔

- 1~2인용
- 스포츠
- 메모리 백업

선수와 필드가 폴리곤으로 묘사된 축구 게임. 인터랙티브 모션 테크놀로지로 리얼한 모션을 구현했다. 플레이 모드는 리그전과 월드컵 등 4종류가 있고, 세계 44개국이 등장한다. 카메라 앵글은 언제라도 전환 가능하다.

위닝 포스트 2 : 프로그램 '96

코에이　1996년 10월 4일　6,800엔

- 1인용
- 경마 시뮬레이션
- 메모리 백업
- 셔틀 마우스 지원
- CD-ROM 1장

코에이의 간판 경마 게임 데이터를 96년판으로 개정한 버전. 「위닝 포스트 2」의 기본 시스템은 유지하고, 이벤트 신 추가 및 그해 새로 설립된 GI의 'NHK 마일 컵', 슈카 상 등을 수록했다. 대전 레이스에서는 타 기종판의 패스워드도 사용 가능하다.

이터널 멜로디

미디어웍스　1996년 10월 4일　5,800엔

- 1인용
- 육성 시뮬레이션
- 메모리 백업

이세계를 무대로 한 육성 시뮬레이션 게임. 자신과 동료의 능력을 올리고, 모험을 통해 원래 세계로 돌아가는 아이템을 찾아내자. 동료 소녀와 대화하여 친해지면 엔딩에서 고백해온다. 던전은 말판놀이 방식이며, 라이벌과의 전투도 발생한다.

게임 웨어 3호

제너럴 엔터테인먼트　1996년 10월 4일　1,980엔

- 1인용
- 룸 매거진

광고 연동형 계간매체 제 3호. 2호에서는 미수록되었던 '에지혼'이 부활했다. 낙하계 퍼즐인 '비비드 보이의 대모험 3'에서는 기업광고 연동 게임을 블록깨기 스타일로 수록했다. 음악정보 코너에서는 테크노 그룹 '덴키 그루브'의 영상을 볼 수 있으니 꼭 찾아보자.

터프 윈드 '96 : 타케 유타카 경주마 육성 게임

잘레코　1996년 10월 4일　6,800엔

- 1인용
- 시뮬레이션
- 메모리 백업

인기 기수 '타케 유타카'를 피처링한 경마 시뮬레이션 게임. 잡지 '경마 북'의 협력으로 기수 50명과 말 2,000두가 실명으로 등장한다. 아리마 키넨 등 114종의 중상 레이스를 제패할 만한 최강마를 길러내자. 레이스 및 조교 후에는 타케 유타카가 실사로 등장해 조언한다.

헤이와 파친코 총진격

나그자트　1996년 10월 4일　7,800엔

- 1인용
- 파친코 시뮬레이션
- 메모리 백업

파친코 메이커 '헤이와'의 명기 4대를 가정에서 즐기는 소프트. '하야부사'·'제삼원'·'CR 명화'·'CR 용신'을 완전히 시뮬레이트한다. 침을 조정해 독자적인 공략법을 발견해 보자. 기기를 공략하는 실전 모드를 비롯해, 앞판을 변형해 오리지널 기기를 만드는 모드도 있다.

마작대회 II Special

코에이　1996년 10월 4일　6,800엔

- 1인용
- 마작
- 메모리 백업
- CD-ROM 1장

4인 마작으로 역사상 위인들과 승부하는 코에이 간판 소프트 제 2탄. 나폴레옹과 토요토미 히데요시 등의 얼굴이 3D로 묘사된 게 특징. 대전 상대는 23명. 어째선지 빨간 망토나 신데렐라도 끼어있다. 작장에서 실력을 키워 대회에서 일확천금, 챔피언을 목표로 노력하자.

 전체 이용가　 18세 이상 추천　 18세 미만 구입 금지　 18세 이상 추천　 사타코레판이 발매된 타이틀　잔혹 표현 주의

브레인 데드 13

코코너츠 재팬 엔터테인먼트   1996년 10월 10일   6,500엔

- 1인용
- 인터랙티브 애니메이션
- 메모리 백업

매드 사이언티스트 'Dr. 네로 뉴로 시스'의 저택에 갇혀버린 주인공 랜스가 저택 탈출을 노리는 스토리. 플레이 방식은 LD 게임과 마찬가지로, 애니메이션을 보다가 특정한 타이밍에 커맨드를 입력하면서 진행하는 시스템이다.

본격 4인 대결 연예인 대국 마작 THE 틈새 DE 퐁

비디오 시스템   1996년 10월 10일   7,800엔

- 1인용
- 마작
- 메모리 백업

당시 후지 TV에서 방영되던 인기 프로의 게임화. TV 프로 내용대로, 유명 연예인들과 4인 대국 마작을 즐긴다. 대국 도중의 시점도 프로와 동일한 구도·연출로 볼 수 있다. 최초부터 도라가 2개 있거나, 일발 츠모나 우라도라가 연발되는 등 다이내믹하게 전개된다.

남국의 섬에 돼지가 있었다 : 루카스의 대모험

스콜라   1996년 10월 10일   5,800엔

- 1인용
- 액션 퍼즐

횡스크롤 액션과 퍼즐 게임을 조합시킨 타이틀. 일반 스테이지는 액션 게임으로 진행하고, 보스 전은 퍼즐로 진행한다. 주인공인 돼지 '루카스'가 동료를 돕기 위해 6곳의 섬을 모험한다. 5종류의 퍼즐과 32종류의 미니게임이 준비돼 있다.

오라클의 보석 : Jewels of the Oracle

선 소프트   1996년 10월 18일   5,980엔

- 1인용
- 어드벤처 퍼즐
- 메모리 백업
- 셔틀 마우스 지원

어드벤처 요소를 집어넣은 퍼즐 게임. 전설의 도시 '나이서스'를 목표로 모험하는 스토리다. 안내 역할인 오라클의 인도를 따라, 고대의 묘지를 방불케 하는 세계를 모험하자. 6곳의 저택으로 나뉜 24종의 퍼즐을 클리어하며 보석 파편을 되찾도록.

갬블러 자기중심파 : 도쿄 마작랜드

게임 아츠   1996년 10월 18일   6,800엔
            1998년 2월 11일   2,800엔(사타코레)

- 1인용
- 마작
- 메모리 백업

메가 CD판의 이식작. '슈퍼 즈간' 등 원작자인 카타야마 화백의 타 작품 게스트 출연을 포함해, 시리즈 최다인 캐릭터 51명이 등장한다. 일반적인 대국 외에, 16종의 어트랙션이 등장하는 '스토리 모드'와 여자친구의 마음을 사로잡는 '데이트 마작'을 준비했다.

마이티 히트

알트론   1996년 10월 18일   5,800엔

- 1~8인용
- 건 슈팅
- 메모리 백업
- 셔틀 마우스 지원
- 버추어 건 지원

등장하는 캐릭터에 따라 내용이 바뀌는 슈팅 게임. 버추어 건도 지원한다. 5종류의 캐릭터가 등장하며, 틀린 그림 찾기나 속사 등 변화가 풍부한 스테이지가 속출한다. 모든 스테이지를 클리어하면 유연성과 기억력 등을 판정해주는 결과화면이 표시된다.

랑그릿사 III

메사이야   1996년 10월 18일   6,200엔
           1998년 2월 11일   2,800엔(사타코레)

- 1인용
- 시뮬레이션 롤플레잉
- 메모리 백업

인기 시리즈 제 3탄. 시계열로는 초대 '랑그릿사' 이전의 이야기로, 성검 랑그릿사 및 시리즈 대대로 악역이었던 보젤의 수수께끼 등이 밝혀진다. 모든 유닛이 동시에 움직이는 전투 시스템과 히로인 셀렉트 등, 이후에도 계승되는 신규 시스템을 도입했다.

셸쇼크

일렉트로닉 아츠 빅터   1996년 10월 25일   5,800엔

- 1인용
- 3D 슈팅
- 메모리 백업

1인칭 시점의 3D 탱크 슈팅 게임. 전차부대 '다 보르텐츠'의 일원이 되어, 무적의 고성능 탱크 M-13으로 몰려오는 적들을 물리치자. 세계의 위험지대에 투입되어 흉악한 테러리스트와의 분쟁을 진압하고, 악의 손에서 인질을 구출하거나 정치가의 비리를 폭로하는 게 목적.

HARDWARE
1994's SOFT
1995's SOFT
1996's SOFT
1997's SOFT
1998's SOFT
1999's SOFT
2000's SOFT
SOFT INDEX

스타파이터 3000

이매지니어　1996년 10월 25일　6,800엔

- 1인용
- ● 슈팅
- ● 메모리 백업

3DO와 PC로 나온 게임의 이식작. 대기권 내외를 자유롭게 비행할 수 있는 최신예 전투기를 조종하여, 아군기와 포메이션을 짜고 임기응변식 작전을 전개하는 슈팅 게임이다. 총 60스테이지 구성으로, 시스템에 플라이트 시뮬레이션 요소를 가미했다.

BATSUGUN

반프레스토　1996년 10월 25일　5,800엔

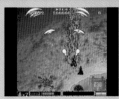

- 1~2인용
- ● 슈팅
- ● 메모리 백업

토아플랜이 개발한 아케이드용 종 스크롤 슈팅 게임의 이식작. 노멀 모드·스페셜 모드 2종류가 수록돼 있다. 점수 벌기 좋은 지점이 여러 군데 있는데, 유명한 스테이지 4에서는 화면상에 모여 있는 소형 차량들을 폭탄으로 일소하면 한 대당 59,630점이 가산된다.

마스터 오브 몬스터즈 : 네오 제네레이션즈

도시바 EMI　1996년 10월 25일　6,800엔

- 1~2인용
- ● 판타지 시뮬레이션
- ● 메모리 백업

명작 워 시뮬레이션 게임「대전략」의 파생작품으로, 판타지 세계가 무대인 시뮬레이션 게임의 새탄판. 준비된 6명 중에서 선택한 마스터로 몬스터를 소환해 싸운다. 몬스터를 레벨 업 및 융합을 통해 성장시키는 시스템도 있다.

루나 : 실버 스타 스토리

카도카와쇼텐　1996년 10월 25일　6,800엔

- 1인용
- ● 롤플레잉
- ● 메모리 백업

메가 CD로 발매된 정통파 롤플레잉 게임「루나 더 실버 스타」를 새 턴으로 리메이크했다. 애니메이션의 추가·변경 및 보이스 추가는 물론, 시나리오도 수정했다. 변경의 마을에 사는 소년이 드래곤 마스터가 되기 위해 용을 만나러 간다는 이야기다.

월드 시리즈 베이스볼 II

세가　1996년 10월 25일　5,800엔

- 1~2인용
- ● 스포츠
- ● 메모리 백업

95년에 발매된「노모 히데오 월드 시리즈 베이스볼」의 속편. 메이저리그의 정식 라이센스를 획득해, 모든 팀과 선수가 실명으로 등장한다. 엑시비션, 페넌트레이스, 플레이오프, 올스타, 홈런 더비까지 5가지 플레이 모드를 준비했다.

섹시 파로디우스

코나미　1996년 11월 1일　4,800엔

- 1~2인용
- ● 슈팅
- ● 메모리 백업

시리즈 5번째「파로디우스」로, 세계관은 그대로이지만 게임 및 아이캐치에 수영복 차림의 여성이 나오거나, 야한 망상이 들게끔 하는 메뉴 화면 등 섹시 노선을 달리는 내용으로 등장했다. BGM에 다른 코나미 작품의 인기곡을 편곡해 사용하기도 했다.

전설의 오우거 배틀

리버힐 소프트　1996년 11월 1일　5,800엔

- 1인용
- ● 롤플레잉 시뮬레이션
- ● 메모리 백업
- □ 파워 메모리 지원

슈퍼 패미컴에서 인기를 얻었던 같은 제목 작품의 이식작. 성우의 음성 연기와 맵 등이 추가되었다. 또한 적 유닛 수나 획득하는 경험치를 줄이는 등으로 밸런스를 조정했다. 중단 세이브가 가능해져, 플레이 시간이 길어져도 문제가 없도록 한 점도 중요 포인트다.

팝 브리더

사이 메이트　1996년 11월 1일　5,800엔

- 1인용
- ● 시뮬레이션
- ● 메모리 백업

천사 '팝'에게 지시를 내려 문제를 해결하는 시뮬레이션 게임. 플레이어는 여신 5명 중 하나를 골라, 태풍과 산불 등의 재해를 막아야 한다. 받는 임무가 주로 전투이긴 하나, 그 내용은 벚꽃의 정령을 데리고 꽃을 피우거나, 나무에 색을 물들이는 등 평화로운 것들뿐이다.

 전체 이용가　 18세 이상 추천　 18세 미만 구입 금지　 18세 이상 추천　 사타코레판이 발매된 타이틀　 잔혹 표현 주의

LULU

세가　1996년 11월 1일　4,800엔

- 1인용
- 클릭 북
- 셔틀 마우스 지원

'클릭 북'이라 명명된 장르로, 화면에 표시된 책을 클릭하여 페이지를 넘기며 읽어나간다. 문장이나 삽화를 클릭하면 소리가 나오거나 그림이 움직이는 등 다양한 잔재미를 즐길 수 있다. 책 속에 사는 공주님 '루루'와 로봇 '네모'의 이야기다.

사무라이 스피리츠 : 잔쿠로 무쌍검

SNK　1996년 11월 8일　5,800엔

- 1~2인용
- 격투 액션
- 메모리 백업
- 확장 램 카트리지 필수

인기 대전격투 게임 제 3탄. 전작에서 캐릭터 및 그래픽이 변경되어, 전체적으로 일본 풍 분위기가 더욱 강해졌다. 각 캐릭터마다 성능이 다른 '수라'와 '나찰' 2가지 타입 중에서 고를 수 있다. 확장 RAM 카트리지를 활용하여, 로딩 시간의 스트레스를 경감시켰다.

스페셜 기프트 팩

쇼에이샤　1996년 11월 8일　7,700엔

- 1~2인용
- 슈팅 / 버라이어티
- 메모리 백업

낙하계 퍼즐 게임과 슈팅 게임을 합본했다. '통쾌! 슬롯 슈팅'(79p)과, 행성 라플러스의 이변을 조사하기 위해 카지노 차원성에서 갬블을 하는 버라이어티 게임 「라플러스 패닉」(76p) 2작품을 하나로 합본한 작품이다.

메이킹 오브 나이트루스 II : 보이스 컬렉션

소넷 컴퓨터 엔터테인먼트　1996년 11월 8일　2,480엔

- 캐릭터 디스크

「나이트루스」의 팬 디스크 제 2탄. 미야무라 유코와 히카미 쿄코 등 인기 성우 4명의 의외의 일면을 볼 수 있다. 그 외에도 와카모토 노리오의 내레이션으로 「어둠의 문」 편 소개와 「Maria」 예고도 들을 수 있고, 캐릭터 소개와 원화 자료집 등도 수록했다.

리그로드 사가 2

세가　1996년 11월 8일　5,800엔

- 1인용
- 택티컬 RPG
- 메모리 백업

  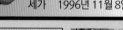 

95년에 발매된 전작의 백수십년 후가 무대인 시뮬레이션 RPG. 입체 배틀이 대폭 진화하고, 맵이 완전히 3D화되어 미묘한 고저차까지 재현했다. 독자적인 '스킬 시스템'도 파워 업했다. 신규 도입된 '기술 융합' 시스템 덕분에, 사용 가능한 기술이 200종 이상으로 늘었다.

어스웜 짐 2

타카라　1996년 11월 11일　5,800엔

- 1인용
- 액션

납치당한 공주를 구하기 위해 사이버슈츠를 착용한 지렁이 '짐'이 대활약하는 2D 액션 게임. 이번 작품에선 무기 종류가 증가해, 다양한 총을 사용할 수 있게 되었다. 짐의 특기인 코믹한 움직임과 스테이지 곳곳에 속출하는 개그 등, 보고만 있어도 웃을 수 있는 작품.

상하이 : 그레이트 모먼츠

선 소프트　1996년 11월 15일　6,500엔

- 1~2인용
- 퍼즐
- 메모리 백업
- 셔틀 마우스 지원

마작패를 사용하는 간판 퍼즐 게임. 그림 짝을 맞춰 패를 없애면 아름다운 애니메이션 영상이 나온다. 수록된 게임은 '클래식 상하이', '액션 상하이', '만리장성', '베이징' 4종류. 8종류의 패 세트와 신경쇠약 모드, 토너먼트 등 다채로운 모드를 탑재했다.

디지털 핀볼 네크로노미콘

KAZe　1996년 11월 15일　5,800엔

- 1~2인용
- 핀볼
- 메모리 백업

크툴루 신화가 테마인 핀볼 게임. 95년에 발매된 「라스트 글래디에이터즈」(48p)의 속편으로, 3종류의 핀볼 기기를 수록했다. 투명도가 높은 램프 레인(입체적으로 교차하는 통로)이나 변형되는 기기 내장식들 등, 실기로는 구현 불가능한 장치를 다수 탑재했다.

HARDWARE

1994's SOFT

1995's SOFT

1996's SOFT

1997's SOFT

1998's SOFT

1999's SOFT

2000's SOFT

SOFT INDEX

풍수선생

하쿠호도　1996년 11월 15일　5,800엔

- 1인용
- ●시뮬레이션
- ●메모리 백업
- ●미션 스틱 지원
- ●세가 멀티 컨트롤러 지원

풍수사가 되어 도시를 발전시키는 육성 시뮬레이션. 중국에 예로부터 전해지는 지리점술 '풍수'로 기의 흐름을 읽어내, 도시가 지닌 문제를 해결하자. 도시 풍경은 3D로 그려지고, 도전 가능한 도시는 총 7곳이 있다. '풍수'에 관한 정보는 책과 비디오 형태로 수록됐다.

프리클라 대작전

아틀라스　1996년 11월 15일　6,800엔

- 1~2인용
- ●액션
- ●CD-ROM 1장

이 작품의 개발사인 아틀라스가 제작한 대전격투 게임 「호혈사 일족」에 등장하는 캐릭터 '하나노코지 클라라'가 주인공인 쿼터뷰 액션 슈팅 게임이다. 무대는 하늘에 세워진 성 등으로, 샷과 해머를 잘 구사해 각 스테이지 및 보스를 공략해야 한다.

아이언맨/XO

어클레임 재팬　1996년 11월 22일　5,800엔

- 1~2인용
- ●액션

마블 코믹스의 아이언맨과 밸리언트 코믹스의 X-O 맨오워가 활약하는 횡스크롤 액션 게임. 펀치와 킥, 체스트 빔 블래스트 등의 특수 공격을 사용해 차례차례 등장하는 빌런(악역)을 쓰러뜨리자. 매 스테이지마다 다른 임무가 제시된다.

NFL 쿼터백 클럽 '97
어클레임 재팬　1996년 11월 22일　5,800엔

- 1~12인용
- ●스포츠
- ●메모리 백업
- ●멀티 터미널 6 지원

96년에 발매된 전작을 버전 업했다. 드래프트로 추가된 루키를 포함해, 총 30개 팀의 선수들이 모두 실명으로 등장한다. 트레이드로 다른 팀에서 선수를 빼오는 것도 가능하다. 선수의 움직임도 모션 캡처를 사용해 놀랄 만큼 리얼해졌다.

카오스 컨트롤 리믹스
버진 인터랙티브 엔터테인먼트　1996년 11월 22일　4,800엔

- 1~2인용
- ●3D 슈팅
- ●메모리 백업
- ●셔틀 마우스 지원
- ●버추어 건 지원

95년에 발매된 3D 슈팅 게임이 리뉴얼되어 돌아왔다. 시스템은 전작을 계승해, 화면이 상하좌우 다양한 방향으로 스크롤된다. 전작에 없던 추가 요소로는 버추어 건이 지원되고, 2인 협력 플레이도 가능해졌다. 난이도도 대폭 올라갔다.

크리스마스 나이츠 동계한정판
세가　1996년 11월 22일　1,500엔

- 1인용
- ●액션
- ●메모리 백업
- ●세가 멀티 컨트롤러 지원

발매일부터 다음해인 97년 1월 31일까지의 기간 한정으로 출시된 팬 디스크격의 소프트. 원작의 후일담이 그려져 있다. 이 작품은 세가 멀티 컨트롤러에 동봉되거나, 이벤트 등에서 경품으로 증정되는 등 다양한 용도로 활용되었다.

월하의 기사(棋士) : 왕룡전
반프레스토　1996년 11월 22일　5,800엔

- 1~2인용
- ●쇼기
- ●메모리 백업
- ●셔틀 마우스 지원

노죠 준이치 원작의 인기 만화를 게임화했다. 해당 작품의 캐릭터가 활약하는 쇼기 게임. 호화 성우진과 셀 일러스트로 원작의 명장면을 재현했다. 프리 모드를 비롯해 수행 모드와 기보 열람을 탑재했다. 모든 모드에서 기보 저장이 가능한 독자적인 기능도 준비했다.

전국 블레이드
아틀라스 / 사이쿄　1996년 11월 22일　6,800엔

- 1~2인용
- ●슈팅
- ●메모리 백업

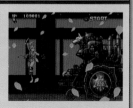

아케이드 게임의 개변 이식판. 93년에 가동된 「전국 에이스」의 속편으로, 세계관과 캐릭터는 계승됐지만 시스템을 횡스크롤로 변경하고, 플레이어 기체도 비행기에서 캐릭터 본인으로 바꿨다. 대화 장면에 음성이 들어가고, 스테이지 막간의·데모도 업그레이드했다.

  전체 이용가　 18세 이상 추천　 18세 미만 구입 금지　 18세 이상 추천　 사타코레판이 발매된 타이틀　 잔혹 표현 주의

트라이러시 데피
니혼 크리에이트　1996년 11월 22일　5,800엔

- 1인용
- 액션
- 메모리 백업

10대의 차량이 엇갈리며 펼쳐지는 드라마가 가득한 횡스크롤 액션 게임. 코믹한 주인공 캐릭터 '데피'를 중심으로, 사랑과 우정, 배신 등의 드라마가 전개된다. 뉴욕을 출발하여 적을 물리치며 로스앤젤레스로 향하자. 타임어택 모드도 준비돼 있다.

버추어 캅 2
세가　1996년 11월 22일　5,800엔

- 1~2인용
- 건 슈팅
- 메모리 백업
- 셔틀 마우스 지원
- 버추어 건 지원
- 세가 멀티 컨트롤러 지원

버추어 건을 지원하는 3D 건 슈팅 게임 제 2탄. 시스템은 전작을 진화시켰으며, 여형사 '자넷'이 신규 참가했다. 스테이지 도중에 마련된 루트 분기와 열차 총격전 등의 새로운 요소도 탑재했다. 게임 오버 시에는 플레이어의 성적에 따라 계급도 매겨진다.

하이퍼 듀얼
테크노 소프트　1996년 11월 22일　5,800엔

- 1~2인용
- 슈팅
- 메모리 백업

아케이드 게임의 이식작. 기체는 밸런스형·스피드형·파워형 3종류이고, 이동속도가 빠른 비행기 형태와 지형 대미지를 받지 않는 로봇 형태로 전환이 가능하다. 멈춰 있으면 스코어가 점점 가산되는 것도 특징. '새턴 모드'에서는 그래픽 등이 개변되었다.

피스트
이매지니어　1996년 11월 22일　6,800엔

- 1~2인용
- 격투 액션
- CD-ROM 1장

「제복전설 프리티 파이터」 시리즈의 3번째 작품. 폴리곤으로 모델링된 캐릭터들이 싸우는 대전격투 게임이다. 등장하는 캐릭터는 여성 6명에 남성 2명. 히카미 쿄코와 오오타니 이쿠에 등 당시의 인기 성우들이 출연했다. 초회 한정판에는 드라마 CD가 동봉되었다.

은하영웅전설
토쿠마쇼텐　1996년 11월 29일　5,800엔

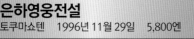

- 1인용
- 전술급 시뮬레이션
- 메모리 백업

다나카 요시키의 인기 스페이스 오페라 소설이 원작인 전략 시뮬레이션 게임. 은하제국군과 자유행성동맹군 중 한 쪽을 골라 플레이한다. 3D 폴리곤으로 묘사되는 전투 장면은 실시간으로 진행된다. 사령관의 계급으로 함대 규모가 결정되고, 참모는 3명까지 선택 가능하다.

주프
미디어퀘스트　1996년 11월 29일　4,800엔

- 1인용
- 액션 퍼즐

상하좌우에서 압박해 오는 '큐브'들을 같은 색깔의 빔으로 없애나가는 슈팅 퍼즐 게임. 때때로 나타나는 스프링을 5개 모으면 화면 내의 모든 큐브를 일소할 수 있다. 게임 모드는 게임 오버될 때까지 없애나가는 모드와, 한 스테이지씩 클리어하는 모드 2종류를 준비했다.

서기 1999 : 파라오의 부활
BMG 빅터　1996년 11월 29일　5,800엔

- 1인용
- 액션
- 메모리 백업

근미래의 이집트가 무대인 3D 액션 어드벤처 게임. 특수부대 병사를 조작하여 고대 이집트의 유적에 잠입, 람세스 왕의 도움을 받으며 에일리언을 물리치는 것이 목적이다. 머신건 등의 강력한 무기로 적을 쓰러뜨리며, 길을 가로막는 퍼즐을 풀어내자.

대국 쇼기 키와메 II
마이니치 커뮤니케이션즈　1996년 11월 29일　6,800엔

- 1~2인용
- 테이블
- 메모리 백업

95년에 발매된 윈도우즈용 게임의 이식판. 당시 PC용 쇼기로는 최강급의 사고 루틴으로, 최신 정석 데이터를 탑재했다. 어떤 수라도 대응 가능한 대전 박보장기 데이터도 내장. 새턴판은 박보장기 300문제와 '다음 한 수' 300문제, 감상 박보장기 150문제를 추가 수록했다.

타이코 입지전 II

코에이 1996년 11월 29일 7,800엔
1998년 4월 9일 2,800엔(사타코레)

- 1인용
- 리코에이션
- 메모리 백업
- CD-ROM 1장

일개 아시가루(말단병사)에서 전국시대의 패자로까지 등극한 토요토미 히데요시의 생애를 체험하는 시뮬레이션 RPG. 합전은 3D 폴리곤으로 묘사해, '진형'과 '특수전술'로 리얼한 전개를 즐긴다. 클리어하면 아케치 미츠히데와 시바타 카츠이에, 신 무장으로도 플레이 가능.

탐정 진구지 사부로 : 미완의 르포

데이터 이스트 1996년 11월 29일 5,800엔

- 1인용
- 어드벤처
- 메모리 백업

「탐정 진구지 사부로」 시리즈 5번째 작품으로, 패미컴판인 전작 이후 6년이나 팬들이 기다린 끝에 나온 어드벤처 게임. 진구지·요코·쿠마노·요노 4명의 시점으로 진행하는 '재핑 시스템'을 채용했다. 동영상과 개릭터 보이스도 사용했다.

전뇌전기 버추얼 온

세가 1996년 11월 29일 5,800엔

- 1~2인용 · 트윈 스틱 지원
- 로봇 액션
- 메모리 백업

'버추얼로이드'라 불리는 거대 인간형 로봇끼리 싸우는 3D 대전격투 게임. 플레이어 기체 후방 시점으로, 전후좌우에 지상·공중까지 360도 공간을 자유 이동할 수 있다. 근접전이 특기인 기체나 원거리 공격이 특기인 기체 등, 각자가 가진 고유 무기를 구사해 싸워야 한다. 아케이드판에서는 2개의 조종간을 사용한 조작이 인기였는데, 세가새턴판에서는 이를 트윈 스틱으로 구현했다. 기체 디자인은 '기동전사 건담' 시리즈의 카토키 하지메가 맡았다.

빅토리 골 : 월드와이드 에디션

세가 1996년 11월 29일 5,800엔

- 1~4인용
- 스포츠 / 축구
- 메모리 백업
- 멀티 터미널 6 지원

96년에 발매된 「빅토리 골 '96」의 월드 에디션. 세계 48개국이 등장하는 축구 게임이다. 월드와이드 컵과 토너먼트 등 다채로운 게임 모드를 준비했고, 시합 결과에 따라 세계 랭킹이 변동한다. 최대 4명까지 동시 플레이도 가능하다.

미소녀 전사 세일러문 SS : Various Emotion

엔젤 1996년 11월 29일 5,800엔

- 1~2인용
- 대전격투 액션

플레이스테이션으로 발매되었던 「미소녀 전사 세일러문 SuperS : 진 주역 쟁탈전」이 베이스인 폴리곤 대전격투 게임. 스토리 모드에서는 애니메이션 본편에는 없었던 세일러 새턴의 변신장면 등이 신규 추가되었다. 새로운 기술이 추가된 캐릭터도 있다.

히데요시·노부나가 세트

코에이 1996년 11월 29일 12,800엔

- 1인용
- 리코에이션
- 메모리 백업
- 1~8인용
- 역사 시뮬레이션
- 메모리 백업

간판 역사 시뮬레이션 게임 「타이코 입지전 II」와 「노부나가의 야망 : 천상기」를 커플링한 합본 세트. 전국시대를 헤쳐나간 영걸 오다 노부나가와 토요토미 히데요시, 그들의 인생과 전투의 기록을 이 두 작품으로 체험할 수 있다.

블러드 팩토리

인터플레이 1996년 11월 29일 5,800엔

- 1~2인용
- 액션
- 메모리 백업

탑뷰 화면의 탐색형 액션 슈팅 게임. 플레이어는 교도소 탈옥을 획책하는 수감자로, 어쩌다 무기를 갖게 되어 등장하는 적들을 쏘며 전진한다. 적을 쓰러뜨리면 뼈와 육편으로 산산이 흩어져 그 자리에 남는 과격한 묘사로 화제가 되었다. 2인 동시 플레이도 가능하다.

098 전체 이용가 18세 이상 추천 18세 미만 구입 금지 MA-18 18세 이상 추천 사타코레판이 발매된 타이틀 잔혹 표현 주의

프라돌 DISC 특별편 : 코스프레 이어즈
Sada Soft　1996년 11월 29일　3,800엔

● 즐기는 사진집

당시의 유명 코스플레이어 8명의 사진을 수록한 시리즈 특별편. 코스프레한 캐릭터로도 선택할 수 있다. 그녀들이 분장한 캐릭터는 총 11명. 자기소개 비디오와 상담 코너도 준비돼 있다. 보너스 모드에서는 코스플레이어가 등장하는 카드 게임도 즐길 수 있다.

아쿠아존 옵션 디스크 시리즈 1 : 에인절피시
오픈북 9003　1996년 12월 6일　2,000엔

● 시뮬레이션

관상어 사육 시뮬레이터 「아쿠아존」에 신규 물고기 등을 추가하는 옵션 디스크 제 1탄. 이 작품에서는 열대어의 대표격이라 할 수 있는 에인절피시와 수초 카붐바, 아마존 강의 유목과 밀로의 비너스 등의 액세서리, 배경화면 6종류를 수록했다.

아쿠아존 옵션 디스크 시리즈 2 : 블랙몰리
오픈북 9003　1996년 12월 6일　2,000엔

● 시뮬레이션

「아쿠아존 for SEGASATURN」의 세계에 다양한 아이템을 추가하는 옵션 세트. 제 2탄에는 수초나 기하학 모양 등의 배경 6종류에, 정월 장식물·긴뿔고둥·피아노 등의 액세서리, 물고기와 수초로는 블랙몰리와 미크로소리움을 수록했다.

아쿠아존 옵션 디스크 시리즈 3 : 블루엠퍼러
오픈북 9003　1996년 12월 6일　2,000엔

● 시뮬레이션

새로운 물고기와 수초, 액세서리와 배경 등을 「아쿠아존 for SEGASATURN」에 추가하는 옵션 세트. 제 3탄인 이 작품에는 6종류의 배경을 비롯해 물고기로는 블루엠퍼러, 수초로는 롤라타가 있으며, 금각사와 비구름 등 이색적인 액세서리를 수록했다.

아쿠아존 옵션 디스크 시리즈 4 : 크라운로치
오픈북 9003　1996년 12월 6일　2,000엔

● 시뮬레이션

「아쿠아존」의 세계에 물고기와 액세서리를 추가하는 옵션 세트. 제 4탄인 이 작품에는 서모그래피 풍과 기하학 모양 등의 배경 6종류에, 카약과 불발탄, 오리노코 강의 유목 등의 액세서리, 물고기로는 크라운로치와 수초로는 개연꽃이 수록되어 있다.

아쿠아존 옵션 디스크 시리즈 5 : 러미노즈
오픈북 9003　1996년 12월 6일　2,000엔

● 시뮬레이션

계절감을 연출하는 액세서리 등을 추가하는 옵션 세트. 이 작품은 제 5탄으로, 기하학 모양과 물결무늬 등의 배경 6종류와, 크리스마스 트리·나무뿌리·에라완·수정고둥 등의 액세서리를 수록했다. 물고기로는 러미노즈 테트라, 수초로는 알테난테라 세실리스가 수록되어 있다.

기동전사 건담 외전 II : 블루를 계승하는 자
반다이　1996년 12월 6일　4,800엔

● 1인용
● 3D 슈팅
● 메모리 백업
○ 트윈 스틱 지원

「기동전사 건담 외전」 시리즈 3부작의 2번째 작품인 3D 슈팅 게임. 전작에서는 적이었던 푸른 짐 '블루 데스티니 1호기'의 파일럿이 되어 지온군과 싸워야 한다. 이 작품부터 트윈 스틱도 지원하여, 조종간 2개로 모빌슈츠를 조작할 수 있다.

황룡 삼국연의
엑싱 엔터테인먼트　1996년 12월 6일　5,800엔

● 1인용
● 시뮬레이션
● 메모리 백업
○ 셔틀 마우스 지원

PC에서 인기를 얻은 역사 시뮬레이션 게임의 이식판. 내정과 등용, 외교 등이 모두 실시간으로 진행되므로, 신속한 판단이 필요하다. 폴리곤으로 그려진 중국의 입체지도로 상황을 파악할 수 있고, 직소(直訴) 시스템을 탑재해 유명 무장이 직접 대화를 청해온다.

썬더 포스 골드팩 2
 테크노 소프트 1996년 12월 6일 4,800엔

- 1인용
- 슈팅
- 메모리 백업

「썬더 포스」 시리즈 중에서 메가 드라이브의 「썬더 포스 IV」와 아케이드 게임 「썬더 포스 AC」 2작품을 수록했다. 초보자가 쉽게 즐길 수 있는 '키즈 모드'도 탑재했다. IV편의 플레이어 기체를 전작의 'STYX'로 변경할 수 있는 모드도 있다.

슈퍼 퍼즐 파이터 IIX
 캡콤 1996년 12월 6일 5,800엔

- 1~2인용
- 퍼즐
- 메모리 백업

아케이드 게임의 이식작. 캡콤의 대전격투 게임 캐릭터들을 사용한 낙하계 퍼즐 게임이다. 「스트리트 파이터」 시리즈와 「뱀파이어」 시리즈의 캐릭터가 2.5등신으로 등장한다. 새턴판은 '스트리트 퍼즐 모드'를 추가했다.

스테익스 위너 : GI 완전제패로 가는 길
 자우루스 1996년 12월 6일 5,800엔

- 1~2인용
- 액션
- 메모리 백업

아케이드 게임의 이식작. 일본경마의 최고봉인 GI를 제패하는 경주마를 스스로 만들어내는 경마 게임이다. 기수가 되어 경주마를 타고 달리는 액션 게임에 종마 생산과 육성 모드를 추가하여, 최강의 말을 만들 수 있다. 번식마가 된 말은 패스워드로 교환할 수 있다.

세계의 차창에서 [I] : 스위스 편 알프스 등산철도 여행
 후지츠 1996년 12월 6일 4,800엔

- 1인용
- 클릭 북
- 메모리 백업
- 셔틀 마우스 지원
- CD-ROM 1장

일본의 인기 TV 프로 '세계의 차창에서'의 영상을 즐기는 비디오 작품. 원작은 PC용 CD-ROM으로 후지츠가 발매했으며, 동영상 기능에 강한 세가새턴의 장점을 살려 세계 각국의 차창 안에서 보는 풍경과 열차 바깥 경치를 전환하며 즐기는 멀티 앵글을 채용했다.

배틀바
 일본 빅터 1996년 12월 6일 5,800엔

- 1~6인용
- 카 액션
- 메모리 백업
- 멀티 터미널 6 지원
- 무비 카드 지원

버기와 로드롤러, 호버와 탱크 등의 다양한 무장차량으로 싸우는 액션 게임. 발칸포와 화염방사기, 유도 미사일 등의 다채로운 병기와 차체 파츠를 조합해 자신만의 차를 구축할 수 있어 재미있다. 최대 6명까지의 배틀로얄과 팀전이 가능해, 치열한 대전을 즐길 수 있다.

매직 카펫
 일렉트로닉 아츠 빅터 1996년 12월 6일 5,800엔

- 1인용
- 3D 슈팅
- 메모리 백업
- 세가 멀티 컨트롤러 지원

마법 양탄자를 타고 하늘을 날며 적을 격추하는 3D 슈팅 게임. 마법 에너지의 악용으로 균형이 무너진 세계에서 장대한 모험을 펼치게 된다. 적을 물리쳐 마나를 모으는 육성 시뮬레이션 요소도 있어, 캐릭터를 성장시킬수록 확보한 성도 점차 거대해진다.

에너미 제로
 워프 1996년 12월 13일 6,800엔
1997년 12월 11일 2,800엔(사타코레)

- 1인용
- 인터랙티브 무비
- 메모리 백업
- 세가 멀티 컨트롤러 지원
- CD-ROM 4장

기획·각본·감독을 이이노 겐지가 맡은 전작 「D의 식탁」을 답습한 타이틀. 퍼즐 풀기와 소리를 힌트삼아 적을 총격으로 물리치는 액션 어드벤처 게임으로, 인터랙티브 무비를 표방했다. 난이도가 높은 데다 세이브·로드를 전담하는 '보이스 레코더'도 횟수 제한이 있다.

실황 수다쟁이 파로디우스 : forever with me
 코나미 1996년 12월 13일 4,800엔

- 1~2인용
- 슈팅
- 메모리 백업

코나미 전통의 횡스크롤 슈팅 게임으로, 슈퍼 패미컴으로 발매된 「실황 수다쟁이 파로디우스」를 한층 더 업그레이드했다. 이 작품의 특징은 유명 성우를 기용한 대량의 보이스 실황으로, 각 스테이지의 보스 약점 등을 음성으로 상세히 해설해준다.

  전체 이용가 18세 이상 추천 18세 미만 구입 금지 18세 이상 추천 사타코레판이 발매된 타이틀 잔혹 표현 주의

출세마작 대접대

킹 레코드　1996년 12월 13일　5,800엔

● 1인용
● 마작
● 메모리 백업

접대마작으로 입신양명을 노리는
마작 게임. 목표 상대를 1등으로 만
들거나 방해가 되는 상대를 눌러버리는 등, 스테이지별로 다양한 목
적이 설정되어 있다. 게임 모드는 프리 대전인 살롱 모드와, 스토리
모드가 준비돼 있다. 상대가 이기도록 만들어 마음을 사로잡는 게임.

스페이스 인베이더

타이토　1996년 12월 13일　3,980엔

● 1~2인용
● 슈팅
● 메모리 백업

사회현상까지도 불러온 오락실판
「스페이스 인베이더」의 이식작. 모
노크롬 화면의 테이블탑 캐비닛, 컬러 셀로판으로 착색한 전용 캐
비닛, 달 표면 배경이 인상적인 업라이트 캐비닛 등 유저의 취향에
맞춘 화면을 선택할 수 있다. 전설의 '나고야 쏘기'도 마스터 가능.

대전략 팩

세가　1996년 12월 13일　5,800엔

● 1~5인용
● 시뮬레이션
● 메모리 백업
● 셔틀 마우스 지원
● 소프트 2종 세트

「월드 어드밴스드 대전략 : 강철의
전풍」과 추가 맵·시나리오 모음집
인 「대전략 작전파일」을 합본한 염가판 세트. 「작전파일」은 소프트
단독으로도 플레이 가능하다. 제 2차 세계대전이 무대인 전략 시뮬
레이션 게임으로, 전투 신은 3D로 묘사된다.

택틱스 오우거

리버힐 소프트　1996년 12월 13일　5,800엔

● 1인용
● 롤플레잉 시뮬레이션
● 메모리 백업
● 파워 메모리 지원

슈퍼 패미컴용 게임의 이식판. 판
타지 세계에서 전개되는 시뮬레이
션 RPG다. 높은 전략성과 진중한 전개, 예쁘장한 도트 그림 등으로
인기가 많다. 이식되면서 호화 성우를 기용해 이벤트가 더욱 드라
마틱하게 전개되며, BGM도 대폭 업그레이드되었다.

디스크월드

미디어 엔터테인먼트　1996년 12월 13일　5,800엔

● 1인용
● 어드벤처
● 메모리 백업
● 셔틀 마우스 지원

영국 작가 테리 프래쳇의 작품을
게임화했다. 그림책 풍의 세계를
여행하는 초난해 어드벤처 게임으로, 아이템이 100종류 이상 등장
한다. 캐릭터의 목소리를 모두 라이브 연기로 수록했고, 주인공은
코미디언 타카다 준지가 연기했다. 대화를 통해 힌트를 발견해보자.

파이팅! 대운동회

인크러먼트 P　1996년 12월 13일　5,800엔

● 1인용
● 시뮬레이션
● 메모리 백업

50세기의 지구를 무대로 한 육성 시
뮬레이션 게임. 히로인인 칸자키 아
카리의 코치가 되어, 최종시험에서의 상위 입상을 노리자. 트레이닝
으로 능력을 올리면 플레이 가능한 메뉴가 늘어난다. 캐릭터들의 블
루머(육상용 운동복) 착용률이 높고, 다양한 각도로 보여주기도 한다.

판처 드라군 I & II

세가　1996년 12월 13일　5,800엔

● 1인용
● 드라마틱 슈팅
● 메모리 백업(II 한정)
● 미션 스킵 지원
● 소프트 2종 세트

장대한 스토리를 그린 드라마틱 슈
팅 게임을 2종 세트로 합본한 염가
판 상품. 고대문명의 생물병기 '공성생물'에 의해 멸망해가는 세계를
무대로, 전설의 '드래곤'을 몰고 모험을 펼쳐나간다. 플레이어 기체
를 후방에서 보는 시스템이며, 전후좌우로 시점 전환이 가능하다.

펑키 판타지

요시모토 흥업　1996년 12월 13일　5,800엔

● 1인용
● 롤플레잉 시뮬레이션
● 메모리 백업
● 파워 메모리 지원

연예기획사인 요시모토 흥업이 프
로듀스한 시뮬레이션 롤플레잉 게
임. 작품에 등장하는 인물은 요시모토 흥업 소속 연예인뿐으로, 캐
릭터의 얼굴을 보면 어떤 멤버인지 알 수 있다. 세가 게임 관련 화
제나 개그 등이 풍부하게 들어간 이색작이라 당시 화제가 되었다.

HARDWARE　1994's SOFT　1995's SOFT　1996's SOFT　1997's SOFT　1998's SOFT　1999's SOFT　2000's SOFT　SOFT INDEX

멜티랜서 : 은하소녀경찰 2086

이매지니어　1996년 12월 13일　5,800엔

- 1인용
- ● 시뮬레이션
- ● 메모리 백업

스토리성을 중시한 육성 시뮬레이션 게임. 6명의 미숙한 미소녀 수사관(랜서)을 어엿한 경찰로 육성하는 게임이다. 플레이 기간은 1년간. 주인공과 수사관 사이의 거리감을 '신뢰도'라는 숨겨진 패러미터로 설정했으며, 그 결과에 따라 수사관들의 장래가 결정된다.

무작정 걸즈 올·림·포·스♥

휴먼　1996년 12월 20일　5,800엔

- 1인용
- ● 소환 시뮬레이션
- ● 메모리 백업

냅다 소녀를 소환해 전투로 내모는 신 시스템 '무작정 소환 배틀'이 특징인 시뮬레이션 게임. 소환하는 시간과 캐릭터에 따라 이후의 전개가 바뀌어간다. 참여한 원화가는 22명. 오프닝곡을 부른 카나이 미카 등의 인기 성우 42명이 출연했다.

울트라맨 : 빛의 거인 전설

반다이　1996년 12월 20일　7,800엔

- 1~2인용
- ● 액션
- ● 메모리 백업

울트라맨 시리즈를 피처링한 격투 액션 게임. 울트라 형제 5명과 괴수 10마리가 등장한다. 캐릭터들의 간격에 따른 확대축소 연출이나 화염 이펙트, 무너지는 건물 등의 화려한 연출이 특징. 전용 ROM 카트리지가 동봉되어, CD-ROM과 함께 장착해야만 즐길 수 있다.

에어즈 어드벤처

세가　1996년 12월 20일　5,800엔

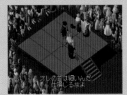

- 1인용
- ● 롤플레잉
- ● 메모리 백업

만화가 나가노 마모루가 캐릭터 디자인을 맡는 등, 호화 스탭이 만든 RPG. 쿼터뷰 시점에 커맨드 선택식이란 전통적인 시스템으로, 시나리오 주도의 빠른 전개가 특징. 나가노 디자인다운 세밀한 설정과 사에구사 시게아키의 음악이 수준 높아, 발군의 분위기를 자아낸다.

영세명인 II

코나미　1996년 12월 20일　5,300엔

- 1~2인용
- ● 쇼기
- ● 메모리 백업
- ● 셔틀 마우스 지원

본격 쇼기 소프트 제 2탄. 전작에서 완성된 시스템에 '예측 수읽기 기능'을 장비하여, 대기시간을 최소화시켜 쾌적한 대국을 구현했다. 또한 난이도로 '레벨 0'를 추가해 초보자를 배려했다. 기보 데이터도 에도시대의 역사적인 기보를 추가 수록해, 자료적 가치도 높였다.

m[emu] : 그대를 전하며

넥서스 인터랙트　1996년 12월 20일　5,800엔

- 1인용
- ● 교환일기 시뮬레이션
- ● 메모리 백업

교환일기를 소재로 삼은 연애 시뮬레이션 게임. 등장하는 미소녀 3명 중 한 명과 교환일기로 애정을 쌓아가자. 플레이 기간은 85일. 소녀로부터 도착한 일기에 4가지 선택지 중 하나로 답신하는 시스템이다. 답신 내용에 따라 '성격치'가 변동해, 최종적인 엔딩이 결정된다.

오버 드라이빙 GT-R

일렉트로닉 아츠 빅터　1996년 12월 20일　6,200엔

- 1~2인용
- ● 레이싱 시뮬레이션
- ● 메모리 백업
- ● 레이싱 컨트롤러 지원
- ● 세가 멀티 컨트롤러 지원

스카이라인 GT-R 등, 닛산의 스포츠카가 실명으로 등장하는 레이싱 게임. 등장하는 차량은 실사 데이터를 기반으로 외관 및 내장, 핸들링과 엔진 성능까지 충실히 재현했다. 타임 트라이얼 등 4가지 게임 모드가 있고, 화면분할로 2인 동시 플레이도 가능하다.

캔캔 버니 프루미에르 2

키드　1996년 12월 20일　7,500엔

- 1인용
- ● 어드벤처
- ● 메모리 백업
- ● 셔틀 마우스 지원
- ● 세가 멀티 컨트롤러 지원

인기 시리즈 제 2탄. 시리즈 시계열로는 전작 「프루미에르」와 다음 작품 「엑스트라」의 중간 위치다. 주인공은 어떤 사정상, 자신의 업인 '여연(女緣)'으로 얽힌 소녀들을 열흘 안에 행복하게 만들어주어야 한다. 소녀들의 기분에 맞춰주면서 대화를 즐기는 타이틀이다.

 전체 이용가　 18세 이상 추천　 18세 미만 구입 금지　 18세 이상 추천　 사타코레판이 발매된 타이틀　 잔혹 표현 주의

샤이닝 더 홀리 아크
세가 　1996년 12월 20일 　5,800엔

- 1인용
- ● 롤플레잉
- ● 메모리 백업

「샤이닝」 시리즈 중에서는 메가 드라이브의 「샤이닝 & 더 다크니스」 이래 오래간만에 나온 3D 던전 롤플레잉 게임. 파르메키아 대륙의 엔리치 왕국을 무대로, 빙의한 사람에게 초인적인 능력을 주는 '스피리트'를 둘러싼 스토리가 전개된다.

스트리트 레이서 엑스트라
UBISOFT　1996년 12월 20일 　5,800엔

- 1~8인용
- ● 액션
- ● 메모리 백업
- ● 멀티 터미널 6 지원

카툰 캐릭터를 사용한 레이싱 게임. 레이스의 본고장인 프랑스에서 개발됐다. 스피드와 무기가 각기 다른 캐릭터 8명 중 하나를 골라, 총 24개 코스를 주파하자. 코스에는 다양한 트랩이 설치되어 있다. 멀티 터미널 6를 사용하면 최대 8명까지 동시 플레이가 가능하다.

DX 일본특급여행 게임
타카라 　1996년 12월 20일 　5,800엔

- 1~5인용
- ● 보드
- ● 메모리 백업
- ● 멀티 터미널 6 지원

인기 보드 게임의 비디오 게임판. 전철을 갈아타면서 일본 전국의 체크포인트를 순회하여, 여행 포인트를 가장 많이 모은 사람이 승자가 된다. 실존 관광지와 지역 특산품 사진을 대량 수록했고, 최대 5명까지 동시 플레이 가능. 여비가 바닥나면 아르바이트로 벌 수도 있다.

나이트루스 Maria
소넷 컴퓨터 엔터테인먼트 　1996년 12월 20일 　5,800엔

- 1인용
- ● 어드벤처

유명 성우를 기용한 미스터리 어드벤처 게임. 2번째 작품인 이 게임은 유럽이 무대로, 연쇄살인사건인 '잭 더 리퍼', 사람 없이 표류하는 범선 '메리 셀러스트 호 사건', 성모 마리아가 나타났다는 '파티마의 기적'의 세 사건을 모티브로 한 에피소드가 전개된다.

버추얼 경정
일본물산 　1996년 12월 20일 　6,800엔

- 1인용
- ● 스포츠
- ● 메모리 백업
- ● 세가 멀티 컨트롤러 지원

전국모터보트경쟁회연합회가 공인한 경정 게임. 게임 모드는 경정 선수의 인생을 그린 '경정 영웅열전'과 3바퀴 경주 후 타임을 겨루는 '타임 트라이얼', 경정을 바닥부터 배워보는 '실전 경정교실', 실제 레이스의 승점을 기록한 데이터베이스 '경정 관전기'를 준비했다.

뿅뿅 꺄르르의 마작 일과
나츠메 　1996년 12월 20일 　5,800엔

- 1인용
- ● 마작
- ● 메모리 백업
- ● 파워 메모리 지원

탈의 요소가 없는 2인 대국 마작 게임. 미소녀 7명이 등장하며 사기 기술은 없다. 게임 모드는 '스토리 모드'·'프리 모드' 2종류를 준비했다. 화려한 연출은 딱히 없지만, 적재적소에 보이스를 넣었고 미니 윈도우의 캐릭터 얼굴이 변화하는 등 애교 있는 만듦새의 작품.

환전퍼즐 모우쟈
버진 인터랙티브 엔터테인먼트　1996년 12월 20일 　5,800엔

- 1~2인용
- ● 퍼즐

환전을 테마로 삼은 낙하계 퍼즐 게임. 악의 조직 모우쟈 족에게서 환전퍼즐 코인을 탈환하자. 특징은 떨어지는 아이템이 동전이라는 점. 1엔 동전이 5개 모이면 5엔 동전으로, 5엔 2개는 10엔으로 변화한다. 이런 요령으로 환전을 거듭해, 500엔 동전끼리 붙으면 없어진다.

파이터즈 메가믹스
세가 　1996년 12월 21일 　5,800엔

- 1~2인용
- ● 격투 액션
- ● 메모리 백업

세가의 인기 타이틀 「버추어 파이터 2」와 「파이팅 바이퍼즈」 등의 캐릭터들이 등장하는 올스타전 스타일의 게임. 시스템은 펀치·킥·가드에 이스케이프를 추가한 4버튼제로, 일부 캐릭터는 아머와 무기를 장비하고 있다.

은하아가씨전설 유나♥ : 아키타카 미카 일러스트 웍스

허드슨   1996년 12월 27일   4,220엔

- 1인용
- 일러스트집

OVA와 게임으로 전개된 인기작 「은하아가씨전설 유나」의 일러스트와 출연 성우의 프로필을 수록한 디지털 화집. 캐릭터별 및 작품별로 일러스트를 열람할 수 있고, 작품의 역사도 볼 수 있다. 성우 프로필 화면에서는 오리지널 시의 낭독도 청취 가능.

은하아가씨전설 유나♥ REMIX

허드슨   1996년 12월 27일   6,800엔

- 1인용
- 어드벤처
- 메모리 백업

PC엔진으로 발매된 「은하아가씨전설 유나」의 리메이크판. 매우 평범한 소녀인 카구라자카 유나가 미스 은하아가씨 콘테스트에서 우승해 후일 빛의 구세주로 선정된다는 스토리. 평상 시엔 커맨드 선택식 어드벤처로 진행되다, 이벤트 시 디지털 코믹으로 전환되는 구조다.

그리드 러너

버진 인터랙티브 엔터테인먼트   1996년 12월 27일   5,800엔

- 1~2인용
- 액션
- 메모리 백업

깃발 돌기와 술래잡기를 합체시킨 3D 액션 게임. 플레이어는 우주공간에 떠있는 여러 미로에 있는 하얀 깃발을 푸른색으로 바꾸며 상대에게서 달아나야 한다. 미로 위에는 통과하면 급가속이 걸리는 화살표 표식이 있으므로, 이동할 방향을 간파해 루트를 고르자.

게게게의 키타로 : 환동괴기담

반다이   1996년 12월 27일   5,800엔

- 1인용
- 텍스트 어드벤처
- 메모리 백업

미즈키 시게루의 같은 제목 만화가 원작인 어드벤처 게임. 키타로 일행이 요기가 만연한 산간 마을에서의 기괴한 시체 소실 사건과 얽히게 된다. 스토리는 '괴기담 편', '가짜 키타로 편', '유키 편' 3가지로 분기된다. 캐릭터 디자인은 애니메이션 풍, 배색은 원작 풍이라 분위기가 좋다.

인조인간 하카이다 : 라스트 저지먼트

세가   1996년 12월 27일   6,800엔

- 1인용
- 건 슈팅
- 메모리 백업
- 버추어 건 지원

95년에 개봉된 극장판 영화를 건 슈팅 게임화했다. 이 작품의 하카이다는 안티 히어로로 설정돼 있다. 스토리는 영화의 속편격 내용으로, 등장하는 캐릭터는 모두 아메미야 케이타 감독이 감수했다. 버추어 건을 지원하며, 어드벤처 파트에서도 그대로 조작 가능하다.

수호전 : 천명의 맹세

코에이   1996년 12월 27일   5,800엔

- 1~7인용
- 역사 시뮬레이션
- 메모리 백업
- CD-ROM 1장

중국 4대기서 중 하나인 '수호지'를 소재로 삼은 역사 시뮬레이션 게임. 북송 말기를 무대로 108명의 호걸들이 양산박에 집결해, 간신 고구를 토벌하러 준동한다. 목적은 중국 통일이 아니라 고구를 사로잡는 것이다. 제한시간 내에 동료를 모아 고구가 있는 나라를 공격하자.

SEGA AGES 복도에 이치단트알

세가   1996년 12월 27일   4,800엔

- 1~4인용
- 버라이어티 / 퀴즈
- 멀티 터미널 6 지원

코믹한 캐릭터가 등장하는 수많은 미니게임을 즐길 수 있는 「이치단트알」과, 퀴즈 게임 「퀴즈 복도에 나가있어!」 2작품이 수록된 염가판 합본. '멀티 터미널 6'를 사용하면 4인 동시 플레이도 가능한 파티 게임이다.

다이나♥아이란 예고편

게임 아츠   1996년 12월 27일   2,300엔

- 1인용
- 애니메이션

다음해 발매를 공표한 본편 「다이나♥아이란」의 예고편. 각종 동영상과 일부 음악을 먼저 감상할 수 있는 프로모션용 작품으로, 정가도 음악 CD 정도의 가격대로 잡아 한정 선행 발매했다. 이 작품과 본편에 있는 응모권을 모아 보내면 손목시계 「다이나♥워치」를 증정했다.

  전체 이용가   18세 이상 추천   18세 미만 구입 금지   18세 이상 추천   사타코레판이 발매된 타이틀   잔혹 표현 주의

타클라마칸 : 돈황전기

파트라　1996년 12월 27일　6,800엔

- 1인용
- 어드벤처 퍼즐
- 메모리 백업
- 셔틀 마우스 지원

대만에서 높은 평가를 받았던 타이틀. 만병을 치료하는 물이 솟아나오는 샘, 관음천을 되살리기 위해 봉인을 푸는 퍼즐 어드벤처 게임이다. 준비된 퍼즐 14종류는 각각 취향이 차별화되어, 다양한 방향으로 플레이어의 두뇌를 자극한다. 환상적인 동영상도 볼만하다.

테트리스 S

BPS　1996년 12월 27일　4,800엔
　　　1997년 12월 11일　2,800엔(사타코레)

- 1~2인용
- 퍼즐
- 메모리 백업

낙하계 퍼즐 게임을 논하려면 반드시 짚어야 하는 「테트리스」. 이 작품은 아케이드판과 마찬가지로 레벨이 올라갈 때마다 배경 영상이 바뀌며, 친숙한 BGM도 편곡판으로 나온다. 대전 모드에서는 블록을 한번에 다량 없애면 상대 쪽 블록의 낙하 속도를 올릴 수 있다.

테라 판타스티카

세가　1996년 12월 27일　5,800엔
　　　1997년 11월 20일　2,800엔(사타코레)

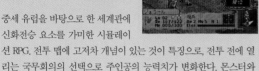

- 1인용
- 시뮬레이션 RPG
- 메모리 백업

중세 유럽을 바탕으로 한 세계관에 신화전승 요소를 가미한 시뮬레이션 RPG. 전투 맵에 고저차 개념이 있는 것이 특징으로, 전투 전에 열리는 국무회의의 선택으로 주인공의 능력치가 변화한다. 몬스터와 캐릭터 디자인은 일러스트레이터 야마다 아키히로가 담당했다.

파이어 프로레슬링 S : 식스멘 스크램블

휴먼　1996년 12월 27일　5,800엔
　　　1997년 11월 20일　2,800엔(사타코레)

- 1~6인용
- 액션
- 메모리 백업
- 멀티 터미널 6 지원
- CD-ROM 1장

프로레슬링 게임으로는 최초로 6인 태그매치를 구현한 타이틀. 레슬러는 당시로는 최대인 136명이 등장한다. 레슬러마다 각각 50종류의 기술을 쓸 수 있고, 필살기도 최대 4종류까지 장비 가능. 레슬러 에디트 기능도 탑재해, 오리지널 레슬러를 제작할 수 있다.

프라돌 DISC 데이터 편 : 레이스 퀸 F

Sada Soft　1996년 12월 27일　3,800엔

- 디지털 사진집 데이터베이스

당시 레이스 서킷에서 뜨거운 시선을 한 몸에 받던 레이스 퀸들을 수록한 데이터베이스 소프트. 제 1탄인 이 작품은 '포퓰러 닛폰'에서 활약하던 미녀 3명의 특집을 담았다. 데이터베이스답게 본명 및 소속 팀은 물론 쓰리사이즈와 생년월일 등도 수록했다.

더 킹 오브 파이터즈 '96

SNK　1996년 12월 31일　5,800엔

- 1~2인용
- 격투 액션
- 메모리 백업
- 확장 램 카트리지 필수

SNK의 인기 캐릭터들이 집결한 대전격투 게임. 전작에 이은 '오로치 3부작'의 2번째 작품으로, 거대 기업 스폰서를 낀 공식대회라는 설정이다. 긴급회피 동작과 대시가 새로 도입되었다. 전작에서 사용했던 전용 롬 카트리지는 범용인 확장 램 카트리지로 변경되었다.

더 킹 오브 파이터즈 '96+'95 : 한정 KOF 더블 팩

SNK　1996년 12월 31일　9,800엔

- 1~2인용
- 격투 액션
- 메모리 백업
- CD-ROM 2장

대인기 격투 게임 2개를 합본한 염가판 세트. 「95」는 동봉된 전용 카트리지를 통해 캐릭터 데이터를 전송받아 로딩 시간을 대폭 단축시켜 거의 완전한 이식을 구현했다. 이 팩에는 「96」용으로 범용 RAM 카트리지도 동봉해, 역시 로딩 시간 단축에 활용했다.

전뇌전기 버추얼 온 : FOR SEGANET

세가　1996년 12월 31일　2,800엔

- 통신대전 2인용
- 로봇 액션
- 메모리 백업
- 세가새턴 미디어 카드
- 세가넷 전용
- 트윈 스틱 지원

세가넷 전용으로 발매된 통신대전 전용 「버추얼 온」. 패키지의 템진도 일반판과 달리 2P의 레드 컬러로 바뀌었다. 플레이하려면 별매품인 '세가새턴 모뎀'과 '미디어 카드'가 필요하다. 매뉴얼에는 XBAND 지원 게임용 주의사항이 추가되었다.

HARDWARE ｜ 1994's SOFT ｜ 1995's SOFT ｜ 1996's SOFT ｜ 1997's SOFT ｜ 1998's SOFT ｜ 1999's SOFT ｜ 2000's SOFT ｜ SOFT INDEX

1997

SEGASATURN SOFTWARE ALL CATALOGUE

1997년에 발매된 소프트는 전년을 웃도는 351개 타이틀. 시장의 추세가 플레이스테이션으로 기울기는 하였으나, 새턴의 강력한 2D 기능과 확장 램 카트리지에 힘입은 캡콤과 SNK 등의 대전격투 게임, 18세 이상 추천 미소녀 게임 등, 플레이스테이션에는 없는 강점을 살린 소프트가 다수 발매되었다. 또한 슈팅 게임으로는 「창궁홍련대」·「썬더 포스 V」 등, RPG 로는 「그란디아」 등의 명작이 잇달아 투입되어, 유저들을 즐겁게 했던 한 해였다.

스팟 : 고즈 투 할리우드

버진 인터랙티브 엔터테인먼트　1997년 1월 10일　5,800엔

- 1인용
- 액션
- 메모리 백업

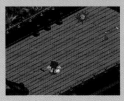

100% 천연 원료의 탄산음료 '세븐업'의 마스코트 캐릭터 '스팟'이 활약하는 액션 게임. 쿼터뷰 화면이 대각선으로 스크롤된다. 3방향으로 발사되는 샷으로 적을 쓰러뜨리자. 총 20스테이지 구성. 스팟의 다채로운 액션이 디테일하게 정성껏 만들어져 있다.

디지털 댄스 믹스 : Vol.1 아무로 나미에

세가　1997년 1월 10일　2,800엔

- 1~2인용
- 메모리 백업

「디지털 댄스 믹스」 시리즈 제 1탄. 아무로 나미에의 히트곡 'Chase the Chance' 등의 프로모션 비디오를 감상하고, 3D 폴리곤으로 댄스 장면을 재현하는 타이틀이다. 그녀의 곡에 맞춰 적절한 타이밍에 버튼을 누르는 미니게임을 수록했다.

펑키 헤드 복서즈

요시모토 흥업　1997년 1월 10일　5,800엔

- 1~2인용
- 액션
- 메모리 백업

「펑키 판타지」에 이은 요시모토 흥업 작품인 이 게임은 3D 시점의 복싱 게임. 등장 캐릭터는 네모난 폴리곤에 텍스처 매핑으로 표정 그래픽을 붙였다. 실제 복서이기도 한 '토미즈 마사'도 등장하는 유쾌한 내용의 스포츠 게임이다.

로드 러너 엑스트라

파트라　1997년 1월 10일　4,800엔

- 1~2인용
- 액션
- 메모리 백업

미국에서 개발되어 PC 게임으로 대히트한 「로드 러너」는 룰이 심플하면서도 퍼즐 요소가 가득한 액션 게임이다. 이 작품에서는 새로 2인 동시 플레이가 가능하며, 협력 플레이로 경쾌하게 진행할 수 있는 스테이지가 많이 있다.

천외마경 : 제 4의 묵시록

허드슨　1997년 1월 14일　6,800엔

- 1~2인용
- 롤플레잉
- 메모리 백업
- CD-ROM 2장

PC엔진에서 시작된 인기 시리즈 제 8탄에 해당하는 롤플레잉 게임. 전작들의 무대는 '외국인이 상상하는 어긋난 일본'이란 관점으로 묘사된 일본이었으나, 이번 작품은 '일본인이 으레 상상하는 어긋난 서양'의 관점에서 본 미국이 무대다. 호러 풍의 적이 나오는가 하면, 종교론과 전쟁론 등을 테마 삼아 메시지성 강한 스토리를 채택했다. 데모가 전부 동영상화되었고, 세가새턴 내장시계로 실제 날짜와 연동한 이벤트가 있는 등 신 요소가 다수 있다.

 전체 이용가　 18세 이상 추천　 18세 미만 구입 금지　 18세 이상 추천　 사타코레판이 발매된 타이틀　 잔혹 표현 주의

심령주살사 타로마루
타임 워너 인터랙티브　1997년 1월 17일　5,800엔

- 1~2인용
- 사이킥 액션
- 메모리 백업

마도 오오에도가 무대인 횡스크롤 액션 게임. 주살사 '타로마루' 혹은 행각승 '엔카이'를 조작해, 나타나는 적들을 락온하여 물리치자. 총 4막으로, 어둠의 마물 24마리가 습격해온다. 주념 '파마'로 원령을 정화시키자. 적 중에는 주념 '수라빙의'로 조작 가능한 경우도 있다.

타임 걸 & 닌자 하야테
엑제코 디벨롭먼트　1997년 1월 17일　5,800엔

- 1~2인용
- 인터랙티브 무비 액션
- 메모리 백업
- CD-ROM 2장

1980년대 전반에 붐을 이뤘던 LD 게임 중에서 「타임 걸」과 「닌자 하야테」를 이식했다. 레이저디스크에 수록된 영상과 컴퓨터 화면을 합성하여 만든 리얼한 화면이 매력이다. 수록작 중 「타임 걸」은 플레이어가 실수하면 히로인이 여지없이 망가지는 모습이……!!

천지무용! 등교무용 : 애니라디 컬렉션
엑싱 엔테테인먼트　1997년 1월 17일　8,800엔

- 1인용
- 어드벤처
- 메모리 백업
- CD-ROM 2장

인기 애니메이션 시리즈의 게임판. 텍스트 선택식 어드벤처 게임이다. 주인공 텐치가 다니는 학교에 료코와 아에카, 와슈는 물론 의문의 미소녀까지 찾아오게 된다. 수시로 삽입되는 애니메이션이 분위기를 한층 돋워준다. 성우는 애니메이션과 동일하게 캐스팅되었다.

2TAX GOLD
휴먼　1997년 1월 17일　5,000엔

- 1인용
- 양자택일식 상금 게임
- 메모리 백업

'10만 엔의 상금을 타자'라는 선전 문구를 붙인 퀴즈 게임집. 속도를 중시하며 양자택일 퀴즈에 답해야 한다. 게임 모드는 '상금 획득 모드'와 '명예 획득 모드'를 탑재했다. 스토리는 개그로 점철돼 있고, 퀴즈 막간에는 미니게임도 준비돼 있다.

하이퍼 3D 핀볼
버진 인터랙티브 엔터테인먼트　1997년 1월 17일　5,800엔

- 1~4인용
- 핀볼
- 메모리 백업

실제 핀볼 기기를 능가하는 초 본격파 3D 핀볼 게임. 핀볼 본체는 물론 볼의 움직임 등도 리얼하게 재현했다. 플레이 가능한 기체는 전부 6종류. 특정한 포인트를 볼이 통과하면 동영상이 나오는 연출도 들어가 있다. 넛지 등의 테크닉을 구사해 고득점을 노리자.

블래스트 윈드
테크노 소프트　1997년 1월 17일　5,800엔

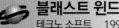   

- 1~2인용
- 슈팅
- 메모리 백업

전통적인 시스템의 종스크롤 슈팅 게임. 총 6스테이지 구성으로, 각 스테이지에는 스위치가 설치돼 있다. 스위치는 플레이어 기체로 직접 부딪쳐야 켜지며, 아이템 입수나 별도 루트로의 진행이 가능해진다. 장애물 중에는 접촉해도 미스가 되지 않는 것도 있다.

록맨 8 : 메탈 히어로즈
캡콤　1997년 1월 17일　5,800엔
　　　1999년 2월 4일　2,800엔(사타코레)

- 1인용
- 액션
- 메모리 백업

인기 액션 게임의 10주년 기념작품. 플레이스테이션용 게임의 이식작으로, 보스에 컷맨과 우드맨을 추가했다. 오프닝은 물론, 게임 도중의 중요 장면에도 애니메이션을 사용했다. 게임 내에서 나사를 모아, 자신만의 오리지널 록맨을 만들어볼 수도 있다.

슈퍼 카지노 스페셜
코코너츠 재팬 엔터테인먼트　1997년 1월 24일　5,800엔

- 1~4인용
- 카지노 시뮬레이션
- 메모리 백업
- 멀티 터미널 6 지원

포커, 블랙잭 등 메달 게임이 설치돼 있는 게임센터에서도 친숙한 비디오 게임은 물론, 룰렛과 슬롯머신 등으로 대량의 칩을 획득할 수 있는 찬스도!? 본토의 카지노 분위기를 집에서 마음껏 즐길 수 있는 작품.

이브 버스트 에러

이매지니어　1997년 1월 24일　7,800엔

- ● 1인용
- ● 어드벤처
- ● 메모리 백업

사립탐정 '아마기 코지로'와 천재 요원 '호조 마리나' 두 명이 주인공인 어드벤처 게임. 전혀 접점이 없는 두 사람이 사건에 휘말려 수수께끼를 풀어가면서 하나의 커다란 사건으로 접근해간다. '멀티 사이트 시스템'이라 명명된 게임 구조가 특징으로, 코지로와 마리나의 시점을 전환하면서 동시에 신행하는 식으로 스토리가 전개된다. CD-ROM 3장에 달하는 상당한 볼륨도 특징. 게다가 4번째 디스크로는 보이스 수록 풍경 등의 메이킹 영상을 볼 수 있다.

실력파 성우들을 기용해, 대부분의 대사에 음성을 넣었다.

다이너마이트 형사

세가　1997년 1월 24일　5,800엔　　1998년 3월 12일　2,800엔(사타코레)

- ● 1~2인용
- ● 횡스크롤 액션

서양판 타이틀명인 「다이 하드 아케이드」가 보여주듯, 영화 '다이 하드'가 모티브인 세계에서 한바탕 싸우는 벨트스크롤 액션 게임. 기본적인 스토리는 대통령의 딸을 구하러 간다는 진지한 이야기지만, 로켓 런처에 후추에 대걸레까지 별 게 다 무기가 되는 코믹 요소가 한가득. 게임 도중 발생하는 화면 지시대로 버튼을 누르는 미니게임에 슬로모션 리플레이가 붙는 것도 유머러스하다. 보너스 게임인 「딥 스캔」의 점수로 컨티뉴 코인이 늘어난다.

난이도가 높긴 하지만 질리지 않는 명작.

데이토나 USA : 서킷 에디션

세가　1997년 1월 24일　5,800엔

- ● 1~2인용
- ● 드라이브 레이싱
- ● 메모리 백업
- ● 세가넷 지원
- ● 레이싱 컨트롤러 지원
- ● 세가 멀티 컨트롤러 지원
- ● 대전 케이블 지원

95년에 발매되었던 3D 레이싱 게임 「데이토나 USA」의 리메이크 작품. 그래픽이 강화됐고 아날로그 컨트롤러를 지원하며, 세가넷으로 통신대전도 가능하다. 그래픽이 부드러워져 팬들을 기쁘게 했다. 비기로 '말'을 차량 대신 운전한다는 소소한 요소도 수록했다.

툼 레이더스 (역주 ※)

빅터 소프트　1997년 1월 24일　5,800엔
1998년 2월 11일　2,800엔(사타코레)

- ● 1인용
- ● 액션 어드벤처
- ● 메모리 백업

훗날 같은 제목의 영화로도 유명해지는 주인공 라라 크로프트는 강하고 섹시한 골동품 수집가. 그녀가 세계 각국의 보물을 찾아 유적을 모험하는 3D 액션 게임이다. 보물이 교묘하게 숨겨져 있어, 플레이어의 심리적 빈틈을 능숙하게 찌른다.

레전드 오브 K-1 : 더 베스트 컬렉션

포니 캐년　1997년 1월 24일　4,980엔

- ● 멀티미디어 데이터베이스

K-1의 주관단체인 세이도카이칸의 전면 협력으로, 과거 3년간 대회에 참가한 선수 86명을 완전 데이터베이스화했다. 100장면에 달하는 KO 신을 비롯해, 선수들이 보여준 화려한 테크닉을 풀스크린과 슬로모션으로 재생 가능하다. 귀중한 자료와 미공개 영상도 다수 수록.

프라돌 DISC 데이터 편 : 레이스 퀸 G

Sada Soft　1997년 1월 29일　3,800엔

- ● 디지털 사진집 데이터베이스

서킷에서 활약하는 레이스 퀸들의 정보를 수록한 데이터베이스 소프트. 제 2탄은 'GT JTCC'에서 활약하는 미녀를 수록했다. 대담한 포즈의 정지영상은 물론, 메이킹에서는 동영상도 볼 수 있다. 소속 팀이나 출신지 등 다양한 항목으로 검색 가능하다.

 전체 이용가　 18세 이상 추천　 18세 미만 구입 금지　 18세 이상 추천　 사타코레판이 발매된 타이틀　잔혹 표현 주의

K-1 파이팅 일루전 : 쇼[翔]

엑싱 엔터테인먼트　1997년 1월 31일　5,800엔
　　　　　　　　　1998년 2월 11일　2,800엔(사타코레)

- 1~2인용
- 액션
- 메모리 백업

당시 붐이었던 K-1의 선수가 다수 등장하는 격투 액션 게임. 전체적으로 리얼한 스타일의 게임으로, 선수 개개의 모션과 기술을 재현했다. 등장 선수는 12명. 피터 아츠와 어네스토 호스트는 물론, 고(故) 앤디 훅도 등장한다. 상대의 기술을 멋지게 피해 공격으로 이어가자.

삼국지 리턴즈

코에이　1997년 1월 31일　6,800엔

- 1~8인용
- 역사 시뮬레이션
- 메모리 백업
- CD-ROM 1장

1985년에 발매된 초대 「삼국지」의 리메이크판. 모든 그래픽을 신규 제작하고, 오프닝 무비를 추가했다. 게임 시스템은 원작 기준이지만, 군사의 전략조언 커맨드가 추가되었다. 등장하는 무장은 255명. 최대 8명까지의 멀티플레이를 지원한다.

3D 베이스볼 더 메이저

BMG 재팬　1997년 1월 31일　5,800엔

- 1~2인용
- 스포츠
- 메모리 백업

구장과 선수를 모두 폴리곤으로 표현한 야구 게임. 모션 캡처를 이용한 리얼한 모션이 특징이다. 당시 메이저리그에 소속된 선수가 사진과 함께 실명으로 등장한다. 게임 모드는 3종류를 준비했다. 영어 실황과 리플레이가 게임 분위기를 돋워준다.

다이 하드 트릴로지

세가　1997년 1월 31일　5,800엔

- 1인용
- 액션
- 메모리 백업
- 레이싱 컨트롤러 지원
- 셔틀 마우스 지원
- 버추어 건 지원

인기 액션 영화 '다이 하드' 3부작을 재현한 풀 폴리곤 액션 게임. 제1부는 고층빌딩이 무대인 3D 액션, 제2부는 공항 터미널에서의 건 슈팅, 제3부는 뉴욕에서의 카 액션으로, 내용을 원작 영화에 맞춰 제작했다.

버그 투!: 더더욱 점프해서, 밟아서, 납작이로 만들자

세가　1997년 1월 31일　5,800엔

- 1인용
- 액션
- 메모리 백업

95년에 발매된 전작 「버그!」의 업그레이드판. 깊이감이 있는 3D 미로를 전진하면서 적을 밟아 물리치는 액션 게임이다. 신 캐릭터인 '매거트 독'과 '슈퍼 플라이'도 등장한다. 스테이지는 캐릭터별로 3종을 준비했다. 총 6스테이지를 클리어하자.

NHL 파워플레이 '96

버진 인터랙티브 엔터테인먼트　1997년 2월 7일　5,800엔

- 1~6인용
- 스포츠
- 메모리 백업
- 멀티 터미널 6 지원

북미의 프로 아이스하키 리그, NHL의 게임판. 마치 TV 중계를 보는 듯한 박력 있는 카메라 앵글이 특징이다. 엑시비션과 레귤러 시즌뿐만 아니라, 각국 대표진인 세계선수권과 챔피언을 결정하는 스탠리 컵까지 즐길 수 있다.

에어리어 51

소프트뱅크　1997년 2월 7일　5,800엔

- 1~2인용
- 슈팅
- 메모리 백업
- 버추어 건 지원

미국 네바다 주에 있는 군사시설 'Area 51'이 무대인 건 슈팅 게임. 플레이어는 대 에일리언 요격부대의 일원이 되어, 차례차례 나타나는 에일리언들을 격멸해야만 한다. 화면은 실사 스캔 영상과 CG를 조합했다. 버추어 건도 지원한다.

시뮬레이션 주

소프트뱅크　1997년 2월 7일　5,800엔

- 1인용
- 시뮬레이션
- 메모리 백업
- 셔틀 마우스 지원

동물원을 테마로 삼은 시뮬레이션 게임. '경영'에 '육성'을 플러스한 시스템이 특징이다. 황폐한 동물원을 재건하여 세계 제일의 동물원으로 만들자. 등장하는 동물은 150종류. 동물의 생태를 해설해주는 동물도감도 탑재되어, 각 동물의 특징을 알기 쉽게 배울 수도 있다.

HARDWARE｜1994's SOFT｜1995's SOFT｜1996's SOFT｜1997's SOFT｜1998's SOFT｜1999's SOFT｜2000's SOFT｜SOFT INDEX

창궁홍련대

버진 인터랙티브 엔터테인먼트 / 라이징   1997년 2월 7일   5,800엔
1997년 12월 18일   2,800엔(사타코레)

- 1~2인용
- ● 슈팅
- ● 메모리 백업
- 미션 스틱 지원
- 세가 멀티 컨트롤러 지원

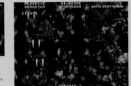

'사각은 없다!'라는 선전문구대로, 전방위 조준고정 시스템에 의한 락온 일제사격이 호쾌한 슈팅 게임. 범위형과 집중형의 락온 공격과 일반 샷을 상황에 맞춰 구사하자. 화려한 그래픽과 사카모토 히토시의 음악이 유저들로부터 높은 평가를 받았다.

하이퍼 시큐리티즈 S
팩 인 소프트   1997년 2월 7일   6,800엔

- 1인용
- ● 시뮬레이션
- ● 메모리 백업

PC-9801용 게임의 이식작. 경비회사의 과장이 되어 미소녀 3명을 경비요원으로 단련시키는 육성 시뮬레이션 게임이다. 훈련과 순찰을 병행하여 도시의 치안과 교통기능을 유지하자. 스케줄을 결정해 능력치를 올리는 시스템으로, 범죄자를 발견하면 카드배틀로 체포한다.

아마기시엔
클립 하우스   1997년 2월 14일   6,800엔

- 1~2인용
- ● 어드벤처
- ● 메모리 백업

서비스 신이 풍부한 어드벤처 게임. 추리소설가 킨다이치 후미의 견습조수가 되어, 여관 아마기 장에서 일어난 사건을 해결하자. 실사와 동영상으로 스토리가 진행되는 게 특징. 전직 AV 여배우인 마츠모토 콘치타가 출연한다. 선택지에 따라 시나리오가 몇 가지로 분기된다.

엘리베이터 액션 리턴즈
빙   1997년 2월 14일   5,800엔

- 1~2인용
- ● 액션
- ● 메모리 백업

스파이가 되어, 잠입한 빌딩에서 서류를 훔쳐내 지상으로 탈출하는 임무를 수행하라! 명작 「엘리베이터 액션」의 게임성을 유지하면서, 샷건의 성능을 올리고 수류탄도 쓸 수 있게 했다. 빌딩의 종류도 늘어나고, 적의 공격도 더욱 다채롭게 진화했다.

클레오파트라 포춘
타이토   1997년 2월 14일   5,800엔

- 1~2인용
- ● 액션 퍼즐
- ● 메모리 백업

아케이드 게임의 이식작. 고대 이집트가 테마인 낙하계 퍼즐 게임이다. 클레오파트라가 모델인 무녀 '파트라코'가 주인공으로, 코믹한 분위기를 연출한다. 블록은 일렬로 맞춰야 없어지는 것과, 사방을 둘러싸야 없어지는 것이 있다. 게임 모드는 3종류를 준비했다.

사쿠라대전 : 화조통신
세가   1997년 2월 14일   4,800엔

- ● 디지털 팬 디스크

초대 「사쿠라대전」의 팬 디스크. 신문 '제극 클럽'에서는 당시의 화조 최신정보와 각 캐릭터의 코너 및 상성점을 선택할 수 있고, 캐릭터 보이스가 포함된 토크도 감상 가능하다. 동영상도 수록돼 있어, 별매품인 무비 카드를 사용하면 고화질로 즐길 수 있다.

다이나♥아이란
게임 아츠   1997년 2월 14일   6,800엔

- 1인용
- ● 어드벤처
- ● 메모리 백업

만화가 타케모토 이즈미가 제작한 디지털 코믹 제 2탄. 주인공 이토 에미리와 함께 스토리를 만들어가자. 게임 전체에 걸쳐 애니메이션이 빈번하게 나온다. 선택지에 따라 스토리가 분기되는 멀티 엔딩 방식을 채용했다. 클리어한 횟수에 따라 변화하는 선택지도 있다.

드림 스퀘어 : 히나가타 아키코

비디오 시스템   1997년 2월 14일   3,800엔

- ● 사운드 & 비주얼

그라비아 아이돌인 히나가타 아키코를 피처링한 멀티미디어 소프트. 그녀의 노래를 들을 수 있는 뮤직 라이브러리와, 이제까지 발매된 사진집 및 CD 컬렉션, 디지털 사진집을 비롯해, 사생활에 관해 답하는 인터뷰 등의 컨텐츠가 수록되어 있다.

 전체 이용가   18세 이상 추천   18세 미만 구입 금지   18세 이상 추천   사타코레판이 발매된 타이틀   잔혹 표현 주의

배트맨 포에버 : 디 아케이드 게임

어클레임 재팬　1997년 2월 14일　5,800엔

- 1~2인용
- ● 액션
- ● 메모리 백업

같은 제목의 코믹스 원작 영화를
게임화했다. 암흑도시 고담을 무
대로 배트맨과 로빈이 활약한다. 시스템은 사이드뷰 벨트스크롤 액
션으로, 배트랑과 테이저 건 등의 인기 도구도 풍부하게 등장한다.
빌런은 영화와 마찬가지로 리들러와 투 페이스다.

뿌요뿌요 SUN

컴파일　1997년 2월 14일　4,800엔
　　　　1998년 7월 30일　2,800엔(사타코레)

- 1~2인용
- ● 액션 퍼즐
- ● 메모리 백업

친숙한 「뿌요뿌요」 시리즈 제 3탄
은 '3번째'와 'SUN'('3'과 'SUN'은
일본어 발음이 같다)의 중의적인 타이틀명. 전작에서 채용된 상쇄 시
스템에 추가해, 연쇄 성공 시 '태양뿌요'를 자기 영역에 놓으며, 이
를 없애면 상대에게 대량의 추가 '방해뿌요'를 보낼 수 있게 되었다.

룸메이트 : 이노우에 료코

데이텀 폴리스타　1997년 2월 14일　5,800엔

- ● 1인용
- ● 시뮬레이션
- ● 메모리 백업

사회인인 주인공이 고교 2학년인 료
코와 한 지붕 아래 2개월간 동거 생활
한다는 연애 시뮬레이션 게임. 세가새턴 본체 내장시계와
게임 내 이벤트가 실시간 연동되는 시스템을 게임에 선구
적으로 도입해 화제가 된 작품이다. 작품 내에서는 날짜와 시간에
따라 사계절에 대응하는 이벤트가 있고, 료코의 생활을 엿볼 수 있

다. 대화 도중 선택지가 나오기도 하나, 엔딩은 게임의 기동횟수에
따라 변화한다. 너무 오래 방치하면 료코가 화내며 떠나버리기도.

잽! 스노보딩 트릭스

포니 캐년　1997년 2월 21일　5,800엔

- ● 1인용
- ● 액션
- ● 메모리 백업

당시 일본 최고의 프로 스노보더
였던 미사와 마사오가 감수한 본
격 스노보드 게임. 캐릭터와 코스가 모두 폴리곤으로 묘사되어, 속
도감 넘치는 플레이를 즐길 수 있다. 코스는 4종류 중 선택 가능하
다. 점프하여 멋진 트릭을 성공시켜 보자.

중장기병 레이노스 2

메사이야　1997년 2월 21일　5,900엔

- ● 1인용
- ● 액션 슈팅
- ● 메모리 백업

메가 드라이브용 게임 「중장기병
레이노스」의 속편에 해당하는 액
션 슈팅 게임. 탐승하는 기체(어설트 슈츠)뿐만 아니라 장갑의 두께
나 재질, 무기 등도 변경 가능하다. 입수하게 되는 무기와 기체는 스
테이지 진행 중 입은 대미지와 소요시간에 따라 변화한다.

SEGA AGES 판타지 존

세가　1997년 2월 21일　3,800엔

- 1~2인용
- ● 슈팅
- ● 메모리 백업

아케이드판 「판타지 존」을 하이 퀄
리티로 이식한 작품. 돈을 모아 공
격무기와 플레이어 기체 댓수를 구입한다는 참신한 시스템과, 개성
적인 각 스테이지의 보스가 특징이다. 아름다운 그래픽과 사운드도
매력적인, 슈팅 게임 여명기의 대표적 작품.

WWF 인 유어 하우스

어클레임 재팬　1997년 2월 21일　5,800엔

- 1~4인용
- ● 스포츠
- ● 멀티 터미널 6 지원

95년에 발매된 「레슬매니아」의 속
편. 사용 가능한 레슬러는 10명으
로 늘어났고, 브렛 하트·언더테이커·숀 마이클즈 외에는 전부 교체
되었다. 캐릭터마다 전용 스테이지를 준비했다. 당시 단기계약 상
태였던 얼티밋 워리어를 사용 가능한 귀중한 타이틀이다.

HARDWARE ‖ 1994's SOFT ‖ 1995's SOFT ‖ 1996's SOFT ‖ 1997's SOFT ‖ 1998's SOFT ‖ 1999's SOFT ‖ 2000's SOFT ‖ SOFT INDEX

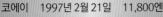

밸류 세트 시리즈 노부나가의 야망 : 천상기 & 노부나가의 야망 리턴즈

코에이　1997년 2월 21일　11,800엔

- 1~8인용
- 역사 시뮬레이션
- 메모리 백업

- 1~2인용
- 역사 시뮬레이션
- 메모리 백업

「노부나가의 야망」 2작품을 합본한 염가판 세트. 「노부나가의 야망 : 천상기」는 성 200곳 이상과 무장 1,000명 이상이 등장한다. 「노부나가의 야망 리턴즈」는 시리즈 첫 작품을 기반으로 인터페이스를 개량한 리메이크판이다.

밸류 세트 시리즈 삼국지 V & 삼국지 리턴즈

코에이　1997년 2월 21일　12,800엔

- 1~8인용
- 역사 시뮬레이션
- 메모리 백업

- 1~8인용
- 역사 시뮬레이션
- 메모리 백업

2작품을 커플링한 타이틀. 「삼국지 V」는 이전까지의 시리즈를 집대성한 작품으로, 문턱은 낮추고 전략성을 높인 것이 특징. 「삼국지 리턴즈」는 시리즈 첫 작품의 리메이크판으로, 그래픽을 리뉴얼하고 동영상을 추가한 작품이다.

NBA JAM 익스트림

어클레임 재팬　1997년 2월 28일　5,800엔

- 1~4인용
- 스포츠
- 메모리 백업
- 멀티 터미널 6 지원

95년에 발매된 「NBA JAM」의 속편. 당시 NBA 소속이던 29개 팀의 선수 170명 이상이 실명으로 등장한다. 전작과 동일한 2 : 2 룰로, 'Extreme' 버튼이 새로 추가되었다. 숨겨진 캐릭터가 60명 이상이나 되고, 시크릿 팀도 준비되어 있다.

큐브 배틀러 : 디버거 쇼 편

야노만　1997년 2월 28일　5,800엔

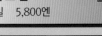 

- 1~2인용
- 디지털 배틀 애니메이션
- 메모리 백업

스토리와 배틀 장면이 애니메이션으로 진행되는 퍼즐 게임. 퍼즐은 직소 퍼즐과 룰이 비슷해, 화면 아래에 늘어선 큐브를 위에 있는 흑백화면에 끼워 넣는 게 규칙이다. 모든 큐브를 끼워 넣거나, 상대의 체력 게이지를 모두 없애면 승리한다.

크리티컴 : 더 크리티컬 컴뱃

빅 토카이　1997년 2월 28일　5,800엔

- 1~2인용
- 격투 액션
- 메모리 백업

저마다 다른 무기를 사용하는 캐릭터 8명이 등장하는 3D 대전격투 게임. 「버추어 파이터」와 「스트리트 파이터 II」를 조합한 듯한 시스템으로, 독자적인 요소로는 레벨 업을 도입했다. 레벨이 오르면 새로운 필살기를 쓸 수 있게 된다.

수도고 배틀 '97

이매지니어　1997년 2월 28일　5,800엔

- 1인용
- 레이싱
- 메모리 백업
- 레이싱 컨트롤러 지원

레이싱 드라이버 츠치야 케이이치와 카 튜너 반도 마사아키가 감수한 레이싱 게임. 수도고속도로를 달리는 레이서와 대결해 얻은 상금으로 자신의 차를 강화하고, 더 강한 적에게 도전한다. 폴리곤을 대량 사용해 실차의 느낌을 재현한 조종감으로, 드리프트의 유사체험이 가능.

스페이스 잼

어클레임 재팬　1997년 2월 28일　5,800엔

- 1~6인용
- 스포츠
- 메모리 백업
- 멀티 터미널 6 지원

루니 튠즈의 캐릭터와 전설의 NBA 선수 마이클 조던이 한 팀으로 활약하는 같은 제목 영화의 게임판. 벅스 바니와 조던이 농구로 에일리언과 싸운다. 공들여 그려진 도트 애니메이션이 특징으로, 다채로운 모션을 부드럽게 잘 재현했다.

SEGA AGES 메모리얼 셀렉션 VOL.1

세가　1997년 2월 28일　4,800엔

- 1~2인용
- 커플링
- 메모리 백업

세가의 70년대부터 80년대까지를 대표하는 게임들을 수록한 소프트. 심리전을 즐기는 레이싱 게임 「헤드온」, 중독성 있는 음악과 귀여운 펭귄의 조합인 「팽고」, 드라이빙 게임 「업앤다운」, 아기 새들을 출구까지 데려가야 하는 「플리키」 4작품을 즐길 수 있다.

  전체 이용가　 18세 이상 추천　 18세 미만 구입 금지　MA-18 18세 이상 추천　 사타코레판이 발매된 타이틀　잔혹 표현 주의

속 굿슨 오요요
반프레스토　1997년 2월 28일　5,800엔

- 1~2인용
- 액션 퍼즐
- 메모리 백업

해저대륙으로 떠내려간 '굿슨'과 '오요요'를 각 스테이지의 골인 지점으로 보내주어야 하는 액션 퍼즐 게임. 게임 모드는 스토리를 즐기는 모드 외에 박보장기 풍 퍼즐과 대전, 타임 어택 등 5종류를 수록했다. 이전작들보다 훨씬 나아진 그래픽에도 주목할 만하다.

천지무용! 연쇄필요
파이오니어 LDC　1997년 2월 28일　6,800엔

- 1~2인용
- 퍼즐
- 메모리 백업

OVA 및 TV 애니메이션의 인기작을 퍼즐 게임화했다. 같은 색깔을 3개 붙여 없애는 롤로, 블록이 비스듬히 쌓이는 것이 특징이다. 선택 가능 캐릭터는 등장인물 7명과 고양이 1마리, 각각 고유의 필살기가 준비돼 있다. 게임 모드는 3가지가 마련돼 있고, 애니메이션과 동일 성우로 보이스가 나온다.

패널티아 스토리 : 케룬의 대모험
쇼에이샤　1997년 2월 28일　6,200엔

- 1인용
- 롤플레잉
- 메모리 백업

패널을 이어 붙여 자신의 세계를 만드는 롤플레잉 게임. 다양한 종류의 패널이 준비돼 있어, 지형을 자유롭게 만들 수 있다. 보스가 있는 장소까지 효율적으로 가게끔 패널 연결법을 연구해보자. 특정한 법칙에 맞춰 패널을 배치하면 요정, 보물상자, 동물 등이 출현한다.

이상한 나라의 안젤리크
코에이　1997년 2월 28일　5,800엔

- 1인용
- 버라이어티
- 메모리 백업

PC-FX용 게임의 이식작. 시리즈 첫 작품의 주인공인 안젤리크 리모쥬가 비공도시 어딘가에서 열리는 '수호성의 다과회'에 참가하러 가는 보드 게임이다. 스토리는 첫 작품의 여왕시험 도중 에피소드에 해당한다. 등장하는 각 수호성과의 대화를 통해 연애 엔딩을 노려보자.

와이알라에의 기적 : Extra 36 Holes
T&E 소프트　1997년 2월 28일　6,800엔

- 1~4인용
- 스포츠
- 메모리 백업
- 멀티 터미널 6 지원

하와이의 명문, 와이알라에 컨트리클럽의 코스를 충실하게 재현한 3D 골프 시뮬레이션 게임. 신 기능 '슈퍼 샷'을 탑재했다. 새턴판에서는 추가로 새로 설계한 '에이트 레익스 G.C.'와 '윈디 G.C.'를 추가해, 3코스 54홀이라는 상당한 볼륨을 즐길 수 있다.

게임 웨어 4호
제너럴 엔터테인먼트　1997년 3월 7일　2,980엔

- 1인용
- 롬 매거진
- 메모리 백업

계간 매체 제 4호. 이번 호부터 CD 2장 분량이 되어 '에지혼', '비비드 보이의 대모험 4', 대전형 빌딩 창 닦이 게임 '곤돌라 군'과 '유피의 퍼즐 랜드' 등을 수록했다. 3번 디스크로는 '보이즈 & 걸즈 컬렉션' 등을 즐길 수 있다.

기동전사 건담 외전 III : 심판하는 자
반다이　1997년 3월 7일　4,800엔

- 1인용
- 3D 슈팅
- 메모리 백업
- 트윈 스틱 지원
- CD-ROM 1장

「기동전사 건담 외전」 시리즈 3부작의 최후를 마무리 지은 작품. 전작까지와 동일한 조종석 시점의 3D 슈팅 게임으로, 트윈 스틱도 지원한다. 스토리는 'EXAM 시스템'이라 불리는 대 뉴타입용 전투 시스템을 탑재한 모빌슈츠 '블루 데스티니'를 둘러싼 이야기로서, 강탈당한 '블루 데스티니 2호기'를 탈환하기 위해

최후의 3호기를 타고 새로운 전투의 무대인 우주로 날아오른다.

▲ 트윈 스틱으로 우주를 내달리는 강강인 실로 건담의 세계를 그자체다.

신세기 에반게리온 2nd Impression
세가　1997년 3월 7일　6,800엔

- 1인용
- 드라마틱 어드벤처
- 메모리 백업
- CD-ROM 1장
- 싱글 CD 1장

애니메이션 '신세기 에반게리온' 을 소재로 삼은 어드벤처 게임. 풀 보이스 애니메이션 동영상 도중 나오는 선택지와, 전투 파트의 성과에 따라 스토리가 분기된다. 오리지널 캐릭터인 야마기시 마유미의 루트 등, 크게 나눠 4가지 루트가 존재한다.

플래닛 조커
나그자트　1997년 3월 7일　5,800엔

- 1인용
- 쿼터뷰 슈팅
- 메모리 백업
- 셔틀 마우스 지원
- 세가 멀티 컨트롤러 지원

근미래의 도쿄에 의문의 군대가 출현한다. 저지 명령을 받은 세 여성 파일럿이 각종 로봇에 탑승해, 출현하는 적기들과 스테이지 최후에서 기다리는 보스를 물리친다는 폴리곤 종스크롤 슈팅 게임이다. 스테이지 클리어 시 서로의 대회 장면을 참고해 최종지점을 노리자.

헨리 익스플로러즈
코나미　1997년 3월 7일　5,800엔

- 1~2인용
- 슈팅
- 셔틀 마우스 지원
- 버추어 건 지원

아케이드 게임의 이식작. 고대의 분묘와 황금의 탑을 공략하여 유적의 비밀을 탐색하는 3D 건 슈팅 게임이다. 총 6스테이지가 준비돼 있고, 각 스테이지는 4가지 에어리어로 구성되어 있다. 에어리어를 공략하다 보면 분기가 표시된다. 버추어 건으로의 조작도 지원한다.

어드밴스드 배리어블 지오
TGL　1997년 3월 14일　7,800엔

- 1~2인용
- 액션
- 메모리 백업

PC-9801용 게임의 이식작. 최강의 웨이트리스를 노리는 소녀들이 싸우는 대전격투 게임이다. 18세 이상 연령제한 등급 타이틀이지만, 승리 후의 그래픽은 순화된 버전으로 교체되었다. 사용 가능 캐릭터는 11명. 캐릭터 디자인은 일러스트레이터 키무라 타카히로가 맡았다.

J리그 빅토리 골 '97
세가　1997년 3월 14일　5,800엔

- 1~4인용
- 스포츠 / 축구
- 메모리 백업
- 멀티 터미널 6 지원

인기 축구 게임의 97년판. 실황은 카네코 카츠히코, 해설은 키무라 카즈시로서 96년판과 동일 캐스팅이지만, 부유성 실황으로 이탈리아인 연예인 지롤라모를 추가해 변화를 주었다. 조작은 심플하고 난이도도 적당하다. 게임 모드는 J리그 모드와 컵 토너먼트를 준비했다.

나이트루스 보이스 셀렉션 : 라디오 드라마 편
소넷 컴퓨터 엔터테인먼트　1997년 3월 14일　2,980엔

- 캐릭터 디스크

「나이트루스」의 팬 디스크 제 3탄. 분카방송에서 방송되었던 히카미 쿄코의 프로를 재현하고 나이트루스 라디오 드라마 출연자와 인터뷰하는 등, 성우 팬에 타깃을 맞춘 컨텐츠를 수록했다. MPEG Sofdec으로 영상을 인코딩하여, 깨끗한 화질로 즐길 수 있다.

맨크스 TT 슈퍼 바이크
세가　1997년 3월 14일　5,800엔

- 1~2인용
- 드라이브
- 메모리 백업
- 레이싱 컨트롤러 지원
- 세가 멀티 컨트롤러 지원

아케이드 게임의 이식작으로, 실존하는 바이크 레이스 '맨 섬 TT 레이스'를 모티브로 삼은 바이크 레이싱 게임. 실제로 현지 로케이션을 다녀 제작한 2종류의 코스는 '맨 섬 정부 관광협회'로부터 인정서도 받았을 만큼 맨 섬의 코스를 리얼하게 재현해냈다.

유슌 : 클래식 로드
빅터 소프트　1997년 3월 14일　5,800엔

- 1~4인용
- 시뮬레이션
- 메모리 백업
- CD-ROM 1장

혈통 중시형 시뮬레이션 시스템으로, 리얼한 경마의 세계를 재현한 시뮬레이션 게임. 마주 겸 조교사가 되어 경주마를 육성·조교하여, 3세 초의 데뷔전부터 4세 초의 클래식 전선을 헤쳐 나가자. 플레이 연도의 해설은 경마평론가 이자키 슈고로가 담당했다.

 전체 이용가　 18세 이상 추천　 18세 미만 구입 금지　 18세 이상 추천　 사타코레판이 발매된 타이틀　 잔혹 표현 주의

웜즈

아이맥스   1997년 3월 14일   5,800엔

● 1~4인용
● 액티브 시뮬레이션
● 메모리 백업

'웜'이라 불리는 캐릭터를 조작해 적을 물리쳐가는 액티브 시뮬레이션 게임. 등장하는 무기 14종류의 적절한 사용은 물론이고, 풍향과 풍속까지도 고려해 싸워야 한다. 준비된 필드는 과자나 화성 등을 포함해 10종류 이상. 지형 배리에이션은 40억 패턴이 넘는다.

실전 파치슬로 필승법! 4

사미 공업   1997년 3월 15일   5,800엔

● 1인용
● 파치슬로
● 메모리 백업

파치슬로의 역사를 논할 때 빼놓을 수 없는 명기 3종류를 홀과 동일한 느낌으로 즐길 수 있는 파치슬로 시뮬레이터 작품. 수록된 무수한 리치 찬스를 만끽할 수 있는 '크랭키 콘도르'는, 상단 릴을 절묘하게 맞춰 청색 777을 만들었을 때의 쾌감이 실로 참을 수 없다!

어드밴스드 월드 워 : 천년제국의 흥망
세가   1997년 3월 20일   6,800엔
       1998년 2월 11일   2,800엔(사타코레)

● 1~4인용
● 시뮬레이션
● 메모리 백업
● CD-ROM 1장

나치 독일군을 조작해 제 2차 세계대전을 치르는 전술 시뮬레이션 게임. 장군 시스템 채용과 듀얼 맵 등의 새로운 요소를 가미했다. 폴란드 침공부터 패전까지를 다룬 '캠페인 모드'와, 최대 4명까지 대전하는 '스탠다드 모드'를 준비했다.

THE 편의점 : 저 동네를 점령하라

휴먼   1997년 3월 20일   5,800엔
       1998년 10월 22일   2,800엔(사타코레)

● 1인용
● 시뮬레이션
● 메모리 백업

플레이어는 편의점을 다수 경영하는 점주가 되어, 미리 마련된 각 시나리오를 클리어해 간다. 같은 지역에 있는 경쟁 점포에 뒤지지 않도록 경영점을 늘리고 우수한 인재를 모아, 지역 최고의 경영자 자리를 노려보자. 유동인구가 많아 보이는 토지를 찾는 것도 재미있다.

스탠바이 세이 유

휴먼   1997년 3월 20일   5,800엔

● 1인용
● 시뮬레이션 어드벤처
● 메모리 백업

윈도우즈 게임의 이식작. 성우··음향감독 치바 시게루의 제자가 되어, TV 애니메이션을 애프터 레코딩하는 시뮬레이션 게임. 성우에게 어떻게 지시하느냐로 자신의 능력이 평가된다. 본편을 클리어하면 미니게임 5종류가 나온다. 요코야마 치사 등 인기 성우가 다수 출연.

두근두근 메모리얼 Selection : 후지사키 시오리

코나미   1997년 3월 27일   2,800엔

● 1인용
● 버라이어티
● 메모리 백업
● 셔틀 마우스 지원

「두근두근 메모리얼」에 등장하는 캐릭터 '후지사키 시오리'에 초점을 맞춘 작품. 사계절별 데이트의 번외편과 '가르쳐줘 Mr.Sky'·'바람과 함께 가자'의 뮤직 클립, 본편에 사용된 모든 복장의 바스트업 그래픽, 약 2,000종류에 달하는 보이스 전체를 수록했다.

울프 팽 SS : 쿠우가 2001

엑싱 엔터테인먼트   1997년 3월 28일   5,800엔

● 1~2인용
● 슈팅
● 메모리 백업

아케이드 게임의 이식작. 데이터 이스트가 1989년에 가동한 「쿠우가」의 속편에 해당한다. 플레이어 기체 '장갑기병'을 조작해, 적 조직 '라그나로크'를 괴멸시키는 것이 목적. 플레이어가 기체를 커스터마이즈 가능하다. 라이벌 기체나 거대 로봇과의 일대일 대결도 있다.

에인어스 판타지 스토리즈 : 더 퍼스트 볼륨

미디어웍스   1997년 3월 28일   5,800엔

● 1인용
● 롤플레잉
● 메모리 백업

PC엔진용 롤플레잉 게임 「성야 이야기 : AnEarth Fantasy Stories」의 이식작품. 이식되면서 타이틀명이 변경되었다. 시작 시 길러줄 부모를 고르며, 부모가 누구냐에 따라 주인공의 직업과 시나리오가 변화한다. 캐릭터 보이스 및 50종 이상의 이벤트가 추가되었다.

115

사이버보츠 : FULLMETAL MADNESS

캡콤　1997년 3월 28일　5,800엔

- 1~2인용
- ● 액션
- ● 메모리 백업
- ● 확장 램 카트리지 지원

거대 로봇 격투 게임. 지상에서의 대시뿐만 아니라 낙법, 공중에서의 공방을 크게 좌우하는 부스트에 능숙해야 한다. 기체는 기본 12종류+α. 파일럿이 누구냐로 스토리가 변화하지만 기체 성능에는 영향이 없으므로, 자신의 취향대로 조합하여 즐길 수 있다.

삼국지 공명전

코에이　1997년 3월 28일　7,800엔

- 1인용
- ● 리코에이션
- ● 메모리 백업

윈도우즈용 게임의 이식작. 삼국지에서 인기가 많은 명 군사 제갈량이 되어, 중국 통일과 한 왕조 부흥을 노리자. 새턴 등의 가정용 게임기 이식판에는 방통과 관우의 목숨을 구해내거나, 유선에 반란을 일으켜 스스로 제위에 오르는 등의 오리지널 시나리오가 준비돼 있다.

실전 파친코 필승법! TWIN

사미 공업　1997년 3월 28일　5,800엔

- 1인용
- ▶ 파친코
- ● 메모리 백업

파친코 메이커인 사미의 'CR 가오가오 키즈 4'와 'CR 과일밭'을 즐기는 파친코 시뮬레이션 소프트. 수록된 기기 2대를 공략하는 '완전 공략 모드'와, 1년간 진행되는 '실전 시뮬레이트 모드'가 있다. 릴의 회전을 볼 수 있는 스켈톤 기능도 탑재돼 있다.

SS 어드벤처 팩 : 7곳의 비관 & MYST

코에이　1997년 3월 28일　8,800엔

- 1인용
- ● 어드벤처 게임
- ● 메모리 백업
- ● 셔틀 마우스 지원

- 1인용
- ● 어드벤처
- ● 메모리 백업

새턴과 동시 발매된「MYST」와, 작가 시모다 카게키의 시나리오를 즐기는「7곳의 비관」을 커플링한 염가판 소프트. 두 타이틀의 공통점은 3D 공간을 탐색하며 수수께끼를 푸는 게임이라는 것이다.

졸업 크로스 월드
쇼가쿠칸 프로덕션　1997년 3월 28일　5,800엔

- 1인용
- ● 어드벤처
- ● 메모리 백업

플레이스테이션용 게임의 이식판.「졸업」과「졸업 Ⅱ」에 등장한 여학생 10명에 신 캐릭터 2명을 추가한 멀티 엔딩식 연애 어드벤처 게임이다. 새턴판에는 캐릭터마다 개별 엔딩이 마련되어 있고, 오리지널 보이스 드라마도 수록했다.

대항해시대 Ⅱ

코에이　1997년 3월 28일　6,800엔

- 1인용
- ● 리코에이션
- ● 메모리 백업
- ● CD-ROM 1장

PC-9801용 게임의 이식작. 각자 목적이 다른 6명 중 하나를 골라 세계의 바다를 모험하는 시뮬레이션 RPG다. 3가지로 나뉜 명성치는 주인공이 누구냐에 따라 요구 수치가 달라진다. 적 함대와의 전투는 포격전뿐만 아니라 적 제독과의 일대일 결투로도 승패를 지을 수 있다.

드래곤 마스터 실크

데이텀 폴리스타　1997년 3월 28일　6,800엔

- 1인용
- ● 롤플레잉
- ● 메모리 백업

PC-9801용 게임의 이식판. 3D 던전을 탐색하는 롤플레잉 게임이다. 주인공 실크가 미소녀 3명과 함께 마왕 퇴치의 모험에 나선다. 쾌활하기 이를 데 없는 대화와 코믹한 이벤트가 재미있다. 몇 종류로 나뉘어 있는 에어리어의 최후에는 보스가 기다리고 있다.

퍼즐 보블 3

타이토　1997년 3월 28일　5,800엔

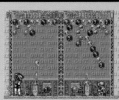

- 1~2인용
- ● 액션 퍼즐
- ● 메모리 백업

친숙한「퍼즐 보블」시리즈 제 3탄. 기본 룰은 시리즈 공통이지만, 이번 작품에 신규 추가된 요소로서 발사한 거품이 벽뿐만 아니라 천정에도 반사되도록 바뀌었다. 대전 모드에서는 어떤 캐릭터를 골랐느냐에 따라 상대 진지에 보내는 거품의 특성이 변화한다.

 전체 이용가　 18세 이상 추천　 18세 미만 구입 금지　 18세 이상 추천　 사타코레판이 발매된 타이틀　 잔혹 표현 주의

화조대전 컬럼스

세가　1997년 3월 28일　5,800엔

- 1~2인용
- 드라마틱 퍼즐
- 메모리 백업

「사쿠라대전」의 친숙한 캐릭터들
이 등장하는 대전형 「컬럼스」. 보
석을 없앨수록 조금씩 차오르는 게이지가 최대가 되면, 커맨드를
선택해 상대 진지를 공격하거나 상대로부터 오는 공격을 방어할 수
있다는 룰이다. 전략성 높은 낙하계 퍼즐 게임이 되었다.

파랜드 스토리 : 파망의 춤

TGL　1997년 3월 28일　6,800엔

- 1인용
- 시뮬레이션 롤플레잉
- 메모리 백업
- 셔틀 마우스 지원

슈퍼 패미컴으로 발매된 「파랜드
스토리 2」의 이식판. 전작의 20년
후가 무대인 시뮬레이션 RPG다. 광범위 마법과 용병 시스템이 추
가되어 전술성이 올라갔다. 3D CG로 랜더링된 캐릭터가 코믹한
모습으로 배틀을 펼친다.

프로야구 그레이티스트 나인 '97

세가　1997년 3월 28일　5,800엔

- 1~2인용
- 스포츠
- 메모리 백업

인기 야구 게임의 97년도판. 선수
가 모두 폴리곤으로 묘사되도록
바뀌었다. 모션 캡처를 사용하여 특정 선수의 독특한 폼과 모션도
재현했다. 배팅에 '수읽기' 요소를 추가해, 4가지로 구분된 스트라
이크 존 중 어디로 공이 올지를 예측해야 타격할 수 있다.

환상의 블랙배스

메이크 소프트웨어　1997년 3월 28일　5,800엔

- 1인용
- 피싱
- 메모리 백업

꿈의 세계를 무대로 전개되는 3D
낚시 게임. 제한시간 내에 제시된
조건을 클리어하여 거대한 배스를 추적하자. 버라이어티 넘치는 필
드를 클리어하면 낚시에 유용한 테크닉을 익힐 수 있다. 앵글 체인
지로 보여주는 혼신의 싸움을 체험하자.

몬스터 슬라이더

다트 재팬　1997년 3월 28일　5,800엔

- 1~2인용
- 액션 퍼즐

2개 한 조로 떨어지는 마름모꼴 보
석을 연결시켜, 같은 색이 3개 붙
으면 사라지는 퍼즐 게임. 필드가 기울어져 있는 게 특징으로, 같은
색이 이어진 장소로 해당 색의 돌을 미끄러뜨려 없앨 수도 있다. 캐
릭터는 총 12종류. 특수한 보석을 없애면 특별한 기술도 쓸 수 있다.

액추어 골프

나그자트　1997년 4월 4일　5,800엔

- 1~4인용
- 스포츠
- 메모리 백업
- 멀티 터미널 6 지원

다채로운 앵글과 음성 해설로 박력
있는 플레이를 즐길 수 있는 골프
게임. 아름답고 리얼한 코스와, 선수의 자연스러운 모션이 특징이다.
미국과 스코틀랜드의 36코스를 재현했다. 플레이 모드는 8종류로, 4
명까지 함께 즐길 수 있다. 게임 중의 샷은 리플레이가 가능하다.

안젤리크 Special 2

코에이　1997년 4월 4일　7,800엔

- 1인용
- 연애 시뮬레이션
- 메모리 백업
- CD-ROM 1장

PC-FX용 게임의 이식작. 여성용
연애 시뮬레이션 게임이다. 주인
공을 안젤리크 콜레트로 변경해, 라이벌인 레이첼과 함께 여왕 후
보 자리를 경쟁한다. 선택한 성격에 따라 대화방식과 평가가 변화
한다. 수호성 9명에 더해, 교관과 매력적인 협력자가 등장한다.

쿼바디스 2 : 행성강습 오반 레이

글램스　1997년 4월 4일　6,800엔

- 1인용
- 시뮬레이션 롤플레잉
- 메모리 백업
- CD-ROM 2장

로봇 병기 '어설트 아머' 부대를 지
휘하여 싸우는 전술 시뮬레이션 게
임. 전투는 실시간으로 진행된다. 스토리와 설정을 철저하게 구축한
것이 특징으로, 도처에 현장감 넘치는 동영상을 삽입했다. 미츠이시
코토노와 하야시바라 메구미를 비롯한 호화 성우가 다수 출연한다.

게임 일본사 : 혁명아 오다 노부나가

코에이　1997년 4월 4일　6,800엔

- 1인용
- 역사교육 소프트
- 메모리 백업
- CD-ROM 1장

애니메이션과 시뮬레이션 게임으로 오다 노부나가에 관한 지식을 배우는 소프트. 감수로 역사학자 오와다 테츠오, 스토리로 소설가 이자와 모토히코, 캐릭터 디자인으로 후지와라 카무이 등 유명 스탭이 집결했다. 등장하는 인물과 사건 등을 해설한 데이터베이스도 내장.

SANKYO FEVER 실기 시뮬레이션 S

TEN 연구소　1997년 4월 4일　5,800엔
　　　　　　 1998년 3월 12일　2,800엔(사타코레)

- 1~2인용
- 파친코 시뮬레이션
- 메모리 백업
- 파친코 핸들 형 전용 컨트롤러 지원

세가새턴으로 파친코를 즐기는 작품. 수록 기종으로는 액정화면에 과일이 늘어서는 모습이 인상 깊은 'CR 피버 빅 파워풀 FX'와 수영복 차림 여성이 표시되는 'CR 피버 비치' 등, 당시의 인기 작품이 6종류나 수록되어 있다.

신황권

SNK　1997년 4월 4일　5,800엔

- 1~2인용
- 격투 액션
- 메모리 백업

네오지오로 96년에 발매된 격투 게임. 그래픽에 프리렌더링 CG를 채용해, 2D이면서도 3D에 가까운 입체감 있는 화면 연출을 보여준다. 세계 각지 신화의 신들과 마물을 모티브로 삼은 캐릭터가 등장하여, 불·물·번개·바람의 4가지 속성을 전환하며 싸운다.

신 해저군함 : 강철의 고독

아스키　1997년 4월 4일　6,800엔

- 1인용
- 시뮬레이션
- 메모리 백업

OVA '신 해저군함'을 게임화했다. 최신 현역 병기와 가상 미래병기의 싸움을 그린 전략 시뮬레이션 게임. 해저군함 '라호'를 비롯해 작중의 병기가 등장한다. 개별 병기의 장비교체와 무장 강화가 가능하다. 총 17스테이지 구성으로, 적은 육·해·공 여러 방면에서 공격해온다.

다크 헌터 상편 : 이차원 학교

코에이　1997년 4월 4일　6,800엔

- 영어교육 소프트
- 메모리 백업
- CD-ROM 1장

94년에 발매된 'EMIT'에 이은 영어교육 소프트 제 2탄. 원작을 소설가 쿠리모토 카오루, 캐릭터 디자인을 만화가 카미죠 아츠시가 맡은 판타지 호러 작품이다. 챕터별로 문장과 음성을 일본어와 영어로 전환 가능하며, 같은 문장을 반복해 들을 수도 있다.

퍼즐 보블 2X & 스페이스 인베이더

타이토　1997년 4월 4일　5,800엔

- 1~2인용
- 퍼즐 / 슈팅
- 메모리 백업
- 소프트 2종 세트

타이토의 간판 게임 2종을 합본한 염가판 팩. 1978년에 첫 가동한 슈팅 게임 「스페이스 인베이더」에는 4종류의 이식판과 대전 모드를 수록했다. 「퍼즐 보블 2」에는 환상의 한정판 「퍼즐 보블 2X」와 오리지널 화면 편집 기능 '에디트 모드'를 탑재했다.

보이스 아이돌 매니악스 : 풀 바 스토리

데이터 이스트　1997년 4월 4일　6,800엔

- 1인용
- 당구
- 메모리 백업

당시의 인기 여자 성우 8명과 1:1로 대결할 수 있는 당구 게임. 실사 동영상을 대량으로 수록한 것이 특징이다. 게임 모드는 '데이트 모드'와 '토너먼트 모드', '트릭 모드' 3가지를 탑재했다. 시낭송 동영상과 NG·백스테이지 신 등도 수록되어 있다.

메탈 슬러그

SNK　1997년 4월 4일　5,800엔

  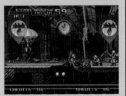

- 1~2인용
- 액션 슈팅
- 메모리 백업
- 확장 램 카트리지 필수

오락실과 문방구에서 언제나 보이던 광경으로 친숙한 「메탈 슬러그」의 이식판. 특수공작원을 조작해 전장의 포로를 구출해내고 적을 괴멸시키는 것이 목적이다. 전용 확장 램 카트리지가 필요하지만, 디테일한 애니메이션 패턴은 플레이어를 압도시킨다.

 전체 이용가　 18세 이상 추천　 18세 미만 구입 금지　 18세 이상 추천　 사타코레판이 발매된 타이틀　 잔혹 표현 주의

신 테마 파크

버진 인터랙티브 엔터테인먼트　1997년 4월 11일　5,800엔

● 1인용
● 시뮬레이션
● 메모리 백업

95년에 발매된 「테마 파크」의 속편. 전작의 시스템을 기반으로, 새로운 어트랙션을 추가했다. 스스로 만든 유원지 안을 거닐며 모든 어트랙션을 타볼 수도 있다. 퍼레이드와 불꽃놀이 대회도 개최 가능하고, 선전으로 테마 파크의 지명도를 올릴 수도 있다.

센티멘털 그래피티 : 퍼스트 윈도우

NEC 인터채널　1997년 4월 11일　2,980엔

● 디지털 원화집 / 디지털 무비

게임 본편 발매에 앞서, 30,000장 한정으로 출시한 「센티멘털 그래피티」의 예고편 겸 팬 디스크. 일반 공모한 성우 오디션 현장을 수록한 디지털 무비와, 캐릭터 디자인을 맡은 일러스트레이터 카이 토모히사의 원화 및 설정자료를 고해상도 디지털 화집으로 수록했다.

역린탄 : 타임 트래블 슈팅

버진 인터랙티브 엔터테인먼트　1997년 4월 18일　5,800엔

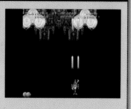
● 1~2인용
◆ 슈팅

95년에 타이토가 출시했던 같은 제목 아케이드 게임의 이식판. 난이도가 적절하고 조작이 심플한, 즐기기 쉬운 슈팅 게임이다. 플레이어 기체는 전투기·헬기·복엽기 3기종 중 선택 가능하다. 시간여행으로 역사를 바꿔, 인류를 멸망시키려 하는 기안디가스를 물리치는 게 목적.

작제(雀帝) : 배틀 코스프레이어

다이키　1997년 4월 18일　6,800엔

● 1인용
● 마작
● 메모리 백업
● CD-ROM 2장

애니메이션과 실사로 미소녀가 등장하는 4인 대국 마작 게임. 대전한 미소녀 작사에게서 코스튬을 빼앗는 것이 목적이다. 3종의 배틀 스테이지가 있고, 마작을 치는 버릇을 대전 상대의 개성에 맞춰 리얼하게 재현했다. 비주얼 신 촬영 풍경을 수록한 보너스 디스크도 동봉.

고갯길 킹 더 스피리츠 2

아틀라스　1997년 4월 18일　5,800엔

● 1~2인용
● 3D 레이싱 게임
● 메모리 백업
● 레이싱 컨트롤러 지원
● 세가 멀티 컨트롤러 지원

스트리트 레이서의 전장과도 같은 '고개'를 소재로 삼은 3D 레이싱 게임. 평탄로 없이 경사로를 올라가다 일거에 내리막으로 치닫는 코스에서 라이벌보다 먼저 골인하자. 선호하는 차종을 고른 후 철저하게 머신을 튜닝해, 코스 주행 시 베스트 컨디션을 추구해야 한다.

레전드 오브 K-1 그랑프리 '96

포니 캐년　1997년 4월 18일　4,980엔

● 멀티미디어 데이터베이스

세이도카이칸의 협력을 받은 K-1 데이터베이스 제 2탄. 이시이 관장의 인터뷰를 비롯해, 해당 년도의 대회에서 펼쳐졌던 명 격투를 다이제스트 영상으로 볼 수 있다. 참가한 선수들의 프로필은 물론, 3D 모델링과 K-1 관련 비디오 소개 등도 수록되어 있다.

엘프 사냥꾼

알트론　1997년 4월 25일　7,800엔

● 1인용
● 어드벤처
● 메모리 백업
● CD-ROM 2장

야가미 유 원작의 인기 애니메이션을 게임화했다. 이세계로 소환된 주인공 일행이, 원래 세계로 돌아가기 위해 엘프들을 마구 벗겨댄다는 스토리. 시스템은 커맨드 선택식 어드벤처로, 중요 부분에는 애니메이션을 삽입했다. 캐릭터들 간의 대화와 리액션이 재미있는 작품.

하급생

엘프　1997년 4월 25일　7,800엔

● 1인용
● 연애 시뮬레이션
● 메모리 백업
● CD-ROM 3장

PC-9801판의 이식작. 1년이라는 플레이 기간동안 대화와 선물로 호감도를 올려가는 연애 시뮬레이션 게임이다. 원작에서 스토리와 시스템이 조정되고, 성우의 음성 연기가 추가되었다. 18세 이상 연령제한 타이틀이지만, 규제가 걸릴 법한 장면은 속옷차림으로 변경했다.

기동전사 Z건담 전편 : 제타의 고동
 반다이   1997년 4월 25일   6,800엔

- 1인용
- ● 액션
- ● 메모리 백업

같은 제목 TV 애니메이션의 게임판. 전편에 해당하며, 제 1화부터 제 21화까지의 주요 에피소드를 재현한다. 시스템은 전통적인 횡스크롤 슈팅 게임으로, 모빌슈츠는 폴리곤으로 재현했다. 중요 국면에 삽입된 애니메이션이 분위기를 돋워준다.

꼬마유령 캐스퍼
 인터플레이   1997년 4월 25일   5,800엔

- 1인용
- ● 액션
- ● 메모리 백업

95년에 개봉한 인기 영화를 게임화했다. 유령 캐스퍼와 친구들이 각자의 특기를 살려 복잡한 퍼즐을 풀거나, 힌트를 바탕으로 비밀 미로를 탐색하는 액션 게임이다. 목적은 소생장치 '라자루스'로 캐스퍼를 되살리는 것. 다양한 변신 기술을 활용해 숨겨진 힌트를 찾아내자.

커맨드 앤 컨커
 세가   1997년 4월 25일   6,800엔
1998년 3월 12일   2,800엔(사타코레)

- 1인용
- ● 리얼타임 전략 시뮬레이션
- ● 패스워드 컨티뉴

실시간으로 유닛에게 명령하며 진행하는 전략 시뮬레이션 게임. 플레이어는 국제연합군(GDI)과 게릴라군(Nod) 중 한 쪽을 선택해 플레이한다. 45종류의 스테이지 맵을 준비했다. 룰을 이해하기 쉽고 조작성도 좋으며, 고품질 비주얼이 현장감을 배가시켜 준다.

더 크로우
 어클레임 재팬   1997년 4월 25일   5,800엔

- 1인용
- ● 액션

96년에 개봉했던 같은 제목의 영화를 게임화했다. 원작의 테이스트를 잘 살린 3D 액션 게임이다. 주인공 '크로우'가 되어, 자신을 죽인 갱들에게 복수하자. 공격은 펀치와 킥 등의 액션을 비롯해, 길가에 떨어져 있는 기관총이나 화염방사기도 사용 가능하다.

시 배스 피싱 2
 빅터 소프트   1997년 4월 25일   5,800엔
1998년 3월 12일   2,800엔(사타코레)

- 1인용
- ● 시뮬레이션
- ● 메모리 백업

96년에 발매했던 「시 배스 피싱」의 제 2탄. 강렬한 손맛으로 인기가 많은 농어를 소재로 한 바다낚시 시뮬레이션 게임이다. 스킨 오브젝트 모델로 제작한 리얼한 물고기가 8종류 등장한다. 낚시도구 제작사 다이와의 협력을 받아, 해당 회사의 루어와 태클이 실명으로 등장.

스카이 타깃
 세가   1997년 4월 25일   5,800엔

- 1인용
- ● 슈팅
- ● 메모리 백업
- ● 세가 멀티 컨트롤러 지원

아케이드용 게임의 이식판. 「애프터 버너」와 유사한 3D 슈팅 게임으로, 플레이어 기체와 적기를 모두 폴리곤으로 그린 게 특징이다. 특정 요건을 만족시키면 아케이드판의 최종 목표인 XF/A-49를 사용 가능하며, 스테이지를 임의로 고를 수 있는 '랭킹 모드'도 탑재했다.

디직 : TIN TOY
 마스다야 코포레이션   1997년 4월 25일   4,800엔

- ● 퍼즐

20종류의 양철 장난감(틴 토이)을 그린 그림을 직소 퍼즐 형태로 즐기는 소프트. 맞춰가다 보면 BGM이 오케스트라 풍이 되며, 완성하면 동영상도 나온다. 나온 동영상은 편집해 즐길 수도 있다. 퍼즐을 세이브하는 것도 가능하다.

디직 : 아쿠아 월드
 마스다야 코포레이션   1997년 4월 25일   4,800엔

- ● 퍼즐

본격 디지털 직소 퍼즐을 즐기는 소프트. 타이틀명인 '아쿠아 월드'란 심리안정 컨셉의, 열대어와 수족관을 모티브로 제작한 인테리어 상품이다. 20종류의 아름다운 사진을 퍼즐화하여, 오케스트라 풍 BGM과 함께 직소 게임으로 즐길 수 있다.

 전체 이용가   18세 이상 추천   18세 미만 구입 금지   18세 이상 추천   사타코레판이 발매된 타이틀   잔혹 표현 주의

도쿄 SHADOW

타이토　1997년 4월 25일　8,800엔

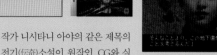

- 1인용
- 어드벤처
- 메모리 백업
- CD-ROM 3장

작가 니시타니 아야의 같은 제목의
전기(伝奇)소설이 원작인, CG와 실
사 동영상을 사용한 어드벤처 게임. 배우 호쇼 마이가 주연으로, 소
설판과는 다른 인물의 시점에서 전개되는 멀티엔딩 스토리다. 동영
상 중 잔혹한 표현이 있어, 18세 이상 추천 등급 타이틀이 되었다.

판타스텝

잘레코　1997년 4월 25일　5,800엔

- 1~2인용
- 판타지 어드벤처
- 메모리 백업
- 세가 멀티 컨트롤러 지원

그림책 세계가 무대인 어드벤처 게
임. 신비한 그림책을 얻은 주인공
이, 이상해져가는 그림책 세계를 구한다는 스토리다. 주인공의 행동
으로 이야기가 바뀐다. 디자인 감수에 서양화가 키도 마아코, 메인
테마곡 작곡에 뮤지션 타카하시 유키히로 등 호화 스탭을 기용했다.

블랙 돈

버진 인터랙티브 엔터테인먼트　1997년 4월 25일　5,800엔

- 1인용
- 3D 슈팅
- 메모리 백업
- 미션 스틱 지원

미군 특수부대의 일원이 되어 최
신예 공격헬기를 조종하는 3D 헬
리콥터 슈팅 게임. 세계 각지를 무대로 공대지 공격과 도그파이트,
인명구조 등 다양한 미션을 수행한다. 임무는 브리핑 도중에 음성
으로 전달한다. 미션 스틱도 지원한다.

프라돌 DISC 특별편 : 여고생 대백과 100

Sada Soft　1997년 4월 25일　3,800엔

- 디지털 사진집 데이터베이스

당시의 여고생들 100명의 사진 및
프로필을 수록한 「프라돌」 시리즈
특별편. 촬영 풍경 등을 수록한 정지사진 176장과, 등장하는 여자
100명의 이름 및 생년월일·쓰리사이즈는 물론, 당시 다니고 있던
학교명 및 소지품까지 알려주는 데이터베이스를 수록했다.

매지컬 호퍼즈

반다이　1997년 4월 25일　6,800엔

- 1인용
- 액션

신비한 나라 '어메이징 랜드'를 구
하기 위해 '매지컬 호퍼즈'가 활약
하는 액션 게임. 남자 '크램'과 여자 '구피' 중 하나를 선택해 플레이
한다. 두 사람은 각자 특기가 다르다. 스테이지는 3D로 구축돼 있
으며, 상쾌하고 다이내믹한 액션이 특징이다.

기동전함 나데시코 : 역시 마지막엔 '사랑이 이긴다'?

세가　1997년 5월 2일　5,800엔

- 1인용
- 어드벤처
- 메모리 백업

같은 제목의 인기 애니메이션을 게
임화했다. 오리지널 스토리로 전개
되는 연애 어드벤처 게임이다. 나데시코 내의 여성 10명과 러브러브
를 노리자. 총 8장 구성으로, 함내에서의 어드벤처 파트와 전투 파트
로 나뉜다. 전투 파트는 커맨드로 지시해 함을 움직이는 방식이다.

디 언솔브드

버진 인터랙티브 엔터테인먼트　1997년 5월 2일　7,800엔

- 1인용
- 하이퍼사이언스 어드벤처
- 메모리 백업
- CD-ROM 3장

초자연현상 연구의 1인자 아스카
아키오가 원작을 맡은 미디어믹스
작품 중 하나. 할리우드에서 촬영한 실사영화로 스토리 전체가 진행
되는 어드벤처 게임이다. 플레이어의 선택으로 분기되는 멀티 시나리
오를 채용. 세계에서 실제로 일어난 사건과 현상을 바탕으로 했다.

시드 마이어의 문명 : 신 세계 7대문명

아스믹　1997년 5월 2일　5,800엔

- 1인용
- 시뮬레이션
- 메모리 백업

윈도우즈용 게임의 이식작. 인류의
역사와 발전이 테마인 시뮬레이션
게임이다. 미지의 세계를 탐색하여 거점이 될 도시를 건설하고, 기
술개발을 진행해 '세계 7대 불가사의' 건조를 노린다. 최종적으로는
문명을 발전시켜 세계 정복이나 우주 이민을 성공시키는 게 목표다.

HARDWARE | 1994's SOFT | 1995's SOFT | 1996's SOFT | 1997's SOFT | 1998's SOFT | 1999's SOFT | 2000's SOFT | SOFT INDEX

스테익스 위너 2 : 최강마 전설

SNK　　1997년 5월 2일　　5,800엔

- 1~2인용
- 액션
- 메모리 백업
- CD-ROM 1장

당시 아케이드에서 화제가 되었던 작품을 완전 이식. 일본 아케이드 판뿐만 아니라 해외 수출판도 즐겨볼 수 있다. 전작에서 호평 받았던 '교배 육성 모드'도 업그레이드해 탑재했다. 스스로 생산·조교한 말로 해외 레이스에 출전하여, 세계 최강마 전설을 만들어보자.

빅 4WD : 터프 더 트럭

휴먼　　1997년 5월 2일　　5,800엔

- 1인용
- 본격 4WD 레이싱
- 메모리 백업

사륜구동 트럭을 몰고 오프로드를 달리는 레이싱 게임. 개성 넘치는 머신 6종류가 등장하며, 업다운이 격한 임간도로를 비롯해 사막과 눈길 등의 코스도 모두 폴리곤으로 묘사된다. 실차다운 거동과 노면설계는 물론, 시점변경 기능을 탑재해 현장감이 매우 리얼하다.

펑키 헤드 복서즈+

요시모토 흥업　　1997년 5월 2일　　5,800엔

- 1~2인용
- 액션
- 메모리 백업

연예기획사 요시모토 흥업의 「펑키」 시리즈 제 3탄. 전작 「펑키 헤드 복서즈」의 업데이트 버전이다. 요시모토의 신예 연예인들이 다시금 링에서 대소동을 벌인다. 연예인들의 네모난 머리가 펀치를 얻어맞을 때마다 변형된다. 연예인답게 필살 개그 펀치가 작렬하기도.

프리토크 스튜디오 : 마리의 내멋대로 수다

미디어 엔터테인먼트　　1997년 5월 9일　　5,800엔

- 1인용
- 시뮬레이션
- 메모리 백업

인기 성우가 신명나게 떠드는 라디오 DJ 시뮬레이션 게임. 1개월간 라디오 방송국 DJ가 되어, 신인 아나운서와 라디오 프로를 진행하는 게임이다. 개성적인 게스트를 초청해 토크를 거듭하여, 최종회에 슈퍼 아이돌을 섭외하자. 코다 마리코를 비롯한 인기 성우가 다수 출연.

그루브 온 파이트 : 호혈사 일족 3

아틀라스　　1997년 5월 16일　　5,800엔

- 1~4인용
- 격투 액션
- 메모리 백업
- 멀티 터미널 6 지원
- 확장 램 카트리지 필수

인기 시리즈 4번째 작품. 전작 「호혈사 일족 최강전설」과 같은 태그 매치 형식으로, 20년 후가 무대다. 캐릭터는 오우메와 오타네 외에는 전부 교체됐으며, 캐릭터 교대가 상시 가능해졌고, 쓰러진 적이나 아군을 도구삼아 던질 수도 있는 등, 독자적인 시스템을 탑재했다.

큐브 배틀러 : 안나 미래 편

야노만　　1997년 5월 23일　　5,800엔

- 1~2인용
- 디지털 배틀 애니메이션
- 메모리 백업

 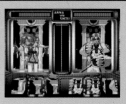

스토리와 배틀이 모두 애니메이션인 격투 퍼즐 게임. 화면 하단에 늘어선 큐브를 회전시켜 흑백 화면에 끼우는, 직소 퍼즐과 비슷한 룰이다. 모든 큐브를 끼워 넣거나 상대의 체력 게이지를 제로로 만들면 승리한다. 안나에게는 필살기가 따로 마련돼 있다.

용적오천년(龍的五千年)

이매지니어　　1997년 5월 23일　　6,800엔

- 1인용
- 어드벤처
- 메모리 백업

캐릭터 디자인을 테라다 카츠야, 몬스터 디자인을 니라사와 야스시가 맡은 커맨드 선택식 어드벤처 게임. 서기 2099년의 중국이 무대로, 잘못해 봉인이 풀려버린 사악한 용을 재봉인하는 것이 목적이다. 스토리 도중에 전투가 발생해, 결과에 따라 스토리가 분기된다.

블램! : 머신헤드

버진 인터랙티브 엔터테인먼트　　1997년 5월 23일　　5,800엔

- 1인용
- 3D 슈팅

360도 전방향에서 적이 습격해오는 3D 슈팅 게임. 사이버펑크 세계관으로, 머신헤드라 불리는 바이러스를 쓸어버리는 것이 목적이다. 적 전멸이나 요인 경호 등, 다양한 종류의 미션이 있다. 게임 도중에는 중저음의 테크노 사운드가 울려 퍼진다.

 전체 이용가　 18세 이상 추천　 18세 미만 구입금지　 18세 이상 추천　 사타코레판이 발매된 타이틀　 잔혹 표현 주의

와글와글 워즈 : 격투! 대군단 배틀
쇼에이샤   1997년 5월 23일   5,800엔

● 1인용
● 시뮬레이션
● 메모리 백업

수천 명 규모의 대군단을 통솔해 전 대륙 통일을 노리는 전략 시뮬레이션 게임. 대군세가 격돌하는 박력의 전투 신이 특징이다. 총 10개 대륙이 등장한다. 체력 회복이나 공격력 향상 카드를 적절히 사용해 싸우자. 각 군단에는 특수한 능력이 있는 수호신이 함께 한다.

에베루즈
타카라   1997년 5월 30일   6,800엔

● 1인용
● 시뮬레이션
● 메모리 백업
● CD-ROM 2장

윈도우즈용 게임의 이식작. 캐릭터 디자인에 키타즈메 히로유키, 시나리오에 이타바시 마사히로를 기용한 연애 시뮬레이션 게임이다. 마법학교 트리펠즈가 무대로, 미소녀 12명이 등장한다. 5년의 기간 동안 자신을 단련하고 라이벌과 경쟁해, 히로인과 결혼하는 게 목적.

J리그 GO GO 골!
테크모   1997년 5월 30일   5,800엔

● 1~4인용
● 스포츠
● 메모리 백업
● 멀티 터미널 6 지원
● 세가 멀티 컨트롤러 지원

당시의 J리그 가맹 17개 클럽과 선수 272명이 실명으로 등장하고, 최대 4인 동시 플레이로 대전 및 협력 플레이를 즐긴다. 초당 60프레임 처리로 부드러운 모션을 구현했다. 런 & 스톱 버튼을 통한 질주 스피드 조절 및 급정지로 독특한 공방을 가능케 한 개성적인 게임.

스컬 팽 : 쿠우가 외전
데이터 이스트   1997년 5월 30일   5,800엔

● 1~2인용
● 슈팅
● 메모리 백업

아케이드 게임의 이식작. 「울프 팽」의 속편에 해당한다. 제한시간 내에 보스를 격파하는 게 목적. 신 장르 '체이스 슈팅'을 표방하고, 고속 전투를 만끽할 수 있다. 게임 모드는 모두 3종류. 새턴판에는 숨겨진 기체 등을 추가한 'EX 모드'가 준비돼 있다.

쓰리 더티 드워브즈
세가   1997년 5월 30일   5,800엔

● 1~3인용
● 액션
● 메모리 백업
● 멀티 터미널 6 지원

드워프 3명이 활약하는 벨트스크롤 액션 게임. 배트로 공격하는 그레그와 볼링 핀을 사용하는 타코너, 샷건을 쏘는 코자크 등 서로 스킬이 다른 드워프들을 자유롭게 전환하며 총 15스테이지를 공략하자. 멀티 터미널 6을 사용하면 최대 3명까지의 동시 플레이도 가능하다.

다크 헌터 하편 : 요마의 숲
코에이   1997년 5월 30일   6,800엔

● 영어교육 소프트
● 메모리 백업
● CD-ROM 1장

어드벤처 게임을 즐기면서 영어회화를 익히는 멀티미디어 소프트의 하권. 마물을 사냥하는 헌터의 싸움에 휘말려버린 마리코의 운명을 그렸다. 문장과 음성을 영어와 일본어로 전환할 수 있다. 미나구치 유코와 타카야마 미나미, 이시다 아키라 등의 인기 성우가 출연한다.

더비 애널리스트
미디어 엔터테인먼트   1997년 5월 30일   6,800엔

● 1인용
● 경마 예상
● 메모리 백업

PC판으로 잘 팔렸던 경마 예상 소프트의 이식판. 18세 이상 추천 등급의 연령제한 타이틀이다. 스포츠신문과 경마신문 등에 실린 모든 출주마 및 레이스 데이터 등의 정보만 입력하면 본전 연승·6마 연승을 바로 예측해준다. 유저의 독자 데이터를 추가해 예상할 수도 있다.

디 서드
타카라   1997년 5월 30일   5,800엔

● 1~2인용
● 대전 액션
● 메모리 백업

「투신전」 시리즈의 연장선상에 있는 3D 대전격투 게임. 개성적인 캐릭터 10명이 각자의 무기로 싸우는 작품이다. 독자적인 시스템 'D.D.S.'를 도입, 사이드 스텝과 스핀 턴 등의 다채로운 동작을 구현했다. 무기 파괴와 강력한 역전용 필살기도 마련되어 있다.

HARDWARE

1994's SOFT

1995's SOFT

1996's SOFT

1997's SOFT

1998's SOFT

1999's SOFT

2000's SOFT

SOFT INDEX

HARDWARE
1994's SOFT
1995's SOFT
1996's SOFT
1997's SOFT
1998's SOFT
1999's SOFT
2000's SOFT
SOFT INDEX

일본프로마작연맹 공인 도장 깨기

나그자트 1997년 5월 30일 5,800엔

- 1인용
- 마작
- 메모리 백업

일본프로마작연맹이 공인한 4인 대국 마작 게임. 1,100종이 넘는 프로 작사의 패보를 수록했다. 게임은 '도장 깨기 모드'와 '연구 모드' 2가지를 준비했다. '연구 모드'는 프로와 같은 조건으로 쳐서 득점 차를 겨루는 것으로, 프로의 마작 실력을 철저하게 배워볼 수 있다.

피싱 코시엔 II

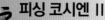

킹 레코드 1997년 5월 30일 6,800엔

- 1~2인용
- 스포츠 시뮬레이션
- 메모리 백업

96년에 발매된 「피싱 코시엔」제 2탄. 전국 8개 블록 중 한 곳의 대 표가 되어 일본 제일을 노리자. '블랙배스 빨리 낚기 토너먼트', '바 다낚시 배틀 인 켄자키', '일점집중 떡붕어 역전', '일발역전, 대물 서 바이벌 매치'로 4가지 낚시 모드를 즐길 수 있나.

임팩트 레이싱

코코너츠 재팬 1997년 6월 6일 6,800엔

- 1인용
- 슈팅 레이싱
- 메모리 백업

레이싱 게임의 속도감과 슈팅 게 임의 쾌감을 동시에 즐길 수 있는 타이틀. 시야에 들어온 적 차량에 일부러 충돌한 후 마구 사격해 아 이템을 회수하는 게임이다. 제한시간 내에 지정된 랩 수만큼 돌아 골인하자. 적도 당연히 충돌과 무기로 공격해 온다.

게임 천국

잘레코 1997년 6월 6일 5,800엔

- 1~2인용
- 슈팅
- 메모리 백업

잘레코 역대 게임의 캐릭터들이 다수 등장하는 축제 풍 게임. 종스 크롤 슈팅 게임으로, '오락실 월드'와 '크레인 월드' 등 게임 세계를 무대로 삼았다. 이식되면서 스테이지 중간 대화 데모 등의 연출을 리뉴얼하고, 새로운 스테이지도 추가했다.

초시공요새 마크로스 : 사랑, 기억하고 있습니까

반다이 비주얼 1997년 6월 6일 6,800엔

- 1인용
- 슈팅
- 메모리 백업
- CD-ROM 2장

같은 제목의 극장판 애니메이션 이 소재인 2D 횡스크롤 슈팅 게임. CD-ROM 2장 구성으로, 총 11스테이지를 공략한다. 플레이어 기체 인 발키리는 원작 설정대로 3단계로 변신한다. 무기도 3종류 중 선택 가능하다. 스테이지 도중 삽입되는 애니메이션이 분위기를 돋워준다.

웰컴 하우스

이매지니어 1997년 6월 13일 6,800엔

- 1인용
- 어드벤처
- 메모리 백업

함정이 가득한 집 내부를 탐색하 는 어드벤처 게임. 주인공이 숙부 가 만든 공포의 집에서 탈출한다는 내용이다. 캐릭터 및 주택 내부 는 모두 폴리곤으로 묘사했다. 집의 열쇠를 찾고, 수수께끼의 지하 실이나 폐쇄된 문 등의 함정을 돌파해 보자.

태평양의 폭풍우 2 : 질풍의 군함

이매지니어 1997년 6월 13일 6,800엔

- 1인용
- 워 시뮬레이션
- 메모리 백업
- CD-ROM 1장

PC용 게임을 이식한 전략 시뮬레 이션 게임. 제 2차 세계대전을 무 대로, 야마토 전함과 제로센이 폴리곤과 실사를 조합한 리얼한 화면 으로 묘사된다. 300종 이상의 병기 데이터를 수록한 데이터베이스 를 이용해, 미드웨이 해전을 비롯한 전설의 전투를 시뮬레이트한다.

사라만다 : 디럭스 팩 플러스

코나미 1997년 6월 19일 5,800엔

- 1~2인용
- 슈팅
- 메모리 백업

아케이드판 「사라만다」·「라이프 포스」·「사라만다 2」3작품이 이 식·수록된 작품. 우주공간 및 인체 속을 진행한다는 스토리로, 슈팅 게임 여명기 시절의 작품들이다. 이식도가 충실하고, CD-ROM 안 에는 개발자가 만든 텍스트 파일과 월페이퍼 데이터가 있다.

 전체 이용가 18세 이상 추천 18세 미만 구입 금지 MA-18 18세 이상 추천 사타코레판이 발매된 타이틀 잔혹 표현 주의

아모크

코에이   1997년 6월 20일   5,800엔

● 1~2인용
● 3D 슈팅

행성 '아모크'를 무대로 펼쳐지는 3D 슈팅 게임. 배틀 워커를 조종하는 용병이 되어 수감자 구출, 발전소 폭파, 지뢰 제거 등의 여러 임무를 클리어해 가자. 40종류에 달하는 적들은 다양한 공격 패턴을 자랑한다. 일순간의 틈이 치명적인 결과로 돌아온다.

제로욘 챔프 Doozy-J : Type R

미디어 링   1997년 6월 20일   6,800엔

● 1~2인용
● 제로욘 레이싱 /
  어드벤처 /
  육성 시뮬레이션
● 메모리 백업

제로욘(400m 드래그 레이스)을 테마로 삼은 인기 레이싱 게임 제 5탄. 기존 시리즈와는 연관이 없는 독립된 작품으로, 미니게임 외에 미소녀 튜너 8명과의 연애 시뮬레이션 요소도 도입했다. 그 외에도 레이스 및 튠업 화면을 강화하고, 멀티 엔딩을 채용했다.

소닉 잼

세가   1997년 6월 20일   4,800엔
        1998년 7월 23일   2,800엔(사타코레)

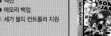

● 1~2인용
● 액션
● 메모리 백업
● 세가 멀티 컨트롤러 지원

메가 드라이브용으로 대히트한 「소닉」 시리즈 중에서 「소닉 더 헤지혹」 3작품과 「소닉 & 너클즈」를 수록했다. 또한 3D 폴리곤으로 표현한 '소닉 월드'와 각종 자료의 열람도 가능해, 과거 작품들의 TV CM 동영상 등을 즐길 수 있다.

디지털 앙쥬 : 전뇌천사 SS

토쿠마쇼텐 인터미디어   1997년 6월 20일   5,800엔

● 1인용
● 세기말 미소녀 어드벤처
● 메모리 백업

94년에 PC엔진으로 발매된 「전뇌천사」의 개변 이식판. 시스템은 심플하지만 음성은 풀보이스 사양이며, 그래픽도 풀스크린으로 표시된다. 전개에 따라서는 등장 캐릭터가 늘어나기도 하고, 스토리도 변화한다. 엔딩도 다수 준비되어 있다.

PGA TOUR '97

일렉트로닉 아츠 빅터   1997년 6월 20일   5,800엔

● 1~4인용
● 스포츠
● 메모리 백업
● 멀티 터미널 6 지원

미국 PGA TOUR 공인 골프 게임. 실존하는 2종의 골프 코스를 3D 그래픽으로 재현했다. 유명 골퍼 다수가 실명과 실사로 등장하여, 플레이어와 함께 코스를 돌아준다. 풍향의 변화 등, 라운드 도중 발생하곤 하는 컨디션도 재현했다.

프라돌 DISC 특별편 : 캠페인 걸 '97

Sada Soft   1997년 6월 20일   3,000엔

● 디지털 사진집 데이터베이스

아이돌과 여배우의 예비군이라 할 수 있는 캠페인 걸들의 정보를 수록한 「프라돌」 시리즈 특별편. 각 기업의 캠페인 걸 18명의 사진과 프로필을 열람 가능한 '데이터관'을 비롯해, 10문제가 출제되는 퀴즈의 결과로 므흣한 사진이 표시되는 '미니게임'을 수록했다.

매지컬 드롭 III : 신선한 증간호!

데이터 이스트   1997년 6월 20일   5,800엔
               1998년 10월 22일   2,800엔(사타코레)

● 1~2인용
● 액션 퍼즐
● 메모리 백업

인기 퍼즐 게임 제 3탄. 아케이드판의 이식작으로, 각 캐릭터의 엔딩을 리뉴얼하고 세계관도 진지하게 잡는 등 내용을 대폭 개변했다. '말판놀이 모드'와 '대전 모드', '이야기 모드'와 '무한 모드' 등의 오리지널 모드를 추가했다.

마리카 : 진실의 세계

빅터 소프트   1997년 6월 20일   5,800엔

● 1인용
● 롤플레잉
● 메모리 백업

일본 붕괴를 획책하는 광기의 테러 집단과 초능력 소녀 3명의 싸움을 그린 롤플레잉 게임. 수인이 경찰관을 잡아먹고, 일반인들이 비밀 결사에게 살해당하는 등의 잔혹한 묘사가 이어지는 스토리다. 4시간이 넘는 비주얼 신과 인기 성우의 열연 등, 연출이 상당히 호화롭다.

두근두근 7
선 소프트　1997년 6월 20일　5,800엔

- 1~2인용
- 격투 액션
- 메모리 백업
- 확장 램 카트리지 필수

7개를 모으면 어떤 소원이든 이루어준다는 '두근두근 볼'을 둘러싸고 벌어지는 2D 대전격투 게임. 라이트한 세계관 덕에, 동시대 격투 게임 중에서는 이채로운 작품이기도 하다. 귀여운 캐릭터와 부드러운 액션이 특징으로, 가드 불능기가 있는 등 시스템에 독자성이 강하다.

윌리 웜뱃
허드슨　1997년 6월 27일　5,800엔

- 1인용
- 액션
- 메모리 백업

3D 맵이 360도 회전하는 '어라운드 쿼터뷰'를 채용한 액션 게임. 주인공 윌리가 철저히 관리되는 사회에서 탈주한다는 스토리다. 점프와 부메랑을 구사해 총 6스테이지를 돌파하자. 독특한 세계관과 캐릭터들끼리 주고받는 대화도 이 작품의 매력이다.

QUIZ 일곱 빛깔 DREAMS 무지갯빛 마을의 기적
캡콤　1997년 6월 27일　5,800엔

- 1~2인용
- 퀴즈
- 메모리 백업

96년에 가동된 아케이드 게임의 이식판. 퀴즈에 연애 게임 요소를 도입하여, 퀴즈 정답을 맞힐수록 소녀의 호감도가 상승한다. 호감도가 상승한 상태로 히로인 칸에 멈추면 스토리가 진행된다. 해당 히로인에 대응하는 장르도 선택할 수 있다.

크라임웨이브
버진 인터랙티브 엔터테인먼트　1997년 6월 27일　6,800엔

- 1~2인용
- 드라이브 슈팅
- 메모리 백업
- 레이싱 컨트롤러 지원
- 미션 스틱 지원

탑뷰 화면으로 전개되는 드라이브 슈팅 게임. 화면에 표시되는 지시에 따라 루트를 주파하여 목표를 파괴하는 게 목적이다. 총 8스테이지 구성. 머신에 로켓포나 기관총 등을 장비할 수 있고, 목표를 파괴한 후에는 새로운 무기도 입수 가능하다.

크레이지 이반
소프트뱅크　1997년 6월 27일　5,800엔

- 1인용
- 슈팅
- 메모리 백업

로봇을 타고 적을 격파하는 3D 슈팅 게임. 주인공 '이반 포포비치'가 되어, 인류최종병기 '스틸 코사크 파워드 슈츠'를 조작해 지구를 점거한 에일리언을 쳐부수고 지구를 위기에서 구하자. 러시아와 일본, 미국을 모티브로 삼은 총 6스테이지 구성이다.

게임 웨어 5호
제너럴 엔터테인먼트　1997년 6월 27일　2,980엔

- 1인용
- 롬 매거진
- 메모리 백업
- CD-ROM 2장

디스크 2장 구성. 이제는 친숙할 '비비드 보이의 대모험'과 '에지혼'을 비롯해, '가져가자 마블'과 '세계정복 주식회사' 등을 수록. 디스크 B에는 「사쿠라대전」의 히로인 오지와 요코야마 치사 등의 젊은을 적 영상도 볼 수 있다. 시리즈 마지막 호이기도 하다.

자염룡
와라시　1997년 6월 27일　5,800엔

- 1~2인용
- 슈팅
- 메모리 백업

아케이드용 게임의 이식작. 플레이어 기체 '번 드라군'을 조작해 총 8스테이지를 공략한다. 샷은 발칸과 레이저, 미사일 3종류를 준비했다. 1993년에 아케이드로 가동했던 「대왕 : DAIOH」의 리메이크작이라, 이 작품과 겹치는 요소가 다수 엿보인다.

진설 사무라이 스피리츠 : 무사도열전
SNK　1997년 6월 27일　6,800엔

- 1~2인용
- 롤플레잉
- 메모리 백업

대인기 검술 대전격투 게임이 롤플레잉 게임이 되어 등장했다. 하오마루와 나코루루 등 6명의 캐릭터 중 하나를 골라 진검승부의 여행을 떠나자. 시나리오는 '사천강림의 장'·'요화통곡의 장' 2가지를 준비했다. 전투 조작도 커맨드 입력과 기술명 선택 중에서 고를 수 있다.

 전체 이용가　 18세 이상 추천　 18세 미만 구입 금지　 18세 이상 추천　 사타코레판이 발매된 타이틀　잔혹 표현 주의

정계 입지전 : 좋은 나라, 좋은 정치
BMG 재팬　1997년 6월 27일　5,300엔

- 1~4인용
- 보드 시뮬레이션
- 메모리 백업
- 멀티 터미널 6 지원

정치계 시뮬레이션 보드 게임. 정치학자 호소카와 류이치로가 감수하여, 리얼한 정치의 세계를 체험할 수 있다. 초기 직업은 정치가 2세와 탤런트 등의 10종류 중 선택 가능. 주사위를 굴려 칸을 전진한 다음 이벤트를 진행한다. 다른 플레이어들의 방해공작도 들어온다.

대전략 : STRONG STYLE
OZ 클럽　1997년 6월 27일　6,800엔

- 1~5인용
- 시뮬레이션
- 메모리 백업
- 셔틀 마우스 지원
- 세가 멀티 컨트롤러 지원
- CD-ROM 1장

PC판 「대전략 IV」와 「현대대전략 EX」를 융합시킨 타이틀. 아군 유닛을 늘리는 '생산' 커맨드를 폐지한 대신, '햇병아리도 이해되는 모드'를 탑재해 초보자도 플레이하기 쉽도록 조정했다. 맵 에디터로 제작한 맵은 세이브하면 대전에서도 사용 가능하다.

제독의 결단 III
코에이　1997년 6월 27일　9,800엔

- 1인용
- 워 시뮬레이션
- 메모리 백업
- CD-ROM 1장

제 2차 세계대전이 테마인 'WWII 게임 시리즈' 제 4탄. 일본해군 혹은 미군 사령관이 되어, 작전목표 달성을 노린다. 고도 개념을 도입하여 입체적인 전투가 전개되며, 신형 전함 및 신형 항공기 설계가 가능해졌고, 3식통상탄 등의 신병기도 등장한다.

탑 앵글러즈 : 슈퍼 피싱 빅 파이트 2
나그자트　1997년 6월 27일　5,800엔

- 1인용
- 피싱 시뮬레이션
- 메모리 백업

계곡낚시와 배스 프로 등 업계 각 단체의 협력을 받은 낚시 시뮬레이션 게임. 계곡낚시나 송어낚시 등 4종의 대회를 제패해 우승을 노리자. 물고기와 낚시터 등을 모두 폴리곤으로 모델링해 리얼한 낚시를 즐긴다. 도구와 포인트는 물론, 계절과 시간 등도 자유선택 가능.

봄바람 전대 V포스
빙　1997년 6월 27일　5,800엔

- 1인용
- 시뮬레이션
- 메모리 백업
- CD-ROM 3장

애니메이션 연출에 역점을 둔 육성형 전략 시뮬레이션 게임. 우주에서의 침략을 받아 열세에 몰린 지구군이, 미소녀 4명을 최신예 전투기 파일럿으로 삼아 반격한다는 스토리. 오프닝과 엔딩, 대회는 물론 심지어 전투 신에서도 애니메이션이 나온다.

프라돌 DISC : Vol.4 쿠로다 미레이
Sada Soft　1997년 6월 27일　3,000엔

- 즐기는 사진집

그라비아 아이돌의 섹시한 사진을 수록한 디지털 사진집 제 4탄. 이번 작품에서는 후지TV의 비주얼 퀸이자, 잡지 그라비아로도 활약했던 '쿠로다 미레이'를 수록했다. 이번 작품의 '사진관'은 기존판과는 달리 '사진집'·'Making'·'미레이의 카메라' 세 모드로 나뉘어 있다.

브레이크 포인트
팩 인 소프트　1997년 6월 27일　6,800엔

- 1~4인용
- 스포츠
- 멀티 터미널 6 지원

폴리곤으로 모델링된 캐릭터들이 부드러운 모션으로 움직이는 테니스 게임. 테니스 선수의 모션도 모션 캡쳐로 실제로 따내 리얼한 움직임을 재현했다. 시점을 다양하게 전환할 수 있으며, 그라스와 하드 등 다채로운 코트를 무대로 4대 서킷을 순회하며 도전 가능하다.

문 크레이들
팩 인 소프트　1997년 6월 27일　6,800엔

- 1인용
- 어드벤처
- 메모리 백업
- CD-ROM 3장

TV 드라마 'NIGHT HEAD'의 이이다 죠지 감독이 프로듀스한 어드벤처 게임. 탐정의 이동화면은 폴리곤으로 묘사했고, 도처에 실사 동영상 드라마와 미니게임을 삽입했다. 시스템은 전통적인 커맨드 선택식. 츠루미 신고와 타나카 히로코 등의 유명 배우가 출연했다.

Mr.Bones
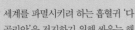
세가　1997년 6월 27일　5,800엔

- 1인용
- 액션
- 메모리 백업

세계를 파멸시키려 하는 흡혈귀 '다 골리안'을 저지하기 위해 싸우는 해골이 주인공인 횡스크롤 액션 게임. 주인공 '미스터 본즈'는 생전에 블루스 록 뮤지션이어서, 드림을 무기로 삼은 다 골리안을 상대로 미스터 본즈 쪽은 기타를 사용한다. 진행 도중 기타 연주를 선보이는 라이브 스테이지가 펼쳐지거나, 상대를 농담으로

웃겨야 하는 스테이지 등의 미니게임도 다수 마련되어 있다. 원래는 북미 세가 작품으로, 일본에서는 편의점에만 한정 발매되었다.

다양한 미니게임은 수준과 완성도가 높아, 모두 재미있다. ▶

라비토[羅媚斗] : RABBIT
버진 인터랙티브 엔터테인먼트　1997년 6월 27일　5,800엔

- 1~2인용
- 격투 액션
- 메모리 백업

아시아 분위기가 넘치는 2D 대전 격투 게임. 주인공 우링[烏鈴]을 비롯해 8명의 캐릭터가 등장한다. 특징은 캐릭터들 각자가 보유한 '수신주(獸神珠)'로, 이를 사용하면 수호령 같은 형태로 수신을 소환 가능하다. CPU전에서는 이기면 상대가 가진 수신주를 빼앗을 수 있다.

월드 에볼루션 사커

아스믹　1997년 6월 27일　5,800엔

- 1~4인용
- 스포츠
- 메모리 백업

NPC의 움직임이 승패를 좌우하는 전술형 축구 게임. 선수 하나하나에 실시간으로 지시를 내려 다채로운 전술을 구사해야 한다. 32개 국이 등장하며, 오리지널 팀도 만들 수 있다. 게임 모드는 월드컵과 엑시비션, 4팀 대전이 준비되어 있다.

사랑해♥
가가 커뮤니케이션즈　1997년 7월 4일　6,800엔

- 1인용
- 시뮬레이션
- 메모리 백업
- 셔틀 마우스 지원
- 버추어 건 지원
- 세가 멀티 컨트롤러 지원
- CD-ROM 2장

근미래의 사관학교가 무대인 육성+연애 시뮬레이션 게임. 2년간 다양한 과목을 수강해 자격을 취득하여, 육·해·공·우주군 중 한 곳의 입대를 목표로 한다. 교관과 생도 등의 히로인을 공략할 때는, 호감도나 미니게임 승패뿐만 아니라 주인공의 진로에도 신경을 써야 한다.

파이터즈 히스토리 다이너마이트
세가　1997년 7월 4일　5,800엔

- 1~2인용
- 대전격투
- 메모리 백업
- 확장 램 카트리지 필수

94년에 가동된 아케이드 게임의 이식판. 전작의 1년 후가 무대. 캐릭터 11명이 등장하는 2D 대전격투 게임으로, 새턴판은 버튼 배치 문제로 일부 조작이 변경되었다. 신 시스템 '원투 공격'으로 약공격의 틈이 좁혀졌고 연속기를 넣기 쉬워졌다.

루나 : 실버 스타 스토리 MPEG판
카도카와쇼텐　1997년 7월 4일　6,800엔

- 1인용
- 롤플레잉
- 메모리 백업
- 무비 카드 전용

96년에 발매된 「루나 : 실버 스타 스토리」의 50여분에 달하는 애니메이션 동영상 전체를 고품질 MPEG 코덱으로 교체한 타이틀. 내용 자체는 원 작품과 동일하지만, 새로운 시스템을 추가해 게임 본편도 업그레이드했다. 패키지 내에 트레이딩 카드를 동봉했다.

두근두근 메모리얼 드라마 시리즈 : Vol.1 무지갯빛 청춘
코나미　1997년 7월 10일　4,800엔

- 1인용
- 어드벤처
- 메모리 백업
- 셔틀 마우스 지원

코지마 히데오가 감수·연출을 맡은 외전 드라마 시리즈 첫 번째 작품. 「폴리스노츠」의 시스템을 계승했고, 스토리 진행 도중 미니게임이 삽입되어 있다. 이번 작품에선 니지노 사키가 메인 히로인으로 채택되어, 축구부 주전을 목표로 삼은 주인공을 응원한다.

 전체 이용가　 18세 이상 추천　 18세 미만 구입 금지　 18세 이상 추천　 세가코레판이 발매된 타이틀　 잔혹 표현 주의

앨범 클럽 심쿵 : 세인트폴리아 여학교

소시에타 다이칸야마　1997년 7월 11일　6,800엔

● 1인용
● 버라이어티
● 메모리 백업

세인트폴리아 여학교에 파견을 나온 카메라맨이 되어, 소녀들의 사진을 촬영하는 게임. 소녀와 대화해 참참참 게임으로 대전해 보자. 3회 이기면 실사 동영상으로 전환되어, 다양한 포즈를 취해준다. 클리어 후에는 소녀가 보낸 메시지도 들을 수 있다.

AI 바둑

아스키 섬싱 굿　1997년 7월 11일　6,800엔

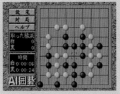

● 1~2인용
● 바둑
● 메모리 백업
● 셔틀 마우스 지원

PC용 게임을 이식한 바둑 소프트. AI를 도입한 바둑 게임으로, 개발자인 데이빗 포틀랜드는 세계의 각종 컴퓨터바둑대회에서 우승을 거머쥔 기록 보유자다. 바둑판 줄수 설정과 CPU 난이도의 세부적인 설정이 가능하고, 대국 결과와 경과도 기록할 수 있다.

NHL 97

버진 인터랙티브 엔터테인먼트　1997년 7월 11일　5,800엔

● 1~8인용
● 스포츠
● 메모리 백업
● 멀티 터미널 6 지원

인기 아이스하키 게임의 97년도판. 시합 전의 선수 소개 등, 실제 NHL과 동일한 연출을 도입했다. 선수는 모션 캡처를 사용한 3D 모델링으로 표현했으며, 골리가 착용하는 독자적인 페인트마스크와 이 해부터 도입된 세 번째 심판 제도도 재현되었다.

둠

소프트뱅크　1997년 7월 11일　5,800엔

● 1~2인용
● 액션
● 대전 케이블 지원

FPS(1인칭 슈터)의 원조이자 세계적인 히트작 「DOOM」의 세가새턴판. 자신의 시점을 중심으로, 공간을 자유로이 이동하며 맨손 혹은 무기로 싸운다. 적과 만나면 공격당하기 전에 조준을 맞춰 샷건으로 날려버려라!

썬더 포스 V

테크노 소프트　1997년 7월 11일　6,800엔　1998년 9월 17일　2,800엔(사타코레)

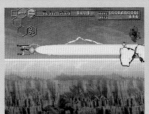
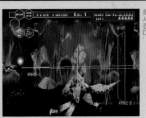

● 1인용
● 슈팅
● 메모리 백업

명작 횡스크롤 슈팅 게임 「썬더 포스」가 폴리곤 그래픽으로 바뀌어 새턴으로 등장했다. 마커가 붙은 적을 재빨리 물리치면 고배율이 되는 '하이 템포 보너스'나, 적 혹은 적탄을 아슬아슬하게 근접시키면 얻는 '스크래치 보너스' 등 새로운 점수벌이 요소를 도입했고, 무기를 초 강화형태로 만드는 '오버웨폰'을 비롯해, 무기를 전환하는 2가지 모드를 추가했다. 시리즈 역대 BGM을 편곡 수록한 CD가 동봉된 '스페셜 팩'도 발매되었다.

▲ 2D의 장점을 유지하면서도 리곤 그래픽으로 연출을 상당히 강화시켰다.

동급생 2

NEC 인터채널　1997년 7월 11일　7,900엔

● 1인용
● 연애 시뮬레이션
● 메모리 백업
● 셔틀 마우스 지원
● CD-ROM 2장

대히트 연애 시뮬레이션 게임의 이식판. 성우의 보이스가 추가되었고, 과격한 그래픽을 삭제했으며 시나리오에도 일부 수정을 가했다. 본편 클리어 후에는 외전 시나리오인 '졸업생'을 플레이 가능해, 본편 엔딩 직전 히로인들의 심경을 알 수 있게 된다.

벌크 슬래시

허드슨　1997년 7월 11일　5,800엔
　　　　1998년 8월 20일　2,800엔(사타코레)

● 1인용
● 3D 액션 슈팅
● 메모리 백업

2인승 기체를 조작해 반란군과 싸우는 3D 슈팅 게임. 게임 시스템에 연애 요소를 결합한 것이 특징으로, 각 스테이지 도중 히로인을 구출하면 내비게이터로 참전시킬 수 있다. 전과에 따라 히로인의 호감도가 오르내리고, 내비게이션의 정확도와 대사가 변화한다.

HARDWARE | 1994's SOFT | 1995's SOFT | 1996's SOFT | 1997's SOFT | 1998's SOFT | 1999's SOFT | 2000's SOFT | SOFT INDEX

캣 더 리퍼 : 13명째의 탐정사
톤킨 하우스   1997년 7월 18일   5,800엔

- 1인용
- 3D 미스터리 어드벤처
- 메모리 백업
- 셔틀 마우스 지원

미스터리 작가 야마구치 마사야의 작품이 원작인 추리 어드벤처 게임. 등장인물은 모두 폴리곤으로 모델링했다. 평행세계의 영국을 무대로, 기억을 잃은 주인공이 살인 누명에서 벗어나기까지의 이야기다. 등장인물 중 탐정이 여럿 등장하고, 주인공에게도 비밀이 숨어있다.

 사이드 포켓 3
데이터 이스트   1997년 7월 18일   5,800엔
1998년 11월 19일   2,800엔(사타코레)

- 1~4인용
- 3D 폴리곤 당구
- 메모리 백업

3D 폴리곤으로 제작해 리얼리티를 추구한 당구 게임. 모션 캡처로 프로 선수의 자세를 완전 재현하는 등, 실제 플레이에 극한까지 접근한 소프트다. 게임 모드는 미스터리 풍의 '시나리오 모드'와, '에디트 모드'를 탑재했다.

 유구환상곡
미디어웍스   1997년 7월 18일   5,800엔

- 1인용
- 육성 시뮬레이션
- 메모리 백업

우정을 테마로 삼은 육성 시뮬레이션 게임. 주인공은 마을 사람들의 신뢰를 얻기 위해 뭐든지 해주는 가게를 경영한다. 플레이 기간은 1년간이며, 동료 10명이 등장한다. 모든 동료에 엔딩이 준비돼있는데, 능력치에 따라 분기도 있는 등 파고들기 요소도 풍부하다.

 리얼 사운드 : 바람의 리그렛
워프   1997년 7월 18일   6,400엔

- 1인용
- 인터랙티브 사운드 드라마
- 메모리 백업
- CD-ROM 4장

게임 전체에 걸쳐 영상이 전혀 없고 '소리'만으로 스토리가 진행되는 '사운드 드라마' 게임. 게임 도중 몇 가지 분기점이 존재해, 플레이어의 선택에 따라 스토리가 진행된다. 실종돼버린 애인을 찾는 남자의 이야기로, 멀티 엔딩 방식을 채용했다.

 DX 인생게임 II
타카라   1997년 7월 24일   5,800엔

- 1~4인용
- 보드
- 메모리 백업
- 멀티 터미널 6 지원

95년에 발매된 「DX 인생게임」의 속편. 이번 작품에선 아기와 초등학생, 중학생부터 시작 가능하다. 룰렛을 돌려 칸을 전진해, 이벤트나 미니게임으로 자산을 불려나가자. 준비된 캐릭터 외에도 직접 캐릭터를 제작 가능하다. 턴 수도 360까지 설정할 수 있다.

 모험활극 모노모노
쇼에이샤   1997년 7월 24일   5,800엔

- 1인용
- 롤플레잉
- 메모리 백업

아이템을 닥치고 모으는 게 목적인 물건 수집형 롤플레잉 게임. 아이템이 200종류나 등장한다. 전투 장면은 액션 게임처럼 즐길 수 있다. 던전도 들어갈 때마다 무작위로 구조가 변화한다. 모은 아이템은 '모노모노 책'에 등록 가능하다.

 엔젤 그래피티 S : 당신에게 보내는 프로필
코코너츠 재팬 엔터테인먼트   1997년 7월 25일   6,800엔

- 1인용
- 리얼 연애 시뮬레이션
- 메모리 백업

2년이란 기간 안에 자기연마에 매진해 소녀와 사이가 좋아져야 하는 연애 시뮬레이션 게임. 캐릭터 디자인은 '변덕쟁이 오렌지 로드'의 만화가 마츠모토 이즈미, 시나리오는 「파이널 판타지」 시리즈의 테라다 켄지가 담당했다. 아마노 유리 등 유명 성우가 다수 출연한다.

 천사소녀 네티
토미   1997년 7월 25일   6,800엔

- 1~2인용
- 액티브 어드벤처
- 메모리 백업

같은 제목(원제는 '괴도 세인트 테일')의 인기 애니메이션 게임화. 주인공 하네오카 메이미로서 낮엔 학교생활, 밤엔 괴도 세인트 테일로 모험한다. 세이카 시에 들어온 우자키 콘체른에게서 사람들의 마음을 되찾자. 완전 오리지널 스토리로, 일부 신에 애니메이션을 삽입.

  전체 이용가   18세 이상 추천   18세 미만 구입 금지   18세 이상 추천   사타코레판이 발매된 타이틀   잔혹 표현 주의

슬레이어즈 로얄

카도카와쇼텐 / ESP   1997년 7월 25일   6,300엔

- 1인용
- 롤플레잉
- 메모리 백업

같은 제목의 인기 라이트노벨이 원작인 미디어믹스 작품 중 하나. 원작 특유의 무지막지한 마법이 작렬하는 시뮬레이션 RPG다. 원작자가 직접 감수한 완전 오리지널 스토리로, 리나와 나가 등 인기 캐릭터들의 대사를 애니메이션판과 동일한 성우진이 열연한다.

나이트루스 : 둘뿐인 진실

레이업   1997년 7월 25일   5,800엔

- 1인용
- 어드벤처
- 메모리 백업

대인기 호러 서스펜스 게임 제 3탄. 영검 세쿤다티의 실종과 히메카와 아이의 의문의 행동이라는 미스터리한 전개 끝에, 시리즈 최강의 적이 등장한다는 스토리. 도처에 삽입된 애니메이션이 분위기를 돋운다. 카나이 미카와 오리카사 아이 등 당시 인기 성우가 출연했다.

바이오하자드

캡콤   1997년 7월 25일   4,800엔

- 1인용
- 서바이벌 호러
- 메모리 백업

특수부대 S.T.A.R.S.가 산속의 연구시설에서 위기와 맞닥뜨리는 서바이벌 호러 어드벤처 게임의 이식판. 잔혹표현 규제 때문에 일부 동영상은 삭제됐지만, 웨스커 좀비 등의 적을 쓰러뜨리고 제한시간 내에 탈출하는 '배틀 모드'와 신규 코스튬, 일부 적이 추가되었다.

보이스 판타지아 S : 잃어버린 보이스 파워

애스크 코단샤   1997년 7월 25일   6,800엔

- 1인용
- 성우 어드벤처
- 메모리 백업
- CD-ROM 2장

인기 성우의 연기가 실사와 애니메이션으로 펼쳐지는 롤플레잉 게임. 게임 세계에 갇혀버린 성우 3명을 도와주자. 낮엔 애니메이션 세계에서 성우로서 연기하고, 밤엔 실사로 코스프레한 모습을 즐긴다. 퍼즐을 풀 힌트는 성우들에게서 들을 수 있는 프로필에 숨겨져 있다.

풀 카울 미니카 슈퍼 팩토리

미디어퀘스트   1997년 7월 31일   5,800엔

- 1~5인용
- 미니카 시뮬레이션
- 메모리 백업
- 멀티 터미널 6 지원
- CD-ROM 1장

미니카의 주행을 리얼하게 재현한 시뮬레이션 게임. 머신의 튜닝은 물론, 코스 키트 기능으로 오리지널 코스도 제작할 수 있다. 등장하는 머신은 10종류. 플레이어 대 CPU 전을 비롯해, 총 12코스에서 최대 5명까지의 멀티플레이도 가능하다.

격돌 코시엔

마호   1997년 8월 1일   5,800엔

- 1~2인용
- 스포츠
- 메모리 백업

플레이스테이션으로 발매되었던 「코시엔 V」의 새턴판. 그래픽이 3D로 표현되고, 시합 중에 실황이 나온다. 스토리 모드와 대전 모드가 준비되어 있고, 스토리 모드에서는 전국 9개 블록에서 학교 하나를 선택해 지방예선을 돌파하여 봄·여름 코시엔 연패를 노린다.

GO III Professional 대국바둑

마이니치 커뮤니케이션즈   1997년 8월 1일   6,800엔

- 1~2인용
- 테이블
- 메모리 백업
- 셔틀 마우스 지원

뛰어난 실력과 고속 사고가 특징인 바둑 소프트. 새턴으로는 몇 안되는 바둑 게임 중 하나다. 인간에 근접한 행마를 재현했으며, BGM은 클래식 곡 중에서 선택한다. 셔틀 마우스를 지원하며, 화면은 3D로 묘사된다. 실력 레벨은 12단계 중에서 고른다. 기보 저장도 가능.

라스트 브롱크스

세가   1997년 8월 1일   6,800엔

- 1~2인용
- 격투 액션
- 메모리 백업

가상의 도쿄를 무대로 스트리트 갱들이 항쟁을 펼치는 3D 대전격투 게임. 실존하는 풍경을 폴리곤화해 배경으로 삼는 등, 독자적인 세계관을 구축했다. 캐릭터들이 저마다 고유의 무기를 갖고 있고, 새턴판에서는 오프닝·엔딩에 애니메이션을 추가했다.

HARDWARE | 1994's SOFT | 1995's SOFT | 1996's SOFT | 1997's SOFT | 1998's SOFT | 1999's SOFT | 2000's SOFT | SOFT INDEX

랑그릿사 IV

메사이야 1997년 8월 1일 5,800엔
1998년 7월 30일 2,800엔(사타코레)

- 1인용
- 시뮬레이션 롤플레잉
- 메모리 백업

인기 시뮬레이션 RPG의 4번째 작품. 캐릭터 디자인과 메인 비주얼은 일러스트레이터 우루시하라 사토시가 그렸다. 신 시스템 'JPS'를 채용해, 턴제가 아니며 판단력이 높은 순서로 행동횟수가 결정된다. 주인공의 행동으로 스토리가 분기되는 멀티 엔딩 방식을 채용했다.

록맨 X4

캡콤 1997년 8월 1일 5,800엔
1998년 12월 10일 2,800엔(사타코레)

- 1인용
- 액션
- 메모리 백업

「록맨 X」 시리즈 4번째 작품. 록맨과 제로 양쪽을 사용하는 '더블 히어로제'를 도입해, 게임을 개시할 때 한쪽을 선택한다. 선택한 쪽에 따라 등장인물과 스토리가 변화한다. 캐릭터 보이스 채용과 애니메이션 도입 능, 연출이 강화되었다.

두근두근 메모리얼 대전 교환구슬

코나미 1997년 8월 7일 5,800엔

- 1~2인용
- 퍼즐
- 메모리 백업

아케이드 게임 「대전 교환구슬」의 캐릭터를 교체한 이식판. 기본 규칙은 하단에서 밀려올라오는 구슬들을 교체하여, 같은 색 '왕구슬'을 가로세로 어느 쪽이든 3개 맞추면 사라진다는 것. 캐릭터별 이야기를 즐길 수 있는 모드 등 3가지 모드를 수록했다.

미나카타 하쿠도 등장

아틀라스 1997년 8월 7일 5,800엔

- 1인용
- 추리 어드벤처
- 메모리 백업
- CD-ROM 2장

범죄심리학 교수 '미나카타 하쿠도'와 함께 살인사건의 수수께끼를 해명하는 추리 어드벤처 게임. 플레이어는 현장에 직접 가지 않고, 사건이 담긴 비디오테이프를 '재생'·'정지'·'빨리감기'·'되감기' 하면서 사건과 관계가 있는 증거나 모습을 지적해야 한다.

흑의 단장 : The Literary Fragment

OZ 클럽 1997년 8월 8일 6,300엔

- 1인용
- 어드벤처
- 메모리 백업
- 셔틀 마우스 지원
- 세가 멀티 컨트롤러 지원

PC용 게임을 이식한, 크툴루 신화가 소재인 명작 어드벤처 게임. '스즈사키 탐정사무소 파일' 시리즈 첫 작품에 해당한다. 플레이어는 스토리상에서는 조역 캐릭터인 쿠사나기가 되어, 주인공인 스즈사키를 서포트하여 수수께끼를 풀어나가야 한다.

고전강령술 백 가지 이야기 : 정말로 있었던 무서운 이야기

허드슨 1997년 8월 8일 5,800엔
1998년 8월 20일 2,800엔(사타코레)

- 1인용
- 괴담
- 메모리 백업
- CD-ROM 2장

95년에 PC엔진으로 발매했던 「백 가지 이야기 : 정말로 있었던 무서운 이야기」의 속편. 감수를 담당한 괴담 전문 연예인 이나가와 쥰지가 편집한 일반인 투고 괴담을 사운드 노벨 형식으로 즐긴다. 실사를 사용한 동영상 재생과, 폴리곤을 사용한 연출을 시도했다.

테라 크레스타 3D

일본물산 1997년 8월 8일 5,800엔

- 1인용
- 슈팅
- 메모리 백업

전통의 게임 개발사 '일본물산'의 종스크롤 슈팅 게임 「테라 크레스타」를 3D화 및 리메이크했다. 구출하면 합체할 수 있는 2~5호기 및 전설의 피닉스의 힘을 빌려 각 스테이지를 돌파하자. 그리운 BGM이 편곡되어 오프닝과 게임 본편에서 흘러나온다.

천하제패

이매지니어 1997년 8월 8일 6,800엔

- 1인용
- 시뮬레이션
- 메모리 백업
- 셔틀 마우스 지원

시나리오 중시형 역사 시뮬레이션 게임. 진정한 일본 통일을 이룩한 남자 도쿠가와 이에야스의 인생을 재현한 내용으로, 역사적 사실대로의 시나리오에 기반한 24가지 시나리오 분기를 수록했다. 전투는 실시간 진행인 전경 전투화면과, 부대 전투화면의 2가지 타입이 있다.

 전체 이용가 18세 이상 추천 18세 미만 구입 금지 18세 이상 추천 사타코레판이 발매된 타이틀 잔혹 표현 주의

폭렬 헌터 R

킹 레코드　　1997년 8월 8일　　5,800엔

- 1~2인용
- 어드벤처 롤플레잉
- 메모리 백업

소설과 TV 애니메이션으로 인기를 얻었던 같은 제목의 작품을 게임화했다. 오리지널 스토리지만 원작에 충실한 설정·코스튬 덕에, 이 작품도 추천연령 18세 이상 등급이 되었다. 물론 애니메이션도 다수 수록했고, 그중엔 므흣함이 풍부한 신작 애니메이션도 가득하다.

퍼즐 보블 3 : FOR SEGANET

타이토　　1997년 8월 8일　　2,800엔

- 통신대전 2인용
- 액션 퍼즐
- 메모리 백업
- 세가새턴 미디어 카드
- 세가넷 전용

이전에 발매되었던 「퍼즐 보블 3」와 게임 시스템은 동일하며, 별매품인 '세가새턴 모뎀'을 사용하는 통신대전 전용 작품. 아쉽게도 이 소프트 단독으로는 플레이할 수 없지만, 전화선을 연결해 미지의 상대와 대전할 수 있었고 소프트 가격도 타 작품의 반값 정도였다.

패닉 양

이매지니어　　1997년 8월 8일　　6,800엔

- 1인용
- OVA 어드벤처
- 메모리 백업

비디오 대여점에서 일하는 '패닉' 양이 주인공인 어드벤처 게임. 대여 비디오의 스토리를 개변하여 세계의 파멸을 획책하는 '트러블' 양과의 슬랩스틱 코미디를 즐긴다. 수록된 애니메이션은 약 90분. OVA를 보는 느낌으로 즐길 수 있는 게임이다.

판타즘

아웃트리거 공방　　1997년 8월 8일　　9,800엔

- 1~2인용
- 인터랙티브 호러
- 메모리 백업
- 셔틀 마우스 지원
- CD-ROM 8장

CD-ROM 8장에 달하는 초 대작 호러 어드벤처 게임(원제는 「판타즈마고리아」). 대저택에 사는 부부 주변에 수많은 위험이 닥친다! 실사 동영상으로 진행되는 스토리와, 커서에 따라 플레이어의 행동을 결정하는 게임 화면의 두 요소로 이야기가 진행된다.

프라돌 DISC : Vol.5 후지사키 나나코

Sada Soft　　1997년 8월 8일　　3,000엔

- 즐기는 사진집 퀴즈

그라비아 아이돌의 아슬아슬한 사진과 미니게임을 수록한 CD-ROM 시리즈 제 5탄. 이번 작품에는 다수의 예능프로와 기업 CF에 등장했던 '후지사키 나나코'를 기용했다. '사진집'·'동영상관' 등의 메뉴에, 참참참 게임을 즐길 수 있는 '미니게임'을 수록했다.

마블 슈퍼 히어로즈

캡콤　　1997년 8월 8일　　5,800엔

- 1~2인용
- 대전격투
- 메모리 백업
- 확장 램 카트리지 지원

마블 코믹스의 대규모 크로스오버 작품 '인피니티 건틀릿'을 기반으로 한 대전격투 게임. 이후의 작품에도 계승되는 공중 연속콤보 '에어리얼 레이브'를 최초로 채택한 작품이다. 자유도가 높고 호쾌함이 살아있는 게임으로, 숨겨진 캐릭터 '애니타'도 인기를 얻었다.

마법소녀 프리티 사미 : 공포의 신체검사! 핵폭발 5초 전!!

NEC 인터채널　　1997년 8월 8일　　6,800엔

- 1인용
- 디지털 코믹
- 메모리 백업
- CD-ROM 1장
- 싱글 CD 1장

인기 시리즈 '천지무용! 양황귀'의 스핀오프 작품을 소재로 삼은 어드벤처 게임. 초등학교에 다니는 사사미가 주인공인 스토리로, 츠나미가 다음 여왕이 되기 위해 사사미를 마법소녀로 만들어버린다. 스토리는 완전 오리지널로, 선택지를 고르면 분기하는 식이다.

라이프스케이프 2 바디 바이오닉스 : 경이의 소우주, 인체

미디어퀘스트　　1997년 8월 8일　　5,800엔

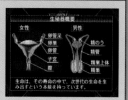

- 1인용
- 에듀테인먼트
- 메모리 백업

서기 2032년을 무대로, 누군가에게 조종당하는 가상의 인체 '모빌 바디'를 탈환하는 게임. '모빌 바디'에 다이브하여 적을 파괴하는 것이 목적이다. 적을 찾는 도중에 인간의 몸속을 구성하는 복잡한 메커니즘과 일상생활에서 이루어지는 화학변화를 배운다는 시스템이다.

HARDWARE | 1994's SOFT | 1995's SOFT | 1996's SOFT | 1997's SOFT | 1998's SOFT | 1999's SOFT | 2000's SOFT | SOFT INDEX

루팡 3세 크로니클

스파이크　1997년 8월 8일　5,800엔

- 애니메이션 데이터테인먼트
- CD-ROM 2장

시리즈의 원점이라 할 수 있는 TV
시리즈 '1st'와 '2nd', 극장판인 'vs
클론'과 '칼리오스트로의 성'을 집중 수록한 데이터베이스 소프트.
루팡 역사상 최초의 디지털 애니메이션으로 만든 오프닝과 엔딩 무
비, 메인 캐릭터의 히스토리 데이터 등도 수록했다.

새턴 뮤직 스쿨

와카 제작소　1997년 8월 9일　8,800엔

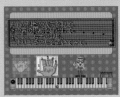

- Music & DTM
- 메모리 백업
- MIDI 인터페이스 케이블 동봉
- CD-ROM 1장

새턴에 MIDI 키보드를 연결하여
연습 및 작곡이 가능한 음악 소프
트. '치기' 모드에서는 유명 곡 20곡으로 레슨할 수 있다. '보너스'
모드에는 퀴즈 및 음감 단련용 미니게임도 수록했다. 키보드가 없
어도 '만들기' 모드로 작곡은 할 수 있다.

VIRUS

허드슨　1997년 8월 22일　6,800엔

- 1인용
- 하이브리드 어드벤처
- 메모리 백업
- 셔틀 마우스 지원
- CD-ROM 3장

3D CG와 애니메이션을 융합시킨
'하이브리드 비주얼'로 스토리가 진
행되는 어드벤처 게임. 22세기가 무대로, 돌연 출현한 의문의 살인 바
이러스를 쫓는 컴퓨터범죄 수사관의 이야기. '보다'・'대화하다'・'사
용하다' 커맨드를 간단 조작 가능한 '푸시 온리 시스템'을 탑재했다.

사랑의 서머 판타지 : in 미야자키 시가이아

반다이 비주얼　1997년 8월 22일　5,800엔

- 1인용
- 시뮬레이션
- 메모리 백업

실존하는 리조트인 '미야자키 시가
이아'를 무대로, 인기 아이돌 '오키
나 메구미'와의 데이트를 즐기는 시뮬레이션 게임. 플레이 기간인 4
일 동안 자유롭게 데이트 계획을 세워, 즐거운 데이트를 연출하자. 오
키나 메구미의 실사 스캔 사진을 사용했고, 음성도 본인의 목소리다.

스코처

어클레임 재팬　1997년 8월 22일　5,800엔

- 1인용
- 레이싱
- 메모리 백업

미래형 사이버 사이클을 타고, 3D
공간에 만들어진 6종의 코스를 주
파하는 레이싱 게임. 어지러울 정도의 하이스피드 전개가 특징으
로, 코스 내에 점프대나 좁은 다리 등의 여러 장치가 있다. 챔피언십
과 타임 어택, 2가지 게임 모드가 탑재되었다.

푸리루라 : 아케이드 기어즈

엑싱 엔터테인먼트　1997년 8월 28일　4,800엔

- 1~2인용
- 액션
- 메모리 백업
- CD-ROM 1장

귀여운 캐릭터들이 다수 등장하
며, 그림책 세계를 연상하게 하는 벨
트스크롤 액션 게임. 시간의 흐름을 관장하는 '태엽'을 누군가가 훔
쳐 버렸다. 주인공 잭을 조작해 '태엽'을 되찾아 마을에 평화를 다
시 가져다주자. 게임 도중 기발한 연출이 속출하는 것도 포인트다.

액뿅 게임 : 위즈

반다이 비주얼 / 비 팩토리　1997년 8월 29일　5,800엔

- 1인용
- 액션

신사복을 입은 토끼 '위즈'를 조작
해, 지상 세계로 돌아가려 모험하
는 쿼터뷰 액션 게임. 상하좌우로 뿅뿅 뛰어 적을 물리치며 아이템
을 모으자. 펑키한 디자인의 적들이 길을 가로막는다. 탈것이나 아
이템을 적절히 사용해 스테이지 클리어를 노리도록.

기동전사 건담 외전 : 더 블루 데스티니

반다이　1997년 8월 29일　14,400엔

- 1인용
- 3D 슈팅
- 메모리 백업
- 트윈스틱 지원 (Ⅱ・Ⅲ 한정)
- CD-ROM 4장

「기동전사 건담 외전」 시리즈 3부
작과 옵셔널 가이드 디스크 및 트
레이딩 카드 3장을 동봉한 세트 상품. 캐릭터 소개와 일러스트, 공
략 동영상, 외전 시리즈의 TV CM, 굿즈 소개를 수록했고, 패키지
커버 아트도 새로 그렸다.

 전체 이용가　 18세 이상 추천　 18세 미만 구입 금지　 18세 이상 추천　 사타코레판이 발매된 타이틀　 잔혹 표현 주의

여기는 잘나가는 파출소 : 나카가와 랜드 대 레이스! 편

반다이 1997년 8월 29일 6,800엔
1998년 8월 20일 2,800엔(사타코레)

- 1~6인용
- 입체 보드 게임
- 메모리 백업
- 셔틀 마우스 지원
- 버추어 건 지원

일본의 국민 만화(원제는 '여기는 카츠시카 구 카메아리 공원 앞 파출소')의 캐릭터들이 테마 파크 '나카가와 랜드'를 무대로 레이스를 펼치는 3D 시점 보드 게임. 룰렛을 돌리거나 커맨드를 골라 진행하며, 도중 버추어 건이나 셔틀 마우스도 지원하는 미니게임도 나온다.

3D 미션 슈팅 : 파이널리스트

가가 커뮤니케이션즈 1997년 8월 29일 5,800엔

- 1인용
- 3D 슈팅
- 메모리 백업

고속으로 움직이는 플레이어 기체의 부드러운 모션이 특징인 3D 슈팅 게임. 광신적인 독재자가 개발한 궁극의 학살병기를 파괴하러, 주인공 요원이 자신의 B-1 크래프트로 적국에 돌입한다는 스토리다. 입수 가능한 8종의 무기를 잘 사용해 다양한 미션에 도전하자.

다크 시드 II

비 팩토리 1997년 8월 29일 5,800엔

- 1인용
- 호러 어드벤처
- 메모리 백업

95년에 발매된 「다크 시드」의 속편. 전작의 모험으로부터 1년 후, 고향에 돌아온 주인공 도슨이 다시 고대의 신들과 싸우게 된다. 이번 작품은 보이스가 일본어 더빙으로 바뀌었고, 그래픽 화질도 향상됐다. 비주얼을 담당한 HR기거의 테이스트를 전면에 내세운 작품이다.

엘프 사냥꾼 : 화투 편

알트론 1997년 9월 4일 6,800엔

- 1인용
- 화투

화투로 엘프를 벗기는 탈의화투 게임. 아가미 유의 만화 원작 및 애니메이션이 소재로서, 이세계로 소환된 주인공 일행이 원래 세계로 돌아가기 위해 엘프를 벗겨 송환주문을 모으게 된다. 본격적인 화투 게임으로, 점수가 잘 나면 캐릭터들이 다양한 대사로 떠든다.

뿌요뿌요 SUN : FOR SEGANET

컴파일 1997년 9월 4일 2,800엔

- 통신대전 2인용
- 퍼즐 액션
- 메모리 백업
- 세가새턴 미디어 카드
- 세가넷 전용

이미 발매된 바 있는 「뿌요뿌요 SUN」과 게임 시스템은 동일하며, 별매인 '세가새턴 모뎀'을 사용하는 통신대전 전용 작품. 1인 플레이는 불가능하지만, 전화선을 사용한 통신대전으로 미지의 상대와의 뜨거운 배틀을 집에서 즐길 수 있었던 작품이다.

어설트 릭스

소프트뱅크 1997년 9월 11일 5,800엔

- 1인용
- 3D 슈팅
- 메모리 백업

근미래의 사이버 존이 무대인 3D 슈팅 게임. '리그'라 불리는 탱크형 몬스터 머신을 조작해, 미로를 탐색하면서 필드 상에 흩어져있는 젬(보석)을 모은다. 준비돼 있는 리그는 3종류. 40곳 이상의 다채로운 스테이지 전개를 즐길 수 있다.

삼국지 IV with 파워업 키트

코에이 1997년 9월 11일 7,800엔

- 1~8인용
- 역사 시뮬레이션
- 메모리 백업

95년에 발매된 「삼국지 IV」에 이벤트와 시나리오 등을 추가한 타이틀. 에디터도 추가되어 무장의 능력치나 각 도시의 인구·돈 등을 변경할 수 있다. 그 외에도 변경 이민족 추가 및 신군주·신무장 작성 가능 등의 추가요소가 있고, 무장의 프로필을 보여주는 기능도 있다.

DESIRE

이마디오 1997년 9월 11일 6,800엔

- 1인용
- 어드벤처
- 메모리 백업
- CD-ROM 2장

PC-9801용 게임의 이식판. 남쪽 바다의 외딴섬에 건립된 연구시설 'DESIRE'에서 펼쳐지는 사건과 드라마를 그린 어드벤처 게임이다. 2명의 주인공으로 시나리오를 진행하는 멀티 사이트 시스템을 탑재했다. 새턴판은 그래픽을 수정하고, 애니메이션과 보이스를 추가했다.

실루엣 미라쥬

트레저 / ESP　1997년 9월 11일　5,800엔　　1998년 12월 10일　2,800엔(사타코레)

● 1인용
● 슈팅 액션
● 메모리 백업

▲봉괴된 세계를 무대로, 캐릭터들이 날뛴다. 블록 조각도 코믹한 종 오간다.

2가지 다른 속성을 전환하며 적을 물리쳐 가는 슈팅 액션 게임. 주인공 '샤이나'를 조작해, 붕괴된 세계를 원래대로 되돌리자. 등장하는 캐릭터들은 '실루엣'과 '미라쥬' 두 속성으로 나뉘어 있고, 사이나는 양 속성을 모두 보유한다. 같은 속성으로 공격 받으면 정신력이 감소하고, 반대 속성으로 맞으면 체력이 감소한다. 무기

와 회복 아이템은 상점에서 구입 가능하다. 적 캐릭터들도 상당한 개성과 일색으로, 절망적인 상황의 스토리 전개가 특징이다.

디지털 핀볼 라스트 글래디에이터즈 Ver.9.7

KAZe　1997년 9월 11일　5,800엔

● 1~2인용
● 핀볼
● 메모리 백업

95년에 발매된 「라스트 글래디에이터즈」의 업그레이드판. 볼의 움직임 등을 수정했다. 검투사와 드래곤 등, 판타지 세계를 모티브로 삼은 핀볼 기기를 4대 수록했다. 각 기기의 룰은 인스트럭션 매뉴얼 형태로 상세하게 기재되어 있다.

노부나가의 야망 : 천상기 with 파워업 키트

코에이　1997년 9월 11일　9,800엔

● 1~8인용
● 역사 시뮬레이션
● 메모리 백업

95년 발매된 「천상기」 본편에 시나리오와 추가 무장을 더한 타이틀.
숨겨져 있던 시나리오 '혼노지의 변'을 처음부터 선택할 수 있으며, '타케다 신겐 상락' 등의 if 시나리오도 즐길 수 있다. 도쿠가와 이에미츠를 비롯해, 노부나가 사후에 탄생하는 캐릭터들도 등장한다.

모리타카 치사토 : 와타라세 다리 / 라라 선샤인

세가 / 오라시온　1997년 9월 11일　6,800엔

● MUSIC
● 무비 카드 지원
● CD-ROM 2장

90년대에 리메이크곡 '17세'를 불러 대히트시킨 가수 모리타카 치사토의 대표 곡 '와타라세 다리' 등의 11곡을, 세가새턴의 영상기능을 활용하여 뮤직 클립 풍으로 즐긴다. 그 외에 각 곡들에 대한 모리타카의 직접 인터뷰 등 귀중한 영상을 수록했다.

스트리트 파이터 컬렉션

캡콤　1997년 9월 18일　5,800엔

● 1~2인용
● 대전격투
● 메모리 백업
● CD-ROM 2장

「슈퍼~」·「슈퍼~ⅡX」·「~ZERO 2」 3작품을 하나로 합본한 소프트. 당시 가정용 게임기로는 3DO REAL로만 나와 있었던 ⅡX의 이식으로 주목을 받았다. 하드웨어 성능차도 있어 완전이식까진 아니나, 이식 요망이 많았던 타이틀들이다 보니 기뻐하는 팬이 많았다.

소비에트 스트라이크

버진 인터랙티브 엔터테인먼트　1997년 9월 18일　5,800엔

● 1인용
● 슈팅 / 시뮬레이션
● 메모리 백업
● 미션 스틱 지원
● 세가 멀티 컨트롤러 지원

'스트라이크' 시리즈 4번째 작품. 헬기를 조종하는 슈팅 게임이다.
무대는 크림 반도와 트란실바니아, 모스크바 등의 동유럽 지역 중심. 미션은 요인 구출과 적 기지 파괴 등을 준비했다. 요동치는 세계정세를 배경으로, 등장인물의 의도에 따라 전황이 초 단위로 변화한다.

도돈파치

아틀라스　1997년 9월 18일　5,800엔
　　　　1998년 9월 17일　2,800엔(사타코레)

● 1~2인용
● 세로방향 슈팅
● 메모리 백업

케이브의 「돈파치」 속편. 샷 버튼을 수동 연사하면 확산샷, 누르고 있으면 레이저가 나가며 기체의 속도가 느려진다. 적을 연속 격파할 수록 히트 카운트가 올라가는 콤보 시스템이 훌륭하다. 당시 스코어어택 대회를 개최, 아케이드판 전국 1위 플레이어는 훈장을 받기도.

 전체 이용가　 18세 이상 추천　 18세 미만 구입 금지　 18세 이상 추천　 사타코레판이 발매된 타이틀　잔혹 표현 주의

파치슬로 완전공략 유니코레 '97
니혼 시스컴　1997년 9월 18일　6,800엔

- 1인용
- 파치슬로
- 메모리 백업

풍부한 리치 찬스를 만끽하던 시대에 등장한 파치슬로 4호기의 명작 8개 기종을 실기 느낌 그대로 즐길 수 있는 파치슬로 시뮬레이터. '크랭키 콘도르', '게터 마우스' 등 현재에도 리메이크되고 있는 작품을 비롯해, 수많은 유저들이 파고들었던 '타코슬로'를 수록했다.

마이 드림 : On Air까지 못 참아
니혼 크리에이트　1997년 9월 18일　6,800엔

- 1인용
- 시뮬레이션
- 메모리 백업
- CD-ROM 2장

잡지 기자가 되어 신참 성우에게 접근, 어엿한 정규 성우가 되도록 인도하는 육성 시뮬레이션 게임. 캐릭터 하나 당 세 명의 배역을 고를 수 있는 '멀티 캐스팅'이 특징이다. 플레이 기간은 2년간, 조언과 전화를 반복하여 친밀도를 올려, 프로듀서의 눈에 들도록 하자.

유신의 폭풍우
코에이　1997년 9월 25일　6,800엔

- 1인용
- 리코에이션
- 메모리 백업

PC-9801용 게임의 이식판. 막부 말기를 무대로, 자신의 사상으로 일본을 통일시키는 시뮬레이션 게임이다. 여러 번(藩)의 요인을 설득하거나, 전투 등의 강행수단도 불사하며 전국 17개 번의 뜻을 하나로 묶어야 한다. 등장인물은 200명 이상. 설득은 카드 게임 형식이다.

건 프론티어 : 아케이드 기어즈
엑싱 엔터테인먼트　1997년 9월 25일　4,800엔

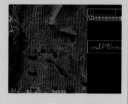

- 1~2인용
- 슈팅
- CD-ROM 1장

타이토에서 출시했던 아케이드 종스크롤 슈팅 게임의 이식판. 우주 해적의 침공으로 황폐해진 토지를 구하기 위해 두 용맹한 파일럿이 일어선다. 전통적인 슈팅 게임이지만, 적기 파괴 시의 폭발 패턴이나 보스 등장 신의 연출 등 볼거리가 가득한 작품.

기동전사 Z건담 후편 : 우주를 달리다
반다이　1997년 9월 25일　6,800엔

- 1인용
- 액션
- 메모리 백업

같은 제목의 인기 애니메이션 게임화 후편으로, 제 22화부터 최종화까지의 대표적인 에피소드를 재현한다. 무기를 하이메가 런처로 고정하는 등, 시스템을 개량하여 플레이하기 쉽도록 했다. 전작의 클리어 데이터가 있으면 백식으로 디 오나 큐베레이와 싸울 수도 있다.

출동! 미니스커트 폴리스
Sada Soft　1997년 9월 25일　4,800엔

- 판치라 / 기타

지상파 심야방송으로 대인기를 끌었던 프로 '출동! 미니스커트 폴리스'가 게임화되었다! 프로 내용을 아는 사람이라면 알 '판치라'(역주 ※)를 추구하는 미니게임을 다수 수록해, 클리어하면 실사 미니스커트 폴리스의 멤버가 등장하는 흐뭇한 보너스 영상을 볼 수 있다.

신세기 에반게리온 : 디지털 카드 라이브러리
세가　1997년 9월 25일　4,800엔

- 디지털 카드 라이브러리

같은 제목의 인기 애니메이션 및 캐릭터를 사용한 카드 게임. 카드를 모아 바인더에 채워나가자. 카드 각장마다 애니메이션 본편의 명장면이 실려 있고, 이를 재생할 수도 있다. 수록된 카드는 200장 이상. 수집한 카드는 '신세기 에반게리온'의 데이터베이스 역할도 한다.

슈퍼로봇대전 F
반프레스토　1997년 9월 25일　6,800엔

- 1인용
- 시뮬레이션 롤플레잉
- 메모리 백업

「제 4차 슈퍼로봇대전」의 리메이크 작품. '신세기 에반게리온'과 '전설거신 이데온', '톱을 노려라!'가 최초 참전했다. 전투 신은 풀보이스화되어, 거의 모든 캐릭터를 원작 방송 당시의 오리지널 캐스팅으로 기용했다. 오리지널 이벤트도 강화했다.

쵤드나실트

세가　1997년 9월 25일　6,800엔

- 1인용
- 시뮬레이션 RPG
- 메모리 백업

일개 용병의 몸으로 시작하여, 대륙 통일을 목표로 하는 시뮬레이션 게임. 코에이의 '리코에이션' 시리즈 중 한 작품으로, 철저하게 용병의 입장에서 나라를 움직이는 것이 특징이다. 6개 나라를 돌아다니며 용병대장에서 기사로 출세하자. 주인공의 행동으로 엔딩이 바뀐다.

졸업 S

NEC 인터채널　1997년 9월 25일　6,800엔

- 1인용
- 육성 시뮬레이션
- 메모리 백업
- CD-ROM 1장

명문 여고의 교사가 되어, 문제아 5명을 지도하는 육성 시뮬레이션 게임. 플레이 기간은 3년간. 목표는 일류 대학에 합격시키는 것이다. 3년간의 능력치 성장에 따라 사회인이 되거나, 유급 또는 퇴학 처분을 받기도 한다. 주인공과 결혼하는 엔딩도 준비돼 있다.

타임보칸 시리즈 보칸과 일발! 도론보 완벽판

반프레스토　1997년 9월 25일　5,800엔

- 1~2인용
- 슈팅
- 메모리 백업

애니메이션 '타임보칸'(국내에선 '날아라 번개호'로 방영) 시리즈의 악역 도론보 일당이 주인공인 슈팅 게임. 진짜 주인공임을 증명하려 역대 시리즈 주역들을 물리친다. 총 8스테이지 구성. 캐릭터도 성우도 당시대로 기용했다. 새턴판은 추가로 오리지널 동영상도 수록.

프라돌 DISC : Vol.6 요시다 사토미

Sada Soft　1997년 9월 25일　3,000엔

- 즐기는 사진집 퀴즈

당시 한창 전성기를 누리던 그라비아 아이돌의 디지털 사진을 대량 수록한 CD-ROM. 제 6탄인 이번 작품은 이미지 비디오와 잡지로 약약했던 '요시다 사토미'를 피처링했다. 메뉴로는 '사진관'·'100가지 질문'·'게임관'을 준비했다. '프라이빗 퀴즈'도 즐길 수 있다.

프로야구 그레이티스트 나인 '97 : 메이크 미라클
세가　1997년 9월 25일　5,800엔

- 1~2인용
- 스포츠
- 메모리 백업

97년의 최종 데이터를 탑재한 마이너 체인지 버전. 투타의 뜨거운 공방은 유지하면서 연출을 강화하고, 음성을 대폭적으로 수정 및 추가했다. 해당 년도에 실제로 일어난 일들을 재현한 '1997 페넌트' 모드가 추가되었고, 플레이 도중의 시점 변경도 가능해졌다.

멕워리어 2
반다이 비주얼　1997년 9월 25일　5,800엔

- 1인용
- 3D 슈팅 + 시뮬레이션
- 메모리 백업

윈도우 95용 게임의 이식작. 서기 3057년이 무대인 3D 슈팅 게임이다. 원작 「배틀테크」와는 달리, 가문들끼리 항쟁을 거듭하는 오리지널 스토리가 전개된다. 시스템은 리얼리티를 중시했으며, 총 48종류의 미션이 준비돼 있다.

모모타로 도중기
허드슨　1997년 9월 25일　6,800엔
1998년 8월 20일　2,800엔(사타코레)

- 1~4인용
- 보드 게임
- 메모리 백업
- 멀티 터미널 6 지원

「모모타로 전철」의 에도 시대 버전. 주사위를 굴려 칸을 전진해 자산을 불리는 식의 보드 게임으로, 칸에는 대공황이나 요괴 퇴치 등의 이벤트가 설치돼 있다. 쿠나시리, 에토로후, 대만의 용궁성과 오니가시마 등이 추가되었다. 킹 봄비의 선조인 봄비 대마왕도 등장한다.

룸메이트 : 료코 in Summer Vacation
데이텀 폴리스타　1997년 9월 25일　5,800엔

- 1인용
- 시뮬레이션
- 메모리 백업

세가새턴의 내장시계를 사용하여 실시간으로 히로인과 동거할 수 있는 연애 시뮬레이션 게임 제 2탄. 전작에서 미국으로 여행을 가버린 료코가 딱 하루만 귀국하여 주인공과 함께 지내준다. 데이트 이벤트를 다수 추가했다. 대화의 선택에 따라 엔딩이 변화한다.

 전체 이용가　 18세 이상 추천　 18세 미만 구입 금지　 18세 이상 추천　 사타코레판이 발매된 타이틀　 잔혹 표현 주의

위닝 포스트 2 파이널 '97

코에이　1997년 10월 2일　6,800엔

- 1인용
- 경마 시뮬레이션
- 메모리 백업

96년에 발매된 「위닝 포스트 2」의 97년 데이터 갱신판. 지방의 더트 GI를 비롯해 98년 이후 일정이 확정된 스케줄도 포함했다. 오카베 유키오·요코야마 노리히로 등 기수 25명이 실명으로 등장. 게임 화면에서 직접 데이터를 로드 가능하도록 했고, 플레이 환경도 개선했다.

캔캔 버니 엑스트라

키드　1997년 10월 2일　6,800엔

- 1인용
- 어드벤처
- 메모리 백업
- 셔틀 마우스 지원
- 세가 멀티 컨트롤러 지원

시리즈 중에서는 가장 많은 기종으로 이식된 연애 어드벤처 게임. 주인공이 되어 스토리를 진행해, 소녀와 친밀해지는 것이 목적이다. 이식되면서 그래픽이 풀사이즈로 강화되고, 일부 시나리오가 수정되었다. 새턴판만의 오리지널 요소도 추가되어 있다.

사나이 일직선 : Anarchy in the NIPPON

KSS　1997년 10월 2일　5,800엔

- 1~2인용
- 대전격투
- 메모리 백업

'신주쿠 재키'와 '이케부쿠로 사라' 등, 당시 일본의 유명 「버추어 파이터」 프로게이머 4명이 감수한 3D 대전격투 게임. 「버추어 파이터 3」와 유사한 시스템이며, 캐릭터 8명이 등장하는 일반적인 대전을 비롯해, 캐릭터의 알고리즘을 편집하여 대전시키는 모드도 있다.

사무라이 스피리츠 : 아마쿠사 강림

SNK　1997년 10월 2일　5,800엔

- 1~2인용
- 액션
- CD-ROM 1장
- 확장 램 카트리지 필수

SNK가 발매하던 2D 대전격투 게임 「사무라이 스피리츠」 시리즈 4번째 작품의 이식작. 확장 램 카트리지를 지원하여, 아케이드판과 동등한 게임 퀄리티를 즐길 수 있다. 대전 모드에선 '아마쿠사 시로 토키사다'도 사용 가능. 대 CPU전에서는 악의 보스로 등장한다.

전국제복미소녀 그랑프리 : 파인드 러브

다이키　1997년 10월 2일　4,800엔

- 1인용
- 어드벤처 퍼즐
- 메모리 백업

PC용 소프트 「전국제복미소녀 그랑프리」 시리즈의 미소녀 캐릭터 35명이 등장하는 액션 퍼즐 게임. 미소녀들의 그래픽을 350장 이상 수록하고, 히카미 쿄코 등의 인기 성우가 다수 출연한다. 퍼즐은 직소 퍼즐과 신경쇠약 등 4종류로서, 총 175스테이지가 마련돼 있다.

모리 모토나리 : 맹세의 세 화살

코에이　1997년 10월 2일　7,800엔

- 1인용
- 시뮬레이션 롤플레잉
- 메모리 백업

모리 모토나리와 그의 의지를 계승한 손자 테루모토로 츄고쿠 지방을 제패하는 전국시대 시뮬레이션 게임. '이츠쿠시마 전투' 등 모리 가문을 대표하는 전투·이벤트를 재현했다. 등장인물은 250명 이상이고, 해전·공성전 등 전황이 다양하다. 다나카 히데유키 등 인기 성우를 기용.

아스카 120% 리미티드 : BURNING Fest. LIMITED

애스크 코단샤　1997년 10월 9일　5,800엔

- 1~2인용
- 격투 액션
- 메모리 백업

일본 PC인 X68000으로 발매된 대전격투 게임의 이식판. 특별활동부 예산 쟁탈을 놓고 싸우는 혼다 아스카 등 여고생들의 이야기다. 이번엔 새로운 캐릭터도 늘어났고, 공격하거나 대미지를 입거나 하면 차오르는 게이지로 초필살기를 발동하는 것도 가능해졌다.

크로스 로맨스 : 사랑과 마작과 화투와

일본물산　1997년 10월 9일　6,800엔

- 1인용
- 테이블 어드벤처
- 메모리 백업

4인 대국 마작·화투 게임과 연애 육성 어드벤처 게임을 결합시킨 타이틀. 최강의 고교생 작사 자리를 겨루는 마작대회가 무대로, 소녀와 사이가 가까워지는 것이 목적이다. 히카미 쿄코와 마츠이 나오코 등 유명 여자성우 14명을 기용했다. 프리 대전과 대회 모드 등도 있다.

택틱스 포뮬러

세가　　1997년 10월 9일　　5,800엔

- 1~4인용
- 보드
- 메모리 백업
- 멀티 터미널 6 지원

F1을 테마로 삼은 보드 게임. 보드 게임 '포뮬러 데'를 비디오 게임화한 타이틀로, 머신의 속도에 따라 몇 칸 갈 수 있는지가 결정되는 게 특징이다. 한 시즌은 16레이스이고, 각 레이스는 예선과 본선으로 나뉘어 있다. 실제 레이스의 동일한 전략이 승부를 결정한다.

데자에몽 2

아테나　　1997년 10월 9일　　5,800엔

- 1인용
- ETC(제작 툴)
- 메모리 백업
- 멀티 터미널 6 지원
- 셔틀 마우스 지원

누구나 간편하게 슈팅 게임을 만들 수 있는 게임 개발 소프트. 내장된 오리지널 툴로 종·횡스크롤 슈팅 어느 쪽이든 제작 가능하다. 게다가 초보자도 간단하게 그래픽을 제작할 수 있는 툴 '폴리키치'도 답재했다. 샘플 게임도 숨겨진 타이틀까지 포함해 5개를 수록했다.

데드 오어 얼라이브

테크모　　1997년 10월 9일　　5,800엔

- 1~2인용
- 액션
- 메모리 백업

테크모가 직접 개발한 3D 대전격투 게임. '펀치'·'킥'·'홀드' 3종류의 버튼 조작을 체득하여, 커맨드 입력으로 각종 필살기를 구사해 상대의 체력을 빼앗자! 등장 캐릭터는 여성의 비율이 높고, 미니스커트 차림으로 싸우는 '카스미'가 특히 화제가 되었던 작품이다.

닌자 쟈쟈마루 군 : 귀참인법장 금

잘레코　　1997년 10월 9일　　5,800엔

- 1인용
- 액션
- 메모리 백업

플레이스테이션 게임의 이식판. 쟈쟈마루 군을 조작해 메기수염 대왕에게서 사쿠라 공주를 구출하는 액션 게임. 3D 필드를 돌아다니며 수리검으로 적을 물리치자. 스테이지 도중 동영상이 분위기를 살린다. 미니게임에서 보너스로 초대 「닌자 쟈쟈마루 군」도 플레이 가능.

G 벡터

소프트 오피스　　1997년 10월 16일　　5,800엔

- 1인용
- 3D 슈팅
- 메모리 백업
- 미션 스틱 지원
- 세가 멀티 컨트롤러 지원

하이스피드로 전개되는 SF 3D 슈팅 게임. 돌연 침략을 개시한 오르가노 인들로부터 지구를 지키는 것이 목적이다. 플레이어 기체는 대미지제로, 3회 피격당하면 게임 오버. 샷과 락온 레이저를 잘 활용해, 도시와 밀림 등 다양하게 준비된 총 6스테이지를 공략하자.

택티컬 파이터

미디어 링　　1997년 10월 16일　　6,800엔

- 1인용
- 격투가 육성 시뮬레이션
- 메모리 백업

격투 게임 요소가 있는 미소녀 육성 시뮬레이션 게임. 1주일 단위로 스케줄을 짜 히로인을 효율적으로 육성하자. 목적은 'S 그랑프리' 우승이다. 실전에서는 필살기를 쓰는 타이밍을 지시할 수 있다. 이마이 유카와 아오노 타케시 등의 베테랑 성우가 다수 출연했다.

은하영웅전설 PLUS

토쿠마쇼텐　　1997년 10월 23일　　5,800엔

- 1인용
- 전술급 시뮬레이션
- 메모리 백업

다나카 요시키의 스페이스 오페라를 게임화했다. 원작의 초반 '이제르론 공략'부터 중반 '버밀리온 회전'까지가 모티브인 전략 시뮬레이션 게임으로, 제국 혹은 동맹을 골라 즐긴다. 선호하는 제독을 자유롭게 사용 가능한데다, 조건을 만족시키면 원작의 이벤트도 발생한다.

스티프 슬로프 슬라이더즈

팩 인 소프트　　1997년 10월 23일　　5,800엔
　　　　　　　　1998년 10월 22일　　2,800엔(사타코레)

- 1인용
- 스포츠
- 메모리 백업

스노보드를 소재로 삼은 액션 게임. 하프파이프와 파크, 알파인은 물론 스노보드의 궁극이라 일컬어지는 익스트림까지, 다채로운 스테이지와 화려한 트릭 배리에이션을 즐길 수 있다. 오리지널 동영상을 편집해볼 수 있는 플레이 에디트 기능도 준비되어 있다.

 전체 이용가　　 18세 이상 추천　　 18세 미만 구입 금지　　 18세 이상 추천　　 사타코레판이 발매된 타이틀　　 잔혹 표현 주의

전일본 프로레슬링 : FEATURING VIRTUA

세가   1997년 10월 23일   5,800엔
1998년 11월 19일   2,800엔(사타코레)

- 1~2인용
- 대전격투
- 메모리 백업

슈퍼 패미컴에서 새턴으로 플랫폼
을 옮긴 전일본 프로레슬링 게임
제 5탄. 전일본 프로레슬링 창립 25주년 기념작품으로, 당시 소속
프로레슬러가 모두 실명으로 등장한다. 이번 작품에선 특별히 「버
추어 파이터」의 캐릭터인 울프와 제프리가 게스트로 참전했다.

파스텔 뮤즈

소프트 오피스   1997년 10월 23일   4,800엔

- 1~2인용
- 퍼즐
- 메모리 백업

컬러풀한 구슬을 발사해, 같은 색
깔로 3개 맞추는 퍼즐 게임. 구슬
이 포물선을 그리며 날아가는 게 특징이다. 게임 모드는 혼자서 즐
기는 '혼자서 뮤즈'와 퍼즐 스타일의 '챌린지 뮤즈', 대전용인 '대결
뮤즈', 타임 어택인 '타임 뮤즈' 4가지를 탑재했다.

잃어버린 세계 : 쥬라기 공원

세가   1997년 10월 23일   5,800엔

- 1인용
- 액션
- 메모리 백업

같은 제목의 인기 영화가 원작인
횡스크롤 3D 액션 게임. 스테이지
별로 등장인물 혹은 공룡으로 고정된 캐릭터를 조작하게 된다. 최
후까지 살아남으면 스테이지 클리어. 각자의 특성을 살려 생존하도
록 하자. 체력은 쓰러진 공룡을 잡아먹으면 회복 가능하다.

SEGA AGES 컬럼스 아케이드 컬렉션

세가   1997년 10월 30일   4,800엔

- 1~2인용
- 퍼즐 게임
- 메모리 백업

화면 최상단에서 떨어져 내리는
보석 3개 묶음을 버튼으로 교체하
여, 이미 바닥에 쌓여있는 보석과 가로·세로·대각선으로 같은 색깔
을 3개 맞추면 없어지는 룰로 친숙한 「컬럼스」와, 속편인 「컬럼스
2」, 「스택 컬럼스」, 「컬럼스 '97」까지 4작품이 수록되어 있다.

컬드셉트

세가   1997년 10월 30일   5,800엔   1998년 10월 22일   2,800엔(사타코레)

- 1~4인용   멀티 터미널 6 지원
- 보드
- 메모리 백업

맵을 계속 순회하며 총 마력이 목표치
를 넘긴 상태로 성에 도달한 사람이
승자가 되는 보드 게임. 맵 내의 토지는 크리처를 배치 성
공한 사람이 획득하게 된다. 이미 타인의 영지라 해도, 전
투 등으로 쟁탈할 수도 있다. '모노폴리' 풍의 땅따먹기 요소와, 크
리처·스펠 등의 다채로운 카드로 자신만의 북(덱)을 구축하는 트레

이딩 카드 게임 요소에, 지형효과·지원효과 등의 워 시뮬레이션 요
소까지 혼합되어 있어, 깊이 있는 재미를 준다.

민튼 경감의 조사파일 : 피에로 살인사건

리버힐 소프트   1997년 10월 30일   5,800엔

- 1인용
- 어드벤처
- 메모리 백업

PC용 게임의 이식작. 1932년의 영
국을 무대로, 서커스단에서 일어난
살인사건을 해결하자. 이동화면은 원화를 바탕으로 3D 모델링되어
있어, 원작의 분위기를 해치지 않고 부드럽게 동작한다. 조사와 대화
는 커맨드 선택식으로 변경했다. 대사는 보이스 더빙으로도 나온다.

레이어 섹션 II

미디어퀘스트   1997년 10월 30일   5,800엔

- 1~2인용
- 슈팅
- 메모리 백업

풀 폴리곤으로 제작된 종스크롤
슈팅 게임. 아케이드판 「레이스톰」
의 이식작이다. 세가새턴으로 이식되면서 「레이어 섹션 II」라는 타
이틀명으로 발매되었다. 새턴판은 신 기체를 선택할 수 있고 동영
상이 추가되는 등, 컨텐츠가 좀 더 불어났다.

HARDWARE
1994's SOFT
1995's SOFT
1996's SOFT
1997's SOFT
1998's SOFT
1999's SOFT
2000's SOFT
SOFT INDEX

RONDE : 윤무곡

아틀라스　1997년 10월 30일　6,800엔

- 1인용
- 시뮬레이션 롤플레잉
- 메모리 백업
- CD-ROM 2장

「여신전생」 시리즈의 흐름을 이은 시뮬레이션 RPG. 슈퍼 패미컴으로 발매된 「마신전생」의 속편에 해당한다. 전작의 시스템에 추가로 악마와의 대화 및 유닛화, 계약 시스템 등 여러 신 요소를 탑재했다. 스토리는 멀티 엔딩을 채용했다.

창공의 날개 : GOTHA WORLD

마이크로네트　1997년 11월 6일　6,800엔

- 1~2인용
- 시뮬레이션
- 메모리 백업
- CD-ROM 2장

하늘을 무대로 싸우는 전략 시뮬레이션 게임. 공중세계 '고타 월드'를 무대로, 사설경비대와 해적 길드가 치열한 전투를 펼친다. 시간축의 모순을 제어하는 '퍼스널 타임 시스템'이 전황을 좌우한다. 스테이지 사이에는 동영상을 삽입했다. 2인 플레이도 가능하다.

팔콤 클래식스

일본 빅터　1997년 11월 6일　5,800엔
　　　　　1998년 9월 17일　2,800엔(사타코레)

   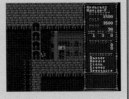

- 1인용
- 롤플레잉
- 메모리 백업

PC용으로 대히트한 「드래곤 슬레이어」・「재너두」・「이스」를 합본 수록했다. 각 게임마다 표시범위와 난이도 등을 즐기기 쉽게 조정한 '새턴 모드'와, PC판 원작에 가까운 '오리지널 모드' 중에서 선택해 플레이할 수 있다. 초회한정판에는 특전 CD가 동봉되었다.

마작 학원제

메이크 소프트웨어　1997년 11월 6일　6,800엔

- 1인용
- 마작
- 메모리 백업

아케이드 게임의 이식작. 스토리 모드는 탈의마작에 어드벤처 요소를 가미한 의욕작으로, 맵 이동 시간대나 이벤트 플래그에 따라 대전 순서도 바뀌는 등 충실하게 만들어져 있다. 물론 선호하는 캐릭터와 대전하는 프리 모드도 준비되어 있다.

가면라이더 작전 파일 1

토에이 소프트　1997년 11월 13일　6,800엔

- 1인용
- 데이터베이스

새로운 악의 조직이 가면라이더 말살을 위해 창설되었다……라는 설정의 데이터베이스 소프트. 가면라이더 1호와 2호의 모든 데이터는 물론, 쇼커와 겔쇼커의 데이터도 간부부터 괴인까지 망라했다. 시뮬레이션 모드에서는 간부 후보가 되어 가면라이더와 싸워볼 수 있다.

더 스타 볼링

유미디어　1997년 11월 13일　6,800엔

- 1~2인용
- 스포츠
- 메모리 백업
- CD-ROM 2장

플레이어는 게임에 등장하는 인기 여성 성우를 한 명 골라 볼링장에서 라이벌과 스코어 경쟁을 한다…는 설정으로, 폴리곤 그래픽을 활용한 리얼한 볼링 게임. 골프 게임의 퍼터 샷과 비슷한 조작감각으로 가볍게 즐길 수 있다. 같은 제목의 일본 인기 TV프로와는 관계없다.

데빌 서머너 소울해커즈

아틀라스　1997년 11월 13일　6,800엔

- 1인용
- CD-ROM 2장
- 롤플레잉
- 메모리 백업

「데빌 서머너」 시리즈 2번째 작품인 RPG. 차세대 모델 도시를 무대로, 악마소환 프로그램이 내장된 권총형 단말기 'GUMP'를 주운 소년이 여자 악마와 함께 다크 서머너와의 싸움에 투신한다는 스토리다. 전작에서의 주요 변경점은 언제나 간이 악마 합체가 가능해졌다는 것, 신 종족으로 '위령'・'광신'・'맹장'이 등장한다는 것이다. 게임 밸런스의 조정에 충분히 시간을 들였으며, 주인공의 성장 자유도가 높고 플레이가 쉬운 점도 이 작품의 큰 특징.

 전체 이용가　 18세 이상 추천　 18세 미만 구입 금지　 18세 이상 추천　 사타코레판이 발매된 타이틀　　잔혹 표현 주의

사쿠라대전 : 증기 라디오 쇼
세가　1997년 11월 13일　4,800엔

- 디지털 팬 디스크
- CD-ROM 2장

'라디오 쇼'와 '가요 쇼' 2가지 컨텐츠를 즐길 수 있는 팬 디스크. CD-ROM 2장 구성으로, '유기반'에서는 미니게임이 캐릭터 수만큼 준비돼 있다. '가요반'에서는 연극무대 '사쿠라대전 가요 쇼'의 축약판 동영상과 관련 상품 소개, 성우 인터뷰가 실사로 수록되었다.

포뮬러 그랑프리 : 팀 운영 시뮬레이션
코코너츠 재팬 엔터테인먼트　1997년 11월 13일　6,800엔

- 1인용
- 팀 운영 시뮬레이션
- 메모리 백업

F1 팀의 오너가 되어 챔피언을 목표로 하는 팀 운영 시뮬레이션 게임. 스폰서와 메이커 접촉, 드라이버 2명의 매니지먼트는 물론, 머신의 개발까지 손댈 수 있다. 레이스 워크에는 감독이 되어, 세팅과 피트인 전략까지 세세하게 지시를 내린다.

낙하 게임 디자이너 : 만들어서 퐁!
팩 인 소프트　1997년 11월 20일　5,800엔

- 1~2인용
- 퍼즐 컨스트럭션
- 메모리 백업
- 셔틀 마우스 지원
- 세가 멀티 컨트롤러 지원

낙하계 퍼즐 게임을 만드는 컨스트럭션 키트. 모든 그래픽과 사운드를 바닥부터 만들 수 있는 '디자이너 모드'를 비롯해, 곧바로 낙하 퍼즐을 즐기고픈 사람을 위해 '퀵 메이커'와 '룰렛 머신'을 탑재했다. '샘플 게임'도 수록되어 있다.

J리그 프로 사커 클럽을 만들자! 2
세가　1997년 11월 20일　5,800엔
　　　1999년 2월 4일　2,800엔(사타코레)

- 1~8인용
- 스포츠 육성 시뮬레이션
- 메모리 백업

95년에 발매된 축구 클럽 육성 시뮬레이션 게임의 제 2탄. J리그 가맹 17개 팀은 물론, 플레이어의 팀과 라이벌 팀이 참가한다. 최강의 팀을 만들어내 J리그와 세계의 축구를 제패하자. 전작에서 시스템을 진화시켰고, 플레이 편의성도 향상했다.

제로 디바이드 : 더 파이널 컨플릭트
줌　1997년 11월 20일　5,800엔

- 1~2인용
- 격투 액션
- 메모리 백업

95년에 발매된 플레이스테이션판의 속편. 「버추어 파이터」와 유사한 시스템의 3D 대전격투 게임이다. 사이버 공간을 무대로 공격 프로그램을 조작해 상대의 프로그램을 물리치자. 대미지를 주어 장갑을 파손시키면 더 큰 대미지를 입힐 수 있게 된다.

투탕카멘의 수수께끼 : 앙크
레이　1997년 11월 20일　6,800엔

- 1인용
- 어드벤처
- 메모리 백업
- CD-ROM 2장

이집트 고고학자 요시무라 사쿠지가 감수한 어드벤처 게임. 요시무라 교수의 호출로 이집트에 도착한 주인공은, 카이로에서 만난 점술사로부터 수수께끼의 게시를 받는다. 실사를 스캔한 360도 파노라마 화면은 현장감 발군이다. 고대 이집트의 데이터 라이브러리도 내장.

트랜스포트 타이쿤
이매지니어　1997년 11월 20일　6,800엔

- 1인용
- 경영전략·도시육성시뮬레이션
- 메모리 백업
- 파워 메모리 필수

물류회사의 사장이 되어 회사를 성장시키는 경영 시뮬레이션 게임. 1930년대를 무대로, 육해공 모든 물류의 지배가 목적이다. 플레이 기간은 100년간. 철도와 항공기, 선박을 이용해 여객과 화물을 운송하여 자금을 모으자. 시대 변천에 따라 차량·건물의 그래픽이 변화한다.

넥스트 킹 : 사랑의 천년왕국
반다이　1997년 11월 20일　6,800엔

- 1~4인용
- 연애 시뮬레이션 롤플레잉
- 메모리 백업
- 멀티 터미널 6 지원

왕이 되는 것을 목표로, 투표권을 가진 히로인들 12명+α의 마음을 사로잡아야 하는 보드 게임. 제한시간을 최대한으로 사용해 선물을 주거나 모험의 파트너로 영입하는 등 소녀들과의 인연을 다져나가자. 목적은 히로인에게 고백하여 생애의 반려가 되어주는 것이다.

HARDWARE | 1994's SOFT | 1995's SOFT | 1996's SOFT | 1997's SOFT | 1998's SOFT | 1999's SOFT | 2000's SOFT | SOFT INDEX

HARDWARE
1994's SOFT
1995's SOFT
1996's SOFT
1997's SOFT
1998's SOFT
1999's SOFT
2000's SOFT
SOFT INDEX

프라돌 DISC : Vol.7 아소 카오리

Sada Soft　1997년 11월 20일　3,000엔

● 즐기는 사진집 퀴즈

당시 화제였던 그라비아 아이돌의 섹시한 사진과 미니게임을 즐길 수 있는 디지털 사진집. 이번 작품에선 비디오와 사진집, 비디오용 영화에서 활약한 '아소 카오리'가 등장한다. '게임관'에서는 참참참 게임과 프라이빗 퀴즈 100 두 종류의 미니게임을 즐길 수 있다.

매스 디스트럭션 : 아빠도 즐길 수 있는 소프트

BMG 재팬　1997년 11월 20일　5,800엔

● 1인용
● 슈팅
● 메모리 백업

비스듬히 내려다보는 시점으로 탱크를 조작하는 3D 액션 슈팅 게임. 캐릭터와 배경은 모두 폴리곤으로 묘사되었다. 적 탱크는 물론, 화면에 표시된 모든 물체를 파괴 가능하다. 탱크는 3종류 중에서 선택 가능. 포로 구출이나 각 기지의 파괴 등, 다양한 미션이 준비돼 있다.

마법학교 루나

카도카와쇼텐 / ESP　1997년 11월 20일　6,800엔

● 1인용
● 롤플레잉
● 메모리 백업

게임 기어로 발매된 「LUNAR : 산보하는 학교」의 이식판. 이동하는 섬 '엔 섬'의 마법학교를 무대로, 주인공 에리와 친구들이 모험을 펼치는 롤플레잉 게임이다. 친구들과 힘을 합쳐 합체마법으로 공격하자. 애니메이션 영상이 풍부하게 추가되어 있다.

밴들 하츠 : 잊혀진 고대문명

코나미　1997년 11월 27일　4,800엔

● 1인용
● 시뮬레이션 롤플레잉
● 메모리 백업

높은 전략성과 전술성에 깊이 있는 스토리를 가미한 시뮬레이션 RPG. 고저차 개념이 있는 전투 모드는 360도로 시점변경이 가능하며, 산을 비롯하여 전장과 열차 등 다양한 맵이 준비돼 있다. 마법 연출이 호쾌하기로도 유명하며, 새턴판만의 특수한 마법도 있다.

워크래프트 II : 다크 사가

버진 인터랙티브 엔터테인먼트　1997년 11월 27일　5,800엔

● 1인용
● 시뮬레이션
● 메모리 백업

PC용 게임의 이식판. 인간과 오크 중 한쪽을 선택하여, 상대 세력을 멸망시키기 위해 다양한 미션을 진행하는 시뮬레이션 게임이다. 원작인 「워크래프트 II」 본편과 확장팩을 가정용 게임기 전용으로 합본한 타이틀로, PC판과는 동영상과 일부 텍스트에 차이가 있다.

엑스맨 VS. 스트리트 파이터

캡콤　1997년 11월 27일　7,800엔(동봉판)

● 1~2인용
● 대전격투
● 메모리 백업
● 확장 램 카트리지 4MB 전용

마블 코믹스의 대표작과 캡콤의 인기 시리즈가 콜라보한 대전격투 게임. 처음에는 확장 램 카트리지 4MB 동봉판으로 출시되었고, 후일 소프트 단품도 발매되었다. 화려한 연출과 호화로운 캐릭터로 일본은 물론 서양에서도 호평을 받아, 이후 「VS」 시리즈로 연결된 작품.

가이아 브리더

아스펙트　1997년 11월 27일　5,800엔

● 1인용
● 시뮬레이션
● 메모리 백업

멸종한 동물의 DNA를 채취하여 미래에서 사육하는 육성 시뮬레이션 게임. 동물은 사방이 폐쇄된 동물원에서 기르게 되는데, 약육강식이 발생하므로 육식동물과 초식동물을 적절한 밸런스로 투입해야만 한다. 운석이 떨어져 주변의 동물과 융합해 신종이 태어나기도 한다.

그랜드레드

반프레스토　1997년 11월 27일　5,800엔

● 1인용
● 스페이스 워 시뮬레이션
● 메모리 백업

우주함대를 통솔하여 싸우는 시뮬레이션 게임. 스페이스 오페라 세계관으로, 헥스 맵 상에서 진행된다. 다채로운 유닛의 풀 폴리곤 전투 신을 즐길 수 있다. 타이틀명인 '그랜드레드'란, 의지를 가진 전함을 말한다. 캐릭터 디자인은 만화가 호소노 후지히코가 맡았다.

 전체 이용가　 18세 이상 추천　X 18세 미만 구입 금지　MA-18 18세 이상 추천　 사타코레판이 발매된 타이틀　 잔혹 표현 주의

사다모토 요시유키 일러스트레이션즈
가이낙스　1997년 11월 27일　4,800엔

● 디지털 화집

'신세기 에반게리온'의 캐릭터 디자이너로 유명한 사다모토 요시유키의 디지털 화집. 에바 외에도 '신비한 바다의 나디아'와 '왕립우주군' 등의 애니메이션 작품과, '루날 사가'와 '올림피아' 등의 희귀작품 일러스트도 수록했다. 본인의 실사 인터뷰도 있다.

SEGA AGES 메모리얼 셀렉션 VOL.2
세가　1997년 11월 27일　4,800엔

● 1~2인용
● 커플링
● 메모리 백업

세가의 아케이드 명작들을 수록한 시리즈 제 2탄. 레이싱 컨트롤러도 지원하는 「모나코 GP」를 비롯해 「스타 재커」, 「사무라이」, 「닌자 프린세스」, 「신드바드 미스터리」, 「두근두근 펭귄 랜드」 6개 작품을 수록했다. 세가의 역사를 엿볼 수 있는 타이틀이다.

세가 투어링 카 챔피언십
세가　1997년 11월 27일　5,800엔

● 1~2인용
● 드라이브
● 메모리 백업
● 모뎀 지원
● 레이싱 컨트롤러 지원
● 세가 멀티 컨트롤러 지원

아케이드용 게임의 이식작. 알파 로메오 155TI 등의 실존 차량 4대를 시뮬레이트하는 레이싱 게임이다. 아케이드를 재현한 '아케이드 모드'와 추가요소가 있는 '새턴 모드'를 탑재했다. 네트워크에 접속하면, 온라인 랭킹에 등록하거나 이벤트에 참가할 수도 있었다.

일곱 바람 섬 이야기
에닉스　1997년 11월 27일　6,800엔

● 1인용
● 어드벤처 롤플레잉
● 메모리 백업
● CD-ROM 2장

그림책 속의 세계 '일곱 바람 섬'에 있는 수많은 수수께끼를 풀어가는 어드벤처 게임. 2D 도트로 섬세하게 그려진 캐릭터가 리얼하게 움직이며 사이드뷰 액션 게임처럼 전개된다. 섬을 어지럽히는 '검은 바람'의 정체는 최후에 과연 밝혀지는가!?

버블 심포니
빙　1997년 11월 27일　3,800엔

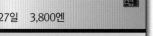

● 1~2인용
● 액션
● 메모리 백업

타이토의 「버블 보블」의 속편. 드래곤이 되어버린 4명의 아이 중에서 하나를 선택, 입으로 거품을 쏴서 적을 가두어 물리치는 고정화면식 퍼즐 게임. 보스 배틀에서는 다른 타이토 게임의 캐릭터가 등장하는 등 숨겨진 요소도 풍부하다.

프라돌 DISC : Vol.8 후루카와 에미코
Sada Soft　1997년 11월 27일　3,000엔

● 즐기는 사진집 퀴즈

섹시 아이돌의 산뜻한 사진과 미니게임을 즐기는 디지털 사진집. 이번 작품에서는 TV와 영화에서 활약한 '후루카와 에미코'를 피처링했다. 시스템은 이전 작품들과 동일하며, 삼지선다식의 '프라이빗 퀴즈 100'은 먼저 '100가지 질문'과 설명서를 보고 도전해야 쉽다.

블루 브레이커 : 검보다도 미소를
휴먼　1997년 11월 27일　6,200엔

● 1인용
● 연애 롤플레잉
● 메모리 백업

전통적인 스토리에 연애 시뮬레이션 요소를 추가한 롤플레잉 게임. 신붓감을 찾아 여행을 떠난 케인은 실수로 마왕의 봉인을 풀고 만다. 케인의 선택에 따라 소녀들의 태도가 변화한다. 사랑의 밀고 당기기와 모험이 절묘하게 결합된 참신한 시스템이 재미있는 작품.

메시지 내비 Vol.1
심스　1997년 11월 27일　2,800엔

● 베스트 프렌드를 발견하는 신 미디어

'1,000명의 개인정보를 제공합니다'라는 선전문구를 내세운 정보 소프트. SNS가 발달하기 이전에는, 이런 식의 친구 모집 개인광고가 흔했다. 정보는 게임센터의 스티커 사진기 코너 등에 설치한 응모함으로 수집했고, 편집부에 연락하면 사진의 여성과 중개해 주는 식이다.

리프레인 러브 : 당신과 만나고 싶어

리버힐 소프트　1997년 11월 27일　6,800엔

- 1인용
- 연애 시뮬레이션
- 메모리 백업
- CD-ROM 2장
- 음악 CD 1장

플레이스테이션에서 이식된 타이틀. 대학교 졸업을 앞둔 남녀 7명이 얽히는 인간관계를 그린 연애 시뮬레이션 게임이다. 능력치를 올려가는 육성 요소와, 여자와의 대화를 즐기는 어드벤처 요소로 구성되어 있다. 다른 남녀들과의 관계도 게임에 영향을 준다.

말 키우기 1펄롱 시어터

마이크로 비전　1997년 12월 4일　5,800엔

- 1인용
- 시뮬레이션
- 메모리 백업

요시다 미호의 같은 제목의 만화 게임판. 조교와 새끼말 생산관리 이론 등, 경마의 모든 것을 디테일하게 재현한 시뮬레이션 게임이다. 당시의 현역 기수와 경주마 1,050두가 실명으로 등장한다. 다만 원작이 만화라, 말이 말도 하고 기분이 상하면 조교를 거부하기도 한다.

은하아가씨전설 유나 3♥ : 라이트닝 엔젤

허드슨　1997년 12월 4일　5,800엔

- 1인용
- 택티컬 어드벤처
- 메모리 백업
- CD-ROM 1장

인기 시리즈 제 3탄. 디지털 코믹 형식의 '어드벤처 모드'로 스토리를 진행하며, 전투 시에는 '시뮬레이션 파트'로 전환되는 시스템이다. 역대 시리즈에서 나왔던 캐릭터들이 총 등장하며, 대부분의 캐릭터를 아군으로 삼을 수 있다. CG와 애니메이션도 풍부하게 넣었다.

코튼 2

석세스　1997년 12월 4일　5,800엔

- 1~2인용
- 슈팅
- 메모리 백업
- 확장 램 카트리지 지원

빗자루에 올라탄 소녀 '나타 데 코튼'을 플레이어가 조작하여 진행하는 횡스크롤 슈팅 게임. 대전격투 게임처럼 커맨드를 넣어 다양한 샷(공격)이 가능하다는 게 특징이다. 스테이지 클리어 때마다 나오는 애니메이션 신이 웃음을 자아낸다.

이 세상 끝에서 사랑을 노래하는 소녀 YU-NO

엘프　1997년 12월 4일　7,800엔

- 1인용
- 셔틀 마우스 지원
- 멀티스토리시스템 A.D.M.S
- CD-ROM 3장
- 메모리 백업

병렬세계를 무대로 삼은 어드벤처 게임. 병렬로 존재하는 여러 세계를 넘나들며, 자신에게 숨겨진 수수께끼를 파헤쳐 가자. 물리학과 논리, 철학, 역사, 종교 등 다양한 장르의 지식이 오컬트와 미스터리, 연애와 복잡하게 얽혀있는 방대한 스토리의 작품이다. 근친상간과 카니발리즘 등 사회의 금기를 다룬 요소도 다수 들어가 있어 물의를 일으킨 타이틀이기도 하다. '시간은 가역, 역사는 비가역'이라는 설정으로 타임 패러독스를 회피한 것도 특징이다.

원작이 성인용 선정적인 구도의 그래픽이 많다

실황 파워풀 프로야구 S

코나미　1997년 12월 4일　5,800엔

- 1~2인용
- 스포츠
- 메모리 백업

세가새턴판으로는 「95 개막판」에 이은 2번째 파워프로. 기본 시스템은 전작을 계승했고, 석세스 모드의 패스워드도 공통 사용 가능하다. 데이터가 97년도 최종판으로 교체되었고, 어레인지 모드에서는 투구 폼을 선택할 수 있는 등 새로운 요소가 추가되었다.

소닉 R

세가　1997년 12월 4일　5,800엔

- 1~2인용
- 액션 레이싱
- 메모리 백업
- 세가 멀티 컨트롤러 지원

음속으로 달리는 '소닉'과 친구들을 조작해 라이벌을 제치고 골인을 노리는 3D 액션 게임. 코스에 흩어져 있는 링과 아이템을 얻거나 지름길 코스를 발견하면서 베스트 타임을 기록하자. 보컬이 들어간 BGM이 상쾌하다.

  전체 이용가　 18세 이상 추천　 18세 미만 구입 금지　MA-18 18세 이상 추천　 사타코레판이 발매된 타이틀　 잔혹 표현 주의

디직 : 맥나이트 아트 컬렉션

마스다야 코포레이션   1997년 12월 4일   5,800엔

● 1인용
● 퍼즐
● 메모리 백업

미국의 풍경화가 토머스 맥나이트의 작품을 즐기는 디지털 퍼즐 게임. 수록된 그림은 전부 20작품. 퍼즐은 최대 108피스로 즐길 수 있다. 맥나이트는 '타임' 지에서 8년간 근무한 후 화가로 전향했으며, 세계의 관광지와 리조트를 그린 그림으로 유명해졌다.

디직 : 라센 아트 컬렉션

마스다야 코포레이션   1997년 12월 4일   5,800엔

● 1인용
● 퍼즐
● 메모리 백업

미국의 화가 크리스천 라센의 그림 20장을 수록한 디지털 퍼즐 게임. 하와이 등의 바닷속 풍경을 선연한 터치로 그려낸 '마린 아트' 작품을 최대 108피스 직소 퍼즐로 즐길 수 있다. 라센 본인이 코멘트한 동영상도 수록돼 있다.

버추얼 경정 2

일본물산   1997년 12월 4일   6,800엔

● 1~2인용
● 스포츠
● 메모리 백업
● 세가 멀티 컨트롤러 지원

인기 경정 게임 제 2탄. 전국모터보트경주회연합회와 일본모터보트선수회의 공인을 받은 타이틀이다. 기본 시스템은 전작을 계승한 시뮬레이션 게임으로, 선수의 현역 생활을 그리고 있다. 새로이 VS 모드가 추가되어, 2인 대전이 가능해졌다.

프라돌 DISC : Vol.9 나가마츠 케이코

Sada Soft   1997년 12월 4일   3,000엔

● 즐기는 사진집 퀴즈

당시 인기였던 그라비아 아이돌의 디지털 사진과 미니게임을 수록한 CD-ROM 제 8탄. 이번 작품에서는 다수의 TV프로와 기업 CF에 출연했던 '나가마츠 케이코'를 피처링했다. 메뉴는 전작과 동일. '사진관', '참참참 게임', '프라이빗 퀴즈'를 준비했다.

Hop Step 아이돌☆

미디어 엔터테인먼트   1997년 12월 4일   6,800엔

● 1인용
● 시뮬레이션
● 메모리 백업

남성 아이돌 그룹을 키워나가는 육성 시뮬레이션 게임. 연예기획사의 프로듀서가 되어, 길거리에서 마음에 드는 소년을 스카우트하자. 등장하는 소년은 총 9명으로, 누굴 데뷔시킬지는 플레이어 마음이다. 연말 콘서트 개최를 목표로, 노래와 댄스를 단련시키자.

아르카나 스트라이크스

타카라   1997년 12월 11일   6,800엔

● 1인용
● 택티컬 카드
● 메모리 백업

여섯 나라와 중앙의 거대한 기둥으로 구성된 환상적인 세계 '아르카나 월드'에서 펼쳐지는 택티컬 카드 게임. 다양한 속성이 깃들어 있는 카드를 입수하여 총 19스테이지를 돌파하자. 카드는 약 300종류. 카드는 육성시키면 성장하며, 커스터마이징도 가능하게 되어 있다.

새턴 봄버맨 파이트!!

허드슨   1997년 12월 11일   5,800엔

● 1~4인용
● 액션
● 메모리 백업
● 멀티 터미널 6 지원

대전 플레이가 치열하다!! 유명한 「봄버맨」이 쿼터뷰로 새로 태어났다. 이번 작품은 시점이 변경되면서 점프 액션 등이 가능해진데다, 고저차를 활용하는 스테이지가 풍부하게 마련되었다. 라이프제라는 신규 요소도 추가되었다.

샤이닝 포스 Ⅲ 시나리오 1 : 왕도의 거신

세가   1997년 12월 11일   4,800엔

● 1인용
● 시뮬레이션 RPG
● 메모리 백업

시뮬레이션 RPG 「샤이닝 포스 Ⅲ」 3부작 중 첫 번째 작품. 제국과 군사적 긴장 상태인 공화국의 검사 시점에서 이야기가 전개된다. 플레이어의 행동이 후속 시나리오에 영향을 끼치는 신규 시스템 '싱크로니티 시스템'을 채용한 것이 특징이다.

미치노쿠 비탕 사랑 이야기 스페셜

미소녀 화투기행

포그　1997년 12월 11일　5,800엔

- 1인용
- 어드벤처
- 메모리 백업

토호쿠 지방을 여행하던 주인공이 촬영권을 걸고 히로인과 화투 승부를 벌이는 연애 어드벤처 게임. 실제로 토호쿠에서 촬영한 사진을 배경으로 사용해, 여행 게임의 성격도 띠고 있다. 플레이스테이션 게임의 이식판으로, 입욕 장면의 맨몸 노출 등 에로 요소를 강화했다.

프라돌 DISC : Vol.10 마사키 마이

Sada Soft　1997년 12월 11일　3,000엔

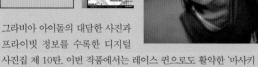

- 즐기는 사진집 퀴즈

그라비아 아이돌의 대담한 사진과 프라이빗 정보를 수록한 디지털 사진집 제 10탄. 이번 작품에서는 레이스 퀸으로도 활약한 '마사키 마이'를 피처링했다. '사진관'은 '마사키 마이 사진집'과 '메이킹 in 오키나와', '카메라맨 마사키 마이' 세 컨텐츠를 즐길 수 있다.

프린세스 크라운

아틀라스　1997년 12월 11일　5,800엔
　　　　　1998년 12월 10일　2,800엔(사타코레)

- 1인용
- 액션 롤플레잉
- 메모리 백업

세가와 아틀라스의 공동개발로 탄생한 액션 RPG. 공·방·회피 시 파워 게이지를 소비하는 전투, 소모품으로 사용하는 마법, 몬스터가 드롭한 식재료로 만드는 요리 등 독특한 시스템을 채용했다. 스프라이트와 모핑을 활용한 부드럽고 다채로운 액션, 섹시한 변신도 볼거리.

마리아 : 그대들이 태어난 이유

액셀라　1997년 12월 11일　6,800엔

- 1인용
- 인터랙티브 드라마
- 메모리 백업
- CD-ROM 2장

다중인격을 테마로 삼은 인터랙티브 어드벤처 게임. 당시엔 '빌리 밀리건' 등 같은 테마를 다룬 작품이 화제였다. 사운드 노벨 풍의 작품으로, 캐릭터 및 배경을 폴리곤으로 묘사했다. 탐색하고 선택지를 고르는 어드벤처 파트와 동영상이 교대로 진행된다.

마리의 아틀리에 ver.1.3 : 잘부르그의 연금술사

이마디오　1997년 12월 11일　5,800엔

- 1인용
- 롤플레잉
- 메모리 백업
- CD-ROM 1장

플레이스테이션으로 발매된 '아틀리에' 시리즈 첫 번째 작품에 추가 요소를 더한 이식판. 이벤트와 엔딩, 게임 내의 미니게임뿐만 아니라, 세가새턴 본체의 시계 기능을 활용하여 현재 시각과 날짜에 따라 마리의 메시지가 변화하는 기능도 추가했다.

유구의 작은 상자 : OFFICIAL COLLECTION

미디어웍스　1997년 12월 11일　2,980엔

- 버라이어티
- 무비 카드 지원

「유구환상곡 : 2nd Album」의 발매에 앞서 출시된 팬 디스크. 「유구환상곡」 1·2편의 원화와 미공개 원화 수록은 물론, 제품판에 수록되지 못한 미공개 보이스와 각 캐릭터별 소개 정지영상, 예고편 등의 무비 시어터, 「유구」 월드의 퀴즈를 수록했다.

은하아가씨전설 유나♥ : 아키타카 미카 일러스트 웍스 2

허드슨　1997년 12월 15일　4,800엔

- 일러스트집

「은하아가씨전설 유나」 디지털 화집 제 2탄. 전작의 미수록 일러스트와 이후 그려진 작품을 100점 이상 수록했다. 또한 아키타카 미카 본인과 출연 성우 3명이 유나에 대해 말하는 코너를 추가했고, 유나와의 상성을 진단하는 코너와 특정일 운세를 점치는 코너도 넣었다.

울트라맨 도감 2

코단샤　1997년 12월 18일　6,800엔

- 데이터베이스

호평을 받은 전작에 이은 울트라 시리즈의 데이터베이스 제 2탄. 츠부라야 프로덕션의 감수로 '돌아온 울트라맨'·'울트라맨 에이스'·'울트라맨 타로' 3작품을 수록했다. 울트라 전사의 전 능력 해설은 물론, 총 156화에 달하는 스토리 해설과 240종 이상의 괴수·우주인을 망라.

 전체 이용가　 18세 이상 추천　 18세 미만 구입 금지　 18세 이상 추천　 사타코레판이 발매된 타이틀　 잔혹 표현 주의

R?MJ : The Mystery Hospital
반다이　1997년 12월 18일　6,800엔

- 1인용
- 호러 어드벤처
- 메모리 백업

특수한 DNA 'MJ'를 찾는 음모에 휘말려든 사람들이 병원에서 탈출하려 하는 3D 호러 어드벤처 게임. 오감을 집중해 주변을 조사하는 '오감 버튼'과 동료의 힌트로 진행한다. 이벤트에 약 40분의 동영상이 사용됐고 무작위 분기도 있어, 엔딩 한 번으론 전모를 알 수 없다.

오오에도 르네상스
팩 인 소프트　1997년 12월 18일　6,800엔

- 1인용
- 역사도시개발 시뮬레이션
- 메모리 백업
- 세가 멀티 컨트롤러 지원

에도 시대가 테마인 경영 시뮬레이션 게임. 에도 막부의 국무총리격인 타누마 오키츠구가 되어, 쇼군을 보필하며 기울어진 막부를 재건하는 게 목적이다. 정적 마츠다이라 사다노부에 핀잔을 주고, 뇌물도 받고, 히라가 겐나이에 발명도 의뢰하는 등 에도의 생활을 만끽해보자.

구극 타이거 II PLUS
나그자트　1997년 12월 18일　5,800엔

- 1~2인용
- 슈팅
- 메모리 백업

슈팅 게임을 논할 때 빼놓을 수 없는 개발사 '토아플랜'의 명작 「구극 타이거」의 속편. 아케이드판+α 형태의 이식판으로, 스테이지 사이에 동영상이 들어가는 오리지널 모드를 추가하고, 편향 스크롤을 통해 세로 화면의 게임성을 원작대로 최대한 재현해냈다.

크로우즈 : THE BATTLE ACTION FOR SEGASATURN
아테나　1997년 12월 18일　5,800엔

- 1~2인용
- 쌈박질 액션

타카하시 히로시 원작의 인기 만화를 게임화했다. 횡스크롤 액션에 대전격투 요소를 가미했고, 등장하는 캐릭터는 SD화해 표현했다. 특징은 콤보 편집이 가능하다는 것으로, 편집한 콤보는 버튼 하나로 발동 가능하다. 콤보는 체력을 일정량 소비해 사용하게 된다.

그란디아
게임 아츠 / ESP　1997년 12월 18일　7,800엔

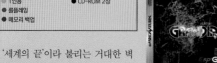

- 1인용
- 롤플레잉
- 메모리 백업
- CD-ROM 2장

'세계의 끝'이라 불리는 거대한 벽으로 둘러싸인 세계를 무대로, 모험을 동경하는 소년이 신화로 전해지는 문명의 수수께끼와 세계의 위기에 맞서는 RPG. 밝고 왕도적인 스토리지만 연출과 구성이 세련되어, 하루의 모험을 동료들과 되새기며 식사하거나, 마을 사람들과의 대화 패턴도 풍부한 등 치밀하게 꽉꽉 채운 디테일이 특징. 속성별로 자유롭게 익히는 마법과, 캐릭터 고유 기술을 성장시켜 익히는 합성기술 등, 육성이 자유로운 점도 키포인트다.

▶ 3D 배경에 2D 캐릭터를 배치해 자유로운 시점 변경을 가능케 했다.

사운드 노벨 만들기 2
아스키　1997년 12월 18일　5,800엔

- 1인용
- 게임 컨스트럭션
- 메모리 백업
- 셔틀 마우스 지원
- 키보드 지원

96년에 슈퍼 패미컴으로 발매된 「사운드 노벨 만들기」의 발전판. 청춘 어드벤처, SF 등을 테마로 삼은 샘플 게임이 4종 수록돼 있어, 이것만 즐겨도 본전은 뽑을 수 있다. 개발 툴 측면에서는 사용 가능한 소재 수가 늘어났고, 파워 메모리에 저장하면 공유하기도 쉽다.

잽! 스노보딩 트릭스 '98
포니 캐년　1997년 12월 18일　5,800엔

- 1~2인용
- 액션
- 메모리 백업

전작(111p)에 이은 속편으로, 스노보더 마루야마 하야토·미사와 마사오가 감수한 스노보드 게임. 게임 모드로는 스피드를 겨루는 '타임 컴피티션'과 에어 트릭 기술을 겨루는 '프리스타일', 모든 스테이지의 종합순위를 겨루는 '챔피언십', 대전용인 'VS 모드'를 수록했다.

149

준 클래식 C.C. & 로페 클럽

T&E 소프트　1997년 12월 18일　6,800엔

- 1~4인용
- 스포츠
- 메모리 백업
- 멀티 터미널 6 지원

「머나먼 오거스타」 시리즈의 연장 선인 3D 골프 시뮬레이션 게임. 이 작품에선 일본 유수의 토너먼트가 개최된 바 있는 토치기 현의 '준 클래식 C.C.'와 '로페 클럽'이 무대다. 양 코스 모두 1홀 3루트로 설정되어, 합세 108홀 분량의 공략을 즐길 수 있다.

수호전 : 천도 108성

코에이　1997년 12월 18일　7,800엔

- 1인용
- 역사 시뮬레이션
- 메모리 백업

96년에 발매된 「수호전 : 천명의 맹세」의 속편. 목적은 전작처럼 조정에 쫓기는 호걸 중 하나가 되어 간신 고구를 타도하는 것. 캐릭터 CG를 리뉴얼했고, 시스템도 거점을 요새화하고 호걸을 끌어들여 전력을 키우는 식으로 바꾸었다. 게임은 실시간 형식으로 진행된다.

DJ 워즈

스파이크　1997년 12월 18일　5,800엔

- 1인용
- 음악 시뮬레이션
- 메모리 백업

리듬을 타며 싸우고 감각적으로 즐기는, DJ 체험 시뮬레이션 게임. 스토리 모드는 3개 지구 9개소의 클럽을 지배하는 보스와 DJ 배틀을 펼쳐 진정한 DJ 킹을 결정한다는 내용이다. 스튜디오 모드에서는 롱믹스를 비롯해 컷인·컷아웃 등 DJ에 필요한 테크닉을 익힐 수 있다.

트윙클 스타 스프라이츠

ADK　1997년 12월 18일　5,800엔

- 1~2인용
- 대전 슈팅
- 메모리 백업
- CD-ROM 2장

아케이드용 게임을 이식한 대전형 종스크롤 슈팅 게임. 탄을 쏴 적을 물리치는 게 기본이지만, 여기에 대전 퍼즐 게임 요소를 도입해 완전히 새로운 게임으로 만들어냈다. 새턴판은 오리지널 캐릭터가 추가되었고, 일러스트 갤러리 등을 수록한 '보너스 디스크'도 동봉했다.

텍스토스 루도 : 아르카나 전기

파이　1997년 12월 18일　6,800엔
　　　1998년 2월 11일　2,800엔(사타코레)

- 1~4인용
- 시뮬레이션 카드
- 메모리 백업
- 멀티 터미널 6 지원

타로 카드로 구성된 창세신화의 세계를 그린 보드 & 카드 시뮬레이션 게임. 78종류의 카드를 구사하여 라이벌들과 싸워, 골로 향하는 것이 목적이다. 타로를 소재로 삼은 게임은 여럿 있으나, 이 게임처럼 대 아르카나와 소 아르카나를 모두 소재화한 작품은 극소수다.

닌자펭귄 땡글이

에닉스　1997년 12월 18일　6,800엔

- 1인용
- 액션
- 메모리 백업

90년대에 방송되었던 애니메이션 만화(원제는 '닌펜 만마루')가 3D 액션으로 게임화! 플레이어는 주인공 '땡글이'를 조작해, 사범 '염마'가 알려준 땅으로 수행 여행을 떠난다. 모든 스테이지를 클리어하고 '금색 종이접기'를 무사히 입수하는 게 목적이다.

프라돌 DISC : Vol.11 히로세 마유미

Sada Soft　1997년 12월 18일　3,000엔

- 즐기는 사진집 퀴즈

당시의 인기 그라비아 아이돌의 섹시한 사진과 퀴즈를 수록한 디지털 사진집의 마지막 작품. 이번 작품에서는 주로 청년잡지에서 활약한 당시 16세의 '히로세 마유미'를 다루었다. 시스템은 전작들처럼 그녀의 모습을 찍은 사진 288매와, 100문제의 삼지선다 퀴즈로 구성.

유니버설 너츠

레이업　1997년 12월 18일　5,800엔

- 1인용
- 어드벤처
- 메모리 백업

다량의 CG와 풍부한 분기점이 마련된 어드벤처 작품. 우주공간에서 일어난 살인사건의 범인을, 등장인물의 행동 등으로부터 추리하여 찾아내자. 여성의 팬티가 슬쩍 보이는 장면이 다수 수록된 세가 새턴 판은 패키지에 18세 연령제한 마크가 붙었다.

 전체 이용가　 18세 이상 추천　 18세 미만 구입 금지　 18세 이상 추천　 사타코레판이 발매된 타이틀　 잔혹 표현 주의

드래곤즈 드림
세가   1997년 12월 20일   무료

- 1~다인용
- 샌턴 모뎀 및 니프티서브를 사용하는 다인 참가형 Net RPG
- 메모리 백업
- 세가넷 전용
- 샌턴 키보드 필수

당시 일본의 PC통신 서비스인 니 프티서브를 사용한 복수 플레이어 참가형 온라인 RPG. 가정용 게임기를 플랫폼으로 삼은 일본 최초의 온라인 RPG로 꼽힌다. 내용 자체는 심플해, 8종족 중 하나를 골라 미리 준비된 마을 네 곳에서 던전으로 모험을 떠난다는 식이다.

위저즈 하모니 2
아크시스템웍스   1997년 12월 23일   5,800엔

- 1인용
- 시뮬레이션
- 메모리 백업
- 셔틀 마우스 지원

95년에 발매된 「위저즈 하모니」의 속편. 전작의 시스템을 계승한, 어드벤처 요소가 있는 육성 시뮬레이션 게임이다. 주 단위로 동료들의 스케줄을 배분하여 능력치와 친밀도를 올려나가자. 이벤트를 성공시켜 해피 엔딩을 노려보도록.

틸크 : 푸른 바다에서 온 소녀
TGL   1997년 12월 23일   6,800엔

- 1인용
- 시뮬레이션 롤플레잉
- 메모리 백업
- 셔틀 마우스 지원

남쪽의 섬 '틸크'를 무대로, 주인공 빌리와 친구들의 모험을 그린 시 뮬레이션 RPG. 어드벤처 게임처럼 스토리를 진행시키는 대화 파트와, 다양한 방해물이 가로막고 있는 맵에서 싸우는 전투 파트가 교대로 전개된다. 유명 성우들이 다수 출연했다.

데빌 서머너 소울해커즈 악마전서 제2집
아틀라스   1997년 12월 23일   2,800엔

- 1인용
- CG 라이브러리
- 메모리 백업

인기 RPG의 자료를 대량 수록한 데이터베이스 소프트. '악마전서'에선 게임 본편에 등장하는 악마를 고화질로 감상 가능하며, 300종 이상의 악마를 선택해 합체시켜볼 수 있는 시뮬레이터도 탑재했다. 본편에 등장하는 캐릭터의 비화를 담은 소설과 BGM도 감상 가능하다.

반사로 스파크!
지크   1997년 12월 23일   5,800엔

- 1~4인용
- 대전 액션
- 메모리 백업
- 멀티 터미널 6 지원

디스크를 던져 반사시켜 상대를 쓰러뜨리는 대전형 액션 게임. 혼자서 즐기는 모드, 4명까지 참가 가능한 대전 모드, 튜토리얼이 준비돼 있다. 캐릭터는 저마다 성능이 다른 4종류 중 선택할 수 있다. 혼자 즐기는 모드는 제한시간 내에 몬스터를 물리치는 룰로 진행한다.

빙하의 추적 : 사신 강림
엑싱 엔터테인먼트   1997년 12월 23일   5,800엔

- 1인용
- 어드벤처
- 메모리 백업
- 셔틀 마우스 지원

H.P.러브크래프트의 장편소설 '광기의 산맥'이 원작인 어드벤처 게임. 1937년의 남극대륙을 무대로, 빙하에 묻혀있던 괴물 '프리즈너 오브 아이스' 및 이를 노리는 독일군과 싸우는 스토리다. 조사하고픈 장소를 클릭하여 아이템이나 힌트를 찾아내보자.

리얼 바웃 아랑전설 스페셜
SNK   1997년 12월 23일   5,800엔

- 1~2인용
- 격투 액션
- 메모리 백업
- 확장 램 카트리지 필수
- 확장 램 카트리지 4MB 지원

「아랑전설」 시리즈 제 6탄이자 「리얼 바웃」 시리즈 2번째 작품. 본편과는 별개 취급되는 외전격 작품이다. 등장하는 캐릭터는 전작대로에, 추가로 '텅푸루'·'볼프강 크라우저'·'로렌스 블러드'·'챙신잔' 4명이 부활했다. 기스도 숨겨진 보스로 등장한다. 전작에서 링아웃을 폐지하고, 스웨이 라인이 아닌 2라인제로 회귀했다.

▲ 일부 캐릭터에는 성능이 다른 'EX 캐릭터'도 준비되어 있다.

또한 초보자도 연속기를 넣기 쉽도록 조정하는 등, 경쾌한 플레이 감각을 중시하여 제작하였다.

1998

SEGASATURN SOFTWARE ALL CATALOGUE

1998년에 발매된 세가새턴용 소프트는 216개 타이틀로, 전년 대비 반수를 조금 넘는 정도로까지 줄어들어 플레이스테이션과는 확연히 명암이 갈린 해가 되었다. 이 해에 세가는 시장 확보를 위한 근본대책으로서 차세대기 '드림캐스트'의 투입을 발표해, 이것이 새턴 시장 종언의 방아쇠가 되었다.

한편 「AZEL : 판처 드라군 RPG」, 「기동전사 건담 : 기렌의 야망」 등의 오리지널 명작 타이틀이 다수 발매되기도 해, 유저들의 만족도가 높았던 한 해였다고도 할 수 있다.

소년탐정 김전일 : 호시미 섬, 비극의 복수귀
허드슨　1998년 1월 15일　5,800엔

- 1인용
- 어드벤처
- 메모리 백업

같은 제목의 만화(원제는 '긴다이치 소년의 사건수첩')가 소재인 어드벤처 게임. 플레이어는 범인이 되어, 김전일을 속이고 배드 엔딩을 회피해 복수살인을 완수해내야 한다. 조작 캐릭터는 의문의 추락사를 당한 여성의 친구와 애인 두 사람 중에서 고르며, 각각이 독립된 스토리다.

더 스타 볼링 Vol.2
유미디어　1998년 1월 15일　6,800엔

- 1~4인용
- 스포츠
- 메모리 백업
- CD-ROM 2장

당시의 인기 성우 5명과 함께 즐기는 볼링 게임. 파트너 하나를 골라 토너먼트 우승을 노리는 '스토리 모드'와, 15회까지 볼을 굴려 9종류의 세트를 공략하는 '트라이얼 모드' 2종류를 준비했다. 볼도 8종류 중 선택 가능하다. 4명까지 동시 대전도 할 수 있다.

SANKYO FEVER 실기 시뮬레이션 S Vol.2
TEN 연구소　1998년 1월 15일　5,800엔

- 1인용
- 파친코 시뮬레이션
- 메모리 백업
- 파친코 핸들 형 전용 컨트롤러 지원

대형 파친코 메이커 'SANKYO'가 개발한 실기를 시뮬레이션하는 파친코 소프트 제 2탄인 이 작품에는 '댄스 댄스 2'·'아레진'·'CR 빅솔로터 2'·'선라이즈'·'익사이트'·'어레인지맨' 총 6대를 수록했다. 서브 게임으로 마작도 즐길 수 있다.

정글리듬
알트론　1998년 1월 15일　5,800엔

- 1~2인용
- 액션
- 메모리 백업

1990년대 후반부터 비디오 게임의 세계에는 '음악 게임' 장르의 작품이 다수 나타나 일대 붐이 되어, 아케이드부터 가정용까지 수많은 게임이 발매되었다. 이 작품도 그중 하나. 랩 풍의 가사에 합맞추는 느낌으로 적절한 타이밍에 버튼을 누르자!

정글 파크 : 새턴 섬
BMG 재팬　1998년 1월 15일　4,800엔

- 1인용
- 어드벤처
- 메모리 백업
- 세가 멀티 컨트롤러 지원

주인공인 원숭이를 조작해, 놀이시설이 다수 있는 섬을 돌며 즐기는 소규모 어드벤처 게임. 섬 내에서는 레인이 원형인 볼링장이나 장난감 야구게임 풍의 신기한 경기인 베이스 럭비 등을 플레이 가능. 퍼즐 요소가 있긴 하나 딱히 목적은 없어, 플레이어는 뭘 하든 자유다.

졸업 앨범
쇼가쿠칸 프로덕션　1998년 1월 15일　3,800엔

- 캐릭터 디스크

인기 육성 시뮬레이션 게임 「졸업」 시리즈의 10주년 기념 디스크. 「졸업」·「졸업 Ⅱ」·「졸업 CrossWord」·「졸업 Ⅲ」 4작품에 등장하는 캐릭터들의 원화를 200장 이상 수록했다. 무비 모드에는 역대 성우진의 '졸업 동창회' 등 15분 이상의 동영상도 수록했다.

  전체 이용가　 18세 이상 추천　 18세 미만 구입 금지　 18세 이상 추천　 사타코레판이 발매된 타이틀　 잔혹 표현 주의

방과후 연애 클럽 : 사랑의 에튀드
키드　1998년 1월 15일　6,300엔

- 1인용
- 연애 시뮬레이션
- 메모리 백업
- CD-ROM 2장

윈도우즈용 성인 게임의 이식작. 연애 서클 '방과후 연애 클럽'의 회원이 되어, 소녀들과의 대화를 즐기는 연애 시뮬레이션 게임이다. 이식되면서 이벤트 CG를 전연령용으로 교체하고, 오리지널 애니메이션을 수록했다. 캐릭터 보이스는 이벤트 시에만 나온다.

마리오 무샤노의 초 쇼기 학원
킹 레코드　1998년 1월 15일　7,800엔

- 1인용
- 테이블
- 메모리 백업

'마리오 무샤노'란 별명으로 유명한 쇼기 기사 무샤노 카즈미 7단이 감수한 쇼기 게임. 200문제의 '다음의 수'를 수록했고, 기본인 '초반'·'중반'·'종반' 외에도 '수읽기'와 '대국 보기' 등 실전에 유용한 감각을 단련시킨다. 차트 분석으로 플레이어의 기풍과 약점을 알려준다.

위저드리 네메시스
쇼에이 시스템　1998년 1월 22일　6,800엔

- 1인용
- 어드벤처 롤플레잉
- 메모리 백업
- CD-ROM 2장

「위저드리」의 이름을 계승한 이색적인 3D 어드벤처 게임. 현자의 도움으로 선한 마법을 전수받은 주인공이, 전설의 부적을 찾아 모험을 나선다. 전투에 액션 요소가 가미되어 있고 클래스 체인지와 파티 개념이 없는 등, 시리즈 기존 작품과는 완전히 다른 점이 많다.

센티멘털 그래피티
NEC 인터채널　1998년 1월 22일　7,500엔

- 1인용
- 시뮬레이션 어드벤처
- 메모리 백업
- 무비 카드 지원
- CD-ROM 2장

'당신과 만나고 싶어'라고 쓰여 있는 발송자 불명의 편지를 계기로 일본 12개 도시를 여행하는 연애 시뮬레이션 게임. 평일엔 학업과 아르바이트에 매진하고, 휴일엔 전국을 여행하며 편지 발송자를 찾자. 히로인과의 데이트 시엔 관광명소를 돌며 관광 기분을 만끽 가능.

거리
춘 소프트　1998년 1월 22일　5,800엔

- 1인용
- 사운드 노벨
- 메모리 백업
- CD-ROM 2장

서로 다른 입장과 사정이 있는 주인공 8명의 시나리오를 플레이하는 군상극 스타일의 사운드 노벨 게임. 각 시나리오는 밀접하게 연계돼 있어, 한 시나리오에서 별 생각 없이 한 행동이 다른 시나리오에 예측치 못한 영향을 주기도 한다. 수많은 배드 엔딩을 잘 피하려면, 플레이어가 재핑을 반복하여 제대로 된 루트를 찾아내야만 한다. 정보량이 많은 작품으로, 컬러 텍스트(TIP)를 고르면 해설도 나와 지명·용어·등장인물 등을 파악하며 즐길 수 있다.

*실제로 발송하여 6,000장에 달하는 사진이 게임에 사용되었다.

솔로 크라이시스
퀸텟　1998년 1월 22일　5,800엔

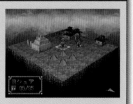

- 1인용
- 시뮬레이션
- 메모리 백업

신이 되어 악마와 싸우는 시뮬레이션 게임. 윗면에 산을 만들면 아랫면은 골짜기가 되는 표리일체의 신기한 세계가 무대다. 윗면의 세계에서 선택한 지도자·전사·궁병·공병·마법사·승려 등을 인도해, 가로막는 장애물을 기적의 힘으로 돌파하여 악마의 신전을 파괴하자.

AZEL : 판처 드라군 RPG
세가　1998년 1월 29일　6,800엔

- 1인용
- RPG
- 메모리 백업
- 세가 멀티 컨트롤러 지원
- 세가새턴 FDD 지원
- CD-ROM 4장

「판처 드라군」 시리즈 제 3탄으로, 세계관과 조작감각은 유지하면서 RPG 작품으로 발매했다. 모험 중 전작과 마찬가지로 드래곤과 함께 적과 싸우는 장면도 있는가 하면, 주인공이 단신으로 싸우거나 다양한 퍼즐을 푸는 등의 새로운 요소가 결합되어 있다.

HARDWARE | 1994's SOFT | 1995's SOFT | 1996's SOFT | 1997's SOFT | 1998's SOFT | 1999's SOFT | 2000's SOFT | SOFT INDEX

UNO DX

미디어퀘스트　1998년 1월 29일　4,800엔

- 1~2인용
- ★ 카드
- ● 메모리 백업

'UNO' 동호회의 친구들과 대전하는 카드 게임. 게임 모드는 대회 주전 멤버를 목표로 하는 '어드밴스 UNO', 팀 단위로 협력하는 '파트너 UNO', '프리 UNO'를 수록했다. 국제 룰과 로컬 룰 등 대전 시의 룰을 설정 가능. 대전 중에는 개릭다가 소소하게 리액션도 보여준다.

건블레이즈 S

키드　1998년 1월 29일　6,800엔

- 1인용
- ● 롤플레잉
- ● 메모리 백업

PC-98용 성인물 RPG「건블레이즈」의 이식작. 산업혁명 시대의 대영제국을 무대로, 소녀에게 도움을 요청받은 사립탐정이 비밀결사와의 싸움에 투신한다. 일러스트레이터 세이쇼죠가 캐릭터 디자인을 맡은 비소녀 그래픽, 스팀펭크 풍 세계관 및 스토리가 특징인 게임.

사카모토 료마 : 유신개국

키드　1998년 1월 29일　4,800엔

- 1~2인용
- ● 시뮬레이션
- ● 메모리 백업
- ● 셔틀 마우스 지원

메이지 유신이 테마인 역사 시뮬레이션 게임. 사카모토 료마와 카츠 카이슈 등 500명의 위인 중 하나를 골라, 전국의 요인들을 설득하자. 자신의 사상으로 일본을 통일하는 게 목적. 150종 이상의 역사 이벤트가 발생한다. 난이도는 초보자부터 상급자까지 3단계 선택 가능.

세가새턴에서 발견!! 다마고치 파크

반다이　1998년 1월 29일　6,800엔

- 1인용
- ● 육성 시뮬레이션
- ● 메모리 백업
- ● 전용 파워 메모리 동봉
- ● CD-ROM 1장

최대 8마리를 동시 육성할 수 있는 세가새턴 유일의 '다마고치' 게임. 다마고치의 종류는 '오야짓치' 등의 초기형부터 '미밋치' 등의 신종은 물론, 세가의 캐릭터를 모티브로 삼은 '소닉치'·'오파오팟치' 등의 이 게임 오리지널 다마고치인 '세갓치' 15종도 등장한다.

선굴활룡대전 카오스 시드

네버랜드 컴퍼니 / ESP　1998년 1월 29일　6,800엔
　　　　　　　　　　　1998년 12월 10일　2,800엔(사타코레)

- 1인용
- ● 던전 육성 시뮬레이션
- ● 메모리 백업
- ● CD-ROM 2장

'선굴(仙窟)'이라 불리는 던전을 파들어가는 던전 육성 시뮬레이션 게임. 주인공은 선굴을 제작하고 유지하면서 침입자를 격퇴해야 한다. 게임은 선굴을 파며 진행하는 모드와, 함정의 설치 및 소환수를 조직하는 모드, 때때로 발생하는 스토리 모드로 진행된다.

속공 학생회

반프레스토　1998년 1월 29일　6,800엔

- 1~2인용
- ● 격투 액션
- ● 메모리 백업

'코믹 게메스트' 잡지에 연재되던 오가와 마사시의 같은 제목 만화를 게임화했다. 잡지 '게메스트'의 필진들이 제작에 협력한 대전격투 게임. 등장 캐릭터는 9명으로, 초필살기는 물론 체인 콤보와 공중 대시 등 당시의 대전격투 게임에서 유행하던 요소가 총집합했다.

대항해시대 외전

코에이　1998년 1월 29일　6,800엔

- 1인용
- ● 리코에이션
- ● 메모리 백업

93년에 발매된「대항해시대 II」의 시스템을 활용한, 전 세계의 바다와 항구를 모험하는 시뮬레이션 게임. 주인공을 2명으로 줄여 스토리의 밀도를 더욱 높였다. 등장하는 항구 130곳은 아름다운 그래픽으로 그려져 중세 세계를 충실히 재현한다. 자유도 높은 플레이도 특징.

NOON

마이크로캐빈　1998년 1월 29일　4,800엔

- 1~4인용
- ● 대전 액션
- ● 메모리 백업
- ● 멀티 터미널 6 지원

NOON이라 불리는 보석을 3개 이어 붙여 없애가는 대전형 액션 퍼즐 게임. NOON을 없애면 얻는 방해 NOON으로 상대의 필드를 메워버리면 승리한다. NOON은 움직일 수 있음은 물론, 던지거나 짓눌러버리는 것도 가능하다. 캐릭터별로 필살기도 준비돼 있다.

 전체 이용가　 18세 이상 추천　 18세 미만 구입 금지　 18세 이상 추천　 사타코레판이 발매된 타이틀　 잔혹 표현 주의

파랜드 사가

TGL　1998년 1월 29일　6,800엔

- 1인용
- 시뮬레이션 롤플레잉
- 메모리 백업
- 셔틀 마우스 지원

윈도우즈용 게임의 이식판. 「파랜드 스토리」의 연장선상에 있는 시뮬레이션 RPG다. 세 나라가 다투는 섬 '엔트리히'를 무대로, 인간과 마족의 전쟁에 휘말린 소년의 성장을 그린다. 쿼터뷰를 도입해 고저차를 활용한 전술이 가능해졌다.

포토 제닉

선 소프트　1998년 1월 29일　6,800엔

- 1인용
- 연애 포토 시뮬레이션
- 메모리 백업
- CD-ROM 1장
- 보너스 CD 1장

PC-9801용 게임의 이식작. 카메라맨이 되어 소녀와의 친교를 다져 포토 콘테스트 우승을 노리는 연애 시뮬레이션 게임이다. 주인공의 체력을 올리는 등의 육성 요소와, 대화를 즐기는 어드벤처 요소도 포함돼 있다. 소녀의 호감도에 따라 촬영 장소가 변화한다.

본격 쇼기 지침서 : 와카마츠 쇼기 학원

심스　1998년 1월 29일　6,800엔

- 1~2인용
- 테이블
- 메모리 백업
- 셔틀 마우스 지원

명인 타니가와 코지의 스승 와카마츠 마사카즈가 감수한 쇼기 게임.
일반적인 대국은 물론, 상급자용으로 소리로만 듣고 두는 '눈 가리기' 모드와 '3명 두기'를 내장했다. 초보자라면 '초보자 학원'에서 와카마츠 선생의 지도를 받자. 옵션에서 난이도와 핸디캡도 설정 가능.

마법소녀 프리티 사미 : 하트의 기분

NEC 인터채널　1998년 1월 29일　6,800엔

- 1인용
- 디지털 코믹
- 메모리 백업

같은 제목의 TV 애니메이션을 소재로 삼은 어드벤처 게임 제 2탄.
밸런타인데이 전부터 시작되는 소동을 그린 슬랩스틱 코미디와, 악의 비밀조직의 초능력자에 마법의 힘으로 맞서는 이야기로 총 2편을 수록했다. 추가로 뮤직 클럽 등의 보너스도 즐길 수 있다.

윈터 히트

세가　1998년 2월 5일　5,800엔

- 1~4인용
- 스포츠
- 메모리 백업
- 멀티 터미널 6 지원

나가노 올림픽에 맞춰 발매된 「데카슬리트」의 동계올림픽판. 전작의 캐릭터 6명에 신규로 2명을 추가해 총 8명의 캐릭터가 등장하여, 11종목을 경쟁한다. 게임 모드는 '동계 11종 경기'와 '아케이드 이식판', '종목별 경기회', '오리지널 경기회를 열자!' 4가지를 탑재했다.

쿠노이치 체포수첩

CRI　1998년 2월 5일　5,800엔

- 1인용
- 육성 어드벤처
- 메모리 백업

신참 쿠노이치(여자) '사고죠 란'을 육성하는 어드벤처 게임. 차례차례 발생하는 사건을 해결해 능력치를 올려나가자. 특정한 장소에 가면 수행도 가능하다. 풍부한 미니게임과 20분에 달하는 동영상도 수록돼 있다. 멀티 엔딩이라 여러 번 즐길 수 있다.

SD건담 G센추리 S

반다이　1998년 2월 11일　6,800엔

- 1~4인용
- 시뮬레이션
- 메모리 백업
- 멀티 터미널 6 지원

초대 '건담'부터 당시 최신작이었던 '건담X'까지의 모빌슈츠들이 등장하는 액션 시뮬레이션 게임. 명장면에서 활약하는 시나리오 모드는 물론, 대전이 뜨거운 싱글 모드와 월드 모드, 차분히 파고들 수 있는 센추리 모드를 탑재했다. 다채로운 전개를 즐길 수 있는 타이틀.

테넌트 워즈

키드　1998년 2월 11일　5,800엔

- 1~6인용
- 보드
- 메모리 백업
- 멀티 터미널 6 지원

쇼핑센터 등의 커다란 건물 안에 점포를 열어 총자산을 겨루는 시뮬레이션 보드 게임. 연월을 굴려 칸을 전진해, 물건을 매입하거나 라이벌의 가게를 빼앗는 등으로 점포를 키워나가자. TSUTAYA와 마츠모토 키요시 등, 실존하는 일본 유명 체인 브랜드도 등장한다.

HARDWARE
1994's SOFT
1995's SOFT
1996's SOFT
1997's SOFT
1998's SOFT
1999's SOFT
2000's SOFT
SOFT INDEX

보드벤처 : 드래곤 마스터 실크 외전
데이텀 폴리스타   1998년 2월 19일   5,800엔

- 1~5인용
- 보드
- 메모리 백업
- 멀티 터미널 6 지원

97년에 발매된 「드래곤 마스터 실크」의 세계관을 활용한 보드 게임. 연애 시뮬레이션 요소를 도입한 말판놀이 게임으로, 플레이어는 마왕 토벌을 노리면서 전진하다 멈춘 칸에서 일어나는 이벤트로 미소녀들과 교류한다. 개성 넘치는 미소녀 캐릭터 5명이 등장한다.

버추어 캅 스페셜 팩
세가   1998년 2월 19일   5,800엔

- 1~2인용
- 건 슈팅
- 메모리 백업
- 셔틀 마우스 지원
- 버추어 건 지원
- 세가 멀티 컨트롤러 지원
- 소프트 2종 세트

95년에 발매된 「버추어 캅」과 96년에 발매된 「버추어 캅 2」 소프트 합본에, 버추어 건 1정과 「더 하우스 오브 더 데드」(체험판)를 세트화한 염가판 상품. 이 패키지 하나로 세가 건 슈팅 게임의 진화 계보를 체감해볼 수 있다.

프로야구 팀도 만들자!
세가   1998년 2월 19일   5,800엔

- 1~2인용
- 스포츠 육성 시뮬레이션
- 메모리 백업

일본 프로야구를 테마로 삼은 경영 시뮬레이션 게임. 실존하는 12개 구단 중 하나를 골라, 세계 제일의 구단으로 육성하는 게 목적이다. 자금 운용과 시설 건설은 물론, 선수와 스탭의 인사권을 행사하거나 선수 육성 및 오더 결정 등의 전략 측면에까지 개입해볼 수 있다.

이브 버스트 에러 & DESIRE : 밸류 팩
이마디오   1998년 2월 26일   9,800엔

- 1인용
- 멀티 사이트 어드벤처
- 메모리 백업
- 소프트 2종 세트
- 체험판 CD 1장

인기 어드벤처 2작품을 합본 수록한 염가판 세트. PC판으로 시작한 멀티 사이트 어드벤처 「이브」 시리즈의 원점 「이브 버스트 에러」와, 외딴섬의 연구소에서 일어난 사건을 복수의 시점으로 쫓아 숨겨진 진실을 밝혀내야 하는 「DESIRE」를 즐길 수 있다.

J리그 실황 : 불꽃의 스트라이커
코나미   1998년 2월 26일   5,800엔

- 1~4인용
- 스포츠
- 메모리 백업
- 멀티 터미널 6 지원

TV 중계를 보는 듯한 실황과 아나운서의 목소리를 들으며 플레이할 수 있는 축구 게임. 실황은 존 카비라, 해설은 마츠키 야스타로가 담당한다. 특징은 액션 버튼의 채용으로, 페인트를 섞은 드리블이나 힐 리프트 등의 화려한 플레이가 버튼 하나로 발동된다.

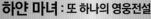

하얀 마녀 : 또 하나의 영웅전설
허드슨   1998년 2월 26일   6,800엔

- 1인용
- 롤플레잉
- 메모리 백업
- CD-ROM 2장

「영웅전설」 시리즈 3번째 작품으로 등장한 PC-9801용 게임의 이식판. 시리즈 작품이긴 하나, 전작·전전작과는 스토리 상 관계가 없다. 이동범위와 체력 감소 시 행동 등의 전투방침만 세팅하는 오토 배틀과, 고저차 개념이 있어 적을 밀어 떨어뜨려도 되는 시스템이 특징.

스치파이 어드벤처 : 두근두근 나이트메어
잘레코   1998년 2월 26일   6,800엔

- 1~4인용
- 어드벤처
- 메모리 백업
- 멀티 터미널 6 지원
- CD-ROM 2장

「아이돌 작사 스치파이」 소재의 연애 어드벤처 게임. 애니메이션에 동화 7,300장 이상을 사용했고, 소녀와의 데이트 모드와 닌자 쟈쟈마루 군의 슈팅 미니게임 등의 잔재미 요소도 탑재했다. 구입자 대상의 응모 특전으로 보너스 CD를 보내주는 서비스도 있었다고 한다.

스텔라 어설트 SS
심스   1998년 2월 26일   5,800엔

- 1~2인용
- 3D 슈팅
- 메모리 백업

360도 전방향으로 이동할 수 있는 3D 슈팅 게임. 메가 드라이브 슈퍼 32X용 게임의 개변 이식으로, 그래픽이 향상되었다. 동영상 신도 추가되어, 작전을 음성으로 설명해준다. 2인 동시 플레이가 가능해졌고, 자신의 플레이를 재현하는 '트레이스 플레이' 기능도 내장했다.

 전체 이용가   18세 이상 추천   18세 미만 구입 금지   18세 이상 추천   세가크레판이 발매된 타이틀   잔혹 표현 주의

SEGA AGES 파워 드리프트

세가　1998년 2월 26일　3,800엔

- 1인용
- 드라이브
- 메모리 백업
- 레이싱 컨트롤러 지원
- 세가 멀티 컨트롤러 지원

아케이드 '세가 체감 게임 시리즈' 작품의 이식판으로, 3D 시점의 레이싱 게임. 선택 가능한 5종류의 코스 중엔 철골로 구축된 길 등 입체적이고 재미있는 게 많고, 각 코스별로 BGM도 달라 게임 음악 팬을 즐겁게 한다. 특정한 조건에서 나오는 숨겨진 코스도 있다!

통곡, 그리고…

데이터 이스트　1998년 2월 26일　6,800엔

- 1인용
- 트랩 어드벤처
- 메모리 백업
- 셔틀 마우스 지원
- CD-ROM 1장
- 미니 드라마 CD 1장

외딴 폐 저택에서 탈출하기 위해 몸부림치는 멀티 엔딩식 서스펜스 어드벤처 게임. 저택에는 여러 트랩이 장치되어 있어, 충분한 탐색과 아이템 습득이 필요하다. 요코타 마모루가 디자인한 캐릭터의 인간관계와 연애 묘사도 있지만, 연령제한이 걸린 건 잔혹표현 때문.

> 青木さんの足が、何かの溝にはまっているよ。
> きっと慌てて走ったから…。▼

버닝 레인저

세가　1998년 2월 26일　5,800엔

- 1인용
- 액션
- 메모리 백업
- 세가 멀티 컨트롤러 지원
- 게임 CD 1장
- 테마송 CD 1장

세가의 소닉 팀이 개발한 3D 액션 게임. 미래의 혹독한 재난과 싸우는 버닝 레인저의 활약을 그렸다. 플레이어는 남녀 대원 중 한 명을 골라 조작해, 화재현장에서 구조 활동을 행한다. 각 미션은 생존자 구조와 불길 중심에 있는 괴물의 퇴치가 목적으로, 미션 클리어 후엔 구출한 사람들이 보낸 감사 메일도 읽을 수 있다. 처음엔 구출 불가능한 사람도 있어 메일을 모두 보려면 여러 번 플레이해야 하지만, 두 번째부터는 맵이 변화해 방심할 수 없다.

> ▲재난현장에 있는 크리스탈은 구출자의 전송 및 실드의 동력원으로 사용한다.

파친코 홀 신장대개업

넥스톤　1998년 2월 26일　6,800엔

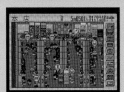

- 1인용
- 경영 시뮬레이션
- 메모리 백업
- 파워 메모리 필수

파친코점 경영자가 되어 점포를 운영하는 시뮬레이션 게임. 부모에게 빌린 자금을 밑천으로 1부 상장과 전국 체인 전개를 노리자. 각 점포별로 구슬 획득률은 물론 기기의 조정과 신설, 교체 지시도 가능하다. 등장하는 기기 및 메이커는 모두 가상의 명의로 나온다.

배틀 가레가

일렉트로닉 아츠　1998년 2월 26일　5,800엔

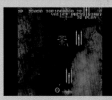

- 1~2인용
- 슈팅
- 메모리 백업
- 세가 멀티 컨트롤러 지원

1990년대 후반 게임센터에서 많은 슈팅 게임 팬들을 사로잡았던 매니아 지향의 작품. 세가새턴판은 상당히 훌륭한 이식도라 현재도 고가의 프리미엄으로 거래되고 있으며, 탄막을 파악하기 쉽도록 하는 등 여러 추가 요소를 넣어 유저가 더욱 즐기기 쉽게끔 개량했다.

메시지 내비 Vol.2

심스　1998년 2월 26일　2,800엔

- 베스트 프렌드를 발견하는 신 미디어

보고 읽고 참가하는 디지털 미디어 제 2탄. 약 1,000명분의 개인정보를 수록했다. 노래방 친구나 미팅 상대, 애인 모집 등의 항목에서 잘 될 것 같은 상대를 찾아볼 수 있다. 추천하는 인기 장소나 별자리 점술 코너도 마련되어 있다.

유구환상곡 : 2nd Album

미디어웍스　1998년 2월 26일　5,800엔

- 1인용
- 육성 시뮬레이션
- 메모리 백업

97년에 발매된 「유구환상곡」의 속편. 전작과 동일한 도시 엔필드를 무대로, 붕괴 직전의 소속부대를 재건해야 한다. 플레이 기간은 1년간. 10명의 친구 중 3명을 골라, 의뢰받은 일들을 처리해가자. 선택지가 많고 캐릭터에 따라 대사도 바뀐다. 파고들만한 요소도 있다.

HARDWARE
1994's SOFT
1995's SOFT
1996's SOFT
1997's SOFT
1998's SOFT
1999's SOFT
2000's SOFT
SOFT INDEX

랑그릿사 : 드라마틱 에디션

메사이야　1998년 2월 26일　6,300엔

- 1인용
- 시뮬레이션 롤플레잉
- 메모리 백업

플레이스테이션용 「랑그릿사 I &
II」의 이식판. 전투 신의 배경 그
래픽을 신규 제작하고, 모든 캐릭터의 그래픽도 향상시켰다. 특히
「랑그릿사 II」쪽은 이벤트 신과 분기 시나리오를 추가했고, '진 광
휘 루트'와 '파멸 루트'를 신설했다.

세가 월드와이드 사커 '98

세가　1998년 3월 5일　5,800엔

- 1~4인용
- 스포츠 · 축구
- 메모리 백업
- 세가넷 지원
- 멀티 터미널 6 지원
- 세가 멀티 컨트롤러 지원

인기 축구 게임 「빅토리 골」의 최
종판. 각국 대표 48개 팀을 비롯해
잉글랜드와 스페인, 프랑스의 60개 클럽 팀이 등장한다. 풀 폴리곤
의 리얼한 묘사와 다채로운 모션이 특징이다. 선수 에디트를 추가
했고, XBAND 모뎀을 이용한 통신대전도 지원한다.

전파소년적 게임

허드슨　1998년 3월 5일　4,800엔

- 1~7인용
- 버라이어티
- 메모리 백업
- 멀티 터미널 6 지원

당시 니폰 TV 계열에서 방송 중
이던 예능프로 '가라! 전파소년'을
모티브로 삼은 소프트. 10종류의 미니게임을 즐길 수 있다. 여럿이
즐기는 플레이스타일을 상정한 게임 모음집으로, 최대 7명까지 플
레이 가능하다. 게임이 종료된 후, 최하위에겐 벌칙게임을 시킨다.

나일 강의 새벽

팩 인 소프트　1998년 3월 5일　6,800엔

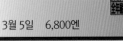 

- 1인용
- 도시개발형 역사 시뮬레이션
- 메모리 백업

도시개발 기능을 믹스한 역사 시뮬
레이션 게임. 고대 이집트 왕이 되
어 문명을 번영으로 이끌자. 도시는 3D 공간에 구축되므로, 피라미
드를 자유로운 각도로 감상할 수 있다. 적국과의 전투는 3가지 부대
를 실시간으로 조작 가능. 25개 도시를 제압해 세계통일을 노리자.

버추얼 마작

마이크로네트　1998년 3월 5일　8,800엔

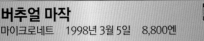

- 1인용
- 마작

아케이드용 게임의 이식작. 최초에
목표로 삼을 여자를 설정하며, 마
작에서 이기면 옷을 벗어준다. 게임의 템포가 상당히 빨라, 경쾌하게
플레이할 수 있는 게 특징이다. 여자가 폴리곤으로 모델링되어 있는
것도 특징으로, 서비스 신은 다양한 각도에서 속옷차림을 감상 가능.

와이프아웃 XL

게임뱅크　1998년 3월 5일　5,800엔

- 1인용
- 레이싱
- 메모리 백업
- 레이싱 컨트롤러 지원
- 세가 멀티 컨트롤러 지원

「와이프아웃」의 속편으로 발매된
시리즈 2번째 작품. 근미래가 무대
인 레이싱 게임으로, 조작하는 머신이 코스 위를 부유 질주하며, 라
이벌을 격추시키는 등의 슈팅 게임 요소도 있다. BGM은 세계적으
로 유명한 아티스트들이 참여한 테크노 사운드다.

원더 3 : 아케이드 기어즈

엑싱 엔터테인먼트　1998년 3월 5일　5,800엔

- 1~2인용
- 버라이어티
- 메모리 백업
- CD-ROM 1장

「원더 3」라는 타이틀명에서 알 수
있듯「루스터즈」·「채리어트」·「돈
풀」세 게임의 합본으로, 액션·슈팅·퍼즐로 각각 장르가 다른 3작
품을 동전 투입 후 선택하는 아케이드용 게임이다. 격투 게임 여명
기에 캡콤이 아케이드로 출시했던 작품을 이식했다.

이브 더 로스트 원

이마디오　1998년 3월 12일　7,800엔

- 1인용
- 멀티 사이트 어드벤처
- 메모리 백업
- CD-ROM 4장

「이브 버스트 에러」의 3년 후를 남
녀 2명의 시점으로 그린 작품. 변
사한 연구원의 수수께끼를 쫓는 내각 조사실의 여성 수사관 시점인
'쿄코 편', 폭파사건의 범인 시점인 'SNAKE 편'을 전환하면서 2일간
의 이야기를 따라간다. 설정자료 등을 수록한 보너스 디스크도 동봉.

 전체 이용가　 18세 이상 추천　 18세 미만 구입 금지　 18세 이상 추천　 사타코레판이 발매된 타이틀　 잔혹 표현주의

THE 편의점 2 : 전국 체인 전개다!

휴먼   1998년 3월 12일   5,800엔

- 1인용
- 시뮬레이션
- 메모리 백업

97년에 발매된 「THE 편의점」 (115p)의 속편. 편의점 체인을 경영하는 시뮬레이션 게임이다. 그래픽을 리뉴얼하고, 상품 아이템에 게임을 추가했다. 그밖에도 고속 모드를 신설하고 점포 오리지널 마크 제작도 가능해지는 등, 시스템이 대폭 업그레이드되었다.

타임 코만도

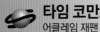

어클레임 재팬   1998년 3월 12일   5,800엔

- 1인용
- 격투 액션

폴리곤으로 제작된 캐릭터가 부드러운 모션으로 움직이는 3D 대전 액션 게임. 컴퓨터 기술자가 되어 8가지 시대를 돌며 코어를 복구하는 게 목적이다. 사용 가능 무기는 45종류 이상이고, 적도 90종류 이상 등장한다. 시대가 진전될수록 무기도 권총과 미사일로 진화한다.

Pia♥캐럿에 어서 오세요!!

키드   1998년 3월 12일   6,800엔

- 1인용
- 시뮬레이션
- 메모리 백업
- 셔틀 마우스 지원
- 세가 멀티 컨트롤러 지원

PC-9801용 게임의 이식판. 18세 이상 추천 등급의 연애 시뮬레이션 게임이다. 주인공 키노시타 유스케가 되어, 아버지가 경영하는 패밀리 레스토랑 'Pia 캐럿'에서 아르바이트하며 여름 동안 추억을 만들자. 히로인은 소꿉친구를 비롯해 연상·연하·아이돌 등으로 다채롭다.

조크 컬렉션

쇼에이샤   1998년 3월 12일   7,900엔

- 1인용
- 어드벤처
- 메모리 백업
- 셔틀 마우스 지원 (리턴 투 조크 한정)
- 소프트 2종 세트

표시되는 텍스트를 읽고 다음 행동을 커맨드로 지정하는 텍스트 어드벤처 게임 「조크 I」과, 실사영상을 도입한 그래픽 어드벤처 게임 「리턴 투 조크」 2작품을 합본한 염가판 세트. 마법과 과학을 융합시킨 독특한 「조크」 시리즈의 세계를 한껏 음미할 수 있다.

프린세스 퀘스트

인크러먼트 P   1998년 3월 19일   5,800엔

- 1인용
- 롤플레잉
- 메모리 백업

일러스트레이터 스기야마 겐쇼가 원화를 그려 주목 받았던 RPG. 남성 검사가 성별을 바꾸는 특수능력을 살려 보옥 도난사건의 진상을 쫓는다. 남녀 어느 쪽 상태로 말을 거는지에 따라 사람들의 증언부터 공주 5명과의 거리감, 야릇한 이벤트 내용까지도 변화한다.

쿠리어 크라이시스

BMG 재팬   1998년 3월 26일   5,800엔

- 1인용
- 액션
- 메모리 백업

배달원이 되어 배달 업무에 전념하는 근로 액션 게임. 등장하는 자전거는 실존하는 MTB와 BMX로, 돈을 벌어 교체하거나 각종 트릭을 뽐낼 수도 있다. 지나가는 사람이나 개, 외계인 등을 때리고 차는 폭행은 물론, 자전거로 일부러 쳐 날릴 수도 있는 황당무계함이 특징.

크록! : 파우파우 아일랜드

미디어퀘스트   1998년 3월 26일   5,800엔

- 1인용
- 액션
- 메모리 백업
- 세가 멀티 컨트롤러 지원

악의 마법사 자허토르테 3세에게 사로잡힌 섬 주민 파우파우들을 악어 '크록'이 도와주러 가는 액션 게임. 클리어한 스테이지는 반복 플레이 가능해, 섬 안의 퍼즐 장치나 숨겨진 크리스탈을 발견하면 들어갈 수 있는 숨겨진 방을 찾아내며 공략할 수도 있다.

더 킹 오브 파이터즈 '97

SNK   1998년 3월 26일   5,800엔

- 1~2인용
- 격투 액션
- 메모리 백업
- 확장 램 카트리지 필수
- 확장 램 카트리지 4MB 지원

KOF '95에 이은 '오로치 3부작'의 최종장. 시스템은 새로운 방식인 '어드밴스드 모드'와 과거 작품 기준의 '엑스트라 모드' 중에서 선택 가능하다. 새턴판에서는 라스트 보스 '오로치'를 연습 모드에 한정해 사용 가능하다.

HARDWARE | 1994's SOFT | 1995's SOFT | 1996's SOFT | 1997's SOFT | 1998's SOFT | 1999's SOFT | 2000's SOFT | SOFT INDEX

더 하우스 오브 더 데드

세가　1998년 3월 26일　5,800엔
1999년 3월 11일　2,800엔(사타코레)

- 1~2인용
- 건 슈팅
- 메모리 백업
- 버추어 건 지원
- 세가 멀티 컨트롤러 지원

좀비를 사격해 물리치는 건 슈팅 게임. 아케이드용 게임의 이식작으로, 버추어 건도 지원한다. 가정용 오리지널 요소로 'SATURN MODE'를 준비해, 게임 시작 시 라이프 수와 총탄 수, 샷의 화력이 다른 캐릭터를 골라 플레이할 수 있다.

신세기 에반게리온 : 강철의 걸프렌드

세가　1998년 3월 26일　6,800엔

- 1인용
- 어드벤처
- 메모리 백업
- CD-ROM 2장

유명한 '신세기 에반게리온'의 주인공 '이카리 신지'가 수수께끼의 전학생 '키리시마 마나'의 비밀에 다가가는 어드벤처 게임. 중요한 장면은 장시간의 애니메이션으로 전개되며, 신지에게 싹튼 연심 등을 묘사한 살짝 애달픈 느낌의 스토리를 맛볼 수 있다.

던전 마스터 넥서스

빅터 소프트　1998년 3월 26일　6,800엔

- 1인용
- 롤플레잉
- 메모리 백업
- 세가 멀티 컨트롤러 지원

선과 악으로 나뉘어버린 스승을 원래대로 되돌리기 위해 주인공 세론이 던전에 도전하는 인기 던전 RPG 「던전 마스터」의 리메이크작. 원작은 미국 게임이지만, 이 작품은 일본에서 개발했다. 던전 내부를 폴리곤으로 묘사해, 1칸 단위가 아니라 세밀한 이동이 가능해졌다.

쵸로Q 파크

타카라　1998년 3월 26일　5,800엔
1999년 3월 11일　2,800엔(사타코레)

- 1~2인용
- 레이싱
- 메모리 백업
- 레이싱 컨트롤러 지원
- 세가 멀티 컨트롤러 지원

미니카 형태의 귀엽고 친숙한 '쵸로Q'가 등장하는 3D 시점의 레이싱 게임. 작품의 무대인 '쵸로Q 아일랜드' 내에는 수많은 코스가 있는데, 온로드·오프로드는 물론 교차로에다, 전차가 지나가는 건널목까지 존재한다! 지름길을 잘 이용해 골인하자!

제독의 결단 III with 파워업 키트

코에이　1998년 3월 26일　9,800엔

- 1인용
- 워 시뮬레이션
- 메모리 백업
- CD-ROM 1장

97년에 발매된 「제독의 결단 III」에 단편 시나리오 7개와 가상의 캠페인 시나리오 7개, 사전 기능을 추가한 타이틀. 함선과 항공기 성능을 향상시킬 수 있고, 신 병기도 사용 가능해졌다. 보급점이 연결돼 있으면 인접기지 간에 직접 수송도 할 수 있게 되었다.

테크노 모터

전자 미디어 서비스　1998년 3월 26일　4,800엔
1999년 3월 11일　2,800엔(사타코레)

- 1~2인용
- 음악 시퀀서
- 메모리 백업

4/4박자의 음 패턴을 설정하고 조합하면서 악곡을 만드는 음악 제작 소프트. 1만 종 이상의 음색을 수록했고, 이펙트와 좌우 채널로의 소리 배분도 설정 가능하다. 게다가 제작한 곡에 맞춰 연주하는 기능도 마련되어 있다.

두근두근 메모리얼 드라마 시리즈 : Vol.2 알록달록한 러브 송

코나미　1998년 3월 26일　5,800엔

- 1인용
- 어드벤처
- 메모리 백업
- 세틀 마우스 지원
- CD-ROM 2장

드라마 시리즈 2번째 작품으로, 게임잡지 '패미통'의 독자 인기투표 2위를 차지한 캐릭터 '카타기리 아야코'가 주역을 맡은 작품. 밴드에서 기타를 맡은 주인공이 학교 축제에서 연주할 신곡의 완성에 매진한다는 스토리다. 서브 이벤트만 보는 '방과 후 편'을 새로 수록했다.

프라이멀 레이지

게임뱅크　1998년 3월 26일　5,800엔

- 1~2인용
- 격투 액션

공룡이나 고릴라 형태의 신들을 조작해 지상의 패권을 겨루는 2D 대전격투 게임. 공룡의 리얼한 모션이 특징이다. 또 하나의 특징은 'FINISHING MOVE'(천벌)로, 물어뜯거나 찢어발기는 등 과격한 기술로 상대를 끝장낸다. 캐릭터 주변의 인간을 포식하면 체력이 회복된다.

 전체 이용가　 18세 이상 추천　18세 미만 구입 금지　 18세 이상 추천　 사타코레판이 발매된 타이틀　 잔혹 표현 주의

프로야구 그레이티스트 나인 '98

세가　1998년 3월 26일　5,800엔
1999년 3월 11일　2,800엔(사타코레)

- 1~2인용
- 스포츠
- 메모리 백업

간판 야구 게임의 98년도판. 투수와 타자의 심리전이란 기존작들의 특징은 유지하면서, 새로 탑재한 '선수 체험 모드'로 직접 특정 선수가 되어 활약해볼 수도 있다. 당시의 일본 프로야구 12개 구단 소속 선수들은 물론, 프로야구 OB가 참가한 오리지널 팀도 등장한다.

헥센

게임뱅크　1998년 3월 26일　5,800엔

- 1인용
- 3D 액션
- 메모리 백업

이세계에서 날아온 사악한 악마들과 싸우는 3D 액션 게임. 근접전 특화에 체력도 높은 전사, 적의 공격에 취약하지만 원거리 공격이 가능한 마술사, 전사와 마술사의 중간 정도 성능인 승려 셋 중 하나를 골라 3D 던전에 도전해, 수수께끼를 풀며 적과 싸운다.

요시무라 쇼기

코나미　1998년 3월 26일　5,800엔

- 1~2인용
- 테이블
- 메모리 백업
- 셔틀 마우스 지원

코나미의 쇼기 게임 제 3탄. 「영세 명인」 시리즈의 시스템을 유지하며 메뉴와 플레이 화면을 리뉴얼했다. 화면을 착착 설정하면 바로 대국 가능한 간편함이 장점. 에도 시대의 기성 아마노 소호와 쇼기 3대 종가 오오하시 소케이의 기보를 수록, 전설의 명승부를 재현한다.

위닝 포스트 3

코에이　1998년 4월 2일　6,800엔

- 1인용
- 경마 시뮬레이션
- 메모리 백업
- 파워 메모리 필수

인기 경마 게임 제 3탄. 30억 엔의 자금을 밑천삼아 강한 경주마를 만드는 육성 시뮬레이션 게임이다. 씨숫말의 혈통에 초점을 맞춰, 교배 패턴을 확립하면 슈퍼 호스를 만들 수 있다. 당시 활약한 타케 유타카와 오카베 유키오 등의 유명 기수 26명이 실명으로 등장한다.

조립식 배틀 끼워맞추미

테크노 소프트　1998년 4월 2일　5,800엔

- 1~2인용
- 시뮬레이션
- 메모리 백업

200종류 이상의 부품을 골라 끼워 맞춰 배틀에 내보내는 전략 시뮬레이션 게임. 최초로 만든 유닛 3개를 바탕으로, 다양한 아이템을 장비·강화해 간다. 목표는 마호마호 별이라는 행성의 왕좌 획득. 1P 모드에서 입수한 새 부품은 VS 모드에서 빼앗을 수 있다.

S.Q 사운드 큐브

휴먼　1998년 4월 2일　4,800엔

- 1인용
- 퍼즐
- 메모리 백업

화면상에 나열된 큐브에 소리를 맞춰 코어 큐브를 없애나가는 음감 퍼즐 게임. 소리는 X축과 Y축 2방향에서 발사 가능하고, 큐브는 같은 색을 2개 이상 붙이면 없앨 수 있다. 제한시간 내에 코어 큐브를 모두 없애면 스테이지 클리어다. 큐브 색은 5가지가 있다.

SEGA AGES 판타지 스타 컬렉션

세가　1998년 4월 2일　4,800엔

- 1인용
- RPG
- 메모리 백업

세가 마크 III용 1편부터 메가 드라이브로 발매된 2~4편까지, 「판타지 스타」 시리즈 4개 작품을 충실하게 이식했다. 1편의 경우 별매품이었던 FM 음원 카트리지가 있어야만 나오는 BGM을 수록했다. 다른 작품도 추가 요소가 있어 플레이하기 편해졌다.

드래곤 포스 II : 신이 사라진 대지로

세가　1998년 4월 2일　5,800엔

- 1인용
- 시뮬레이션 RPG
- 메모리 백업

96년에 발매된 「드래곤 포스」의 속편. 실시간으로 진행되는 시뮬레이션 롤플레잉 게임으로, 100명 대 100명의 배틀을 즐길 수 있다. 선택한 검사에 따라 전개가 바뀌는 멀티 시나리오와 멀티 엔딩을 탑재했다. 150명 이상의 캐릭터가 등장한다.

노부나가의 야망 : 장성록

코에이　1998년 4월 2일　9,800엔

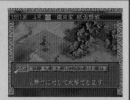

- 1~8인용
- 역사 시뮬레이션
- 메모리 백업

인기 역사 시뮬레이션 시리즈 제 7 탄. 전국시대 다이묘가 되어 일본을 통일한다. 기본 시스템이 리뉴얼되어, 일본 전국이 커다란 단일 맵 하나로 구성되는 시스템을 도입했다. 내정과 전투가 동일 맵이므로, 군세 이동도 한 눈에 볼 수 있다. 음악은 야마시타 코스케가 맡았다.

두근두근 뿌요뿌요 던전

컴파일　1998년 4월 2일　5,800엔

- 1인용
- 어드벤처 롤플레잉
- 메모리 백업

컴파일 사가 발매한 탑뷰 액션 RPG. 플레이어는 공격 성능 등이 다른 '아르르'·'루루'·'세죠' 3명 중에서 하나를 골라 모험한다. 게임 내의 던전은 들어갈 때마다 항상 구조가 바뀌기 때문에 몇 번이고 질리지 않고 플레이할 수 있다.

완간 트라이얼 러브

팩 인 소프트　1998년 4월 2일　6,800엔

- 1~2인용
- 연애 시뮬레이션
- 메모리 백업
- 레이싱 컨트롤러 지원

「완간 데드히트」 시리즈의 최신작. 연애 시뮬레이션 게임 요소를 가미한 레이싱 게임이다. 챔피언을 획득해 목표로 삼은 소녀와 좋은 사이가 되자. 신기능인 '러브 내비'로 동경해왔던 쿨한 대화를 즐길 수 있다. 총 이벤트 수는 800종 이상이며, 호화 성우진이 출연한다.

사쿠라대전 2 : 그대여, 죽지 마오

세가　1998년 4월 4일　6,800엔

- 1인용
- 드라마틱 어드벤처
- 메모리 백업
- 셔틀 마우스 지원
- CD-ROM 3장

타이쇼 로망과 스팀 펑크를 융합시킨 전략 시뮬레이션+어드벤처 게임의 속편. 유럽의 성조에서 신 대원 2명을 영입해, 히로인 8명과 함께 제도의 평화를 지키러 싸운다. 여러 화에 걸친 대원들 간의 연속 이벤트 등, 풍부한 이벤트로 대원과 친밀해지는 과정을 그려냈다.

기동전사 건담 : 기렌의 야망

반다이　1998년 4월 9일　6,800엔

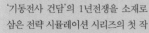

- 1인용
- 시뮬레이션
- 메모리 백업

'기동전사 건담'의 1년전쟁을 소재로 삼은 전략 시뮬레이션 시리즈의 첫 작품. 플레이어는 지온공국군의 기렌 자비나 지구연방군의 레빌 장군 중 하나가 되어, 군 총사령관으로서 첩보, 자금 및 보급선 확보, 유닛 생산, 부대 배치 등의 다양한 결정을 내린다. 선택한 진영에 따라 사용 가능한 병기와 이벤트가 크게 바뀐다. 전략 시뮬레이션으로서의 완성도를 유지하면서, 각 군의 특색과 미노프스키 입자 등 원작의 개성을 게임에 잘 결합시켰다.

이상한 닌자전 쿠노이치방 플러스

쇼에이샤　1998년 4월 9일　6,800엔

- 1인용
- 육성 시뮬레이션
- 메모리 백업
- CD-ROM 2장

플레이스테이션판에 이벤트 등을 추가시킨 업그레이드 이식판. 쿠노이치 양성학교를 무대로, 히로인을 호위하며 수석 졸업을 노리자. 소녀간의 사랑이 테마인 연애 육성 시뮬레이션 게임으로, 플레이 기간은 1년간. 1주일 단위로 수업을 골라 능력치를 올려나간다.

졸업 III : Wedding Bell

쇼가쿠칸 프로덕션　1998년 4월 9일　6,800엔

- 1인용
- 육성 시뮬레이션
- 메모리 백업

간판 육성 시뮬레이션 게임 3번째 작품. 기존 시리즈처럼 세이카 여고 교사로서 학생을 무사히 졸업으로 인도하자. 특징은 게임 개시 시점에서 여학생 중 한 명과 결혼하여, 다른 학생에게 들키지 않도록 연애한다는 점. 아내와 학생을 저울질하는 아슬두근한 전개를 즐긴다.

 전체 이용가　 18세 이상 추천　18세 미만 구입 금지　 18세 이상 추천　 사타코레판이 발매된 타이틀　 잔혹 표현 주의

테니스 어리너

UBISOFT   1998년 4월 9일   5,800엔

- 1~8인용
- ● 스포츠
- 멀티 터미널 6 지원

코트와 선수를 모두 폴리곤으로
묘사한 테니스 게임. 등장하는 캐
릭터는 서브와 발리, 베이스라인 플레이어 등 각자 강점인 스타일
이 설정돼 있다. 그래스와 클레이 등의 코트를 선택할 수 있고, 최대
4명까지의 동시 플레이도 가능하다.

노부나가의 야망 : 전국군웅전

코에이   1998년 4월 9일   5,800엔

- 1~4인용
- ● 시뮬레이션
- ● 메모리 백업

간판 역사 시뮬레이션 게임 제 3탄.
전국시대 다이묘가 되어 간토·츄
부를 비롯한 38개국을 통일하자. 약 400명의 실존 무장이 등장한다.
전작까지의 심플했던 게임성을 리뉴얼해, '수하 무장'·'행동력'·'후계
자' 등 이후 작품에도 계승되는 시스템을 처음으로 도입했다.

RIVEN : THE SEQUEL TO MYST
에닉스   1998년 4월 9일   7,900엔

- 1인용
- ● 어드벤처
- ● 메모리 백업
- 셔틀 마우스 지원
- CD-ROM 4장

「MYST」의 속편으로, 붕괴 위기에
놓인 이세계 '리븐'을 무대로 다섯
섬들에 숨겨진 수수께끼를 풀어나가는 미스터리 어드벤처 게임. 선
행 발매된 플레이스테이션판에서 그래픽을 더욱 미려하게 개량하
고 디스크 교체 횟수를 줄였으며, 메이킹 무비도 추가했다.

뱀파이어 세이비어

캡콤   1998년 4월 16일   5,800엔

- 1~2인용
- ● 대전격투
- ● 메모리 백업
- 확장 램 카트리지 4MB 필수

같은 제목의 아케이드 게임 이식
작. 마이너 체인지판인 2편의 캐릭
터도 포함해 총 18명을 사용 가능하다. 작품의 특징은 각 캐릭터 고
유의 EX 필살기인 '다크 포스'. 확장 램 카트리지를 사용해 로딩 시
간이 거의 없고, 공격 모션도 원작대로 재현했다.

영웅 지망 : Gal ACT Heroism

마이크로캐빈   1998년 4월 16일   6,800엔

- 1인용
- ● 롤플레잉
- ● 메모리 백업

검과 마법의 판타지 세계에서 모
험자 학교에 다니는 사무라이 소
녀가 발목만 잡는 파티를 이끌고 분투하는 RPG. 반년 후 졸업 때까
지 성과를 내기 위해, 푼돈벌이 일부터 난감한 일까지 다양한 의뢰
를 받아야 한다. 보수 교섭과 라이벌과의 싸움도 중요하다.

SAVAKI

마이크로캐빈   1998년 4월 16일   5,800엔

- 1~2인용
- ● 격투 액션
- ● 메모리 백업

실존 격투기 7종을 다룬 대전격투
게임. 필살기와 던지기가 없는 심
플한 시스템으로, 상대의 기술을 읽는 데 비중을 두어 '사바키'(홀리
기)란 제목처럼 상대의 공격을 '홀려내는' 게 중요하다. 클리어 후엔
동일 유파간 대전이 가능. 같은 유파라도 선수에 따라 기술이 다르다.

봄버맨 워즈

허드슨   1998년 4월 16일   5,800엔

- 1~2인용
- ● 보드
- ● 메모리 백업

폭탄을 폭발시켜 적을 일소하는
상쾌한 게임 「봄버맨」. 이 작품은
턴제 시뮬레이션 게임처럼 커맨드를 선택하면서 이동하여 폭탄을
설치해 라이벌을 전멸시킨다는 「봄버맨」의 특징을 결합시켜, 전략
적 요소가 풍부한 보드 게임이 되었다.

건그리폰 II

게임 아츠 / ESP   1998년 4월 23일   6,800엔

- 1~4인용
- ● 3D 슈팅
- ● 메모리 백업
- 트윈 스틱 지원
- 대전 케이블 지원

전투용 로봇을 조작해, 레이더에
의존하며 적 기체를 파괴하는 3D
슈팅 게임. 정면에 보이는 적기에 조준을 맞춰 미사일을 발사하라!
궁지에 몰렸을 때는 아군의 지원공격을 받을 수도 있다. 대전 케이
블을 사용하면 본체 2대를 연결해 동시 대전도 가능하다.

게임으로 청춘

키드　1998년 4월 23일　5,800엔

- 1~4인용
- 보드
- 메모리 백업
- 멀티 터미널 6 지원

유치원이나 고교 등의 청춘시대를 재현하는 보드 게임. 화면에 표시되는 숫자 중에서 전진할 칸수를 고를 수 있는 게 특징이다. 상대보다 좋은 청춘을 보내 청춘 포인트를 획득하자. 청춘 포인트는 능력치 상승이나 소지 금액, 어떤 업종에 취직했을시의 평가 등으로 얻는다.

슈퍼로봇대전 F 완결편

반프레스토　1998년 4월 23일　6,800엔

- 1인용
- 시뮬레이션 롤플레잉
- 메모리 백업

전년에 발매된 「슈퍼로봇대전 F」의 속편. 말하고 있는 캐릭터의 대사가 더욱 밝게 표시되고 얼굴 그래픽이 일부 추가·변경되는 등으로 개량되었으며, 본편 후반에는 10단계 개조가 해금된다. 세가새턴판 한정으로, 설정한 생일에 게임을 플레이하면 등장인물이 축하해준다.

투어 파티 : 졸업여행을 가자

타카라　1998년 4월 23일　5,800엔

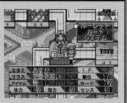

- 1~4인용
- 연애 보드
- 메모리 백업
- 멀티 터미널 6 지원

연애 시뮬레이션 요소를 가미한 보드 게임. 남녀 캐릭터 중 하나를 골라, 목표한 상대와 데이트하여 최후에 고백을 받는 것이 목적이다. 공략 대상은 남성 8명+여성 8명과 숨겨진 캐릭터까지 합해 20명. 마음에 드는 캐릭터와 같은 칸에 멈춰 호감도를 올려가자.

비밀전대 메타모르 V

마이니치 커뮤니케이션즈　1998년 4월 23일　5,800엔

- 1인용
- 어드벤처
- 메모리 백업

소녀들이 정의의 히로인으로 성장(메타모르)하여 나쁜 우주인과 싸운다는 내용의 어드벤처 게임. 각 화마다 오프닝·아이캐치·다음 회 예고까지 있는 TV 애니메이션 스타일로 제작했다. 스토리는 외길이 아니라, 주인공이 누구와 행동하는지에 따라 분기되는 멀티 엔딩 방식.

샤이닝 포스 Ⅲ 시나리오 2 : 위협받는 신의 아이

세가　1998년 4월 29일　4,800엔

- 1인용
- 시뮬레이션 RPG
- 메모리 백업

시뮬레이션 RPG 「샤이닝 포스 Ⅲ」 3부작의 2번째 작품. '시나리오 1'과 같은 시기의 제국 측 시점에서 이야기가 전개된다. 전작의 세이브 데이터를 로드하면 데이터가 진행에 반영된다. 플레이 상황에 맞춰 갱신되는 '인명사전'을 추가, 많은 등장인물의 파악이 쉬워졌다.

SUPER TEMPO

미디어퀘스트　1998년 4월 29일　5,800엔

- 1인용
- 액션

레드 컴퍼니가 개발한 뮤직 액션 게임. 스테이지 내의 음표를 모아 돈을 저축하여, 자신의 방을 아이템으로 장식해 행복해지는 것이 게임의 목적이다. 모은 돈으로 아이템을 사거나, 피자를 훔쳐 먹는 게임 등의 여러 미니게임을 플레이할 수 있다.

룸메이트 3 : 료코, 바람이 반짝이는 아침에

데이텀 폴리스타　1998년 4월 29일　5,800엔

- 1인용
- 시뮬레이션
- 메모리 백업

세가새턴 본체의 시계 기능을 사용한 리얼타임 커뮤니케이션 게임. 대학 입시가 끝날 때까지 약속한 이노우에 료코와 1개월간의 동거생활을 보내는 와중에, 입시를 앞두고 불안한 상태인 료코를 다독이거나 입시 후에 데이트하는 이벤트 등을 수록했다.

이브 더 로스트 원 & DESIRE : 밸류 팩

이마지오　1998년 5월 7일　9,800엔

- 1인용
- 멀티 사이트 어드벤처
- 메모리 백업
- 소프트 2종 세트

내각 조사실 수사관 키리노 쿄코와 폭파사건 범인의 두 시점으로 스토리를 진행하는 「이브 더 로스트 원」과, 무인도의 연구시설을 무대로 여러 시점의 독립된 스토리를 거쳐 진실을 찾는 「DESIRE」 2작품을 수록한 밸류 팩. 「DESIRE」는 18세 이상 추천 등급이다.

 전체 이용가　 18세 이상 추천　 18세 미만 구입 금지　 MA-18 18세 이상 추천　 사타코레판이 발매된 타이틀　잔혹 표현 주의

아이돌 마작 파이널 로맨스 4

비디오 시스템　1998년 5월 21일　6,800엔

- 1인용
- 마작
- 메모리 백업

아케이드용 게임의 이식작. 전작에서 캐릭터 디자인 및 시스템을 리뉴얼했다. 아케이드 모드에서는 맵을 이동하며 소녀를 찾아 마작으로 승부를 건다. 모든 캐릭터에 엔딩이 준비돼 있다. 4인 대국 모드에서는 사기 기술 없이 본격적인 마작을 즐길 수 있다.

샤도우즈 오브 더 터스크

허드슨　1998년 5월 21일　6,800엔

- 1~2인용
- 시뮬레이션
- 메모리 백업
- 세가넷 지원
- CD-ROM 1장

전사와 크리처 등의 유닛을 5×5칸 전장에 배치해 전투하는 캐릭터 배틀 시뮬레이션 게임. 유닛 소환과 스킬 발동에 마나를 소비하며, 남은 마나가 많은 쪽이 선공을 잡아 유리해지는 시스템이다. 스토리 모드와 통신대전 등, 초보자부터 상급자까지 즐기는 5개 모드를 수록.

슈퍼 리얼 마작 P7

세타　1998년 5월 21일　7,800엔

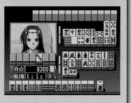

- 1인용
- 마작
- 메모리 백업
- 확장 램 카트리지 지원
- 확장 램 카트리지 4MB 지원
- CD-ROM 1장

인기 탈의마작 게임 시리즈 최후의 넘버링 타이틀. 시작 전에 스토리 선택이 가능해졌다. 숨겨진 히로인을 포함해 4명의 여자가 등장한다. 4MB 확장 램 카트리지가 있으면 로딩 시간이 매우 짧아진다. 여자 전원에게 완전 승리하면 새로 그려진 수영복 장면이 나온다.

바로크

스팅 / ESP　1998년 5월 21일　6,800엔

- 1인용
- 롤플레잉
- 메모리 백업
- 세가 멀티 컨트롤러 지원

사람들이 왜곡된 망상(바로크)에 사로잡혀 살아가는 세계를 그린 퇴폐적 세계관의 로그라이크 RPG. 플레이어는 상급천사로부터 총을 받은 청년이 되어, 이형(異形)을 격퇴하며 신경탑 최하층으로 간다. 발매 전부터 본편 이전의 스토리와 본편과 연계된 소설을 게임잡지에 연재했다.

멜티랜서 : 리인포스

이마디오　1998년 5월 21일　7,800엔

- 1인용
- 육성 시뮬레이션
- 메모리 백업
- CD-ROM 3장

은하경찰연방의 수사관 후보생이 되어 임무에 매진하는, 어드벤처와 턴제 SRPG를 융합시킨 시뮬레이션 게임. 임무의 성과와 선배 랜서와의 관계에 따라 엔딩이 분기된다. 스페셜 에디션에는 드라마 편과 관계자 코멘트를 수록한 CD가 동봉되었다.

왕 게임

소시에타 다이칸야마　1998년 5월 28일　6,800엔

- 1인용
- 버라이어티
- 메모리 백업
- CD-ROM 2장

대전할 미녀를 골라 벌칙게임을 걸고 배틀하는 미니게임 모음집. CD-ROM은 '딸기 디스크'와 '독 디스크' 2장으로 나뉘며, 다양한 그라비아 아이돌 4명이 등장한다. 미니게임은 '참참참 게임'과 '뿅망치 게임', '슬금슬금 쾅' 3종류를 준비했다.

그란디아 : 디지털 뮤지엄

게임 아츠 / ESP　1998년 5월 28일　3,500엔

- 1인용
- 롤플레잉
- 메모리 백업

「그란디아」(149p)의 팬 디스크. 유적 등의 던전에서 모은 아이템을 아렌트 박물관에 납품하면 도감 데이터가 충실해진다. 박물관은 미니게임을 즐기는 유희장, 설정자료를 보는 자료실 등 여러 방으로 구성돼 있다. 본편의 명장면 직전에서 세이브된 데이터도 있다.

GT24

잘레코　1998년 5월 28일　5,800엔

- 1~2인용
- 드라이브 레이싱
- 메모리 백업
- 레이싱 컨트롤러 지원
- 세가 멀티 컨트롤러 지원

아케이드용 게임 「슈퍼 GT24h」의 이식판. 일반적인 레이싱 게임처럼 그랑프리・타임어택 모드도 있지만, 눈여겨볼 모드는 24시간 내구 레이스에 도전하는 '24h 모드'. 연료와 타이어 잔량뿐만 아니라, 피트 크루까지 선택 가능한 전략 중시형 디자인이 특징이다.

165

소녀혁명 우테나 : 언젠가 혁명될 이야기

세가　1998년 5월 28일　6,800엔

- 1인용
- ● 어드벤처
- ■ 메모리 백업
- 카드다스 마스터즈 3장
- 자료집

TV 애니메이션판의 스탭이 다수 참여해 제작한 어드벤처 게임. 플레이어는 학원 여학생이 되어, 애니메이션 8화와 9화 사이의 기간을 오오토리 학원에서 보낸다. 신규 제작된 동영상과 소녀간의 연애는 물론, 패키지에 동봉된 설정자료집도 볼거리다.

무인도 이야기 R : 둘만의 러브러브 아일랜드

KSS　1998년 5월 28일　5,800엔

- 1인용
- ● 연애 시뮬레이션
- ● 메모리 백업

남녀 6명의 리더가 되어 무인도에서의 탈출을 목표로 하는 게임 시리즈의 신작. 3개조로 짝을 지어, 체력 소모를 최소화하며 섬의 조사와 식재료 확보에 뛰어든다. 함께 하는 상대에 따라 이벤트가 발생하며, 히로인과 산보 데이트를 하면서 더욱 진밀해질 수도 있다.

파인드 러브 2 : 더 프롤로그

다이키　1998년 6월 4일　3,300엔

- ● 프롤로그 & 팬 디스크
- ● 메모리 백업

「파인드 러브 2」의 내용을 선행 수록한 팬 디스크. 인기투표에서 그 랑프리에 선정된 히로인 3명과 화상통화로 대화하거나, 히로인의 정보가 집결된 영상편지를 시청할 수 있다. 그래픽과 원화집, 예고편, 이미지 송 등 게임 본편에는 미수록된 요소도 있다.

AI 쇼기 2

아스키 섬씽 굿　1998년 6월 11일　6,800엔

- 1~2인용
- ● 쇼기
- ● 메모리 백업

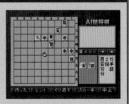

제 7회 컴퓨터 쇼기 선수권에서 전승 우승한 쇼기 게임. 인공지능의 자연스러운 행마와 인간적인 기풍으로 「카나자와 쇼기」・「카키노키 쇼기」・「모리타 쇼기」 등 쟁쟁한 작품들을 격파했다. 당시 전일본박보장기연맹 회장 오카다 빈의 박보장기 100문제도 엄선 수록.

에베루즈 스페셜 : 사랑과 마법의 학교생활

타카라　1998년 6월 11일　5,800엔

- 1인용
- ● 연애 시뮬레이션
- ● 메모리 백업

마법이 존재하는 이세계 워랜드가 무대인 육성 연애 시뮬레이션 게임. 전작에서는 초등부를 포함해 5년간이었던 게임 기간을 고등부 3년간만으로 축약하고, 대신 히로인과의 연애 요소를 강화했다. 전작의 플레이 데이터가 저장돼 있으면 보너스 시나리오를 즐길 수 있다.

월드컵 '98 프랑스 : Road to Win

세가　1998년 6월 11일　5,800엔

- 1~4인용
- ● 스포츠 / 축구
- ● 메모리 백업
- ● 멀티 터미널 6 지원
- ● 세가 멀티 컨트롤러 지원

일본이 최초 출장한 1998년도 월드컵을 소재로 삼은 축구 게임. 일본인 선수가 실명으로 등장하며, 시합 도중 실황과 해설 음성으로 각 선수의 활약을 칭찬해준다. 축구 게임으로는 드물게, 카메라가 경기장을 평행으로 보는 시점이 아니라 수직으로 보는 시점이다.

울트라맨 도감 3

코단샤　1998년 6월 18일　6,800엔

- ● 데이터베이스

울트라 시리즈 4개 작품의 다양한 데이터를 수록한 데이터베이스 제 3탄. 이번에는 '울트라맨 레오'・'울트라맨 80'・'울트라맨 그레이트'・'울트라맨 파워드'의 전 스토리는 물론, 등장하는 괴수도 모두 망라했다. 울트라 히어로의 능력 일람과 관련인물, 메커닉 등도 수록했다.

냅다 차버렷!

마스다야 코포레이션　1998년 6월 18일　4,800엔

- 1~4인용
- ● 액션
- ● 메모리 백업
- ● 멀티 터미널 6 지원

스테이지 밖으로 라이벌을 냅다 차 날려버리는 게 목적인 대전 액션 게임. 킥·점프·필살기 3버튼을 구사하는 심플한 조작과 규칙 하에서, 저마다 특수능력이 다른 개성적인 캐릭터와 싸워 승리자의 칭호 '냅다 차버렸다'의 획득을 노리자.

전체 이용가　18세 이상 추천　18세 미만 구입 금지　18세 이상 추천　사타코레판이 발매된 타이틀　잔혹 표현 주의

프린세스 메이커 : 꿈꾸는 요정

가이낙스　1998년 6월 18일　5,800엔

- 1인용
- 육성 시뮬레이션
- 메모리 백업
- CD-ROM 1장

소녀를 길러 훌륭한 '공주'로 키우는 것이 목적인 육성 시뮬레이션 게임. 「프린세스 메이커」 시리즈 3번째 작품으로 출시된 이 게임에선 '요정 소녀'를 육성하게 되며, 두더지·토끼·고양이에게 프로포즈를 받는 등 다양한 전개가 펼쳐지게 된다.

무라코시 세이카이의 폭조 일본열도

빅터 소프트　1998년 6월 18일　5,800엔

- 1인용
- 시뮬레이션
- 메모리 백업

프로 낚시꾼 무라코시 세이카이의 실사 낚시 해설을 수록한 낚시 시뮬레이션 게임. 도해는 물론 낚시터에서 유의할 조언도 있어, 누구나 참고할 만한 내용이다. 낚시 방법과 도구 고르는 법뿐만 아니라, 낚은 물고기의 요리방법도 가르쳐준다.

랑그릿사 V : THE END OF LEGEND

메사이야　1998년 6월 18일　6,300엔

- 1인용
- 시뮬레이션 롤플레잉
- 메모리 백업

「랑그릿사 Ⅳ」의 적인 기자로프가 만들어낸 인조 병사가 세계의 수수께끼와 자신의 비밀을 알게 되는 스토리의 시뮬레이션 게임. 4편의 캐릭터가 다수 등장하고, 히로인의 노출도 더욱 과격하게 진화했다. 랑그릿사와 알하자드, 두 성검의 전설이 막을 내리는 장엄한 작품.

린다큐브 완전판
아스키　1998년 6월 18일　6,800엔

- 1인용
- 롤플레잉
- 메모리 백업
- CD-ROM 1장
- 사운드트랙 CD 1장

멸종을 피하기 위해, 행성 멸망 전까지 동물들을 암수 한 쌍씩 모으는 사이코 스릴러 RPG. 플레이스테이션판 기반이지만, 엽기적 표현 규제를 완화했고 삭제된 이벤트도 부활시켰다. 수작업으로 리마스터한 동영상과 신종 동물 등, 새턴판의 독자적인 장점도 여럿 추가했다.

악마성 드라큘라 X : 월하의 야상곡
코나미　1998년 6월 25일　3,800엔

- 1인용
- 액션
- 메모리 백업

「악마성 드라큘라」 시리즈 중 한 작품. 플레이어는 '알루카드'가 되어, 전통의 채찍을 비롯해 수많은 아이템을 활용하여 적을 쓰러뜨리며 악마성을 헤쳐 나간다. 성을 얼마나 탐색했는지가 퍼센테이지로 표시되며, 게임 중반에는 예상을 뒤엎는 대반전도 있다!

이니셜 D : 공도 최속전설
코단샤　1998년 6월 25일　5,800엔

- 1인용
- 레이싱
- 메모리 백업
- 레이싱 컨트롤러 지원
- 세가 멀티 컨트롤러 지원

같은 제목의 만화 중 초기 스토리를 진행하는 레이싱 게임. 캐릭터 그래픽은 만화판 기준이다. 게임 모드는 시나리오, 타임어택, 배틀, 트라이 드리프트의 4종류. 게임 디스크를 CD 플레이어에서 재생하면 BGM을 들어볼 수 있다.

크로스 탐정 이야기 : 얽혀있는 7가지 래비린스

워크잼　1998년 6월 25일　6,800엔

- 1인용
- 어드벤처
- 메모리 백업
- CD-ROM 2장

아버지의 죽음의 진상을 알기 위해 탐정사무소에 제자로 들어온 주인공이 7가지 사건을 추적해가는 본격 추리 어드벤처 게임. 등장인물의 리액션이 풍부하고 애니메이션의 완성도도 높으며, 의뢰에 따라 사운드 노벨이나 3D 맵 탐색도 나오는 등 다양성이 풍부한 구성이다.

GAME BASIC for SEGASATURN
아스키 / ESP　1998년 6월 25일　12,800엔

- 게임 개발 툴
- 메모리 백업
- Windows 통신 케이블 동봉
- CD-ROM 2장

새턴 상에서 동작하는 BASIC. 기기의 성능을 최대한 사용할 수 있도록 제작되어, 일반 유저도 새턴용 게임을 개발할 수 있다. 최대 특징은 폴리곤을 다룰 수 있다는 것으로, 동봉된 통신 케이블로 PC에서 짠 프로그램을 새턴으로 전송시킬 수도 있다.

슈퍼 어드벤처 록맨

캡콤　1998년 6월 25일　5,800엔

- 1인용
- 어드벤처
- 메모리 백업
- CD-ROM 3장

풀보이스 애니메이션으로 제작된 「록맨」시리즈 최초의 어드벤처 게임. 수수께끼의 유적에서 발견된 슈퍼 컴퓨터를 이용해 세계정복을 꿈꾸는 Dr.와일리와 록맨이 싸운다는 스토리. 초기 발매판은 영상에서 버그가 발견되었기 때문에, 후일 수정판이 발매되었다.

일본 대표팀 감독이 되자! : 세계 최초, 축구 RPG

세가 / 에닉스　1998년 6월 25일　6,800엔

- 1인용
- 스포츠 RPG
- 메모리 백업

축구팀 감독이 주인공인 축구 RPG. 경험치와 레벨, 장비 개념이 있어 시합을 거쳐 얻은 경험치로 팀을 강화할 수 있다. 선수는 연습으로 스킬을 획득해 시합으로 레벨 업하는 형태로 강화시킨다. 인기와 기술을 충분히 올리면 시설도 승강시킬 수 있다.

미즈키 시게루의 요괴도감 총집편

코단샤　1998년 6월 25일　5,800엔

- 1인용
- 어드벤처
- 메모리 백업

PC용으로 출시되었던 시리즈를 합본한 작품. 만화가 미즈키 시게루를 만난 주인공이 요괴도감을 얻어 신비한 세계를 탐색하는 '여행 모드'를 비롯, 일본 요괴의 애니메이션과 해설을 열람하는 '요괴도감', '요괴학원'을 수록했다. 요괴 연구가가 집필에 참여한 본격파 소프트.

어나더 메모리즈

스타라이트 마리　1998년 7월 2일　5,800엔

- 1인용
- 어드벤처
- 메모리 백업

2년간의 마법학교 생활을 무대로 삼은 육성 시뮬레이션 게임. 아침·낮·밤 3회 행동하여, 공부와 아르바이트에 매진하는 내용이다. 선택지에 독자적인 '자아 시스템'을 채용, 지치거나 신경을 쓰면 줄어드는 '자아 게이지'의 잔량에 따라 고르는 선택지가 한정되기도 한다.

이브 버스트 에러 & 이브 더 로스트 원 : 밸류 팩

이마디오　1998년 7월 2일　9,800엔

- 1인용
- 멀티 사이트 어드벤처
- 메모리 백업
- 소프트 2종 세트

사립탐정 코지로와 국가요원 마리나를 교대로 조작해 이야기를 다각적으로 파악하는 '멀티 사이트 시스템'을 도입한 추리 서스펜스 어드벤처 게임 「이브 버스트 에러」와, 그로부터 3년 후가 무대인 「이브 더 로스트 원」 2작품을 합본 수록한 패키지.

SEGA AGES 갤럭시 포스 II

세가　1998년 7월 2일　3,800엔

- 1인용
- 슈팅
- 메모리 백업
- 세가 멀티 컨트롤러 지원

아케이드용 게임의 이식작. 같은 회사의 「스페이스 해리어」, 「애프터 버너」와 동일한 화면구성의 유사 3D 슈팅 게임이다. 이식 자체는 오리지널판에 매우 충실하나, 일부 캐릭터가 삭제되는 등 디테일은 원작과 약간 다르다. 다만 연출과 롤링 등의 조작감은 잘 재현했다.

솔 디바이드

아틀라스　1998년 7월 2일　5,800엔

- 1~2인용
- 슈팅
- 메모리 백업

일러스트레이터 테라다 카츠야가 캐릭터 디자인을 담당한 횡스크롤 슈팅 게임. 아케이드용 게임의 이식작으로, 검과 마법의 판타지 세계가 무대다. 액션 게임과 RPG 요소를 도입했으며, 이식하면서 로그라이크 풍 시스템의 '퀘스트 모드'를 추가했다.

드루이드 : 어둠 속의 추적자

코에이　1998년 7월 2일　6,800엔

- 1인용
- 어드벤처
- 메모리 백업

「위저드리」의 개발사인 미국 서텍사가 제작한 3D 액션 어드벤처 게임. 드루이드의 실종을 조사하기 위해 행성 나반을 모험한다는 스토리다. 마법은 불·물 등의 원소를 사용해 습득한다. 퍼즐은 아이템을 조합하거나 암호를 해독하거나 하여 풀게 된다.

 전체 이용가　 18세 이상 추천　 18세 미만 구입 금지　 18세 이상 추천　 사타코레판이 발매된 타이틀　 잔혹 표현 주의

가져가라 새알 : with 힘내라! 오리너구리
나그자트　1998년 7월 2일　5,800엔

- 1~4인용
- 액션
- 메모리 백업
- 멀티 터미널 6개 지원

알을 갖고 돌아다니다, 부화해 새끼가 되면 둥지로 데려가는 고정 화면식 액션 게임. 대시로 방해하거나 블록으로 길을 막는 게 가능해, 대전 플레이로 즐기면 매우 제격. PC엔진의 미발매작으로서 후일 잡지 부록으로 출시된 「가져가라 새알」의 기본 룰을 계승했다.

Code R
퀸텟 / ESP　1998년 7월 9일　6,800엔

- 1인용
- 레이싱 어드벤처
- 메모리 백업
- 레이싱 컨트롤러 지원
- 세가 멀티 컨트롤러 지원

연애 요소를 결합한 레이싱 게임. 스토리 모드에서는 야간의 고갯길에서 스트리트 레이서를 페어레이디 Z로 상대해 배틀하는 이야기를 그렸다. 리플레이는 단순한 플레이어 시점의 재현이 아니라, 컷인과 갤러리의 반응을 삽입해 흥미진진하게 묘사한다.

탐정 진구지 사부로 : 꿈의 끝에서
데이터 이스트　1998년 7월 9일　5,800엔

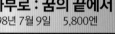

- 1인용
- 하드보일드 어드벤처
- 메모리 백업
- CD-ROM 1장
- 프리미엄 CD 1장

하드보일드한 분위기가 넘치는 탐정 어드벤처 게임 시리즈의 신작. 탐정 진구지가 과거의 악몽에 시달리면서도 연쇄실종 사건을 쫓는다. 정보를 정리하는 'D-MODE'와 3D CG 맵을 수색하는 'S-MODE', 보너스 요소를 개방하는 숨겨진 패스워드 찾기를 신규 도입했다.

포켓 파이터
캡콤　1998년 7월 9일　5,800엔

- 1~2인용
- 대전격투
- 메모리 백업
- 확장 램 카트리지 4MB 지원

96년에 발매된 「슈퍼 퍼즐 파이터 II X」의 SD 캐릭터를 사용한 대전 격투 게임. 공격에 강약 개념이 없어졌고, 방어하면 필살기라도 체력이 줄지 않는다. 3색의 젬이 등장하여, 획득하면 필살기가 파워업된다는 특징이 있다. 확장 RAM 카트리지도 지원한다.

엘프 사냥꾼 II
알트론　1998년 7월 16일　7,800엔

- 1인용
- 어드벤처
- 메모리 백업
- CD-ROM 2장

만화 '엘프 사냥꾼 2'가 아니라, '엘프 사냥꾼'의 TV 애니메이션 제2기에 기반한 어드벤처 게임. TV 애니메이션의 동영상을 대량 수록했지만, 애니메이션의 스토리를 단순히 따라가지 않고 오리지널 전개도 즐길 수 있도록 했다.

DEEP FEAR
세가　1998년 7월 16일　6,800엔

- 1인용
- 액션 어드벤처
- 메모리 백업
- 세가 멀티 컨트롤러 지원
- CD-ROM 2장

미지의 바이러스가 침투한 해저 기지가 무대인 서바이벌 호러 게임. 플레이어는 산소 잔량을 나타내는 '에어 게이지'에 주의하면서, 습격해오는 크리처를 대처해야만 한다. 크리처 디자인은 '가면라이더' 시리즈에도 참여했던 니라사와 야스시가 맡았다.

아가씨를 노려라!!
크리스탈 비전　1998년 7월 23일　6,800엔

- 1인용
- 어드벤처
- 메모리 백업

PC용 게임을 이식한 연애 어드벤처 게임. 이식하면서 그래픽을 새로 다시 그렸고, 히로인의 성우로 성인용 비디오 여배우를 기용했다. 원작이 성인용 작품인 탓도 있겠으나, 다른 성인용 PC 게임의 가정용 이식작들에 비해서도 섹시한 표현이 많이 들어간 게 특징.

코나미 앤티크스 MSX 컬렉션 : 울트라 팩
코나미　1998년 7월 23일　3,800엔

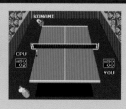

- 1~2인용
- 버라이어티

MSX 유저들로부터 절대적인 인기를 누렸던 코나미의 MSX 작품들 중에서, 「그라디우스」 계통의 5개 작품을 포함한 여러 슈팅 작품과 「남극탐험」 등의 인기 시리즈를 비롯해, 액션과 스포츠 등 다양한 장르의 30개 작품을 수록했다.

하이스쿨 테라 스토리

키드　1998년 7월 23일　5,800엔

- 1인용
- 시뮬레이션
- 메모리 백업

PC용 게임을 이식한 육성+연애 시뮬레이션 게임. 이벤트 발생 조건으로 주인공의 능력치뿐만 아니라 여자와 주인공 중 누가 전화를 걸었는지도 따지는 등, 플래그를 세세하게 설정했다. 성우 카나이 미카가 70년대 아이돌 그룹 '캔디즈'의 곡을 커버한 주제가로도 유명한 작품.

마도 이야기

컴파일　1998년 7월 23일　5,800엔

- 1인용
- 롤플레잉
- 메모리 백업

대부분의 게이머들에게는 「뿌요뿌요」의 등장 캐릭터로 유명한 소녀 '아르르'. 그녀가 주인공인 쿼터뷰 시점의 RPG다. 모험 도중에 만나는 적 중에는 '뿌요뿌요'도 있다! 모두가 간편하게 플레이할 수 있는 '누구라도 쉽게 즐기는 RPG'가 선전문구였다.

레이디언트 실버건

트레저 / ESP　1998년 7월 23일　5,800엔

- 1~2인용
- 슈팅
- 메모리 백업

게임센터 가동 개시 후 2개월 만에 등장한 이식판. 버튼 3개를 조합해 다채로운 공격을 구사할 수 있고, 동일한 색깔의 적을 계속 물리치면 체인 보너스를 획득하는 등, 퍼즐 요소가 강한 개성적인 슈팅 게임이다. 원작은 세가새턴과 호환성이 있는 ST-V 기판으로 출시된지라, 원작에 손색이 없는 완전 이식을 실현했다. 추

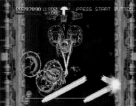

난이도를 변경해도 패턴은 동일하지만 내구력의 출현의 변화

가 요소로서 스토리를 보강하는 애니메이션 동영상과 대화 데모, 파워 업을 계승하는 리스타트 기능 등이 들어가 있다.

루나 2 : 이터널 블루

카도카와쇼텐 / ESP　1998년 7월 23일　6,800엔

- 1인용
- 롤플레잉
- 메모리 백업
- CD-ROM 2장

메가 CD용 RPG 「루나 이터널 블루」의 리메이크 작품. 세계의 위기를 알게 된 주인공이 수수께끼의 소녀 루시아와 함께 여행한다는 이야기다. 루시아는 전투 중엔 조작 불가능하며, 주인공과 마음이 통하는 과정을 거쳐 협조적, 혹은 헌신적인 행동을 취하게 된다.

안젤리크 듀엣

코에이　1998년 7월 30일　9,800엔

- 1인용
- 연애 시뮬레이션
- 메모리 백업
- CD-ROM 1장

인기 여성용 연애 시뮬레이션 게임 시리즈 「안젤리크」의 첫 번째 작품을 업그레이드한 리메이크판. 두근거림을 연출하는 이벤트와 대화의 볼륨도 대폭 키웠다. 이 작품에서는 라이벌 캐릭터인 로잘리아로도 플레이 가능. 수호성들이 보여주는 색다른 반응이 재미있다.

아가씨 특급

미디어웍스　1998년 7월 30일　6,800엔

- 1인용
- 연애 어드벤처
- 메모리 백업
- 셔틀 마우스 지원
- 세가 멀티 컨트롤러 지원
- CD-ROM 2장

잡지 '전격 G's 매거진'의 독자참여 기획이 기반인 연애 어드벤처 게임. 초호화특급열차 '베가'에 탑승해, 승무원·승객 히로인들과 연애하며 일본을 횡단한다는 내용이다. 히로인들은 독자적인 사고가 가능해, 플레이할 때마다 다른 행동을 하거나 여자끼리 교류하기도 한다.

새턴 뮤직 스쿨 2

와카 제작소　1998년 7월 30일　5,800엔

- Music & DTM
- 메모리 백업
- MIDI 인터페이스 케이블 동봉

MIDI 키보드를 연결해 연습 및 작곡이 가능한 음악 소프트 제 2탄. 명곡 앨범의 곡수는 전작과 동일한 20곡이지만, 모두 전작과는 다른 곡으로 수록했다. 전작에 있었던 미니게임은 없어지고, 레슨으로 기초를 연습하는 '손가락을 움직여!' 모드가 추가되었다.

  전체 이용가　 18세 이상 추천　 18세 미만 구입 금지　MA-18 18세 이상 추천　 사타코레판이 발매된 타이틀　 잔혹 표현 주의

드림 제네레이션 : 사랑이냐? 일이냐!?…

메사이야　1998년 7월 30일　6,300엔

- 1인용
- 연애·직업 선택 시뮬레이션
- 메모리 백업

단칸방살이 청년이 주인공인 육성+연애 시뮬레이션 게임. 영화감독·프로골퍼·갬블러 중 하나로 취직하고, 연애도 성취하는 게 목적. 진행 도중 행방불명된 소녀를 수색하는 스토리가 시작되기도 하는 등, 의외성이 넘치는 전개를 즐길 수 있다.

백가이너 : 되살아나는 용사들 각성편 '가이너 전생'

빙　1998년 7월 30일　5,800엔

- 1인용
- 시뮬레이션
- 메모리 백업
- CD-ROM 2장

파워드 슈츠 풍 로봇에 탑승해 동료 여성들과 함께 싸우는 3부작 드라마틱 시뮬레이션 게임의 첫 작품. 후일 '기동전사 건담 SEED'로 유명해지는 히라이 히사시가 캐릭터 디자인과 메카닉 원안을 맡은 작품으로, 고품질 애니메이션을 대량으로 사용한 것도 특징이다.

러블리 팝 2 in 1 : 쟝쟝코이합시다

비스코　1998년 7월 30일　6,800엔

- 1인용
- 마작·화투
- 메모리 백업
- CD-ROM 1장
- 보너스 CD 1장

아케이드용 마작 게임 「쟝쟝합시다」와 화투 게임 「코이코이합시다」를 하나로 합본 이식한 타이틀. 각 작품마다 히로인 5명이 등장하며, 난이도도 적당한 수준이다. 아케이드판 원작의 탈의장면을 삭제한 대신, 공략한 히로인과의 데이트 장면을 수록했다.

두근두근 몬스터

알트론　1998년 7월 30일　5,800엔

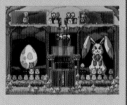

- 1~2인용
- 육성 퍼즐
- 메모리 백업

육성 요소를 도입한 퍼즐 게임. 캐릭터 4명 중 하나를 골라 블록을 떨어뜨리자. 블록은 동일 색깔을 3개 맞추면 없어진다. 블록을 흡수해 몬스터에게 주는 것도 가능하다. 몬스터는 먹인 블록의 색깔에 따라 다양하게 변화한다.

아스트라 슈퍼스타즈

선 소프트　1998년 8월 6일　5,800엔

- 1~2인용
- 대전 액션
- 메모리 백업
- 확장 램 카트리지 지원
- 확장 램 카트리지 4MB 지원

아케이드판을 이식한 대전격투 게임. 캐릭터 전원이 공중에 뜬 상태로 싸운다는 설정이 특징으로, 개발사가 내세운 장르명도 '공중 대전 난투 액션'이다. 위아래로 쳐 날릴 수 있는 등, 공중부유 상태를 살린 개성적인 액션이 재미있다.

가디언 포스

석세스　1998년 8월 6일　5,800엔

- 1~2인용
- 슈팅
- 메모리 백업

아케이드 게임의 이식작. 스테이지 진행에 따라 전방위로 스크롤되는 슈팅 게임이다. 스크롤되는 방향에 따라 공격 가능한 각도가 결정된다. 5종류의 무기는 아이템으로 전환 가능하다. 원작이 새턴 호환 기판으로 제작되었기 때문에 이식도가 높다.

사무라이 스피리츠 : 베스트 컬렉션

SNK　1998년 8월 6일　4,800엔

- 1~2인용
- 대전 액션
- 메모리 백업
- 확장 램 카트리지 필수
- 확장 램 카트리지 4MB 지원
- CD-ROM 2장

인기 시리즈의 제 3탄 「잔쿠로 무쌍검」과 제 4탄 「아마쿠사 강림」을 커플링한 염가판 소프트. 양 작품 모두 세계관과 스토리가 공통이며, 확장 램 및 4MB 확장 램 카트리지도 지원한다. 다만 「아마쿠사 강림」은 확장 램 카트리지만 지원하니 주의해야 한다.

리얼 바웃 아랑전설 : 베스트 컬렉션

SNK　1998년 8월 6일　4,800엔

- 1~2인용
- 대전 액션
- 메모리 백업
- 확장 램 카트리지 필수
- 확장 램 카트리지 4MB 지원
- CD-ROM 2장

과거 발매됐던 「리얼 바웃 아랑전설」과 「리얼 바웃 아랑전설 스페셜」을 세트화한 염가판 상품. 수록 작품은 확장 램 및 4MB 확장 램 카트리지도 지원하여 로딩 시간을 단축시켰다. 다만 「리얼 바웃 아랑전설」은 확장 램 카트리지만 지원한다.

HARDWARE | 1994's SOFT | 1995's SOFT | 1996's SOFT | 1997's SOFT | 1998's SOFT | 1999's SOFT | 2000's SOFT | SOFT INDEX

신마초오의 발할리안

카마타 앤드 파트너즈　1998년 8월 6일　5,800엔

- 1인용
- 시뮬레이션 롤플레잉
- 메모리 백업

판타지 세계를 무대로 삼은 시뮬레이션 RPG. 어떤 캐릭터끼리 매치해도 발동 가능한 컴비네이션 공격의 존재가 특징으로, 적의 속성 및 약점에 맞춰 발동하면 큰 타격을 입힐 수 있다. 적이 많이 나오므로, 컴비네이션 공격을 활용한 전략을 세울 필요가 있다.

바켄 뢰더

세가　1998년 8월 6일　5,800엔

- 1인용
- 시뮬레이션 RPG
- 메모리 백업

일러스트레이터 무라타 렌지가 주요 캐릭터 디자인을 맡은 3D 필드의 시뮬레이션 RPG. 전투 시에는 포인트 제한 내에서 이동·공격하는 방식을 채용했다. 고저차의 영향이 강한 것이 특징으로, 전투에서 항상 적보다 높은 위치를 확보하는 것이 특히 중요하다.

프로야구 그레이티스트 나인 '98 : 서머 액션

세가　1998년 8월 6일　5,800엔

- 1~2인용
- 스포츠
- 메모리 백업

새턴용 인기 야구 게임 시리즈의 최종 작품. 선수와 스타디움을 풀 폴리곤으로 구현하고, 뛰어난 조작성도 계승했다. 승부의 긴장감과 선수의 모션 등을 리얼하게 재현했다. 실명으로 등장하는 프로야구 12개 구단은 물론, 오리지널 4개 구단도 나온다.

루팡 3세 : 피라미드의 현자

아스믹　1998년 8월 6일　5,800엔

- 1인용
- 액션
- 메모리 백업

루팡 3세를 조작해 피라미드의 보물을 훔쳐내는 게 목적인 3D 액션 게임. 퍼즐 풀기 요소와 풍부한 오리지널 애니메이션 동영상, 루팡 3세다운 코믹한 액션이 특징이다. 지겐과 고에몽은 NPC로 등장하여 루팡을 도와준다.

이미지 파이트 & X-멀티플라이 : 아케이드 기어즈

엑싱 엔터테인먼트　1998년 8월 20일　4,800엔

- 1~2인용
- 슈팅
- 메모리 백업

아케이드에서 대히트한 작품을 2종 수록한 타이틀. 종스크롤 슈팅 게임 「이미지 파이트」와 횡스크롤 슈팅 게임 「X-멀티플라이」를 즐길 수 있다. 「이미지 파이트」는 스피드 조정과 포드 선택이 공략의 키포인트. 「X-멀티플라이」는 그로테스크한 스테이지가 특징.

비치에서 리치!

마이니치 커뮤니케이션즈　1998년 8월 20일　5,800엔

- 1인용
- 어드벤처 마작
- 메모리 백업

4인 대국 마작 게임. 타이틀명의 '비치'는 해변을 말한다. 사기 기술이 없는 마작 게임으로, 소녀와 마작을 쳐서 점수를 잃을 때마다 호감도가 올라가는 시스템이다. 등장하는 소녀 3명은 모두 초보자라는 설정이고, 반장 종료 후에 액션을 일으키면 보너스 그래픽이 표시된다.

캡콤 제네레이션 제 1집 : 격추왕의 시대

캡콤　1998년 8월 27일　5,800엔

- 1~2인용
- 슈팅
- 메모리 백업

자사의 「1942」·「1943」·「1943 개(改)」를 커플링한 타이틀. 화면을 90도 회전시키면 원작과 동일한 사양의 세로화면으로 플레이 가능하다. 신규 탑재된 '컬렉션 모드'에서는 각 게임용으로 그려진 일러스트와 설정자료 등 약 70점의 그림을 관람할 수 있다.

블랙 매트릭스

NEC 인터채널　1998년 8월 27일　6,800엔

- 1인용
- 시뮬레이션 롤플레잉
- 메모리 백업

플라이트 플랜 사가 개발한 시뮬레이션 RPG. 사랑과 자유가 악덕 취급되는 계급사회를 무대로, 노예계급인 주인공을 사랑했기에 감금된 '주인님'을 되찾기 위한 싸움을 그렸다. '주인님'이 되는 캐릭터는 기본적으로는 여성이지만, 숨겨진 요소로서 남성도 나온다.

 전체 이용가　 18세 이상 추천　 18세 미만 구입 금지　 18세 이상 추천　 사타코레판이 발매된 타이틀　 잔혹 표현 주의

마법사가 되는 방법

TGL　1998년 8월 27일　6,800엔

- 1인용
- 액션 롤플레잉
- 메모리 백업

마법사 후보인 소녀를 육성하는 육성 시뮬레이션 게임. 스승에게 과제를 받고 재료를 모아 마법을 조합하고 연습하여 마법을 익히는 것이 기본 시스템이다. 마법은 70종류 이상으로, 클리어하려면 필요 최저한은 익혀야 한다. 육성 대상 소녀는 선택 난이도에 따라 달라진다.

슬레이어즈 로얄 2

카도카와쇼텐 / ESP　1998년 9월 3일　6,800엔

- 1인용
- 롤플레잉
- 메모리 백업

소설 '슬레이어즈'를 소재로 삼은 RPG의 속편. 가짜 리나로 게임을 시작하여, 다양한 사건을 해결하는 와중에 봉인된 탑의 수수께끼에 도달하는 스토리. 복선이 많고 코믹과 진지함이 뒤섞이는 전개다. 서브 이벤트가 많이 준비돼 있어, 게임 진행의 자유도를 높여준다.

환상수호전

코나미　1998년 9월 17일　3,800엔

- 1인용
- 롤플레잉
- 메모리 백업

플레이스테이션용으로 서드파티가 발매한 첫 본격 RPG였던 「환상수호전」을 이식했다. 제국을 뛰쳐나와 해방군의 리더가 된 주인공이 동료 108명을 모아 전쟁에 나서게 된다. 새턴판은 추가 이벤트를 수록하고 오프닝 동영상과 미니게임을 리뉴얼했다.

시뮬레이션 RPG 만들기

아스키　1998년 9월 17일　5,800엔

- 1인용
- 게임 컨스트럭션
- 메모리 백업
- 파워 메모리 필수
- CD-ROM 1장

게임 제작 툴 시리즈 「~만들기」 중 하나로, 턴제 시뮬레이션 RPG 제작이 가능한 소프트. BGM은 물론 캐릭터의 모션과 그래픽 등 제작용 소재가 풍부해, 적어도 소재 면에서는 시리즈 역대급으로 유저들의 호평을 받았다. 플레이스테이션판과 동시 발매되었다.

캡콤 제네레이션 제 2집 : 마계와 기사

캡콤　1998년 9월 23일　5,800엔

- 1~2인용
- 액션
- 메모리 백업

캡콤 왕년의 명작인 아케이드판 「마계촌」・「대마계촌」, 그리고 슈퍼 패미컴판 「초마계촌」 3작품을 수록한 소프트. 매번 악의 졸개에게 붙잡혀가는 공주님을 구출하러 갑옷과 무기를 챙겨 달리는 기사 아더가 싸우는 횡스크롤 액션 게임이다.

기동전함 나데시코 : The blank of 3years

세가　1998년 9월 23일　6,800엔

- 1인용
- 어드벤처
- 메모리 백업
- CD-ROM 2장
- 싱글 CD 1장

'기동전함 나데시코'의 TV 애니메이션판과 극장판 사이에 있는 공백의 3년간을 그린 오리지널 시나리오의 사운드 노벨 게임. 선택지에 따라 아키토와 유리카, 루리와 함께 사는 루트와, 메구미와 함께 연예계에 입성하는 루트 등의 패러렐 시나리오로 분기된다.

샤이닝 포스 Ⅲ 시나리오 3 : 빙벽의 사신궁

세가　1998년 9월 23일　4,800엔

- 1인용
- 시뮬레이션 RPG
- 메모리 백업

「샤이닝 포스 Ⅲ」 3부작의 최종 작품. 앞선 2작품의 이후 세계를 무대로, 샤이닝 포스와 브루잠 교와의 싸움을 그렸다. 싱크로너티 시스템을 활용해 이전 2작품의 세이브 데이터를 게임 내에 반영시킬 수 있으며, 2주차를 즐길 수도 있다.

스팀 하츠

TGL　1998년 9월 23일　6,800엔

- 1~2인용
- 슈팅
- 메모리 백업

18세 이상 추천 등급의 종스크롤 슈팅 게임. 스테이지 클리어 시마다 야한 장면이 나온다. 시스템은 대미지제로, 고속이동 중엔 대미지를 받지 않는다. 캐릭터 디자인은 키무라 타카히로가 맡았다. 음성은 풀보이스로, 마츠이 나오코・오리카사 아이 등 인기 성우가 출연한다.

HARDWARE | 1994's SOFT | 1995's SOFT | 1996's SOFT | 1997's SOFT | 1998's SOFT | 1999's SOFT | 2000's SOFT | SOFT INDEX

소르바이스
알트론　1998년 9월 23일　6,800엔

- 1~2인용
- 액션 롤플레잉
- 메모리 백업

맵이 자동 생성되는 유적을 탐색하는 로그라이크와, 투기장의 듀얼을 조합한 액션 RPG. 유적에서 레벨을 올려, 듀얼에서 승리하여 자신의 랭킹을 올리는 것이 기본적인 진행법이다. 회복과 탈출이 가능한 '룬'을 수집하는 요소도 특징.

디지털 몬스터 Ver.S : 디지몬 테이머즈
반다이　1998년 9월 23일　5,800엔

- 1인용
- 육성 시뮬레이션
- 메모리 백업
- 셔틀 마우스 지원

근미래에 유통되고 있는 수수께끼의 컴퓨터 프로그램 '디지몬'을 단련시켜 다른 디지몬과 싸움을 붙이는 육성 시뮬레이션 게임. 모든 종류의 디지몬을 수집하는 게 목적 중 하나로, 디지몬끼리 합체시켜 오리지널 디지몬을 만들 수도 있다.

마작 학원제 DX : 전날에서 이어지는 분전기
메이크 소프트웨어　1998년 9월 23일　5,800엔

- 1인용
- 마작
- 메모리 백업

97년에 발매한 「마작 학원제」의 속편. 전작에서 촬영한 소녀의 사진에 만족하지 못하고 재촬영하러 나간다는 스토리다. 제한시간은 6시간. 연애 시뮬레이션 요소를 강화해, 소녀는 플래그가 만족되지 않으면 마작을 해주지 않는다. 굿 엔딩을 달성하려면 전원을 벗겨야 한다.

The Legend of Heroes I & II 영웅전설
GMF　1998년 9월 23일　5,800엔

- 1인용
- 롤플레잉
- 메모리 백업

니혼팔콤을 대표하는 「영웅전설」 시리즈 제 1기에 해당하는 PC용 RPG 「드래곤 슬레이어 영웅전설」과 속편 「드래곤 슬레이어 영웅전설 II」를 합본 이식한 작품. 슬라임 괴롭히기가 취미인 파렌 왕국의 왕자가 부자 2대에 걸쳐 모험을 펼친다는 스토리다.

더 킹 오브 파이터즈 : 베스트 컬렉션
SNK　1998년 10월 1일　6,800엔

- 1~2인용
- 대전 액션
- 메모리 백업
- 확장 램 카트리지 필수
- 확장 램 카트리지 4MB용

이제까지 발매된 「더 킹 오브 파이터즈」 시리즈의 '95·'96·'97 3작품을 세트화한 염가판 상품. 패키지에 확장 램 카트리지도 동봉했다. 수록된 작품은 '오로치 편'으로 불리는 3부작으로, '97의 최종 보스인 오로치는 연습 모드 한정으로 사용 가능하다.

사쿠라 통신 : ReMaking Memories
미디어 갤롭　1998년 10월 1일　6,800엔

- 1인용
- 어드벤처
- 메모리 백업

만화가 유진의 만화 '사쿠라 통신'이 소재인 18세 이상 추천 등급 어드벤처 게임. 유명 사립대생을 가장하며 재수 생활 중인 청년이 주인공으로, 주인공만 바라보는 사촌여동생과 부잣집 미녀와의 삼각관계를 그렸다. 스토리는 기본적으로 원작대로지만, 오리지널 전개도 있다.

전차로 GO! EX
타카라　1998년 10월 1일　5,800엔

- 1인용
- 액션
- 메모리 백업
- 전차로 GO! 컨트롤러 지원

아케이드용 게임 「전차로 GO!」의 버그를 수정하고, 날씨가 비나 눈으로 바뀌는 상급노선 '게이힌도호쿠센 EX'·'야마노테센 EX'를 신규 수록한 버전의 이식작. 「EX」의 가정용 이식판으론 유일한 작품이다. 이 작품 전용의 마스터 컨트롤러형 컨트롤러도 동시에 발매되었다.

백가이너 : 되살아나는 용사들 비상편 '배반의 전장'
빙　1998년 10월 1일　5,800엔

- 1인용
- 시뮬레이션
- 메모리 백업
- CD-ROM 2장

「각성편」(171p)의 속편에 해당하는 드라마틱 전략 시뮬레이션 게임. 전작과 마찬가지로 다량의 애니메이션을 게임 내에 삽입했다. 전작의 줄거리를 다이제스트로 파악할 수 있어, 이 작품부터 플레이해도 문제없다. 원래 3부작 예정이었으나, 완결편은 발매되지 않았다.

 전체 이용가　 18세 이상 추천　 18세 미만 구입 금지　 18세 이상 추천　 사타코레판이 발매된 타이틀　 잔혹 표현 주의

첫사랑 이야기

토쿠마쇼텐 인터미디어　1998년 10월 1일　5,800엔

- ●1인용
- ●시뮬레이션
- ●메모리 백업

첫사랑 시기와 히로인의 타입을 선택해 첫사랑을 체험하는 어드벤처 게임. 히로인과의 교류 내용에 따라 수년 후에 서로를 잊기도 하고, 재회해 첫사랑이 다시 이어지기도 하고, 결혼해 아이까지 생기기도 하는 등, 엔딩이 다양하게 분기된다.

기동전사 건담 : 기렌의 야망 공략지령서

반다이　1998년 10월 8일　2,800엔

- ●데이터베이스
- ●메모리 백업

「기동전사 건담 : 기렌의 야망」의 추가 시나리오집. 특수한 조건으로 본편을 플레이할 수 있는 세이브 데이터를 입수 가능하다. 이 소프트만으로는 게임을 즐길 수 없으나, 명장면 애니메이션과 메이킹 콘티를 감상할 수 있으며 용어해설도 수록돼 있다.

코튼 부메랑

석세스　1998년 10월 8일　4,800엔

- ●1~2인용
- ●슈팅
- ●메모리 백업

앞서 발매된 「코튼 2」의 몇몇 사양을 변경한 작품. 조작 캐릭터와, 파트너로 함께 싸우는 요정을 선호하는 캐릭터 중에서 선택 가능하다. 각 캐릭터의 특성을 살려 스테이지를 공략할 수 있지만, 이 작품에서는 적탄을 맞으면 즉사해버리니 주의하도록!

Pia♥캐럿에 어서 오세요!! 2

NEC 인터채널　1998년 10월 8일　7,200엔

- ●1인용
- ●시뮬레이션
- ●메모리 백업
- ●확장 램 카트리지 지원
- ●확장 램 카트리지 4MB 지원
- ●CD-ROM 2장

카테일 소프트가 개발한 PC용 연애 시뮬레이션 게임의 이식판. 전작의 주인공이 점장을 맡고 있는 패밀리 레스토랑이 무대로서, 일과 대화로 주인공을 육성하는 게임이다. 이 작품의 제작발표회를 실존 패밀리 레스토랑 '애너 밀러즈'에서 열었다는 에피소드도 있다.

소닉 3D : 플리키 아일랜드

세가　1998년 10월 14일　3,800엔

- ●1인용
- ●액션
- ●세가 멀티 컨트롤러 지원

메가 드라이브용 게임 「소닉 3D 블래스트」의 개변 이식작. BGM이 호화로워졌고, 스페셜 스테이지는 3D CG를 사용해 새로 만들어 변경했다. 또한 원작에선 배경이 없었던 ZONE 8에 배경을 추가하는 등, 그래픽도 개량했다.

캡콤 제네레이션 제 3집　〔여기에서 역사가 시작된다〕

캡콤　1998년 10월 15일　5,800엔

- ●1~2인용
- ●버라이어티
- ●메모리 백업

캡콤 여명기의 아케이드 게임 대표작들 중에서 「손손」・「히게마루」・「벌거스」・「엑제드 엑제스」 4작품을 수록했다. 캡콤의 오랜 역사가 느껴지는 작품. 특정 조건을 만족시키면, 컬렉션 모드에서 일러스트 등 각 작품의 귀중한 자료를 열람할 수 있게 된다.

SEGA AGES 미키 마우스 : 캐슬 오브 일루전 / 아이 러브 도널드 덕 : 그루지아 왕의 비보

세가　1998년 10월 15일　4,800엔

- ●1인용
- ●액션

메가 드라이브로 발매된 디즈니의 횡스크롤 액션 게임 「미키 마우스 : 캐슬 오브 일루전」과 「아이 러브 도널드 덕 : 그루지아 왕의 비보」 2작품을 커플링 이식한 게임. 내용은 메가 드라이브판 원작을 충실하게 재현했다.

스트라이커즈 1945 II

사이쿄　1998년 10월 22일　5,800엔

- ●1~2인용
- ●슈팅
- ●메모리 백업

육해공을 무대로 하는 종스크롤 슈팅 게임. 성능이 다른 기체들 중에서 원하는 전투기를 골라, 모아쏘기와 폭탄을 활용하며 전진하자. 지상에서 나타나는 금괴는 반짝 빛날 때 먹으면 최고 득점이 들어온다. 스테이지 보스는 패턴을 충분히 파악해 처단하자!

마블 슈퍼 히어로즈 VS. 스트리트 파이터

캡콤　1998년 10월 22일　5,800엔

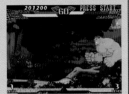

- 1~2인용
- 대전격투
- 메모리 백업
- 확장 램 카트리지 4MB 필수

마블 코믹스와 스트리트 파이터의 캐릭터들이 크로스오버하는 「VS.」 시리즈의 제 2탄. 전작과 마찬가지로 2:2 태그매치로, 기본은 1:1이지만 언제든 캐릭터 교대가 가능하다. 쓰러진 캐릭터는 없어지게 하여 이후의 전개가 스피디해졌다.

물폭탄 대모험

빙　1998년 10월 22일　3,800엔

- 1~2인용
- 액션
- 메모리 백업

타이토가 제작한 아케이드용 횡스크롤 액션 게임의 내용을 충실히 이식한 작품. 하마 '히포포'를 조작해, '물폭탄'을 사용하여 불의 나라 적들과 싸운다. 물폭탄 키워 던지기 공격과 수압을 이용한 공격, 장치를 활용한 조작 등 독특한 액션이 특징이다.

ROX -록스-

알트론　1998년 10월 22일　5,800엔

- 1~2인용
- 퍼즐

주사위를 사용한 개성적인 낙하계 퍼즐 게임. 규칙은 같은 눈의 주사위 한 쌍 사이에 눈 수와 같은 수만큼의 주사위를 끼워 없애는 것으로, 이때 두 주사위의 색깔도 동일하면 끼어있는 주사위들도 한꺼번에 없어지고, 색깔이 다르면 두 주사위만 없어진다.

버추어 콜 S

키드　1998년 10월 29일　6,300엔

- 1인용
- 시뮬레이션
- 메모리 백업
- 셔틀 마우스 지원
- 세가 멀티 컨트롤러 지원

PC용 18금 연애 어드벤처 게임의 이식작. 네트워크 만남 서비스 '버추어 콜'을 사용해 히로인과 비디오챗으로 교류한다는 내용으로, 1:1뿐만 아니라 여러 사람과 채팅하는 모드도 있으며, 히로인과 친밀해지면 직접 만나 데이트하는 것도 가능하다.

팔콤 클래식스 II

일본 빅터　1998년 10월 29일　5,800엔

- 1인용
- 롤플레잉
- 메모리 백업

니혼팔콤의 「이스 II」와 「태양의 신전 : 아스테카 II」를 수록한 작품. 이식되면서 2작품 모두 대사가 추가됐으며, 「이스 II」에서는 대화 시 캐릭터 그래픽이 추가됐고, 「태양의 신전」에서는 태양의 시계가 화면에 항상 표시되는 등의 변경점이 있다.

본격 화투

알트론　1998년 10월 29일　5,800엔

- 1인용
- 화투
- 메모리 백업

일본식 화투 게임인 코이코이, 하나아와세, 오이쵸카부를 즐길 수 있는 작품. 전국을 일주하며 여자와 화투로 승부하는 '전국만유화투 이야기'를 즐기는 스토리 모드와, 프리 대전을 수록했다. 조작설명에서는 룰과 족보, 화투의 기원 해설도 확인할 수 있다.

세가타 산시로 진검유희

세가　1998년 10월 29일　4,800엔

- 1인용
- 버라이어티
- 메모리 백업

배우 후지오카 히로시가 연기한 세가 새턴의 선전 이미지 캐릭터 '세가타 산시로' 출연 CM이 소재인 미니게임 모음집. '수행해라!!'에서는 세가타가 단상에서 춤을 추는 '춤의 본질을 보여주마!!' 등, CM을 소재로 한 수행 미니게임 10종을 수록했다. 게임의 원작격인 세가타 출연 CM은 '세가타의 역사!!'에서 관람할 수 있으며, '세가타의 말씀!!'에는 라디오 CM도 있다. '손가락이 부러질 때까지' 즐길 수 있는, 그야말로 철저한 세가타 일변도 작품이다.

  전체 이용가　 18세 이상 추천　 18세 미만 구입 금지　 18세 이상 추천　 사타코레판이 발매된 타이틀　잔혹 표현 주의

신세기 에반게리온 : 에바와 유쾌한 친구들
가이낙스　1998년 11월 5일　6,800엔

- 1인용
- 마작
- 메모리 백업

가이낙스가 제작한 애니메이션 '신세기 에반게리온'·'신비한 바다의 나디아'·'톱을 노려라!' 중에서 뽑은 캐릭터 17명이 등장하는 마작 게임. 원하는 캐릭터와 대전하는 프리 대전을 비롯해, 숨겨진 시나리오를 포함 총 4종의 시나리오가 준비된 스토리 모드도 있다.

리얼 마작 어드벤처 : 바다로 Summer Waltz
세타　1998년 11월 5일　6,800엔

- 1인용
- 연애 어드벤처
- 메모리 백업

「슈퍼 리얼 마작」 시리즈의 스핀오프 작품으로, 'PV'~'P7'의 히로인들이 등장하며 마작이 빠진 연애 어드벤처 게임. 화석 그랑프리 때문에 리조트를 찾은 주인공이 히로인과 만난다는 스토리로, 그랑프리 결과가 엔딩에 영향을 끼친다.

캡콤 제네레이션 제 4집 : 고고한 영웅
캡콤　1998년 11월 12일　5,800엔

- 1~3인용
- 슈팅
- 메모리 백업
- 멀티 터미널 6 지원

캡콤이 아케이드로 출시했던 게임의 옴니버스 모음집. 이번 작품에서는 전장에서의 고독한 싸움을 그린 액션 슈팅 게임 3작품 「전장의 이리」·「전장의 이리 2」·「건 스모크」를 수록했다. 기획서와 설정 자료 등을 감상할 수 있는 컬렉션 모드도 탑재돼 있다.

시즌
키드　1998년 11월 19일　6,800엔

- 1인용
- 어드벤처
- 메모리 백업

사계절로 구분된 러브스토리를 수록한 옴니버스 형식의 어드벤처 게임으로, PC용 게임의 이식작. 계절별로 의붓여동생이나 소꿉친구 등, 각기 다른 히로인과의 개별적인 스토리가 전개된다. PC판에 있었던 성인 취향의 묘사는 이식되면서 변경했다.

칠성투신 가이퍼드 : 크라운 괴멸작전
캡콤　1998년 11월 19일　5,800엔

- 1~2인용
- 어드벤처
- 메모리 백업
- 셔틀 마우스 지원

캡콤이 메인 스폰서를 맡았던 특촬 드라마의 게임판. 사이보그 전사로 개조된 저널리스트가 악의 비밀결사 크라운과 대결한다는 스토리로, 내용 면에서는 3D 미로 탐색과 카드 배틀, 다량의 동영상을 혼합한 어드벤처 게임이다.

아이돌 작사 스치파이 엄청 한정판
잘레코　1998년 11월 26일　7,800엔

발매 5주년 보너스 패키지
- 1인용
- 마작+어드벤처
- 메모리 백업
- CD-ROM 3장
- 싱글 CD 1장

 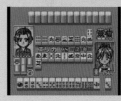

인기 마작 게임의 버라이어티 팩. 세가새턴판 「아이돌 작사 스치파이 스페셜」의 탈의장면에 변경을 가한 버전과 「아이돌 작사 스치파이 Ⅱ」, 신규 시나리오의 어드벤처 게임 「스치파이 어드벤처」와 주제가 CD를 수록하여 총 CD 4장으로 구성한 세트다.

위저드리 : 릴가민 사가
로커스 / 솔리톤 소프트웨어　1998년 11월 26일　5,800엔

- 1인용
- 롤플레잉
- 메모리 백업

컴퓨터 RPG의 명작 「위저드리」 #1~#3의 이식작. 옵션에서 몬스터 그래픽을 패미컴판과 동일한 원화로 변경할 수 있고 오토 매핑 ON/OFF도 설정 가능해, 원한다면 초기작의 빡빡한 분위기도 맛볼 수 있다. 세가새턴판은 보너스 던전이 수록돼 있다.

에튀드 프롤로그 : 울렁거리는 마음
TAKUYO　1998년 11월 26일　5,800엔

- 1인용
- 시뮬레이션
- 메모리 백업
- 셔틀 마우스 지원

같은 고교에 다니는 옛 애인 사이인 남녀가 주인공인 연애 어드벤처 게임으로, PC용 게임의 이식작. 아르바이트와 미니게임으로 주인공을 성장시켜, 졸업 후의 진로를 결정하는 게 목적이다. 시점에 따라 변화하는 주변 인물과의 관계성과, 두 주인공 각자의 심경을 그렸다.

HARDWARE

1994's SOFT

1995's SOFT

1996's SOFT

1997's SOFT

1998's SOFT

1999's SOFT

2000's SOFT

SOFT INDEX

SANKYO FEVER 실기 시뮬레이션 S Vol.3
TEN 연구소　1998년 11월 26일　5,800엔

- 1인용
- 파친코 시뮬레이션
- 메모리 백업
- 파친코 핸들 형 전용 컨트롤러 지원

SANKYO의 실존 기종을 즐기는 파친코 게임. 당시의 최신 기종이었던 '피버 빅 차임'을 비롯하여, '피버 퀸 II', '피버 파워풀 III', 'CR 피버 나인 JX', '피버 무무짱' 총 5개 기종을 수록했다.

파인드 러브 2 : 랩소디
다이키　1998년 11월 26일　6,800엔

- 1인용
- 연애 시뮬레이션
- 메모리 백업

헤어누드 일러스트집 「전국제복미소녀 그랑프리」 Vol.1~5의 소녀들이 히로인으로 등장하는 연애+육성 어드벤처 게임. 플레이어는 기타리스트를 꿈꾸는 학생이 되어, 연습으로 능력을 육성하면서 여자 기숙사의 관리인 일도 병행한다.

볼디 랜드
반프레스토　1998년 11월 26일　6,800엔

- 1인용
- 시뮬레이션
- 메모리 백업
- 셔틀 마우스 지원

맨들맨들 대머리인 '볼디'들에게 작업을 분배해 세계정복을 꾀하는 시뮬레이션 게임. 워커·빌더·솔저·사이언티스트 4가지 직업의 볼디들에게 일을 어떻게 배당하느냐에 따라 건축과 전투 등의 작업효율이 변화한다. 빌더가 부족한 집은 불이 나므로 주의해야 한다.

위닝 포스트 3 프로그램 '98
코에이　1998년 12월 3일　6,800엔

- 1인용
- 경마 시뮬레이션
- 메모리 백업
- 파워 메모리 필수

「위닝 포스트 3」의 데이터를 98년 최신판으로 갱신했다. 추가 요소로는 오리지널 혈통을 만들어낼 수 있는 '에디트 씨숫말'을 비롯해 이벤트 추가와 라이벌 마주의 존재 등이 있고, 라이벌 마주 시스템은 이후의 시리즈에도 이어지게 된다.

캡콤 제네레이션 제 5집 : 격투가들
캡콤　1998년 12월 3일　5,800엔

- 1~2인용
- 대전격투
- 메모리 백업

캡콤의 명작 아케이드 게임을 복각한 시리즈의 최종작. 「스트리트 파이터 II」·「스트리트 파이터 II'」·「스트리트 파이터 II 터보」 3작품을 수록했다. 컬렉션 모드에서는 아케이드판의 판촉용 일러스트와 설정자료집을 열람할 수 있고, 버전을 초월한 2P 대전도 가능하다.

속 첫사랑 이야기 : 수학여행
토쿠마쇼텐 인터미디어　1998년 12월 3일　7,800엔

- 1인용
- 시뮬레이션
- 메모리 백업
- CD-ROM 4장

첫사랑을 테마로 삼은 연애 시뮬레이션 게임. 수학여행이 무대로, 플레이하는 시대는 초·중·고·대학교 중에서 선택 가능하다. 최종적으로는 각 시대에서 첫사랑을 성취하는 것이 목적. 히로인은 각 시대에 한정된 캐릭터와, 모든 시대에 공통 등장하는 소꿉친구가 있다.

파랜드 사가 : 시간의 길잡이
TGL　1998년 12월 3일　6,800엔

- 1인용
- 시뮬레이션 롤플레잉
- 메모리 백업

「파랜드」 시리즈 작품 중 하나로, 「파랜드 사가」의 8년 후가 무대인 시뮬레이션 RPG. 왈가닥 말괄량이 마법사 '카린'이 어엿한 모험가가 되기 위해 노력하는 스토리. 전투는 고저차가 있는 쿼터뷰형 필드에서 진행된다.

노엘 3
파이오니어 LDC　1998년 12월 10일　6,900엔

- 1인용
- 해킹 어드벤처
- 메모리 백업
- 확장 램 카트리지 지원
- 확장 램 카트리지 4MB 지원
- CD-ROM 3장

화상전화로 히로인과 교류하는 '어태치먼트 소프트' '노엘 : NOT DiGITAL」의 패러렐 월드 스토리. 테러리스트가 점거한 고교에 해킹으로 침투하여, 학생 전원 구출을 목표로 한다. 일부 문제적 표현이 있어, 시리즈 중 유일하게 표현규제가 낮은 세가새턴용으로 최초 발매다.

 전체 이용가　 18세 이상 추천　 18세 미만 구입 금지　 18세 이상 추천　 사타코레판이 발매된 타이틀　 잔혹 표현 주의

SEGASATURN SOFTWARE ALL CATALOGUE

버추얼 마작 II : 마이 페어 레이디
마이크로네트　1998년 12월 10일　8,800엔

- 1인용
- 마작
- CD-ROM 2장

사기 기술 요소가 일체 없는 4인 대국 마작 게임. 버추얼 월드의 주민 '아야'를 공주로 길러내는 것이 목적이다. 어떤 역으로 났는지에 따라 폴리곤 소녀 아야가 성장해간다. 능력치 변화로 아야의 코스튬도 변화한다. 전작 「버추얼 마작」도 동봉했다.

유구환상곡 ensemble
미디어웍스　1998년 12월 10일　3,800엔

- 1인용
- 버라이어티
- 메모리 백업

시리즈 첫 작품인 우정 육성 RPG 「유구환상곡」의 팬 디스크. 각 캐릭터의 후일담과 사이드 스토리를 수록했으며, 본편에서는 보이스가 없었던 캐릭터에도 성우가 붙었다. 플레이스테이션판과 동시 발매되었다.

청금빛의 눈
키드　1998년 12월 10일　6,800엔

- 1인용
- 연애 어드벤처
- 메모리 백업

아일 사가 개발한 PC판 성인용 어드벤처 게임의 이식작. 주인공의 집에 있던 항아리에서 나온 혼혈의 설녀 '루리'가 일으키는 소동을 그렸다. 주인공은 매드 사이언티스트를 지망하는 청년이라, 집에서 아이템을 개발할 수 있다.

요시모토 마작 클럽
사이쿄　1998년 12월 17일　5,800엔

- 1인용
- 마작
- 메모리 백업

간사이 지역 중심으로 방송하던 같은 제목의 TV 프로를 재현한 마작 게임. 본격적인 4인 대국 마작으로, 요시모토 흥업 소속 탤런트 25명이 3D화되어 등장한다. 게임 모드는 '프리 대국'과 '토너먼트'가 있다. 일본프로마작연맹 명예회장 나다 아사타로가 특별 출연한다.

걸 돌 토이 : 생명을 주세요
자우스　1998년 12월 23일　6,800엔

- 1인용
- 어드벤처
- 메모리 백업

우란 사가 PC용으로 출시했던 연애 어드벤처 게임의 이식작. 실패작 소녀형 사이보그 '에리카'를 몰래 집까지 운반해온 주인공이 에리카를 개조해 생명을 불어넣고 다양한 학습을 시켜, 에리카가 점차 사람에 가까워져 간다는 스토리다.

사쿠라대전 : 제격 클럽
세가 / 레드 컴퍼니　1998년 12월 23일　4,800엔

- 1인용
- 디지털 팬 디스크
- 메모리 백업
- CD-ROM 2장

「사쿠라대전」의 CM과 성우 인터뷰, 화집을 비롯해 '코이코이' 등의 미니게임도 수록한 팬 디스크. 신규 스토리의 어드벤처 모드에서는 신뢰도가 높은 대원이 '잠자는 숲 속의 미녀'에서 오로라 공주를 연기하며, 여러 미니게임의 결과로 무대의 평가가 변화한다.

랑그릿사 트리뷰트
메사이야　1998년 12월 23일　9,800엔

- 1~2인용
- 시뮬레이션 롤플레잉
- 메모리 백업
- CD-ROM 4장

요염한 캐릭터와 전략성을 융합시킨 시뮬레이션 RPG 「랑그릿사」 시리즈의 1편부터 5편까지를 합본한 작품. 2편의 경우 멀티 엔딩을 채용한 「데어 랑그릿사」에 시나리오를 추가한 '드라마틱 에디션'을 수록했다.

6인치 마이 다~알링
키드　1998년 12월 23일　5,800엔

- 1인용
- 어드벤처
- 메모리 백업

인간으로 전생하고 싶어 하는, 살아 움직이는 인형 '피그말리온' 소녀와 신뢰관계를 쌓아나가는 게 목적인 연애 어드벤처 게임. 히로인 3명 중에서 메인 캐릭터를 선택해 15일간을 보낸다. 후일 PC로 역이식되어 성인용 게임으로 발매된 희귀한 사례이기도 하다.

179

1999

SEGASATURN SOFTWARE ALL CATALOGUE

1999년에 발매된 세가새턴용 소프트는 16개 타이틀. 전년 말에 드림캐스트가 발매되자 세가를 포함한 각 개발사들이 드림캐스트용 소프트 투입으로 주력을 옮겼기 때문에, 눈에 띄게

세가새턴용 소프트 수가 격감했음을 실감해야 했던 한 해였다.

이런 소프트 가뭄 속에서 팔목할 만한 활약을 보여준 회사가 캡콤으로, 확장 램 카트리지 4MB 전용으로 제대로

방향을 잡고 높은 원작 재현도를 우선시한 「던전즈 & 드래곤즈 컬렉션」과 「스트리트 파이터 ZERO 3」를 발매하여 팬들을 만족시켰다.

투룡전설 엘란도르

카마타 앤드 파트너즈　1999년 1월 14일　5,800엔

- 1~2인용
- 대전격투
- 메모리 백업

아케이드용 게임의 이식작. 등장하는 캐릭터가 각자 드래곤에 탑승해 싸우는 3D 대전격투 게임이다. 공격은 캐릭터와 드래곤이 각각 별개로 발동할 수 있다. 화면에는 체력 게이지 외에, 필살기 사용 횟수를 알려주는 'SP 미터'와 'D.POWER'가 표시된다.

룸메이트 W : 두 사람

데이텀 폴리스타　1999년 1월 14일　6,800엔

- 1인용
- 시뮬레이션
- 메모리 백업
- CD-ROM 2장

실시간으로 연동되는 이벤트가 가득한 「룸메이트」 시리즈의 신작으로, 여고생 야마구치 유코와 간호대학생 사토 카오리 두 사람과 동거생활을 보내는 연애 시뮬레이션 게임. 게임 시스템 문제로 카오리와의 엔딩은 볼 수 없지만, 이벤트 수는 이전작들보다 늘어났다.

디바이스레인

미디어웍스　1999년 2월 25일　5,800엔

- 1인용
- 어드벤처 시뮬레이션
- 메모리 백업

고교생들이 비일상에 휘말려, 무기인 '오그먼트'를 들고 전투에 뛰어드는 장 단위 구성의 시뮬레이션 게임. 적을 물리치면 드롭되는 보조 아이템 '오퍼스'를 사용해 캐릭터를 강화시키는 시스템을 채용했다. 오퍼스를 무기에 흡수시켜 레벨 업하거나, 3×3칸에 박아 넣어 능력치의 커스텀 강화도 가능. 독자적인 설정으로 구

축한 SF적인 세계관, 역사적 유물 등 저마다 일화가 있는 수많은 보조 아이템 등, 소년의 마음을 자극하는 내용이 매력적이다.

선검기협전

SOFTSTAR ENTERTAINMENT　1999년 3월 4일　5,800엔

- 1인용
- 롤플레잉
- 메모리 백업

대만에서 개발된 PC 게임의 이식판. 세가새턴용 게임으로는 드물게 스토리와 그래픽, 음악에 이르기까지 철저하게 중화 풍 세계관으로 구성한 무협 RPG로, 사소한 에피소드 하나하나에까지도 일본 게임과의 문화적 차이가 엿보인다.

팔콤 클래식스 컬렉션

일본 빅터　1999년 3월 4일　6,500엔

- 1인용
- 롤플레잉
- 메모리 백업
- 소프트 2종 세트

니혼팔콤의 명작들을 수록한 「팔콤 클래식스」 2작품을 또 다시 합본한 소프트. 「이스」・「이스 II」・「드래곤 슬레이어」・「재너두」・「태양의 신전」으로 구성돼 있으며, 「이스」와 「이스 II」는 세이브 데이터를 연동시켜 플레이할 수 있다.

 전체 이용가　 18세 이상 추천　 18세 미만 구입 금지　 18세 이상 추천　 사타코레판이 발매된 타이틀　 잔혹 표현주의

던전즈 & 드래곤즈 컬렉션
캡콤　1999년 3월 4일　5,800엔

- 1~2인용
- 액션
- 메모리 백업
- 확장 램 카트리지 4MB 필수
- CD-ROM 2장

인기 TRPG를 소재로 삼은 아케이드용 벨트스크롤 액션 게임 「던전즈 & 드래곤즈 : 타워 오브 둠」과 「섀도우 오버 미스타라」 2작품을 합본 이식한 소프트. 파이터·클레릭·엘프·드워프 등 저마다 능력과 공격방법, 쓸 수 있는 마법에 차이가 있는 캐릭터를 선택해 싸운다. 동시 플레이 인수가 2명까지로 아케이드판 원작보다 줄었으며 화면 레이아웃도 다소 변경되었지만, 가정용으로 이식된 사례가 적기도 해서 귀중한 작품이 되었다.

유구환상곡 ensemble 2
미디어웍스　1999년 3월 4일　3,800엔

- 1~2인용
- 버라이어티
- 메모리 백업

판타지 세계를 무대로 삼은 우정 육성 시뮬레이션 게임 「유구환상곡 : 2nd Album」의 팬 디스크. 미니게임을 비롯해 각 캐릭터의 후일담과 사이드 스토리, 미발표 시나리오가 수록되어 있어 작품의 세계를 더욱 깊이 알 수 있다.

아이돌 작사 스치파이 : 시크릿 앨범
잘레코　1999년 3월 18일　4,800엔

- 1인용
- 버주얼 브라우저 형 팬주얼 디스크
- 메모리 백업
- CD-ROM 1장
- 12cm 음악 CD 1장

「아이돌 작사 스치파이」의 팬 디스크. 캐릭터 디자인을 담당한 일러스트레이터 소노다 켄이치를 성우가 인터뷰하는 영상과 퀴즈 게임을 수록했다. 퀴즈에서 합격하면 그래픽과 피규어 사진, 슈팅 게임 등의 보너스 컨텐츠가 개방된다.

KISS보다…
키드　1999년 3월 18일　6,800엔

- 1인용
- 시뮬레이션
- 메모리 백업
- 셔틀 마우스 지원
- 세가 멀티 컨트롤러 지원

여름방학동안 리조트 아르바이트를 뛰게 된 주인공이 그곳에서 만난 히로인들과 깊은 사이가 되어 가는 연애 시뮬레이션 게임. 만난 여자와 소통할 때, 제한시간 내에 질문을 교환하는 '실시간 대화 이벤트'가 발생하는 것이 특징이다. 아르바이트로 돈을 벌어 쇼핑하여 화젯거리를 늘려두면 취미가 맞은 히로인의 호감도가 상승한다. 주인공에겐 빚 변제라는 목적도 있어, 연애성취를 노리려면 아르바이트와 연애의 밸런스를 잘 잡는 게 중요하다.

더비 스탤리언
아스키　1999년 3월 25일　6,800엔

- 1인용
- 시뮬레이션
- 메모리 백업
- 아스키 그립 X 지원
- CD-ROM 1장

패미컴 때부터 나왔던 경주마 육성 시뮬레이션 게임 시리즈의 신작. 목장·훈련소·경마장을 주무대로 하여 경주마를 만들고, 조교하며 강한 말의 혈통을 이어가는 시스템이다. 이 작품부터 최대 출주두수가 18두로 되어, 실제 일본 더비와 동일한 풀 게이트 두수를 구현했다. 브리더스 컵에서는 오오이 경마장도 선택 가능. 레이스가 초당 60프레임으로 부드럽게 묘사되는 것도 특징이다. 이 작품 발매 기념으로, 더비 스탤리언 버전 세가새턴 본체가 발매됐다.

HARDWARE / 1994's SOFT / 1995's SOFT / 1996's SOFT / 1997's SOFT / 1998's SOFT / 1999's SOFT / 2000's SOFT / SOFT INDEX

두근두근 메모리얼 드라마 시리즈 : Vol.3 여정의 시

코나미   1999년 4월 1일   8,800엔

- 1인용
- 어드벤처
- 메모리 백업
- 셔틀 마우스 지원
- CD-ROM 2장

드라마 시리즈 최종작. '자신이 가장 빛나던 때'를 테마로 졸업문집을 쓰게 된 주인공이, 얼마 안 남은 고교생활에서 무언가를 성취하기 위해 마라톤 대회 완주를 시도한다. 후지사키 시오리와 타테바야시 미하루가 더블 히로인으로서, 도중에 각 캐릭터별 스토리로 분기된다. 극중 편집한 졸업문집을 열람 가능하며, 「무지갯빛 청춘」, 「알록달록한 러브 송」의 일정 조건을 만족한 시스템 데이터가 있으면 니지노 사키·카타기리 아이코와의 졸업식을 보는 기능도 있다.

프렌즈 : 청춘의 반짝임

NEC 인터채널   1999년 4월 29일   7,200엔

- 1인용
- 어드벤처
- 메모리 백업
- 확장 램 카트리지 지원
- 확장 램 카트리지 4MB 지원
- CD-ROM 2장

페어리테일 사의 PC용 연애 어드벤처 게임 「동창회 : Yesterday Once More」를 베이스로 하여 보이스와 설정 변경 등을 추가한 이식작. 중학교 테니스부 동창회에 참가하러 고원의 펜션을 찾은 주인공이 첫사랑의 여자와 도중 퇴부한 에이스, 소꿉친구 등과 재회해 함께 1주일간을 보내며 과거의 친교를 재개하는 스토리다. 중학교 시절의 회상까지 겹쳐 엇갈리는 인간관계를 그린 이벤트, 미즈타니 토오루(카이 토모히사)의 미려한 CG도 화제가 되었다.

료코의 수다쟁이 룸

데이텀 폴리스타   1999년 4월 22일   5,800엔

- 1인용
- 버라이어티
- 메모리 백업

「룸메이트」 시리즈의 팬 디스크. 이노우에 료코의 방을 찾아가 다양한 화제로 수다를 떨거나 퀴즈에 도전할 수 있다. 퀴즈 결과에 따라 본편 시리즈의 그래픽이 개방되는 시스템이다. 「룸메이트 : 이노우에 료코」와는 세이브 데이터 연동도 가능하다.

프로 지도 마작 츠와모노

컬처 브레인   1999년 7월 8일   5,800엔

- 1인용
- 마작
- 메모리 백업

기풍 등을 게임 내에서 재현한 프로 작사 16명과 대국할 수 있는 마작 게임으로, 여러 가정용 게임기로 발매되었던 「프로 마작 츠와모노」 시리즈 중 하나. 패키지에 기재돼 있듯, 궁극 지도 모드의 존재가 어필 포인트. 중고시장에 거의 안 보이는 초 레어 작품이기도.

With You : 바라보고파

NEC 인터채널   1999년 7월 29일   7,200엔

- 1인용
- 연애 어드벤처
- 메모리 백업
- CD-ROM 2장

카테일 소프트의 PC용 연애 어드벤처 게임 이식작. 공략대상은 소꿉친구 2명뿐. 선택지를 거쳐 호감도가 둘 중 어느 쪽으로 기울어졌는지를 화면 내에 있는 펜던트 색깔로 표현한다. 이른바 삼각관계물이지만, 공략 불가 캐릭터인 친여동생 '노에미'에 오히려 인기가 몰렸다.

스트리트 파이터 ZERO 3

캡콤   1999년 8월 6일   5,800엔

- 1~2인용
- 대전격투
- 메모리 백업
- 확장 램 카트리지 4MB 필수

아케이드용 게임의 이식작. 플레이스테이션판의 숨겨진 캐릭터를 처음부터 사용할 수 있고, 파이널 배가도 조작 가능하며, 4MB 램 카트리지 덕에 로딩이 없는 것이 특징. 이식판 한정 모드로서 캐릭터를 육성하는 '월드 투어 모드'도 추가되어 게임의 재미를 더해준다.

 전체 이용가   18세 이상 추천   18세 미만 구입 금지   MA-18 18세 이상 추천   사타코레판이 발매된 타이틀   잔혹 표현 주의

2000

2000년은 세가새턴용 소프트가 발매된 마지막 해다. 「룸메이트 : 이노우에 료코 COMPLETE BOX」·「파이널 파이트 리벤지」·「유구환상곡 보존판 : Perpetual Collection」 3작품을 끝으로, 6년에 걸쳐 지속된 세가새턴 시장은 막을 내리게 되었다.

타사의 경쟁기종으로는 플레이스테이션의 후계기인 플레이스테이션 2가 이 해에 발매되며, 세가 진영은 드림캐스트를 앞세워 공격적으로 격전을 펼쳐나가게 된다.

룸메이트 : 이노우에 료코 COMPLETE BOX

 데이텀 폴리스타   2000년 3월 16일   15,000엔

○ 1인용
● 시뮬레이션
● 메모리 백업
● 소프트 4종 세트

세가새턴 본체의 시계 기능을 사용한 커뮤니케이션 게임 시리즈 작품으로, 세가새턴을 대표하는 타이틀이기도 한 「룸메이트 : 이노우에 료코」·「룸메이트 : 료코 in Summer Vacation」·「룸메이트 3 : 료코, 바람이 반짝이는 아침에」, 통칭 '이노우에 료코 3부작'에 추가로 팬 디스크 「료코의 수다쟁이 룸」을 수록한 컴플리

트 박스. 구입자 한정으로 이노우에 료코가 보내준 손글씨 편지를 받을 수 있는 특전 이벤트가 개최되었다(현재는 종료).

데이텀 폴리스타가 세가새턴용으로 발매한 최후의 소프트다

파이널 파이트 리벤지

캡콤   2000년 3월 30일   5,800엔

○ 1~2인용
● 대전격투
● 메모리 백업
● 확장 램 카트리지 4MB 필수

초대 「파이널 파이트」의 스토리를 기반으로 한 아케이드용 3D 대전격투 게임의 이식작. 캐릭터는 주인공인 코디·해거·가이 3명과 매드 기어의 간부들 7명을 사용 가능하며, 개별 엔딩도 마련돼 있다. 공격할수록 차오르는 게이지를 소비하는 초필살기 '슈퍼 무브' 등의 화려한 액션을 도입했으면서도, 무기를 사용해 공격

하거나 떨어져 있는 식료품을 섭취해 회복하는 등 원작의 요소도 남겨두었다. 포이즌을 조작 가능한 최초의 작품이기도 하다.

무기는 3개까지 얻어두고 교체할 수도 있으며, 투척도 가능하다

유구환상곡 보존판 : Perpetual Collection

미디어웍스   2000년 12월 7일   15,000엔

○ 1~2인용
● 육성 시뮬레이션 / 버라이어티
● 메모리 백업
● 무비 카드 지원
  (「유구의 작은 상자」 한정)
● 소프트 5종 세트

게임 본편인 「유구환상곡」·「유구환상곡 : 2nd Album」과 양 타이틀의 팬 디스크인 「유구환상곡 ensemble」·「유구환상곡 ensemble 2」, 추가로 「유구의 작은 상자」와 공중전화 카드를 동봉한 컬렉션 박스. 세가새턴 최후의 타이틀이다 보니 플레이스테이션판에는 동

봉되던 「유구환상곡 3 : Perpetual Blue」의 체험판은 수록되지 않았지만, 대신 세가새턴판에만 「유구의 작은 상자」가 포함돼 있다.

당시 세가새턴의 시리즈 집대성이되 작품이었다 세가새턴 최후의 타이틀이되 작품이 되었다

세계 각국에 발매되었던 세가새턴

세가새턴은 미국과 유럽 지역에도 출시되어, 'Sega Saturn'이라는 상품명으로 발매되었다('Saturn'이란 단독 상표로 취득 성공했으므로, 일본과 달리 2단어 형태가 되었다). 특히 북미에서는 토성(Saturn)이라는 상품명에 맞춰 '토요일'인 1995년 5월 11일에 발매하는 등 홍보에도 심혈을 기울였으나, 일본에서는 킬러 타이틀이었던 「버추어 파이터」가 북미에서는 그다지 인기가 많지 않았던 탓도 있어 초기부터 고전했다. 후일 발매된 닌텐도 64가 시장에 투입되자마자 새턴은 판매량이 급속히 하락해(새턴 중기 이후부터 일본 시장에 특화된 미소녀 게임 타이틀 비중이 늘어나 현지화해 가져갈 만한 소프트가 부족했던 점도, 북미 판매에 불리하게 작용했다). 불과 3년 후인 1998년에 판매 종료되는 사태를 맞았다. 이 새턴의 부진을 계기로, 이후 세가 북미지사는 PC 소프트 개발에 주력하게 되

었다.

유럽에서도 1995년 7월 8일 발매되었지만, 북미와 마찬가지로 초기부터 부진했던 데다, 「그란디아」·「스트리트 파이터 ZERO 3」·「메탈 슬러그」 등의 인기 타이틀이 세가 유럽지사의 판매전략 탓에 발매되지 않았기에, 킬러 타이틀 부재 상태로 끝까지 내내 고전했다. 결국 북미

와 동일하게 닌텐도 64의 발매를 계기로 판매량이 급락하여, 유럽에서도 1998년에 판매 종료라는 짧은 상품수명으로 막을 내렸다.

한국에서만 발매된 삼성새턴

한국에서는 삼성전자가 '삼성새턴'이라는 상품명으로 발매했다. 하지만 지역제한이 걸린 탓에 일본 소프트를 구동할 수 없었고, 국내 정식발매 소프트 공급도 원활하지 않았기에, 발매 후 불과 2년도 못 되어 판매가 종료되었고, 삼성전자는 게임기 사업 자체에서 철수했다.

ADVERTISING

CHAPTER 3

세가새턴
일본 소프트 가나다순 색인

SEGASATURN SOFTWARE INDEX

원하는 타이틀을 즉시 찾아낼 수 있는 전체 타이틀 색인

일본 발매 세가새턴 소프트 색인

SEGASATURN SOFTWARE INDEX

이 페이지는 Chapter 2에서 소개한, 일본에서 발매된 세가새턴용 게임 소프트 총 1,057개 타이틀을 가나다순으로 정렬한 색인이다.

이 책에 수록된 해당 게재 페이지도 소개하였으므로, 당시 갖고 있었던 게임을 회고한다거나, 컬렉션 수집을 위해 타이틀을 조사한다거나…… 등등의 이유로 추억의 게임을 찾는 데 참고자료로 활용해준다면 감사하겠다.

사타코레(41p) 등의 염가판이 존재하는 타이틀은 푸른색 글자로 표기하였다.

HARDWARE
1994's SOFT
1995's SOFT
1996's SOFT
1997's SOFT
1998's SOFT
1999's SOFT
2000's SOFT
SOFT INDEX

CHAPTER 4 ————

한국의
세가새턴 이야기

SEGASATURN KOREAN CATALOGUE

해설 한국의 세가새턴 이야기
COMMENTARY OF SEGASATURN #3

삼성전자에 의해 '삼성새턴' 브랜드로 발매

제 4장은 원서인 일본판에는 없는 한국어판의 독자적인 추가 지면으로서, 원서 감수자인 마에다 히로유키 씨의 허락 하에 한국어판 역자가 추가 집필하였음을 먼저 밝혀둔다.

한국 최대급의 가전대기업으로서 다양한 가전 및 전자제품을 생산해온 삼성전자는, 90년대 당시 일본 세가 하드웨어·소프트웨어의 한국 공식 판매대행사로서 산하 게임기사업부(후일 C&C 판매사업부 → 멀티미디어사업부로 개편)를 통해, 자사 브랜드로 세가의 게임기 및 소프트웨어를 수입 및 생산하여 오랫동안 시판해왔다. 1989년 4월 세가 마스터 시스템의 한국판인 '겜보이'를 출시한 것을 시작으로 1990년 9월 메가 드라이브의 한국판인 '수퍼겜보이', 1991년 1월 게임기어의 한국판인 '핸디겜보이' 등 당시 세가의 하드웨어 라인업을 속속 국내에 선보이며 활발하게 한국에 게임기 사업을 전개했다. 이중 수퍼겜보이는 유의미한 족적을 다수 남기며 선전하기도 했

다. 하지만 수입품·오락기기·일본 대중문화에 냉담했던 90년대 당시의 여론상황, 정규판매자에 대한 저작권 보호가 미비하고 소비세 등의 규제가 많았던 시대상황, '보따리'로 상징되는 병행수입 그레이마켓과 불법복제 풍조의 만연, 대기업 산하 사업부의 대행판매체제라는 활동영역의 한계 등 여러 문제점도 있었다.

1994년 12월 2일 라이벌 관계인 금성사(현 LG전자)가 미국 3DO 사와의 기술제휴를 통해 '3DO 얼라이브'를 의욕적으로 한국에 출시하면서, 국내 언론지면에서도 일본처럼 '32비트 비디오 게임기 전쟁'이 거론되기 시작했다. 물론 삼성전자도 세가새턴의 국내 출시를 위해 일찍부터 움직였으나(세가새턴 일본 발매 이전인 94년 10월의 한국전자전람회 당시, 삼성전자가 멀티미디어 부문에 새턴을 전시했다는 기사가 남아있다), 결과적으로는 일본 발매 후 1년 늦은 1995년 11월, '삼성새턴'이라는 상품명으로 한국 판매를 개시했다.

삼성새턴의 앞길은 처음부터 난관이었다. 본체가격부터 일본판 병행수입품에 비해 훨씬 고가였던 데다, 북미판 하드웨어 기반인 탓에 이미 병행수입으로 활발히 유통되던 일본판 세가새턴 소프트와의 호환성이 낮아 유저들이 기피하였고(이후 지역코드를 회피하는 카트리지 '메가 컨버터'를 별매 및 동봉했다), 소프트 역시 영문화가 완료된 세가 게임 위주로 공급되다 보니 라인업에 한계가 뚜렷했다. 96년을 기점으로 일본 시장의 중심이 플레이스테이션으로 기울어, 국내 병행수입 시장에서조차 세가새턴의 입지가 급격히 위축됨으로써 이를 부채질하기도 하였다. 그런 상황이다 보니, 삼성새턴은 96년 초에 정가를 10만 원 이상 파격 인하하고 6월에 다시 6만 원이나 인하하는 등, 고단가를 무릅쓰고 병행수입품과 싸우며 악전고투해야 했다.

▲ 동아일보 1995년 12월 15일 24면에 실린, 삼성새턴의 발매를 알리는 전면광고.

▼ 삼성새턴 발매 직후인 95년 발매작들의 경우 대부분이 종이 아웃박스를 이용한 대형 패키지로, 이러한 포장규격은 일본을 비롯한 타국의 새턴 게임에서는 예를 찾기 힘들어 독특하다. 96년 발매작부터는 일본과 동일한 주얼 CD 케이스 포장으로 간소화되었다.

▲ 소프트 단품뿐만 아니라, 「나이츠」와 「버추어 캅」 등은 일본과 마찬가지로 전용 컨트롤러를 동봉한 스페셜 패키지를 별도 발매하기도 하였다. 사진은 삼성 멀티 컨트롤러(실제로는 세가 멀티 컨트롤러에 삼성 로고를 스티커 형태로 부착)를 동봉한 「나이츠」 특별한정판.

삼성전자의 철수 이후, 카마 엔터테인먼트가 병행수입 유통

이후에도 97년의 수입선 다변화 정책 가정용 게임기 부문 해제, 지나치게 높은 생산단가로 인한 고가격화와 마진 악화, 해외 소프트의 로컬라이징 체제 미비로 인한 라인업 부족 등 악재가 잇달아, 삼성전자는 96년 말을 마지막으로 소프트 발매를 중지하고 삼성새턴을 비롯한 가정용 게임기 사업에서 사실상 철수하여 사업부를 PC 게임 유통 중심으로 개편했다. 비단 삼성전자뿐만 아니라 이 시기를 전후해 LG전자, 현대전자 등도 수익성이 악화된 가정용 게임기 유통사업에서 연이어 발을 빼, 언론 및 유저들의 비판을 받았다.

96년 당시 게임잡지의 기사들에 따르면 삼성전자는 물밑에서 여러 세가새턴 게임의 한글화 로컬라이징을 추진 중이었다고 하나, 시장 철수를 결정하여 모두 백지화시킨 것으로 보인다. 대신 95년 11월 독자적인 루트로 세가와 접촉하여 서드파티 계약을 체결한 우영

시스템이 참전하여 97년 중순부터 세가새턴 소프트웨어 유통을 맡게 되었다(※1). 또한 단순 유통에 그치지 않고, 96년 4월의 「미스트」를 시작으로 총 3작품의 한글화 발매에 성공하여 나름의 족적을 남기기도 했다.

한편, 97년 중순부터 플레이스테이션 하드·소프트를 정규 수입 판매해 오던 카마 엔터테인먼트(※2)도 세가새턴 소프트의 국내 판매를 시작해, 과거 삼성전자가 출시한 바 있는 「버추어 캅 2」와 「전뇌전기 버추얼 온」 등을 97년에 재발매하기도 했다(간이 설명서가 첨부되고, 소프트 미디어는 실질적으로 일본어판에 등급표기 스티커를 붙인 형태였다). 또한 97년 5월 29일에는 우영시스템 측과 간담회를 개최하여 협력 관계를 모색하고, 카마 엔터테인먼트 측은 한국판 세가새턴의 하드웨어 유통을 맡고 우영시스템은 소프트 유통 및 한글화를 분담하는 형태로 합의하

였다고 한다. 이후 97년 9월 13일, 카마 엔터테인먼트를 통해 한국 유통판 세가새턴(블랙 컬러)이 수입되어 정식 출시되었다.

하지만 여전히 한국에서의 세가새턴의 입지가 녹록치 않았던 데다 불법 복제와 병행수입의 벽은 계속 높아져 갔고, 세가가 서둘러 차세대기(드림캐스트) 출시 계획을 발표하는 바람에 새턴 소프트 현지화의 의미가 없어졌으며, IMF 사태의 여파가 결국 국내 실물경제에까지 미치게 되면서 국내 비디오 게임 시장도 직격탄을 맞아, 우영시스템은 98년 5월 사업을 중단하였으며 카마 엔터테인먼트 역시 세가새턴 유통을 중단하고 PC 게임 등에 주력하여, 한국에서의 세가새턴의 공식적인 전개는 2년을 약간 넘긴 시점에서 막을 내리게 된다.

▲ 월간 게임라인 1997년 6월호의 광고. 우영시스템이 백색 세가새턴을 현지화해 국내 발매한다는 고지였으나, 이 광고가 불씨가 되어 우영시스템과 세가의 관계가 어그러지게 되었다.

▲ 새턴 소프트 한글화 사업을 중지하기 전까지 우영시스템은 당시의 게임잡지를 통해 「천외마경 : 제 4의 묵시록」, 「실루엣 미라쥬」, 「두근두근 7」 등 다수의 게임을 한글화 작업중으로 공개한 바 있다. 일부는 한글화된 화면이 공개되거나 광고까지 실렸으나, 아쉽게도 최종적으로는 미발매작으로 묻혔다(사진은 월간 게임챔프 1998년 2월호 광고).

▲ 하드웨어 유통 주체가 삼성전자에서 카마 엔터테인먼트로 한 차례 바뀐 탓에, 몇몇 소프트는 삼성 발매판과 카마의 재발매판이 별개로 존재한다. 패키징이 약간 다르며, 공연윤리위원회 심의도 별도로 받았다. 사진은 「버추어 캅 2」의 양사판 패키지 뒷면(위쪽이 삼성전자판, 아래쪽이 카마 엔터테인먼트판)이다.

(※1) 당시 게임잡지 보도나 광고 등에 따르면, 당초 우영시스템은 삼성전자의 새턴 사업 철수를 계기로 하드웨어 유통도 준비중이었던 것으로 보인다. 97년 4월경 이를 위해 백색 새턴의 국내판 발매를 광고하였으나, 이후 세가와 계약상의 마찰이 발생하여 하드웨어 발매는 물론 세가 소프트웨어의 한글화 진행까지 취소되었다고 한다(월간 게임월드 1997년 6월호, 게임챔프 1997년 7월호 기사 근거).

(※2) 97년 중순부터 플레이스테이션 국내 유통을 시작하면서 게이머들에게 이름을 알린 무역업체. 플레이스테이션과 세가새턴은 물론 PC 소프트웨어까지 유통하며 발을 넓혔으며, 98년경부터는 PC게임에 주력하여 다수의 게임을 유통했다. 2001년 6월에는 「레인보우 식스」 기반의 오리지널 FPS 게임 「레인보우 식스 : 테이크다운」을 개발·출시했으며, 이후 걸그룹 연예사업 등에 지분을 투자하기도 했다.

세가새턴의 공식 한국 발매판

삼성새턴 SAMSUNGSATURN

삼성전자   1995년 11월   550,000원(본체 단품) / 595,000원(소프트 번들판)

외장 박스 패키지는 일본 및 북미 등과는 다른 맹우 독자적인 디자인을 특징. 전원부를 프리볼트로 교체한 것을 강조하고 있다. 사디인은 북미

삼성전자가 출시한 마지막 세가 게임기

삼성새턴은 세가새턴(10p)의 한국 발매판으로서, 당시 세가의 한국 공식 판매대행사였던 삼성전자가 1995년 11월 하순 국내 시판을 개시한 모델이다. 초기 발매판은 소프트가 없는 단품(SPC-SATURN; 550,000원)과 「버추어 파이터 리믹스」가 번들링된 세트판

(SPC-SATURN2; 595,000원)으로 나뉘어 출시되었으며, 게임 소프트 단품 가격은 일괄 74,000원으로 책정되었다.

서양 발매판과 동일한 블랙 컬러 베이스로서 독자적인 '삼성새턴' 로고를 넣은 것이 특징으로, 이전의 삼성제 세가 게임기처럼 핵심 프로세서 등을 수입하고 일부 부품은 국산화해 국내 공장에서 제조하는 방식으로 생산되었다고 한다. 그렇다보니 병행수입품보다 압도적으로 고가격이 되어, 처음부터 판매에 난항을 겪었다. 96년 4월의 염가판 기반 신모델 발매 시엔 가격을 대폭 인하했고(SPC-ST 418,000원, SPC-ST2 451,000원), 6월 22일에는 다시 한 번 할인(359,000원, 389,000원)하는 등 분투했으나 큰 효과를 보

지 못해, 결국 삼성전자는 97년 초를 기점으로 게임기 사업에서 철수하고 삼성새턴을 단종시킨다.

단종 이후에도 상당 기간 공식 A/S가 가능했으나, 후일 삼성전자가 공식 A/S를 종료하면서 보증기간이 남아있는 삼성새턴을 대대적으로 유상 회수하였다고 하며, 그 탓인지 현재 남아있는 삼성새턴의 수는 그다지 많지 않다.

▲ 본체 컬러링은 북미·유럽판과 동일한 블랙 기조로, 내부 지역코드는 아시아판으로 설정되어 있다고 한다. 덕분에 일본판 소프트 상당수의 직구동이 불가능해 유저들의 불평이 심했다.

◀ 패드는 일본판과 동일 디자인에 블랙 컬러로, 버튼까지 전부 블랙으로 통일되어 있으며 삼성전자 로고가 인쇄되어 있다.

SOFTWARE

▲ 일본 소프트 직구동이 되지 않아 유저들의 원성이 심했기에, 이후 지역코드를 무력화시키는 카트리지인 '메가 컨버터'를 제작해 별매 혹은 동봉해 대처했다. 하지만 파워 메모리 및 확장 램 카트리지와 병용이 불가능하므로, 결국 사용성은 좋지 못했다.

카마 엔터테인먼트가 발매한 한국판 세가새턴

세가새턴 (블랙) SEGASATURN

카마 엔터테인먼트   1997년 9월 13일   349,000원

◀ 당시의 일본판 세가새턴과 통일시키고 기기 이미지만이 교체했다. 외장박스·패키지 및 안내문구는

아시아 코드로 유통된 삼성새턴 소프트와 병행수입으로 만연한 북미판·일본판 소프트, 불법복제 소프트 등이 난립하던 당시 한국 시장의 상황을 고려한 고육지책이 아니었나 추측된다.

하드웨어 단품 외에, 「버추어 캅 2」나 「세가 랠리 챔피언십」을 번들링한 패키지도 존재가 확인되어 있다.

한국 시장에 출시된 마지막 세가새턴

97년 초를 기점으로 삼성전자가 새턴 사업을 종결한 후, 수입선 다변화 정책 개정으로 가정용 게임기의 수입이 자유화되면서 여러 업체가 세가와 교섭하며 공식 수입을 타진했던 것으로 보이며, 최종적으로는 카마 엔터테인먼트가 공식 판매대행사가 되어 블랙 컬러의 세가새턴을 일본에서 수입, 97년 9월부터 국내에 유통했다. 하지

만 98년경 IMF 사태와 환율폭등의 과고로 사실상 새턴 유통이 중단되었기 때문에 실질적인 판매기간은 짧았던 것으로 알려져 있어, 이 모델은 비교적 희귀한 편이다.

하드웨어적으로는 화이트 세가새턴(20p)과 동등하나 몇 가지 유니크한 점이 있는데, 하나는 일본 세가새턴 로고가 각인된 버전으로는 세계적으로 유일한 블랙 컬러 모델이라는 점. 또 하나는 기본적으로 일본 사양이면서도 지역코드 프로텍트를 해제하여 출시했다는 점이다. (덕분에 불법복제 디스크까지도 그대로 구동할 수 있어 매니아들 사이에서 화제가 되었다).

▲ 세가새턴은 당시 일본과 동남아 시장 정도를 제외하고는 북미·유럽 등 대부분의 지역에서 블랙 컬러로 출시되었지만, 일본 세가새턴 로고가 박힌 블랙 세가새턴은 이 기기가 세계에서 유일하다.

SOFTWARE

◀ 카마 엔터테인먼트판 「버추어 캅 2」의 패키지 내부. 실질적으로는 일본판 게임 디스크에 국내 상품명 및 등급 스티커를 붙이고, 한국어 간이 설명서를 첨부하는 형태였다.

HARDWARE
1994's SOFT
1995's SOFT
1996's SOFT
1997's SOFT
1998's SOFT
1999's SOFT
2000's SOFT
SOFT INDEX

한국에 발매된 세가새턴 공식 한글화 소프트들을 한데 모은

세가새턴 한글화 소프트 카탈로그

이 페이지에서는, 한국에 정규 발매된 세가새턴 소프트 중 한글화로 발매된 '한글판' 소프트 총 4타이틀을 카탈로그 형식으로 소개한다.

특이한 점은 한글화로 발매된 소프트 중 삼성전자가 직접 유통했거나 삼성새턴 로고를 부착한 경우가 단 하나도 없다는 것으로, 그중 우영시스템이 무려 3종에 달한다. 당시의 열악하던 한국 비디오 게임 시장 상황에서 우영

시스템이 얼마나 분투했는지를 엿볼 수 있는 증거로, 그 분투에 걸맞은 인정을 당대에 받지 못한 채 결국 좌절된 것이 못내 아쉽다.

 미스트
우영시스템　1996년 4월 18일　74,000원

○ 1인용　● 세틀 마우스 지원
● 어드벤처
● 메모리 백업

CD-ROM 및 멀티미디어 PC 여명기에 세계적으로 크게 히트됐던 1인칭 어드벤처 게임 「미스트」의 세가새턴판(42p)을 한글화 발매한 작품. 「미스트」 자체는 한국에도 윈도우판이 발매된 적이 있으나, 한글화된 버전은 이 우영시스템의 세가새턴판뿐이어서 의미가 깊다. 책이나 문서 등의 텍스트는 물론, 등장인물의 음성

을 전부 성우의 한국어 더빙으로 처리한 것도 특징. 타이틀 화면에서 A+L+R+START 버튼을 누르면 메이킹 무비가 나온다.

세가새턴 최초의 유일한 한글화 소프트이자 「미스트」의 유일한 한글화 발매판으로의 의가 있다.

 삼국지 IV
비스코　1996년 11월　가격 미상

○ 1~8인용
● 역사 시뮬레이션
● 메모리 백업

코에이의 「삼국지 IV」(47p)를 비스코가 한글화 출시한 작품. PC판이 아닌 버전으로는 최초의 코에이 게임 한글화 발매로, 코에이코리아의 PS2 게임 발매 이전까지는 유일한 사례였다. 군사지침서(설명서) 및 미니맵을 동봉했으며, 모든 텍스트를 충실히 번역했다.

 신비의 세계 엘하자드
우영시스템　1997년 4월 14일　가격 미상

○ 1인용
● 어드벤처
● 메모리 백업

파이오니어 LDC의 같은 제목 소프트(85p)를 한글화했다. 역시 국내 성우진을 기용해 풀보이스 더빙하였는데, TV 애니메이션 원작물이지만 국내 방영은 98년에야 이루어졌으므로 캐스팅은 오리지널이며, 주인공 등의 등장인물명 상당수도 독자적으로 번안해 붙였다.

 알버트 오딧세이 외전 : LEGEND OF ELDEAN
우영시스템　1997년 9월 29일　가격 미상

○ 1인용
● 롤플레잉
● 메모리 백업

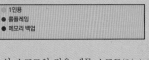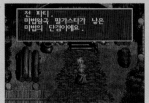

선 소프트의 같은 제목 소프트(84p)의 한글판. 당시엔 드물었던 일본 RPG의 한글화라 화제가 되었다. 국내 성우 더빙이 추가된 점은 동일. 특이한 것은 캐릭터 대사를 제외한 게임 내 메시지 및 아이템명 등 부수적인 텍스트가 모두 영문이라는 점인데, 프로그램 상에 이 부분의 메모리를 일본어 폰트를 넣을 정도로만

할당돼 있어 한글 폰트를 넣을 수 없어서였다고 한다. 당시 일본 게임 한글화 환경의 열악함과 악전고투를 엿볼 수 있는 일화다.

러 한글화 과정에서 난관이 있었던지라 차례차례 발매일을 연기하고 한참 뒤에야 출시되었다.

한국 발매 세가새턴 소프트를 발매시기 순으로 게재

세가새턴 한국 정식발매 소프트 리스트

이 페이지에서는 삼성전자·우영시 스템·카마 엔터테인먼트 등이 삼성새 턴 및 세가새턴용으로 한국에 정규 발 매한 소프트 총 20타이틀을 발매시 기 순으로 정렬해 리스트화하였다. 본 서에 이미 소개된 타이틀의 경우 해당 게재 페이지와 타이틀명도 함께 기재 해 두었다.

본 리스트는 역자가 보유한 게임잡 지 및 네이버 카페 '추억의 게임 여행' 에서 유저들이 올린 사진자료를 기초 로 하여, 실물 및 사진이 남아있는 소 프트 데이터를 최대한 취합하여 다듬 었다. 다만 시간과 자료의 한계로 누

락이나 오류가 있을 수 있으며 리스트 의 정확성을 완전히 담보하지는 못하 므로, 이 점은 너른 양해를 구하고자 한다. 또한 패키지 및 매뉴얼이 한국 어화되어 정규 발매한 소프트가 기준 이므로, 당시 병행수입된 일본·북미판 소프트(보통 스티커 패치 등을 붙여 유통) 등은 제외했다.

참고로, 세가새턴 소프트의 제품번 호는 특이하게 2~3종이 혼용되며, 본 리스트도 이를 따라 제품번호를 정리 했다. 이중 'GS-'로 시작되는 제품번 호는 삼성전자 유통 소프트에만 존재 하며, 그 외의 제품번호는 일본·북미

판과 대개 유사하나 '-08'(한국 코드로 추정)이 붙는 것이 특징이다. 일부 소 프트는 카마 엔터테인먼트의 재발매 판도 존재하며, 리스트의 비고에 명기 해 두었다.

- 본 리스트의 소프트명 표기는 실제 패키지 표기 기준이다.
- 국내 발매 시기는 최대한 근사치를 기재하려 노력했으나, 당시 소프트 발매 특성상 불명확한 부분이 많기 때문에 대부분이 추정치이며, 발매 순서 등이 실제와 다를 수 있다.
- '본서 소개 정보' 란의 푸른색 문자는 본서에 소개되지 않은 타이틀의 영문 원제이다.
- 기본적으로 거의 대부분의 소프트는 해외판이며, 한글판 등의 일부 소프트는 비고에 기재해 두었다.

발매일(추정)	소프트명	제품번호 1	제품번호 2	본서 소개 정보	비고
95.11.	데이토나 USA	MK-81200-08	GS-9501J	데이토나 USA(46p)	대형 패키지
95.11.	펜저 드라군	MK-81009-08	GS-9502J	팬처 드라군(45p)	대형 패키지
95.11.	버쳐파이터 리믹스	MK-81023-08	GS-9503J	버추어 파이터 리믹스(49p)	대형 패키지
95.11.	월드 와이드 사커	MK-81105-08	GS-9504J	빅토리 골(44p)	대형 패키지
95.12초	버쳐 캅	MK-81015-08	GS-9505J	버추어 캅(59p)	스페셜 팩(버쳐 건 포함)도 판매
95.12중	세가랠리	MK-81207-08	GS-9506J	세가 랠리 챔피언십(63p)	대형 패키지
95.12중	버쳐파이터 2	MK-81014-08	GS-9507J	버추어 파이터 2(59p)	대형 패키지
96.4.18	미스트	T-26801H-08	–	미스트(42p, 200p)	우영 시스템 발매, 한글판
96.7.	나이츠	MK-81020-08	GS-9608J	나이츠 : into Dreams…(81p)	특별한정판(멀티패드 포함)도 판매
96.7.	버쳐 파이터 키즈	MK-81049-08	GS-9609J	버추어 파이터 키즈(83p)	
96.11.	삼국지 IV	T-7601H-08	–	삼국지 IV(47p, 200p)	비스코 발매, 한글판
96.11.	파이팅 바이퍼즈	MK-81041-08	GS-9610J	파이팅 바이퍼즈(88p)	
96.12.	버철 온	MK-81042-08	GS-9612J	전뇌전기 버추얼 온(98p)	카마 엔터테인먼트 재발매판 있음
96.12.	버쳐 캅 2	MK-81043-08	GS-9613J	버추어 캅 2(97p)	카마 엔터테인먼트 재발매판 있음
96.12.	데이토나 USA (챔피언십서킷)	MK-81213-08	GS-9614J	데이토나 USA : 서킷 에디션(108p)	
97.2.	NHL 파워플레이 '96	T-7012G	–	NHL 파워플레이 '96(109p)	우영 시스템 발매
97.4.14.	신비의 세계 엘하자드	T-26803H-08	–	신비의 세계 엘하자드(85p, 200p)	우영 시스템 발매, 한글판
97.9.29	알버트 오딧세이 외전	T-26804H-08	–	알버트 오디세이 외전 : 레전드 오브 엘딘(84p, 200p)	우영 시스템 발매, 한글판
97.12.	임팩트 레이싱	T-26806H-08	–	임팩트 레이싱(124p)	우영 시스템 발매
97.12.	월드시리즈베이스볼 98	MK-81127-08	–	World Series Baseball '98	카마 엔터테인먼트 발매

※ GS-9611J는 현 시점에서는 존재 미확인. 결번으로 추정

세가새턴
퍼펙트 카탈로그

1판 1쇄 | 2020년 6월 30일
감　　수 | 마에다 히로유키
옮 긴 이 | 조기현
발 행 인 | 김인태
발 행 처 | 삼호미디어
등　　록 | 1993년 10월 12일 제21-494호
주　　소 | 서울특별시 서초구 강남대로 545-21 거림빌딩 4층
　　　　　www.samhomedia.com
전　　화 | (02)544-9456(영업부) (02)544-9457(편집기획부)
팩　　스 | (02)512-3593

ISBN 978-89-7849-621-6 (13690)

Copyright 2020 by SAMHO MEDIA PUBLISHING CO.

이 도서의 국립중앙도서관 출판예정도서목록(CIP)은
서지정보유통지원시스템 홈페이지(http://seoji.nl.go.kr)와
국가자료종합목록 구축시스템(http://kolis-net.nl.go.kr)에서
이용하실 수 있습니다.
(CIP제어번호 : CIP2020022727)